투자자를 사로잡는 비즈니스 모델은 무엇인가

초기 스타트업을 위한 비즈니스 모델

Business Model for Your Startup

30문 30답

FAQ

이복연 지음

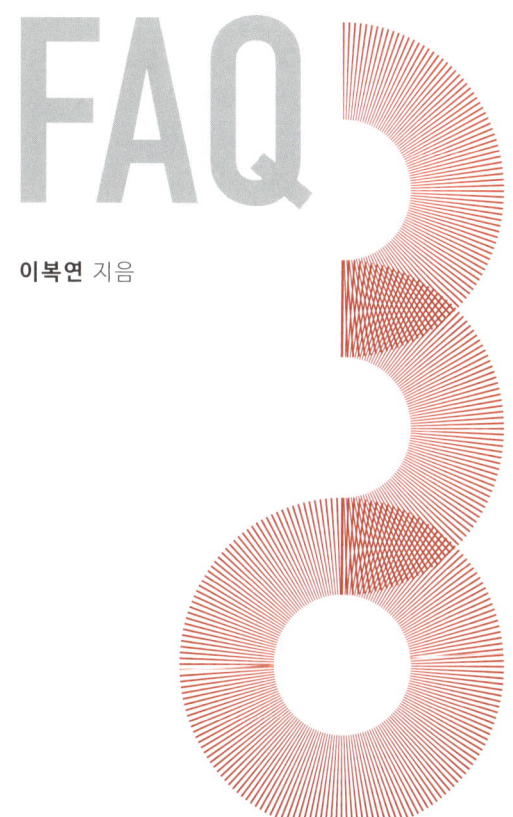

저자 소개
author introduction

이복연

외국계 IT 기업과 대기업 등에서 시장 진입 마케팅 및 전략 기획 업무를 15년 이상 수행한 후 2016년부터 스타트업 비즈니스 모델 개발과 투자 유치에 대한 코칭 및 대기업의 오픈 이노베이션 전략 실행을 위한 교육과 컨설팅을 하고 있다. 예비 창업팀부터 팁스를 졸업한 Series B 이상의 스타트업까지, 2천여 개 이상의 스타트업을 코칭했고, 2019년 이후에는 스타트업 코칭과 더불어 CJ, 농심, 교원, 신한은행, DB 등의 대기업과 금융그룹 사내벤처 및 오픈 이노베이션에 대한 교육도 진행하고 있다. 현재 DBR, 폴인, 아웃스탠딩 등 스타트업 관련 미디어에 기고 중이다.

- 현) 오픈 이노베이션 교육 및 컨설팅 전문 패스파인더넷 대표이사
- 현) 신한 스퀘어브릿지 오픈 이노베이션 비즈니스 코치
- 서울대학교 사회과학대 학사, University of Minnesota MBA
- 한국 IBM, 삼성 SDI, 롯데미래전략센터 등 근무

서문

가진 자산이 충분한 중년이건, 아무것도 없지만 자신감만은 충만한 대학생이건 '창업'이라는 단어는 모두의 가슴을 뛰게 합니다. 내가 꿈꿔왔던 제품이 실제로 만들어지고, 만든 제품을 보며 고객들이 감탄의 눈빛을 보내고, 이를 통해 부를 일구고 고용을 창출하며 사회에 부를 환원하는 성공한 창업자들의 삶은 어떻게 봐도 멋있습니다. 조그맣게 시작해서 생활비를 버는 정도의 자영업도 창업에 속하지만 우리가 흔히 꿈꾸는 창업이란 수백억, 수천억 원의 기업 가치를 기록하고, 수천 명의 직원이 수백만 명의 고객을 대상으로 차별적인 제품과 서비스를 제공하며, '혁신가'로 추앙받는 스타트업을 일으키는 것입니다.

운동 선수 중 올림픽에서 메달을 따는 선수들이 극소수인 것처럼, 창업하는 사람들 중에서 성공을 이루고 추앙받는 사람 역시 극소수입니다. 성공이 오죽 어려우면 스타트업 중 1조 원 이상의 기업 가치를 가진 기업에 상상 속의 존재라는 의미로 '유니콘'이라는 별칭이 붙었을까 싶습니다. 험한 산을 오르는 것은 그저 성공하고 유명해지기 위해서가 아니라 눈앞에 보이는 험한 산의 존재 그 자체가 우리의 도전 정신을 자극하기 때문입니다. 마찬가지로 대다수의 창업자가 낮은 확률이지만 유니콘을 향해 덤벼드는 것도 눈앞에 유니콘이라는 산이 있기 때문입니다.

오르려는 산이 높고 험할수록 많은 준비가 필요하고, 조력자도 있어야 합니다. 그리고 무엇보다 우리의 튼튼하고 준비된 몸이 있어야 하죠. 스타트업 창업에서 이러한 몸을 '비즈니스 모델'이라 부릅니다. 비즈니스 모델은 스타트업 창업에서 알파이자 오메가이고, 가장 기본임과 동시에 궁극의 해답이기도 합니다. 흔히 비즈니스 모델을 '매출 올리는 방법'과 혼동하기도 하는데, 비즈니스 모델은 '지속적으로 매출을 올리고 이를 계속적으로 키워 나가는 방법'을 의미합니다. 단기적 수익이 아닌 장기적 성장을 추구하는 길이죠. 때문에 비즈니스 모델은 매출 올리는 방법과 함께 나의 팀을 단단하게 구축하고, 고객이 원하는 것을 찾아내고, 고객과 소통하며 고객으로부터 더 많은 관심과 성원을 받아 작은 스타트업이 하나의 거대한

서문
preface

유니콘이 되기 위해 필요한 모든 요소를 포함합니다.

시내에 있는 야산을 오를 때는 많은 준비가 필요하지 않습니다. 하지만 에베레스트를 올라가려면 어느 루트로 올라갈지, 루트에 맞춰 어떤 장비를 갖춰야 하는지, 어느 정도의 신체적 역량이 있어야 하는지, 셰르파는 어떤 능력을 지닌 사람이어야 하는지를 모두 사전에 계획해야 합니다. 그리고 이러한 제반 준비는 내 몸이 도전을 견딜 수 있도록 만드는 빌드업 과정과 병행하게 되죠. 스타트업 창업 역시 창업을 위한 제품 빌드업과 함께 비즈니스 모델 구체화 과정을 충분히 가져야만 합니다.

스타트업은 시장에 혁신을 일으킵니다. 남들보다 무조건 빠르거나 엄청난 기술을 개발하는 것만이 혁신은 아닙니다. 국내의 유니콘 기업이나 해외에서도 잘나가는 스타트업 리스트를 찾아보면 천지개벽할 기술을 개발한 곳보다는, 다양한 삶의 영역에서 기존의 제품과 서비스를 약간 개선하는 등의 작은 결과가 축적되면서 세상을 바꾸는 곳이 대부분입니다. 결국 창업자가 찾아야 하는 비즈니스 모델은 거창하고 멋있는 것이 아닌, 작고 약하더라도 고객의 삶에 실질적인 변화를 가져오는 것이어야 합니다. 고객이 내 제품과 서비스를 사용하면서 가치를 느끼도록 하는 모델이어야 하죠.

이 책은 이처럼 현실에서 고객 가치를 만들려는 예비 창업자와 초기 창업자를 위해 집필되었습니다. 그리고 사업 성공에 절대적인 영향을 미치는 비즈니스 모델을 안내하기 위해 쓰여졌죠.

비즈니스 모델을 단순히 '비즈니스 모델 캔버스'의 8개 빈칸만 채우면 되는 것이라고 생각하는 분도 있겠지만, 비즈니스 모델은 그 8칸만으로는 설명 불가능한 훨씬 복잡하고 중요한 요소입니다. 잘 정리된 비즈니스 모델은 어떤 고객에게 어떤 가치를 제공할지, 경쟁사와 어떻게 차별화하여 빠르게 성장할지를 생각하게 합니다. 동시에 사업을 하며 마주치는 수많은 문제 상황에 대해 올바른 답을 찾을 수 있게 도와주는 가이드 역할을 합니다. 또한 정부지원사업이나 외부 투자자 미팅 시 굉장히 중요한 역할을 수행하는 '설득의 핵심'이라 할 수 있습니다.

그런데 '비즈니스 모델'에만 집중한, A부터 Z까지 가려운 곳을 모두 긁어주는 책을 찾기는 힘듭니다. 물론 스타트업 전문 미디어와 같은 채널에서 전문가의 글을 만나볼 수 있지만, 대부분은 비즈니스 모델의 일부분만 다루거나 어려운 용어로 복잡하게 설명하여 사업 경험이 많지 않은 예비/초기 창업자가 내용을 이해하는 데 어려움이 있습니다. 또 창업과 사업 운영 시 겪는 실제적인 문제와 그에 대한 답변보다는 단순히 개념 설명이거나 이미 크게 성공한 기업 사례가 많아 자신의 사업에 개념을 적용하기 어렵다는 문제도 있습니다.

본서는 예비/초기 창업자분들이 겪는 이러한 어려움을 해결하는데 집중합니다. 이 책의 중심을 이루는 FAQ (Frequently Asked Questions)의 30가지 질문은 필자가 지난 6년간 2천여 개 이상의 스타트업을 대상으로 코칭을 해오면서 수없이 받아온 질문이고, 필자가 중요시하며 창업자 분들에게 생각과 답을 요구했던 질문입니다. 사업을 시작할 때 '반드시' 한 번은 깊이 고민해야 하는 내용이죠. 더불어 스타트업 사업화 과정에서 가장 기초가 되는 항목이기 때문에 정부지원금이나 벤처캐피탈 등 외부투자자의 관심과 투자 성공을 이끌어내는 데 필수입니다.

이 책과 함께 여러분이 나아갈 머나먼 도전의 여정에서 조금 더 편안해지고, 조금 더 힘을 발휘할 수 있게 되기를 희망합니다.

서문
preface

이 책의 구성

1장 - 스타트업 창업과 성장 과정 개요

어떤 과정을 거쳐 사업을 준비하고 시장에 진입하는지, 그 과정에서 도움을 받을 수 있는 외부 파트너는 누구인지 설명합니다. 그리고 성공적인 사업을 위해 가장 중요한 초기 3년 이내에 해결해야 하는 과제를 안내합니다.

2장 - 단계별 FAQ를 통해 이해하는 비즈니스 모델 설계

투자자 등 외부인의 시선에서 매력적인 비즈니스 모델은 어떤 요건을 갖춰야 하는지 살펴보고 비즈니스 모델 수립을 위한 세부 사항을 다룹니다. 창업팀 구성 방안과 팀 결성 전후 고려 사항, 사업의 성패를 결정짓는 시장 선정과 타깃 고객 발굴, 제품과 서비스 제작, 그리고 시장 진입 마케팅(수익모델과 영업망, 가격 결정, 초기 홍보 및 프로모션 등)이 이에 해당합니다.

비즈니스 모델 수립용 체크리스트와 정부지원사업 신청을 위한 사업계획서 및 투자자 IR 사업계획서 템플릿을 제공하며, 추가적으로 비즈니스 모델 수립 시 산업별로 고민해야 하는 요소와 투자자에게 자칫 외면받기 쉬운 비즈니스 모델을 살펴봅니다.

3장 - 국내외 스타트업 사례로 이해하는 비즈니스 모델

사례를 통해 비즈니스 모델의 주요 요소를 어떻게 설계하고 시장에서 어떤 방식으로 구현해 냈는지 파악합니다. 사업을 시작한 지 얼마 안 된 소규모 업체부터 크고 유명한 기업까지 다양한 업체들의 사례를 다룹니다.

추천사
TESTIMONIAL

이 책은 사업 시작을 위한 최소한이자 최후의 가이드입니다. 한 번 읽으면 사업의 뼈대가 그려지고, 두 번 읽으면 해야 할 일들이 떠오릅니다. 반복해서 읽으며 저자의 코칭을 하나씩 실행하고 비즈니스 모델을 수정해 나간다면, 최소한 실패하지 않는 창업을 시작할 수 있습니다.

강봉철, 前 신한 스퀘어브릿지 서울 본부장

모든 기업은 '성장'을 원합니다. 성장의 핵심은 비즈니스 모델 설계에서 시작합니다. 비단 생존이 달린 스타트업뿐 아니라 모든 기업에 있어 수익 모델은 성장 전략의 핵심에 닿아 있는 주제입니다. 때로는 친절하게, 때로는 냉철하게 창업 생태계의 비밀을 파헤친 이 책을 성장에 목마른 모든 이에게 권합니다.

류정혜, 카카오 엔터테인먼트 마케팅/신사업 본부장

시행착오 없이 산의 정상에 오르려면 좋은 지도가 필요합니다. 이 책은 스타트업 창업이라는 등반을 할 때 목적지로 향하는 지름길을 알려주는 지도와 같습니다. 예비 창업자와 초기 창업자라면 반드시 읽기 바랍니다.

신임철, 아톤모빌리티 대표이사

베타리더 추천사
beta leader testimonial

많은 창업자와 스타트업 종사자의 간지러운 곳을 구석구석 긁어주는 효자손 같은 책입니다. 지난 몇 년 간 초기 스타트업 멤버로 일하며 손에 잡힐 듯 잡히지 않는 추상적인 개념과 구체적인 방법론에 대한 갈증이 있었는데, 이 책이 모두 해결해 주었습니다. 저자의 다년간 경험과 인사이트를 직설적인 설명 그리고 적절한 사례를 통해 압축해서 읽을 수 있는 매력적인 이 책을 추천합니다.

김유니아, 사업개발&전략기획 매니저

창업가라면, 즉시 하던 일을 멈추고 일단 이 책부터 읽어야 합니다. SNS와 창업 플랫폼에서 이미 큰 사랑과 신뢰를 받고 있는 저자는 스타트업 생태계에 관한 놀라운 통찰력을 보여줍니다. 이렇게 깊이 있고 진솔하게 창업가가 해야 할 고민을 꼼꼼히 다루는 서적은 유일무이합니다. 책에서 제시하는 30가지 질문과 다양한 사례를 통해 고민을 즉시 해소하고 현장에 바로 적용가능한 솔루션을 얻을 수 있습니다. 친절하고 정확하며 성실함이 빛나는 이 책은 초기 창업가뿐 아니라 창업에 깊은 애정을 갖고 있는 모든 이들에게 항상 곁에 두고 보고 싶은 현명한 길잡이가 되어줄 것입니다.

김윤이, 창업가

최근 본 창업 관련 도서 중 예비 창업자와 초기 창업자의 고민을 가장 시원하게 풀어주는 책입니다. 창업의 영역에 입문하면 매 순간 모든 상황에서 더 나은 선택을 위한 판단의 기준을 찾아 헤매게 됩니다. 성공적인 창업을 위해선 진입하려는 시장의 규모가 커야 한다는데, 크다는 건 도대체 어느 정도를 의미하는지 알기 어렵고 지금의 지난한 과정이 얼마나 이어질 것인가라는 의문처럼 누구도 쉽게 답을 내려줄 수 없는 문제들이 머릿속을 가득 채웁니다. 저자는 그간의 경험에서 축적된 노하우를 바탕으로, 이러한 질문에 답을 내릴 때 필요한 명료한 기준을 합리적인 근거와 함께 제시합니다.

시중의 많은 창업 서적이 '좋은 이론서'에 가깝다면, 이 책은 완벽한 '실용 지침서'입니다. 그 이유는 국내 스타트업 사례 및 시장의 경험과 예시가 깊이 있게 녹아 있기 때문입니다. 우리가 창업의 문을 열고 나갔을 때 마주할 환경을 책으로 미리 경험할 수 있기 때문에, 이제 막 창업의 길에 접어든 창업자에게 직접적인 도움이 될 것입니다.

장익제, 먼플 창업자

창업을 고민하는 예비 창업가와 사업을 시작한 초기 스타트업 창업자 모두 꼭 읽어야 할 책입니다. 사업의 시행착오를 줄이도록 돕는 것은 물론 스타트업이 성장하기 위한 가이드가 되어주며, 스타트업 성장 단계에 따라 해결해야 할 주요 이슈와 투자 유치에 대한 답을 제공합니다.

투자를 유치하고 정부지원사업에 지원하기 위해서는 스타트업의 엔진과도 같은 비즈니스 모델을 구체적이고 견고하게 만들어야 합니다. 시행착오를 통해 최적화해 나가는 것도 좋지만, 그 과정에서 소요되는 시간이 스타트업에게는 부담이자 리스크입니다. 이 책을 통해 스타트업 비즈니스 모델 설계에 대해 더 깊게 이해한다면, 잠재적 투자자나 심사위원과의 미팅이 결코 부담이 아닌 즐거운 대화의 시간이 될 것입니다. 죽음의 계곡을 넘어 비상하는 스타트업이 많이 탄생하길 기대합니다.

조인후, 비즈니스 스토리텔러

40 중반을 향해 가는 적지 않은 나이에 치킨집, 커피숍, 편의점도 아닌 '스타트업'은 하나의 공상이라고 생각하고 있을 때 이 책을 만났고 정말 오랜만에 독서의 즐거움을 만끽했습니다. 머릿속에 막연히 구상만 하고 있던 저의 비즈니스 모델을 책에서 소개하는 각 단계에 대입하며 시뮬레이션해볼 수 있었습니다. 이 책을 읽고 여러분이 성공적인 창업에 한 걸음 더 가까워질 수 있길 바랍니다.

주한철, 영상감독

저자는 창업에 도전하는 모든 이들에게 따뜻한 덕담과 귀감이 되는 스토리가 아닌 현실적인 조언과 자료를 제공하는 쪽을 택했습니다. 따라서 창업이라는 혼돈의 전선에 뛰어든 기업가들에게는 반드시 필요한 책입니다.

최시영, 프로덕트 오너

목차
contents

저자 소개	II
서문	III
추천사	VII
베타리더 추천사	VIII

1장 스타트업 창업과 성장 과정 개요

01 국내 스타트업 현황	03
02 스타트업의 성장 단계 - 창업부터 엑싯까지	06
03 외부 투자자	11
04 창업 이후 3년까지의 세부 과제	22

2장 단계별 FAQ를 통해 이해하는 비즈니스 모델 설계

STEP 1 사업 아이디어 구체화 및 비즈니스 모델 이해

Q1 ㅣ 스타트업을 창업하려면 무엇부터 준비해야 하나요?	41
Q2 ㅣ 사업 아이디어는 어떻게 떠올려야 하나요?	53
Q3 ㅣ 피해야 하는 아이디어는 무엇인가요?	65
Q4 ㅣ 비즈니스 모델은 무엇이고 어떻게 준비해야 하나요?	70
Q5 ㅣ 스타트업 창업 시 비즈니스 모델이 왜 중요한가요?	76
Q6 ㅣ 비즈니스 모델에서 가장 중요한 한 가지를 꼽는다면 무엇인가요?	81

STEP 2 투자자에게 어필하는 비즈니스 모델

- Q7 | 투자자가 제 비즈니스 모델이 자영업 모델이라며 매력 없다고 합니다. 무슨 의미이고, 왜 문제가 되나요?   91
- Q8 | 투자자에게 매력적인 비즈니스 모델은 어떤 것인가요? 투자자가 절대 투자하지 않는 모델이 있나요?   98

STEP 3 비즈니스 모델 설계 01 - 팀 · 미션 · 비전

- Q9 | 팀이 필수인가요? 1인으로 창업하고 싶다면 어떤 준비가 필요한가요? 1인 창업이 적절한 비즈니스 모델이 따로 있나요?   113
- Q10 | 팀을 구성하는 데 무엇을 우선시해야 하나요? 초기 멤버 중에 핵심 기술이나 기능을 보유한 사람이 없다면 어떻게 하죠?   121
- Q11 | 대기업도 아닌데 미션과 비전이 필요한가요? 미션과 비전은 어떻게 정리해야 하나요?   129

STEP 4 비즈니스 모델 설계 02 - 타깃 고객과 시장 선정

- Q12 | 타깃 고객은 어떻게 선정하고, 고객 가치는 어떻게 구체화하나요?   137
- Q13 | 시장을 어떻게 정의해야 매력적이면서도 실현감이 있을까요?   150
- Q14 | 타깃 시장이 너무 작거나 도무지 사이즈를 추정할 수 없다면 어떻게 해야 할까요?   162
- Q15 | 처음부터 글로벌 시장 진출을 고려해야 하는 경우가 있나요? 글로벌 시장 진출 계획은 어떻게 세우나요?   168

목차
contents

STEP 5 비즈니스 모델 설계 03 - 제품과 서비스 준비

- Q16 | 제품/서비스를 만들 때 해야 하는 일은 무엇인가요? — 177
- Q17 | 제품/서비스를 만드는 데 준비한 자본금이 부족합니다. 투자금이 필요한데 어떻게 해야 하나요? — 184
- Q18 | 제품/서비스를 시장에 내놓을 때 PMF가 가장 중요하다던데, 무슨 의미이고 어떻게 확인하나요? — 191
- Q19 | 제품/서비스의 PMF가 맞지 않는 것 같으면 어떻게 해야 하나요? — 196

STEP 6 비즈니스 모델 설계 04 - 수익 모델 · 가격 · 판매망 설계 · 초기 홍보 및 프로모션

- Q20 | 수익 모델은 무엇이고, 주요 고려 요소는 무엇인가요? — 207
- Q21 | 영업망을 어떻게 구축해야 하나요? 어떤 요소를 중요하게 고려해야 하나요? — 216
- Q22 | 원가나 영업망 마진을 고려하니 경쟁력 있는 가격으로는 도저히 제품을 출시할 수 없습니다. 어떻게 해야 하나요? — 224
- Q23 | 영업망을 구축할 때 추가적으로 고려해야 하는 요소는 무엇인가요? — 231
- Q24 | 가격은 어떻게 책정해야 하나요? 적정 가격인지 어떻게 알 수 있을까요? — 240
- Q25 | 시장 진입 초기에 광고 외에 고객 확보를 위한 프로모션은 어떤 것이 있나요? — 248

STEP 7 비즈니스 모델 설계 05 - 추가적인 고려 사항

Q26 | 사업 특성에 따라 추가적으로 고민해야 하는 요소는 무엇이 있나요?   257

Q27 | 실패하는 스타트업은 마케팅이나 제품력 때문이라는 이야기가 많습니다. 진짜 마케팅이나 제품력의 문제인가요?   268

STEP 8 비즈니스 모델 수립을 위한 체크리스트 및 사업계획서 포맷

Q28 | 비즈니스 모델 수립 단계별 체크리스트를 정리해 주세요.   275

Q29 | 정부지원사업용 사업계획서에서 비즈니스 모델을 어떻게 녹여내야 하나요?   283

Q30 | 투자자 미팅용 사업계획서와 오픈 이노베이션 참여용 사업제안서 작성법을 알려주세요.   289

3장 국내외 스타트업 사례로 이해하는 비즈니스 모델

01 사업 아이디어 확보 - 야놀자   305
02 팀·미션·비전 - 리벨리온   308
03 타깃과 시장 선정 - 라이언로켓   310
04 제품과 서비스 준비 - 반해   314
05 수익 모델·가격·판매망 설계 - 크래프톤   317
06 시장 진입을 위한 마케팅 - 무신사   321
07 투자 실패 사례 - C사   324

마치며   327
참고자료   329

비즈니스 모델에 대한 고민을 하기 전에 사전 학습 차원에서 스타트업의 개요에 대해 알아보겠습니다. 먼저 국내 스타트업들의 현황을 살펴본 후 스타트업의 일반적인 성장 단계와 성장을 위해 필요한 외부 투자금의 상호 관계를 설명하겠습니다. 기업은 본질이 되는 '사업'과 이를 가능케 하는 '자금'이라는 두 날개로 날아오르는 새이기 때문에 사업과 자금을 모두 알아야 사업적 난관에 부딪혔을 때 균형잡힌 판단을 할 수 있습니다.

보통 벤처캐피탈로 대표되는 외부 투자금이 본격적으로 유입 가능한 시점은 극초기가 아니라, 사업을 시작한 지 2~3년 정도 지난 후입니다. 이 시기에 사업의 모양이 갖춰지면서 진입하려는 시장을 명확히 정의할 수 있고 경쟁력을 갖출 수 있습니다. 때문에 창업 직후 대략 2~3년까지, 외부의 도움이 제한된 상황에서 살아남아서 성장의 단초를 만들어야 하는 과제가 주어집니다. 바로 이때 어떤 일들을 해야 하는지 알아보겠습니다.

1장

스타트업 창업과
성장 과정 개요

01
국내 스타트업 현황

스타트업은 기존과 다른 제품과 서비스를 만들어서 고속 성장을 꿈꾸는 기업체를 의미합니다. 보통 스타트업이라 하면 기술 집약적인 회사 또는 완전히 색다른 혁신을 추구하는 회사로 인식합니다. 하지만 시장에서 새로운 수요를 만들어내서 매출의 급격한 확대를 추구하는 기업은 모두 스타트업이라고 볼 수 있으며, 때문에 대부분의 창업은 곧 스타트업이라 할 수 있습니다. 누구나 창업을 하면서 빠른 J 커브의 성장을 꿈꾸니까요.

우리나라에는 2019년 말 기준 약 690만 개의 사업체가 있습니다. 그리고 그 해에 약 128만 개의 사업체가 새로 생겨났습니다. 이 중 10% 정도인 약 12만 개의 사업체는 법인입니다. 스타트업에서 고속 성장을 위해서는 외부 투자 유입이 필수고, 법인만이 지분 투자를 받을 수 있다는 점을 생각해본다면 이 12만 개의 법인이 스타트업에 해당되는 것으로 볼 수 있겠습니다. 한 해 국내 코스피와 코스닥 등 유가증권 시장에 상장하는 기업체 수가 대략 70여 개이므로 스타트업 창업자가 IPO Initial Public Offering, 주식시장 상장를 통해 신문에 나올 정도로 큰돈을 손에 쥐는 확률은 불과 0.06% 정도라는 뜻입니다. 로또만큼은 아니지만 현실적으로는 매우 낮은 확률입니다. 이 70여 개의 IPO 기업 중에 스타트업만 있는 것이 아닌, 대기업 계열사도 포함된다는 사실을 생각해보면 더욱 낮은 확률입니다.

물론 IPO가 아니라 스타트업을 다른 회사에 M&A 등 매각하는 방법으로도 창업자와 초기 투자자들은 큰 수익을 올릴 수 있습니다. 정확한 통계는 나오지 않지만 우리나라에서도 대기업의 스타트업 인수는 물론 먼저 성공한 스타트업이 다른 스타트업을 인수하는 경우가 확실히 늘어나고 있습니다. 2021년만 간략히 살펴보더라도 토스 운영사인 비바리퍼블리카는 차량 공유 서비스 '타다'와 학자금 핀테크 스타트업 '올라플랜' 등을 인수했고, 야놀자는 개인화 맞춤 광고 서비스 기업 '데이블'을 포함해서 다수의 호텔, 레저, 공연 관련 스타트업들을 인수했습니다. 남성 의류 커머스 업체인 무신사는 사업 영역을 여성 패션으로 확대하기 위해 29CM와 스타일쉐어 등을 인수했습니다.

국내 패션 스타트업으로 손꼽혔던 '스타일난다'의 경우 프랑스 화장품 대기업 로레알에 4천억 원이 넘는 금액으로 인수되었습니다. 대기업이 인수하는 경우에만 이렇게 큰 금액이지 않나 싶겠지만, 먼저 성숙한 스타트업이 다른 스타트업을 인수하는 경우 역시도 천억 원대를 쉽게 넘깁니다. 무신사의 29CM과 스타일쉐어 인수 금액이 3천억 원으로 알려져 있고, 야놀자의 데이블 인수 금액도 51% 지분에 대해 천억 원이라 합니다. 2010년대 이전엔 창업자들이 IPO를 하지 않으면 큰돈을 만지기 정말 어려웠다면 지금은 M&A를 통한 엑싯Exit이 활성화됨으로써 경쟁력 있는 기업이라면 노력의 대가를 큰 어려움 없이 현금화할 수 있는 시대입니다.

스타트업 생태계의 정점에 있는 기업들은 너무나 희귀해서 '유니콘'이라는 수식어가 붙습니다. 유니콘 기업은 기업 가치 1조 원을 돌파한 비상장 스타트업을 의미합니다. 2013년 미국의 벤처 투자자인 에일린 리 Aileen Lee가 처음 사용한 용어입니다. 국내에서도 매년 1조 원대를 돌파하는 기업이 나오고, 이들 중 일부는 쿠팡이나 크래프톤, 우아한형제들처럼 IPO나 매각 등을 통해 유니콘에서 빠져나가고 있습니다. IPO나 매각을 통한 현금화 이전에 일단 기업 가치 1조 원을 넘는 스타트업을 키워냈다는 사실 자체가 엄청난 성공이며 모든 창업자의 꿈이라 할 수 있죠. 코로나 시국 이후에는 온라인 사업들이 급격하게 커지면서 기업 가치 10조 원이 넘는 비상장 스타트업도 나타나고 있습니다. 이들은 유니콘의 10배 가치라는 뜻을 가진 신조어로 '데카콘' 기업이라 부릅니다.

국내의 경우 초기에는 쿠팡, 위메프, 배달의민족 등 사업 규모를 급격히 키우는 데 유리한 커머스나 O2O 플랫폼들이 유니콘의 주력이었지만, 최근에는 엘엔피코스메틱 화장품, 토스 금융서비스, 두나무 핀테크, 에이프로젠 바이오 등 다양한 분야로 확대되는 추세입니다. 상장 전의 크래프톤 같은 경우 데카콘 기업, 즉 비상장 기업이지만 기업 가치가 10조 원을 넘는다고 평가되었습니다. 국내 배달 시장을 좌지우지하는 우아한형제들이 2019년 말 독일 DH에 매각될 당시 가치가 대략 8조 원이었던 것을 보면, 그 뒤 2년간 스타트업들의 가치가 엄청나게 폭등한 것을 알 수 있습니다. 코로나의 여파가 가장 크겠지만, 그외에도 국내 산업에서 신규 성장이 결국 신기술 영역과 새로운 엔터테인먼트 그리고 각종 핀테크 영역에서 이뤄지고 있기 때문이겠지요.

정리해보자면 국내 스타트업 산업은 15개 내외의 유니콘 기업을 정점으로 매년 12만 개의 법인이 생겨나고 있으며, 비즈니스 모델과 성과만 단단하다면 IPO나 기업 매각을 통해서 창업자와 초기 투자자들이 큰 수익을 확보할 수 있는 생태계라고 할 수 있습니다.

02

스타트업의 성장 단계:
창업부터 엑싯까지

누구나 창업을 준비하는 시점에는 사업만 시작하면 시장에 파란을 일으켜서 엄청나게 빠른 성장과 큰 임팩트를 만들어 낼 것이라 믿습니다. 허황될 수도 있지만 이 믿음이 없다면 수많은 고난이 예정되어 있는 창업의 길에 결코 사람들이 나서지 않을 겁니다.

스타트업의 공식적인 시작은 법인의 설립이겠지만, 실질적으로는 창업자와 창업 멤버들이 어떤 사업을 해보면 좋겠다고 결심하고 아이디어를 구체화하는 순간이라 할 수 있습니다. 이때부터 IPO를 통해 완전한 중견기업이 될 때까지 소요되는 시간은 보통 10여 년이라고 합니다. 요즘은 사업 초기 엑싯도 M&A를 통해 흔히 일어나지만 이 역시도 최소 3~5년 정도는 소요되기에 일단 창업하겠다고 마음먹는다면 최소한 3~5년, 길면 10년 이상 하나의 목표만을 위해 매진하겠다는 마음이어야 성과를 볼 수 있다는 뜻입니다.

창업 극초기에는 스타트업이 매출을 올리기가 매우 어렵습니다. 커머스 플랫폼이야 사업 초기부터 물건을 팔아서 매출을 만들 수 있다고 가볍게 생각할 수 있습니다. 하지만 거래를 위한 앱이나 웹사이트를 만들고, 판매자를 모집하거나 판매할 물건을 준비한 후 물류를 준비하고, 무엇보다 중요한 고객들을 모아 이들이 반복해서 구매하도록 유도, 규모가 있는 매출이 나오도록 하는 이 과정이 짧아도 6개월, 길면 몇 년이 걸립니다. 거의 대부분의 스타트업이 초기에는 제품과 서비스를 준비하고, 고객을 찾아내고, 고객에게 자신을 알리고, 고객들이 자사 제품과 서비스를 이용하도록 만드는 데 엄청난 돈을 써야 합니다. 게임이나 사진 보정 앱처럼 간혹 소수의 개발자가 한두 달만에 개발하여 출시한 간단한 서비스가 수십억 원의 매출로 연결되는 경우도 있습니다. 하지만 대부분은 제품 준비와 시장 진입 과정에서 큰돈을 쓰면서 시장이 성숙해질 때까지 고난의 행군을 해야 합니다. 이때 실패 확률은 매우 높고 증명된 것은 아무것도 없기 때문에 외부 투자금은 생각하기 힘들죠. 그래서 이 시기 사업에 투자하는 자금원은 창업자와 창업 멤버의 자기 돈이거나, 가족의 지원이거나 혹은 이 사업을 과대평가하는 뭔가 모자란 사람들입니다. 이 시기 투자자를 보통 농담처럼 3F라고 합니다. Family, Friend & Fool의 약자죠. 커다란 설비를 이용해 복잡한 제품을 만드는 제조업, 오랜 기간의 R&D가 선행되어야 하는 기술 기업, 정부의 허가를 받아야 매출이 나올 수 있는 바이오 헬스 분야, 대박이 날 때까지 끊임없이 새로운 작업물을 시장에 출시해야 하는 콘텐츠 스타트업들의 경우엔 이 기간이 몇 년이 될 수도 있습니다. 많은 스타트업이 이 시기를 버텨내지 못하고 문을 닫게 됩니다.

수많은 스타트업의 시체로 뒤덮인 계곡을 지나야 성장의 과실을 누릴 수 있다는 뜻에서, 제품을 준비하고 시장에 진입하는 이 시기를 'Valley of Death', 즉 죽음의 계곡이라 하는데 대략 70%의 스타트업이 이 지점을 통과하지 못합니다. 또 일부는 이 시기는 버텨냈지만, 막상 시장에 본격 진출했더니 진입 전에는 아주 커다란 시장처럼 보였던 곳이 실제로는 너무나 작아서 성장을 기대하기 어렵다거나, 이미 강력한 경쟁사가 자리를 잡아서 고객을 도무지 확보할 수 없다거나, 혹은 죽음의 계곡 동안 팀원들이 번아웃되고 인간적인 갈등이 누적되어 본격적으로 성장해야 할 시점에 내분이 일어나 성장하지 못하고 다시금 처음으로 돌아가는 피봇팅 Pivoting, 스타트업이 원래의 비즈니스 모델이 아닌 새로운 비즈니스 모델로 사업 중심을 변화시키는 것을 해야 해서 그동안 쌓인 유무형의 자산을 포기해야 하는 경우도 많이 나타납니다. 한 해 등록되는 12만 개의 법인 중에서 이 단계까지 무사 통과하는 스타트업은 불과 몇천 개 업체도 안 됩니다. 물론 꼭 성장을 추구하는 것이 아니라 자영업처럼 작은 매출에 만족하며 현상 유지를 목표로 운영되는 스타트업도 많습니다. 때문에 통계에서는 스타트업의 3년 생존율은 38% 수준으로 자영업의 생존율 29%보다 높다고 이야기합니다. 하지만 현장에서 스타트업들을 코칭하는 필자의 견해로는 스타트업의 생존 확률이 높은 것은 정부의 창업지원금이나 극초기 기업에 투자하는 외부 투자금의 도움으로 연명하는 경우가 많기 때문이며, 사업 시작 직후부터 매출을 발생시킬 수 있는 자영업 창업보다 오히려 생존 확률이 낮을 것이라는 생각입니다.

죽음의 계곡을 통과하는 동안 사업을 추진할 수 있도록, 까다로운 조건 없이도 작은 규모의 스타트업에 투자를 해주는 투자자들이 있습니다. 이들은 실패 확률이 높아도 창업자나 창업팀을 보고 선의로 후원합니다. 이들을 보통 '엔젤 투자자'라 하며 이들의 투자금을 '시드^{Seed}' 투자라고 합니다. 씨앗이 새싹으로 자라나길 바라는 천사 같은 투자라는 의미죠.

이후 비즈니스 모델이 정교해지고 사용자나 매출액이 확보되어 차츰 성장을 노려볼 수 있을 정도가 되면, 투자를 전업으로 하는 외부 투자 업체들이 투자를 시작합니다. 스타트업 투자를 전업으로 하고, 스타트업의 성장에 따라 회수하는 투자금이 주요 수익원인 회사를 흔히 '벤처캐피탈'이라고 합니다. 이 단계까지 와도 스타트업은 여전히 미래가 불투명하기 때문에 위험도가 높은 투자임은 분명합니다.

이러한 기관 투자자로부터 첫 번째 투자를 받는 것을 'Series A'라 합니다. 초기 자본금이 회사의 비즈니스 모델을 구체화 하는 과정에서 소모되고, 시드가 제품을 만들어 처음 고객을 만나는 경험을 하는 데 소모된다면 시리즈 투자는 시장에서 본격적으로 고객과 매출을 확보하고 존재감을 갖추는 데 사용됩니다. 보통 Series A는 시장 진입을 위한 초기 마케팅 비용과 제품이 제대로 경쟁할 수 있도록 고도화하는 데 많이 사용되죠.

이후 성장을 지속한다면 Series B, Series C 등으로 이어지게 됩니다. 사용자 규모는 급격히 늘어나는 데 반해 매출이나 수익이 한참 뒤에 발생하는 비즈니스 모델을 가진 업체라면 Series G나 H까지 받기도 합니다. 기업이 성장하는 동안 외부 투자금을 10차례나 받아야 사업의 잠재력이 제대로 발현된다는 뜻입니다. 가령 배달의민족이나 쿠팡이 이런 식으로 10여 차례 투자를 받은 곳들이죠. 시장지배력이 먼저 선행하고 매출과 수익은 후행하기 마련인 플랫폼 모델을 가진 업체들뿐 아니라 대규모의 R&D를 오랫동안 지속해야 하는 소위 'Deep Tech' 스타트업들도 반복적인 외부 투자를 받아야 합니다. 'Boston Dynamics[1]' 같은 경우 단순히 시리즈 투자뿐 아니라 글로벌 대기업들로부터 수차례 인수와 매각이 반복됐습니다. 구글이 샀다가 비전펀드로 대주주가 바뀌고 다시 현대자동차에 매각되었으니까요. 코로나19에 맞서는 mRNA 백신 기술로 초대박을 터뜨린 모더나도, 기업 가치는 진작부터 유니콘 이상이었지만 오랜 기간 매출 부족으로 적자 상태였습니다. 회사가 살아남고 연구 개발을 지속하기 위해서는 외부 투자를 주기적으로 계속 받아야 했다는 뜻입니다.

    Series C가 넘어가면 기업 가치는 최소 1천억 원 이상에 이르게 됩니다. 매출과 수익 등이 어느 정도만 받쳐준다면 드디어 상장을 할 수 있는 상황이 됩니다. 이렇게 상장한 스타트업은 드디어 스타트업이라는 꼬리표를 떼고 당당한 중견기업으로 살아가게 됩니다. 물론 상장하고 중견 기업이 되었다고 창업자의 숙제가 끝난 것은 아니지만, 창업자를 포함한 초기 멤버들과 초기 투자자들은 투자금을 어느 정도 회수함으로써 목표에 도달합니다. 후에는 회사의 임직원 그리고 새로운 투자자와 함께 떠나는 모험을 하게 됩니다.

    앞에서 이야기했듯, 수많은 스타트업이 창업 이후 시드 투자조차 받지 못하고 사라지거나 아주 작은 매출 상태로 현상 유지만 하는 사실상의 '자영업'이 됩니다. 혹은 그때까지의 투자는 매몰비용으로 생각하고 다시 사업을 처음부터 시작하는 피봇팅을 선택해야 할 수도 있겠죠. 이후 소수의 스타트업이 기관 투자자에게 발탁되어 시리즈 투자를 받게 되지만 여기서도 계속적인 적자생존이 반복되죠. 그리고 이 험난한 길을 버텨내면서 사업을 성장시킨 극소수는 드디어 타 기업체로의 매각이나 IPO를 통해 성공이라는 목표를 일정 부분 이뤄냅니다. 물론 아예 세계적인 기업을 만들겠다는 더 원대한 목표를 가진 창업팀이라면 이것조차도 엑싯이 아닌 성장 단계로 보겠지만요. 이상이 통상적인 스

---

1. 창업한 지 30년이 다 되어가고, 여전히 1천억 원이 안 되는 매출액에 수백억 원의 적자를 매년 기록하고 있지만 보유한 로봇 기술력이 세계 최고라 인정받고 있습니다.

타트업의 10여 년에 걸친 여정입니다. 지금 창업을 준비하는 실패에 대한 두려움도 있겠지만 꿈을 향해 달려가는 앞으로의 10년을 생각하면 좋겠습니다. 오디세우스가 고향 땅을 꿈꾸며 십수 년 모험을 견디내며 전설이 되었듯 다음 신화의 주인공이 여러분일 수도 있으니까요.

1장
스타트업 창업과 성장 과정 개요

2장
단계별 FAQ를 통해 이해하는 비즈니스 모델 설계

3장
국내외 스타트업 사례로 이해하는 비즈니스 모델

스타트업 성장 단계

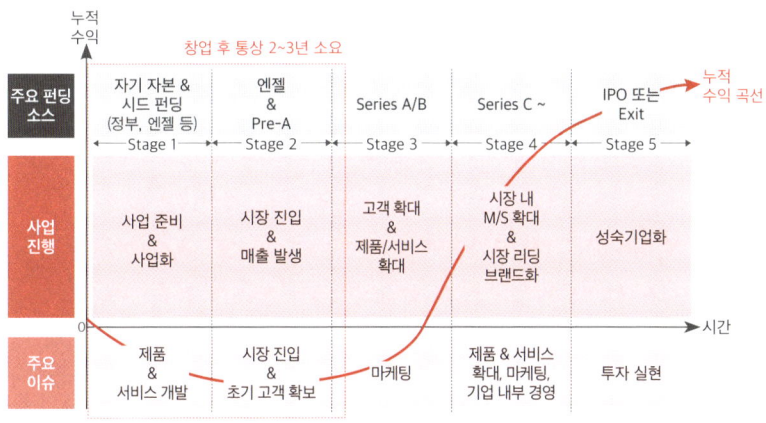

스타트업의 성장 단계: 창업부터 엑싯까지

03
외부 투자자

앞에서 외부 지원에 대해 시드 투자를 집행하는 엔젤 투자자와 시리즈 투자를 하는 벤처캐피탈로 설명했지만 이들을 조금 더 깊게 이해할 필요가 있습니다.

사업의 본질은 잘 만들어진 비즈니스 모델과 좋은 제품과 서비스, 그리고 이를 통한 고객 만족입니다. 적절한 고객을 찾아내고, 제때 제품과 서비스를 만들고, 고객의 변화하는 욕구를 제대로 짚어낼 수 있는 방안을 만들려면 그때마다 일정한 규모의 자금이 절대적으로 필요합니다.

스타트업 생태계를 살펴볼 때, 당연히 스타트업이 가장 중요한 플레이어고, 정부를 포함한 지원 단체, 엔젤과 액셀러레이터로 대표되는 극초기 지원&투자 업체가 있습니다. 그리고 시리즈 투자를 주도하는 벤처캐피탈을 비롯한 기관 투자자, 초기 스타트업과 협업 및 투자를 하고 후기 스타트업은 인수 합병을 하는 대기업 등으로 나눌 수 있습니다. 이들에 대해 하나씩 알아보겠습니다.

A **정부, 지자체, 공공기관 등 지원 단체**
B **엔젤과 액셀러레이터**
C **벤처캐피탈**
D **대기업**

A 정부, 지자체, 공공기관 등 지원 단체

　든든한 후원자를 가지고 출발하는 경우를 제외하면 대다수 스타트업의 최초 자본금은 몇천만 원을 넘지 못합니다. 네이버 스마트스토어 같은 오픈 마켓에서 판매하며 초기부터 매출을 올리는 스타트업들도 있지만, 이런 기업들은 기술이나 콘텐츠, 제품 등에서 다른 경쟁력 없이 단순히 물품만 파는 경우가 많아서 눈에 띄는 규모로 성장하지 못하고 자영업 수준에 머물게 됩니다. 이런 곳이 아니라 자체로 제품을 기획하고 만들어내거나, 콘텐츠를 제작하거나, 플랫폼을 운영하면서 바이어와 셀러를 모으거나, 경쟁력 있는 기술을 연구하는 스타트업이라면 몇천만 원의 최초 자본금은 삽시간에 사라집니다. 창업팀이 월급도 가져가지 못하고 라면만 먹더라도 불과 몇 달이면 사라지는 규모죠. 그만큼 기존에 없던 제품과 서비스를 기획하고 만들어내려면 많은 돈이 들어갑니다. 그래서 정부와 지자체, 신용보증기금과 기술보증기금 같은 수많은 공공기관이 극초기 창업자들이 최소한 자기 아이디어를 제품으로 만들어서 시장에 선보이는 기회를 가질 수 있도록 각종 지원금을 제공해줍니다. 2010년대 초반까지만 해도 팀당 1~2천만 원을 지원받는 것도 감지덕지였지만, 2010년대 중반 이후 지원금 규모가 매년 늘어나 지금은 어느 정도 비즈니스 모델의 아이디어가 구체적이고, 창업팀의 인적 구성이 괜찮다면 5천만 원~1억 원 수준의 지원금도 받을 수 있는 기회가 많습니다. 예비창업 패키지 또는 초기창업 패키지 같은 프로그램들은 금액 규모도 크고 창업팀에게 부족한 요소에 대해 외부 전문가와 연결해주는 등의 경영 지원도 제공해주죠. 특히 제조업이나 데이터 중심 기업, 플랫폼, AI, AR/VR, 모빌리티 및 바이오 업종의 스타트업들은 한 해에도 수십 차례 지원사업에 도전할 수 있기 때문에 최소한 초기 제품 제작을 못해서 사업을 실패했다는 이야기는 하지 않을 정도입니다.

또 기반 기술은 있지만 오랜 기간의 R&D가 필요한 Deep Tech 기업인 경우 정부과 공공기관의 R&D 프로젝트에 참여해서 연구 자금을 받는 방법도 많습니다. 수억 원대 이상의 자금도 지원받을 수 있기 때문에 자금 운영만 잘한다면 기술 분야 스타트업 입장에서 이보다 더 좋은 자금원이 없죠. 정부와 공공기관 지원금은 공공 자금이므로 스타트업이 이를 지원받고 난 뒤에 사전에 합의된 분야에만 매우 투명하게 집행해야 한다는 제약이 붙기는 하지만, 다른 투자금과 달리 지원금의 대가로 회사 지분을 받아가지 않기에 정말 고마운 돈이기도 합니다. 민간 분야 투자자들은 투자 대가로 회사의 지분을 받아갑니다. 투자를 했으니 그 대가를 받아야만 하죠. 반면 정부와 공공기관 지원금은 이런 대가가 없습니다. 회사의 성장과 사업의 발전을 위해서 사용되기만 하면 되는 돈입니다.

물론 이 경우 좋은 조건의 자금이다 보니 경쟁이 치열합니다. 규모가 큰 지원사업의 경우 수십 대 일도 아주 흔합니다. 하지만 어느정도 발전한 스타트업은 추가 자금원이 생기면 제약이 많은 정부지원금에 신청하는 비율이 떨어지기 때문에 준비만 잘 되었다면 초기 창업팀이라 해도 생각보다 어렵지 않게 받을 수 있습니다. 평가 기준은 당연히 비즈니스 모델과 사업화 가능성입니다.

B 엔젤과 액셀러레이터

정부나 공공기관이 아닌 민간 업체 중, 젊은 창업자들에게 기회를 주고 싶어 소규모의 시드 투자를 해주는 투자자들을 '엔젤'이라 부릅니다. 과거에 사업으로 성공해서 그 성공의 경험을 후배들에게 물려주고 싶어 하는 개인인 경우도 있고, 스타트업 투자에 관심이 있는 개인들이 모여서 투자금을 조성한 기관이기도 합니다. 배틀그라운드를 성공시킨 크래프톤의 의장이자 국내 최고의 엔젤 투자업체 중 하나로 꼽히는 본엔젤스를 만드신 장병규 의장과 같은 분이 대표적인 엔젤이시죠. 최근에는 토스의 비바리퍼블리카 창업자인 이승건 대표도 후배 스타트업에게 지분 투자와 함께 글로벌 투자자 네트워크를 연결해주는 도움을 주고 있다고 합니다. 실리콘밸리 생태계에 자리잡은 형태, 즉 성공한 창업자가 스타트업들에 대한 투자자이자 멘토로 역할하는 모델이 국내에서도 퍼져 나가는 것이죠. 다만 엔젤은 핵심 투자자가 개인이고, 이들의 관심사와 취향에 크게 영향을 받기 때문에 내가 투자를 받고 싶다고 해서 이들과 직접 연결될 수 있는 가능성은 높지 않습니다. 공개적으로 투자 검토 대상 스타트업을 모으는 경우도 종종 있지만, 상당수는 인적 네트워크에 포함되어야 고려 대상이 될 수 있다는 한계가 있습니다.

'액셀러레이터'는 자금 규모나 지원 가능한 자산 등을 일정 부분 보유한 상태에서 스타트업들을 모집해서 약간의 자금 지원과 함께 추가적으로 필요한 경영 지식이나 업계 네트워크, 노하우, 사무실 공간 등을 제공해주는 역할을 하는 민간업체를 말합니다. 실리콘밸리에서 에어비앤비를 키워낸 Y Combinator 같은 업체들이 매우 유명합니다. 국내에 액셀러레이터라는 이름을 달고 있는 업체는 300여 곳이 넘고, 대부분의 곳에서 1년에 한두 차례 이상 초기 스타트업들을 모집한 후 약간의 투자금 또는 지원금과 사무 공간, 그리고 여러 경영 교육과 함께 사업을 고도화할 수 있는 기회를 제공하고 있습니다. 보통 정부지원사업을 한두 차례 받은 스타트업들이 그다음 단계로 성장하기 위해 액셀러레이터의 문을 두드리게 됩니다. 액셀러레이터의 가장 중요한 기능은 시드 투자금이나 사무 공간이 아니라 스타트업들이 본격적인 외부 기관 투자자, 즉 벤처캐피탈들에게 자기를 보여줄 수 있는 기회를 마련해주는 것입니다. 보통 데모데이 Demo Day 라는 사업계획서 발표 자리를 마련하고 기관 투자자들을 초대함으로써 스타트업이 본격적으로 외부 투자를 받을 수 있도록 도와줍니다.

프라이머, 스파크랩, 블루포인트 파트너스나 N15 파트너스 같은 곳들은 민간 투자자들이 자금을 모아서 액셀러레이터 서비스를 만든 곳들입니다. 유명한 액셀러레이터 프로그램에 선발되는 것은 당연히 향후 좋은 벤처캐피탈의 투자를 만날 수 있는 지름길입니다. 좋은 스타트업을 많이 발굴했던 액셀러레이터는 당연히 스타트업 생태계에서 높은 신뢰도와 좋은 평판이 있기 마련이고, 이들이 선택한 스타트업이라면 더 믿을 만하다는 느낌을 벤처캐피탈에게 전달할 수 있으니까요.

삼성이나 현대차, 네이버 등 대기업 및 금융기관 등도 액셀러레이터를 운영하고 있습니다. 삼성전자의 C-lab, 신한금융그룹의 퓨처스랩, 네이버의 D2SF, 한화그룹의 드림플러스, 스마일게이트의 오렌지팜 같은 곳들이 잘 알려져 있습니다. 대기업이나 금융기관이 운영하는 프로그램들은 민간 액셀러레이터들보다는 모집하는 산업 분야의 제약이 있는 경우가 많습니다. 아무래도 삼성전자 같은 곳은 AI나 IoT, 통신, 배터리, 디스플레이 같은 전자 분야에 치중되기 마련이고, 신한의 퓨처스랩 같은 경우 핀테크나 금융서비스 스타트업들이 우선 순위에 놓이기 쉽다는 뜻입니다. 명시적으로 모집 분야를 한정하는 프로그램도 있고, 명시하지는 않지만 그전에 선발된 스타트업들의 사업 분야를 보다 보면 사실상 제약이 있다는 것을 알 수 있는 경우도 있습니다. 분야가 제한된 대신 지원 규모도 큰 편이고, 무엇보다 모기업의 사업과 연계해볼 수 있는 기회도 제공하는 것이 기업체에 소속된 액셀러레이터의 가장 큰 매력입니다. 주문형 반도체 설계 스타트업이라면 삼성전자와 어떻게든 연결의 끈을 만들고 싶을 텐데 삼성에서 운영하는 C-lab에 선발된다면 매우 좋은 기회를 노려볼 수 있겠죠. 혹은 이들 대기업의 현업 부서를 대상으로 한 영업이 필요한 B2B 스타트업의 경우도 역시 좋은 영업 기회를 이들 액셀러레이팅 프로그램을 통해 가져볼 수 있습니다.

다만 크고 유명한 액셀러레이터 프로그램들은 초기 창업팀 지원을 위한 프로그램이라 해도 선발 과정의 경쟁이 굉장히 치열하고 요구 수준도 매우 높습니다. 선발되는 기업이 꼭 시장에서 경쟁력이 있다는 뜻은 아니겠지만, 비즈니스 모델의 준비나 초기 실적 등 사업 진도가 아무래도 많이 나가고 있으며 팀원들의 역량이 높은 팀이 선발될 확률이 높겠죠. 그래서 유명 액셀러레이팅 프로그램에 있는 스타트업들은 연차가 적어도 2~3년씩은 된 곳이고, 기술적으로도 어느 정도 검증된 팀입니다. 창업하자마자 이런 프로그램을 기대하는 건 무리겠지요.

국내 액셀러레이터가 너무 많아지다 보니 옥석을 잘 가려내야 합니다. 크고 유명한 곳은 참여할 수만 있다면 매우 좋은 기회지만 이름만 액셀러레이터이고 실질적으로는 관련 정부지원사업 프로그램 위탁 운영에만 의존하며 명목상으로만 스타트업을 지원하는 곳들도 있는 것이 사실입니다. 이런 곳의 지원 내용은 아무래도 부실하고, 인적 네트워크나 경영에 대한 조언 등도 빈약하기 쉽겠죠. 때문에 액셀러레이터의 프로그램에 지원하고자 할 때는 해당 프로그램을 거쳐간 스타트업들이 어떤 곳인지를 먼저 파악해보는 것이 좋은 가이드가 됩니다. 투자를 받고 계속 성장하는 스타트업들이 거쳐간 프로그램이 당연히 좋은 액셀러레이터일 것이고, 산업이나 비즈니스 모델별로 특화된 장점 같은 것도 파악해볼 수 있으니까요.

C 벤처캐피탈

엔젤 투자자나 액셀러레이터는 분명 수익도 기대하지만, 사회에 대한 공적인 책임감을 가지는 경우도 많습니다. 대부분의 유명 엔젤 투자자가 자신의 성공을 사회에 환원하는 차원에서 하는 일이고, 대기업이 운영하는 액셀러레이터의 상당수도 사업적 목적보다는 사회 공헌 사업의 일환으로 운영하고 있으니까요.

반면 벤처캐피탈은 철저하게 수익을 목표로 운영되는 투자금 운영 회사입니다. 벤처캐피탈은 또 다른 외부 투자자로부터 끌어들인 자금을 스타트업에 투자하고, 나중에 투자금을 회수해 투자자들에게 돌려주는 역할을 하는 금융 회사입니다. 스타트업들을 발굴하고 투자 의사결정을 하는 벤처캐피탈리스트 혹은 심사역들은 증권사 펀드매니저와 일맥상통한 직업군인 셈입니다. 누군가의 의뢰를 받아 금융 상품을 대상으로 대신 투자해주고 수수료를 급여로 받으며 나중에 수익이 나면 보너스를 챙겨가는 직업이니까요. 증권사의 펀드매니저가 주로 주식이나 채권 같은 금융 상품에 투자한다면 벤처캐피탈리스트는 주로 스타트업에 투자한다는 차이 정도만 있습니다.

벤처캐피탈은 투자자의 돈을 잘 굴려서 수익과 함께 원금을 돌려줄 책임이 있는 민간 기업이기 때문에 위험도가 극도로 높은 극초기 기업에는 거의 투자하지 않습니다.

간단한 산수를 해보겠습니다. 국내에서 한 해 설립되는 법인 12만 개 중 엔젤이나 액셀러레이터, 각종 공공기관 등에서 시드 투자나 지원금을 받는 기업체는 약 3만 개 정도가 된다고 합니다. 25%니 굉장히 높은 수치죠. 하지만 이들 중에서 벤처캐피탈로부터 Series A를 투자받는 스타트업은 한해 1천 개가 되지 않는다고 합니다. 3만 개 중에 1천 개라고 쳐도 불과 3%의 확률입니다. 만약 벤처캐피탈이 시드 단계의 스타트업에 대규모로 투자한다면 이들이 투자금 이상을 회수할 수 있는 확률은 3% 이하인 셈입니다. 아무리 모험 자본이고, 투자자에게 받은 남의 돈이라 해도 이 정도 확률에 투자를 크게 집행한다면 직무유기에 가깝다고 볼 수밖에 없습니다.[2] 사실 Series A에 투자한다 해도 그 기업이 꾸준히 성장해서 IPO 할 확률은 7%도 안 되고, M&A로 투자금을 회수할 확률 역시 10%가 안 됩니다. 이조차도 충분히 모험 자본인 셈입니다.

초기의 스타트업 대표 중에서 벤처캐피탈이 이름과 다르게 초기 스타트업에게 너무 투자를 안 한다고 잘못된 것 아니냐고 화를 내시는 분들이 종종 있습니다. 벤처캐피탈의 원래 역할이 스타트업 생태계를 비옥하게 하는 것이니 완전히 틀린 말은 아니지만 벤처캐피탈 역시 LP Limited Partner, 금융기관에 투자 운영을 의뢰한 자금주라는 투자자에게 원금과 수익을 돌려줄 의무가 있기에 창업자 분들보다 훨씬 보수적일 수밖에 없다는 점을 기억하면 좋겠습니다.

벤처캐피탈은 외부 투자자들의 자금을 모을 때 '펀드' 형태로 조성하게 되고, 이 펀드에는 만기가 존재하며 대부분 7~8년 정도입니다. 이 말은 가령 펀드를 하나 조성하면 조성 후 3~4년간 투자가 주로 이뤄지고 이후 3~4년 정도는 투자한 돈을 수익화해서 만기가 되면 LP 들에게 돌려준다는 뜻입니다. 크고 유명한 벤처캐피탈은 새로운 펀드를 계속해서 조성하고 만기가 돌아온 펀드는 해산하는 과정을 반복하지만, 규모가 작은 벤처캐피탈은 이 조성과 해산의 속도가 느릴 수밖에 없습니다. 때문에 벤처캐피탈과 연락이 되었는데 펀드를 조성한 지 어느 정도 지났다면 투자를 받을 수 있는 가능성이나 금액이 줄어들 수 있다는 것입니다. 당연히 크고 유명한 곳일수록 이런 문제는 없겠지만 하필 나를 좋게 봐준 심사역이 속한 벤처캐피탈이 투자금을 거의 소진한 상황이라면 진도가 잘 안 나갈 수도 있습니다. 대부분의 벤처캐피탈은 앞서 조성된 펀드의 소진 계획에 맞춰 그다음 펀드 조성을 계획하고 진행하기에 투자 여력이

---

[2] 벤처캐피탈이 투자금을 회수하는 경우는 해당 스타트업이 Series 투자를 받을 때가 아닌, 매각되거나 IPO를 할 때입니다. 때문에 시드 단계에 투자한 돈을 수익과 함께 회수할 확률은 실제로는 훨씬 낮습니다.

아예 없다는 것은 어불성설이겠지만 상황에 따른 투자여력 증감은 존재한다는 것이죠. 내가 당장 투자받아야 회사가 망하지 않는데 6개월 뒤에 가능하다면 의미가 없으니까요.

국내 벤처캐피탈 업계에서 가장 큰 LP는 정부가 조성한 '모태펀드'라는 점을 고려해야 합니다. 모태펀드는 중기부, 과기정통부, 문체부 등의 중앙정부 조직과 중소기업지원공단 등 공공기관이 스타트업 투자를 위해 조성한 금액을 말합니다. 이를 정부가 직접 집행하지 않고 신뢰도 있는 벤처캐피탈에게 제공해서 이들이 스타트업을 고르고 투자하도록 하는 것이죠. 벤처캐피탈에 대해 세세히 알아보거나 스타트업 지원 정책을 논하는 글이 아니기에 자세히는 이야기하지 않겠지만, 정부의 모태펀드가 가장 큰 LP라는 점은 투자자를 찾는 스타트업 입장에서 골치 아픈 상황을 한 가지 만들죠. 바로 정부가 그 해 혹은 그 전 해에 '중점 지원 산업'으로 선정한 분야의 스타트업이 투자받기 유리하다는 점입니다. 몇 년 전에는 정부가 AR/VR 등 증강현실 분야를 집중지원하겠다고 정책 방향을 정하자 모태펀드를 받아서 운영하는 벤처캐피탈들이 경쟁적으로 AR/VR 업체에 투자했습니다. 그러다가 그다음 해에 빅데이터를 중요시하자 이번엔 빅데이터 업체들에 투자가 집중되었습니다. 각 모태펀드마다 운영 목표에 따라 중점적으로 투자할 산업 분야를 특정하기 때문에 벌어지는 일이죠. 이러한 특정 자체는 잘못된 일이 아닙니다. 정부는 정책 목표가 있기 마련이며 매년 중요한 과제나 산업은 바뀔 수 있는 일이니까요. 그렇지만 스타트업들의 비즈니스 모델이 매년 바뀔 수는 없는 노릇인데, 자칫하면 투자받을 타이밍을 못 맞추거나 축소된 투자금만 받을 수 있는 상황이 생길 수 있다는 뜻입니다. 단순한 예시로, AR/VR 스타트업인데 최근 정부의 유행이 AI와 모빌리티라면 모태펀드의 영향을 적게 받는 벤처캐피탈일 때 투자 확률이 올라간다는 뜻이 됩니다.

이상의 내용을 살펴보면 벤처캐피탈로부터 사업 초기에 투자를 받는 것은 단순히 내 사업이 좋고 성장 포텐셜이 훌륭하다는 점만으로 진행되지는 않음을 알 수 있습니다. 물론 이런 주변 여건에도 불구하고 비즈니스 모델이 좋고 목표에 맞춰 꾸준히 성장하고 있는 스타트업은 여전히 수많은 벤처캐피탈로부터 구애를 받을 수 있습니다. 아무리 조건이 복잡하다고 해도 스타트업 생태계의 본질은 좋은 비즈니스 모델과 사업 실적이니까요.

D 대기업

국내 대기업은 새로운 성장 동력을 구하거나 자사의 사업에서 부족한 부분을 보완하기 위해 끊임없이 스타트업을 찾고 있습니다. 국내 스타트업 관련 지원 프로그램 전체를 찾아볼 수 있는 중기부 사이트[3]를 주기적으로 방문하다 보면 대기업이 상금[4]을 걸고 자기들의 관심 분야 스타트업을 모집하는 공고를 꽤 자주 볼 수 있습니다. 대기업의 스타트업 투자가 낯선 분들도 계실 텐데, 일례로 GS 그룹의 경우 홈쇼핑과 리테일 사업을 위해 지난 10여 년간 800개가 넘는 스타트업에 4천억 원 이상을 투자한 것으로 알려져 있습니다. 지분 투자가 아니라 상금을 걸고 스타트업을 모집하는 대기업 후원 프로그램들도 매우 많습니다. 현대차 정몽구 재단이 후원하는 'H-온드림 스타트업 그라운드'나 KT&G가 후원하는 '상상 스타트업 캠프' 같은 것들이죠.

더 나아가서 대기업들은 사회 공헌 사업 차원의 후원이 아니라 자사의 사업과 스타트업의 아이디어나 기술력을 결합시켜 새로운 성장 기회를 찾으려는 노력을 합니다. 이를 '오픈 이노베이션'이라 부릅니다. 신한금융그룹이 운영하는 '신한 스퀘어브릿지 오픈 이노베이션' 같은 프로그램은 2020년 이후 20여 개 이상의 대기업이 참여해서 100여 개의 초기 스타트업과 협력할 수 있는 방안을 찾아왔습니다. 꼭 재계 최고 순위의 대기업뿐 아니라 농심이나 DB, 교원 같은 중간 규모의 대기업들도 활발하게 스타트업들과의 협업 기회를 마련하고 있습니다. 아마도 여러분이 떠올릴 수 있는 대기업 이름과 오픈 이노베이션이라는 단어를 검색창에 검색해보면 이런저런 스타트업 지원 또는 협업 프로그램을 찾을 수 있을 겁니다. 이미 2019년 국내 300대 기업 중 절반 이상이 스타

---

3. k-startup.or.kr

4. 정부 프로그램에서 제공하는 지원금은 지분 등 다른 대가가 없는 대신 그 비용을 사용하는 데 제약이 있고 관련된 많은 증빙과 사업 진도에 대한 서류 작업을 해야 합니다. 대부분의 민간 투자자에게 투자를 받는 경우엔 그 대가로 회사의 지분을 제공해야 합니다. 반면 상금은 이런저런 조건이 없죠. 상금이 걸린 대회에서 이긴 대가로 받는 돈입니다. 받을 수만 있다면 가장 좋은 돈인 셈이니 당연히 상금이 커질수록 경쟁도 치열합니다.

트업 관련 프로그램을 운영하겠다고 밝혔습니다. 코로나 시대를 지나면서 스타트업을 찾는 대기업의 발길은 과거와 비교할 수도 없을 만큼 늘어났죠.

하지만 스타트업 생태계에서 대기업의 진정한 역할은 스타트업들을 인수해서 창업자와 초기 투자자가 IPO가 아닌 방법으로도 엑싯을 할 수 있게 해주는 일인 듯합니다. 물론 인수합병은 단순한 지원 프로그램이나 오픈 이노베이션과는 비교할 수 없을 정도로 신중하게 진행되는 작업입니다. 그리고 적어도 수십억 원 이상의 매출을 가졌거나 독보적인 기술을 가진 업체를 타깃으로 하기에 해당 업체수도 많지 않고, 무엇보다 카카오나 대형게임사들을 제외하면 사례 자체도 아주 많지는 않습니다. 미국에서는 스타트업에 대한 엑싯의 1/3 이상이 미국 대기업 자본에 의해 일어난다고 하지만, 국내 대기업은 선의로 스타트업 인수를 하려고 해도 문어발 확장이나 후계 구도와 관련해서 사회의 시선을 피해가려는 꼼수처럼 보일 위험도 있습니다. 인수한 스타트업에 인원도 많지 않은데 대기업 계열사로 취급되어 공정위 등의 요구 조건에 맞추다 보니 정작 사업에 집중할 수 없다는 위험성도 있습니다. 또 국내 대기업 중 상당수가 제조 기업이다 보니 작은 기술 스타트업을 하나 인수했다고 해서 사업적으로 큰 변화를 만들기가 어렵다는 근본적인 문제도 있습니다. 하지만 대기업들은 스타트업 생태계에서 가장 많은 자금 동원 능력을 갖춘 플레이어로 기술, 설비, 사업 스케일업 노하우, 고객 및 영업망, 글로벌 경험 등에서 스타트업은 꿈도 꾸기 어려운 자원을 보유한 곳이기도 합니다. 스타트업 입장에서는 인수합병이 아니더라도 작은 납품 기회나 협업 기회만 얻을 수 있어도 큰 도움이 될 수 있습니다. 코로나 이후 온라인과 4차 산업 혁명이 갈수록 강조되고 있고, 이 부분에서 대기업들이 모든 문제를 내부 자원만으로 해결할 수는 없기 때문에 결국 시간의 문제일 뿐 대기업의 스타트업 M&A는 더 활발해질 것이라 예상합니다.

이 책을 읽는 독자분들은 대부분 극초기 또는 창업을 계획하는 예비 창업자일 것으로 생각됩니다. 그래서 앞에서 다룬 벤처캐피탈의 투자나 대기업과의 오픈 이노베이션과 M&A이 먼 이야기처럼 들릴 수도 있습니다. 하지만 투자와 엑싯에 대한 일정 수준의 고려는 사업 초기부터 절대적으로 필요합니다.

뒤에서 자세히 다루지만 비즈니스 모델에서 가장 중요한 것이 시장 선택, 즉 어떤 시장에서 경쟁할 것인지 선택하는 것인데, 이 선택은 투자 유치 및 엑싯 플랜이 없는 상태에서는 매우 공허한 논의가 되기 때문입니다.

극초기 창업 단계에서 얻을 수 있는 현실적인 외부 도움은 정부지원사업과 초기 스타트업을 대상으로 상금 등을 지급하는 스타트업 참여형 경진 프로그램 정도입니다. 이때 향후 성장 가능성과 경쟁력을 충분히 고려해서 모델을 다듬어야 이후 벤처캐피탈이나 대기업의 투자를 기대해볼 수 있습니다.

04

창업 이후 3년까지의 세부 과제

1장
스타트업 창업과 성장 과정 개요

2장
단계별 FAQ를 통해 이해하는 비즈니스 모델 설계

3장
국내외 스타트업 사례로 이해하는 비즈니스 모델

창업팀이 아이디어를 떠올리기 시작하는 시점이 창업의 시작입니다. 그리고 이 아이디어가 제품과 서비스로 구체화되고, 시장에서 작게라도 성과를 거둬야 엔젤이나 벤처캐피탈 같은 투자자가 나타난다고도 했습니다. 특히 본격적으로 대규모 투자가 들어오는 벤처캐피탈의 관심을 받기 위해서는 아주 단단한 비즈니스 모델과 시장 검증이 필수입니다. 팀과 비즈니스 모델에 따라 편차가 상당히 크지만, 대부분의 경우 벤처캐피탈의 눈길을 받을 정도의 수준까지 올라오려면 최소한 2~3년 정도의 사업화 기간이 소요됩니다. 고등학교 시절 1학년 때 기초 실력을 잘 쌓아야 고2, 고3을 거치면서 성적이 계속 오르고 좋은 대학을 갈 수 있듯 스타트업의 초기 3년간 사업을 위한 과제들을 제대로 수행해야 이후 외부 투자를 받아 날아오를 수 있습니다.

A **Lean Startup – 비즈니스 모델과 MVP**
B **제품 서비스 고도화**
C **시장 진입과 점유율 확보**
D **조직의 성장 준비**

초기 3년 수행 과제 1. 사업화 과제

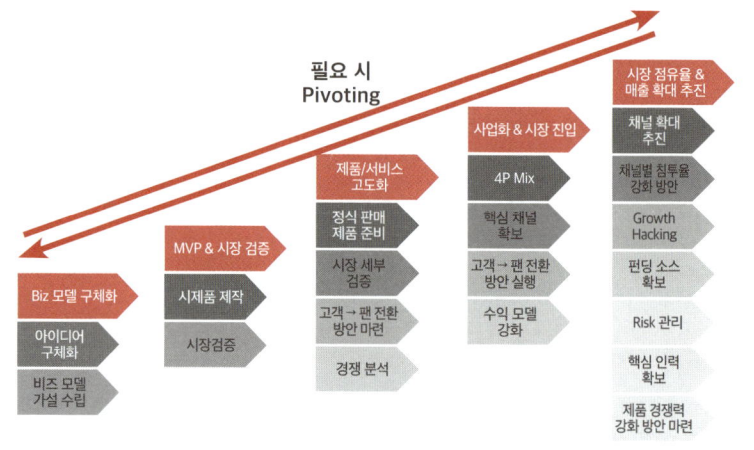

A Lean Startup – 비즈니스 모델과 MVP

초기 스타트업의 가장 큰 과제는 제품과 서비스를 만들어내고, 시장에 진입하기 위해 초기 멤버들을 확보하는 일입니다. 그리고 더욱 세분화해 본다면 일단 아이디어를 구체화하는 것이 최우선 과제입니다. 무엇을 할지 대략적이나마 정해져야 초기 창업팀을 모으고 필요한 자본 규모를 추정해서 준비할 수 있을 테니까요. 이 과정에서 사업에 대한 전망은 가설 수준입니다. 제품 혹은 서비스가 없거나 기술 개발이 완료되어 있지 않으니 추정할 수밖에 없죠. 하지만 고객이 누구며 어떤 고객 가치를 우리 제품을 통해 구현할 것인지는 아주 명료해야 합니다. 창업의 초기는 가설 검증의 연속입니다. 만들어지지 않은 제품으로 모르는 고객에게 아직 시도해보지 않은 방법으로 팔아야 합니다. 때문에 제품과 기술은 아직 미지수라 할지라도 '누구에게 어떤 방법으로 무슨 가치를 제공할 것인가'가 명료해야 일을 제대로 시작할 수 있습니다.

그 직후엔 사업 아이디어를 실행 및 평가할 수 있고 남에게 설명도 가능하며, 경쟁사와도 비교할 수 있는 형태로 구조화시켜야 합니다. 아이디어를 설계도 혹은 전개도의 모양으로 변형시키는 것이라 할 수 있는데, 이를 비즈니스 모델 수립 과정이라 부릅니다. 외부 투자금이나 정부지원금이 필요하지 않아서 독자적으로 성장할 자신이 있는 스타트업이라면 이 과정을 굳이 길게 가져갈 이유는 없습니다. 이 단계에서 아무리 꼼꼼하게 기획안을 만들어도 막상 시장에 나가서 고객을 만나면 가설들이 틀려서 다시 만들어야 하는 경우가 대부분이니까요. 독자 성장이 가능하다면 제품과 서비스를 빠르게 시장에 내놓는 일에만 집중하면 됩니다. 실제 2~3명의 개발자로 이뤄진 앱 또는 게임 개발사들의 경우 단순히 만들고 싶은 제품을 만들다 보니 성공하는 사례들이 꽤 있습니다. '랜덤다이스' 게임으로 유명한 개발사인 111퍼센트가 이런 성공 방식의 대표적 사례죠. 투자받으려고 사업계획서 붙잡고 앉아 있기 보다는 그냥 무작정 개발부터 했다고 합니다. 물론 굉장히 많은 실패를 반복했지만 인원이 많지 않아서 오히려 버텨낼 수 있었고, 이후 불과 2~3년 만에 150개가 넘는 캐주얼 게임을 개발했습니다. 초대박을 터뜨린 게임은 없지만 대부분 개발 비용보다는 많은 수익을 올리면서 매출 100억이 넘고 영업이익 40% 이상을 기록하는 멋진 회사가 되었죠. 유튜브에서 성공한 크리에이터들도 대부분은 이런 패턴을 따라갑니다. 목표와 포맷을 정해서 진행하기보다는 그저 꾸준히 동영상을 올리다 보니 예상치 않았던 영상에 조회수가 터지면서 유명 유튜버가 되는 것이겠죠.

하지만 이렇게 초기의 큰 투자 없이 곧바로 제품을 만들 수 있는 일부 콘텐츠 기업을 제외하면 대부분의 스타트업 사업은 제품 개발 자체에 큰돈이 들어가기 때문에 외부 지원이 절대적입니다. 정부지원금 등을 받으려면 심사를 통과해야 하는데, 극초기 기업에 대한 심사는 항상 비즈니스 모델이 얼마나 현실성 있고 동시에 성장 잠재력이 있는가를 따지게 되니 비즈니스 모델을 꼼꼼히 수립해야 합니다.

비즈니스 모델의 주요 요소는 고객 가치가 구현된 제품으로 어떻게 시장에 진입할지, 이 과정에서 경쟁사와 어떻게 차별적인 위치를 가질지, 그리고 이렇게 진입하면 수익이 만들어질 수 있는지를 점검하는 것입니다. 이를 각각 시장 진입 방안, 차별화 방안, 그리고 수익 모델 수립이라 하며, 앞선 아이디어 단계와 마찬가지로 여기까지도 가설에 불과합니다. 아직 제품이 만들어지지 않았고, 제품에 대한 고객 피드백이 없는 상태니까요.

이렇게 사업 아이디어가 정리되면 이제 제품과 서비스를 만들어낼 때입니다. R&D를 오랫동안 해야 하는 사업이거나 MMO 게임처럼 개발이 오래 걸리는 콘텐츠 사업, 그리고 복잡한 공정을 거쳐야 하는 하드웨어 사업 등에서는 이 제품 개발 과정이 아주 오래 걸릴 수도 있을 겁니다. 비즈니스 모델에 맞게 제품을 기획하고 개발하는 과정은 결코 만만치 않습니다. 가장 어려운 점은 지금 내가 가진 비즈니스 모델이나 기술적 장점 등이 모두 시장에서 검증되지 않았다는 것이죠. 제품 제작이 얼마나 어렵고 비용이 많이 들어갈지, 만들어진 제품을 고객들이 진짜 좋아할지 모르는 상태에서 제품부터 만드는 일이니까요. 그렇다고 실물 없이 고객들에게 '이런 컨셉의 제품이 좋아요?'라고 묻기만 하면서 시장 진입을 준비할 수는 없습니다. 대기업이라면 자금에 여유가 많으므로 이런 식으로 충분한 시장 조사를 하면서 사업 준비를 할 수 있지만 초기 스타트업은 불과 몇 달 버틸 자금도 여유가 없으니까요.

그렇지만 아무 조사 없이 제품을 만들면 자칫 초기 자본금으로 모은 돈을 모두 쓰고도 제대로 된 제품을 만들어내지 못하거나 재고부터 잔뜩 쌓아 올렸는데 고객이 좋아하지도 않고 판매할 영업망도 갖춰지지 않아서 결국 큰 손실만 보고 사업을 접게 됩니다. 그래서 스타트업이 사용하는 방법은 만들려는 제품을 최대한 저렴하고 빠르게 만들어서 시장의 반응을 살펴보는 것입니다. 시제품처럼 최소한의 비용으로 만들되 내가 구현하고자 하는 고객 가치의 핵심은 오롯이 들어있는 제품이어야 합니다. 이렇게 제작된 간략한 구현 제품을 MVP^{Minimum Viable Product, 최소기능제품}라고 하며, 이를 시장에 출시한 뒤에 고객 피드백에 따라 개선하는 작업을 반복합니다. 이렇게 하다가 어느 순간 고객의 반응이 폭발하는 시점이 오게 되면 스타트업은 기나긴 탐색의 시간을 지나고 본격적인 사업화 단계에 진입할 수 있게 됩니다. 사업 초기 가졌던 고객과 시장, 제품에 대한 가설이 비록 작은 규모로라도 검증이 된 셈이니까요. 이렇듯 MVP의 출시와 고객 피드백을 반복해서 성공의 길을 찾는 방법론을 린 스타트업^{Lean Startup}이라 합니다. 자금과 인력 부족에 시달리는 스타트업이 검증되지 않은 제품을 제대로 만들려고 모든 것을 쏟아 부었다가 망할 수 있기 때문에 리스크를 줄이면서 시장을 학습해 나가는 방식입니다. 리스크를 관리하면서 겪는 시행착오라 할 수 있겠네요.

B 제품 서비스 고도화

이 단계에서 중요한 것은 앞서 MVP 단계에서 1차적으로 검증된 고객들의 욕구와 제품 사이의 연결성 PMF, Product Market Fit 을 유지하면서 제대로 된 양산형 제품을 만들어 내는 것과 초기에 제품을 좋아해준 고객들을 진정한 나의 팬으로 만드는 것입니다.

배틀그라운드 게임의 경우 정식 출시 전에 테스트 버전 출시만으로 이미 큰 성공을 예약하고 있었다고 여겨집니다. 하지만 『크래프톤 웨이 이기문, 김영사, 2021.07』같은 책에서 묘사되는 그들의 모습을 보면 테스트의 성공 이후 고객들의 기대에 충족시킬 수 있는 정식 버전을 만들기 위해 마음고생을 크게 했다고 합니다. 배틀그라운드는 테스트 버전이 크게 성공했으니 당연히 그래야 하는 것 아니냐고 생각할 수도 있지만, 크게 성공하지 않아서 소수의 잠재 고객만 있다고 하더라도 실제 이들로부터 응원을 듣게 되면 제품을 제대로 만들어야 한다는 부담감이 확 느껴지죠.

테스트 버전과 정식 판매를 위한 양산 버전은 완전히 다른 문제입니다. 잘 만든 단편 독립 영화를 상업용 장편으로 만들었다가 비평가와 관객의 차가운 눈초리를 받는 영화 감독이 많습니다. 똑같은 문제가 스타트업에도 생기는데, 그 원인은 여러 가지일 수 있습니다. 테스트 성공에 긴장이 풀려서 허술한 양산 제품을 만드는 경우도 많고, 양산을 위해 투자를 잔뜩 받았다가 이후 투입되는 비용의 확대 및 투자자의 압박 때문에 준비 과정이 엉망이 되기도 합니다. 하지만 가장 흔한 원인은 MVP 성공 이후 정식 버전을 너무 잘 만들겠다는 과욕인 것 같습니다. 자꾸 욕심을 부려서 MVP 테스트 단계에서 고객이 열광했던 그 장점이 다른 기능과 스펙에 묻혀버리는 일이 생기는 것이죠. 잘해보려고 최선을 다했으나 고객의 기대를 벗어났기에 실패로 이어집니다. 더불어 MVP 단계에서는 제대로 인식하지 못했던 문제점들이 양산 과정에서 대두되기도 합니다. 하드웨어를 만드는 스타트업의 경우 보통은 OEM 외주를 맡기는데 본 제품 생산을 제대로 하려니 단가가 너무 올라가버리거나, 필요한 최소주문수량 MOQ, Minimum Order Quantity 이 너무 많아서 비용 부담과 재고 관리에 심각한 문제가 생기는 식이죠. 앞서 언급했듯 시제품 몇 개 만드는 것과 정식 판매 제품을 제대로 만드는 일은 완전히 다른 일이고, 꽤 많은 스타트업들이 MVP 테스트에 성공한 후 정식 판매 단계에서 실패를 겪습니다.

제품을 잘 만드는 것보다 더 어려운 일이 MVP 테스트 과정에서 자사 제품에 호응을 보여준 초기 고객을 팬으로 만드는 일입니다. 정식 제품도 아니고, 어쩌면 제대로 가격을 받지도 않고 테스트했을 수도 있는데도 제품을 좋아해 준 극소수의 고객이 얼마나 중요할까 싶겠지만 이들 초기 고객은 제품만큼이나 중요합니다. 스타트업은 돈이 없고 창업자 중 마케팅 전문가는 극히 드물기 때문에 더 그렇죠.

스타트업 대표분들과 이야기 나누다 보면 제품 개발 단계가 아니라 제품을 완전히 다 만들고 난 뒤에 SNS 페이지를 만들어 광고하는 것이 마케팅이라 생각하는 분들이 많습니다. 내가 준비한 후 고객에게 제대로 메시지를 전달해 고객 반응을 이끌어내겠다는 생각이겠지만, 이는 자금 여유가 많은 대기업에서 사용하는 방식입니다. 대기업은 제품을 만들 때는 제품에만 집중한 이후에 대규모의 자금을 집행해서 고객의 이목을 확 끌어당길 수도 있고, 보유한 영업망을 통해 많은 재고를 한꺼번에 처리할 능력이 있습니다. 대기업이 가진 브랜드 파워는 이 과정을 더욱 원활하게 만들어줍니다. 하지만 돈도 영업망도 브랜드 유명세도 없는 스타트업이 이렇게 제품 제작과 마케팅을 분리해서 생각하게 되면 너무 많은 시간이 소요됩니다. 가령 내가 재고로 화장품을 1만 개 만들었는데, 이만한 물량을 다 만들고 난 뒤에 팔 방법을 찾는다고 하면 팔 곳이 없습니다. 그때부터 영업망을 찾고, 판매 채널을 만들고, 고객들에게 제품을 인지시켜서 구매를 유도하겠다고 하면 그 사이 내 제품은 이미 시즌이 다 지나가서 떨이 판매처를 찾아야 합니다. 아니면 급하게 고객을 찾느라 엄청난 돈을 광고로 태워야 합니다. 때문에 제품의 개발과 마케팅의 진행은 선후 관계가 아니라 동시에 진행해야 하고, 이때 가장 중요한 역할을 하는 사람들이 초기에 제품을 사용해본 고객들이 만드는 입소문 Word of Mouth Marketing, 구전 마케팅 입니다. 와디즈나 텀블벅에서 모여든 고객이 이후 정식 출시했을 때 다시 구매를 해주면서 '저번에 써봤는데 제품이 너무 좋아서 어디서 파는 물건인지 한참 찾았는데 드디어 발견했네요. 주변에도 소문 많이 낼게요.'라는 리뷰 글을 적는다면 최고인 셈이죠. 이런 소비자들이 늘어나면 최소한의 마케팅 비용으로 시장을 개척해나갈 수 있게 됩니다.

물론 MVP 테스트 때 좋아해준 고객들 대부분은 우리 제품의 정식 판매처를 찾아다니지는 않을 겁니다. 그 정도로 대단한 제품은 정말 드물 테니까요. 현실적으로는 MVP를 써보고 '쓸 만하다' 정도의 느낌을 받은 고객이 있다면 다행일 테니, 이들 고객과 제품의 정식 출시 전에도 지속적인 소통을 하기 위한 SNS 페이지를 적극적으로 운영하거나, 다양한 사전 이벤트를 통해 저비용 마케팅을 시도하거나, 고객들이 SNS에 우리 제품을 이야기하도록 유인을 제공하는 등의 활동이 필요합니다. B2B 기업이라면 초기 고객사의 사례를 활용할 수 있는 레퍼런스로 만들어서 다양한 잠재 고객들에게 알리는 활동이 필요할 테죠. 이때, 사전 마케팅이 너무 길어지면 고객의 관심도가 낮아질 수 있으니 제대로 된 정식 제품을 빠르게 시장에 내놓는 것도 매우 중요합니다.

C 시장 진입과 점유율 확보

제품 준비를 어느 정도 마치면 슬슬 제품의 본격 출시를 위한 실무가 필요해집니다. 영업망을 만들어야 하며 홍보 및 브랜딩도 진행하는 등 작지만 대단히 의미 있는 의사결정들과 실행을 해야 하는데, 이 과정을 시장 진입 마케팅이라 합니다. 마케팅 분야에서 4P Mix라 부르는 Product, Place, Promotion, Price를 구체적으로 설정하고 실제 판매를 시작해야 하는 시점입니다. 가장 어려운 것은 영업망의 선택과 가격의 결정입니다. 무료로 다운로드 가능하며 사용자가 비용을 내지 않는 SNS 같은 플랫폼 정도를 예외로 하면 시장 진입 초기 단계에 영업망을 선택하고 가격을 정하는 것은 때론 사업 전체의 존폐에 영향을 주기도 하고, 출시도 하기 전에 제품의 속성을 바꿔야 할 정도로 큰 영향을 주기도 합니다.

가령 기업용 소프트웨어를 개발하는 스타트업이 삼성 SDS 같은 시스템 통합 서비스 업체를 통해 대면 영업으로 국내 기업에게 판매하려 할 때의 제품 특성 및 가격과, 온라인을 통해 전 세계 기업들을 대상으로 판매하는

SaaS Software as a Service[5] 같은 판매 방식을 생각했을 때의 제품 특성 및 가격은 완전히 다를 겁니다. 화상 회의 시스템 중에서 Zoom 같은 SaaS는 대부분은 무료고 사용자가 많을 때만 유료인데, 이 역시 불과 몇만 원 정도입니다. 하지만 대기업에서 독자적으로 화상회의 시스템을 구축한다면 시스템 구축 비용과는 별개로 소프트웨어 개발비만 몇억 원일 겁니다. 판매망 또는 판매 방식과 가격의 연계는 이런 의미입니다.

B2C의 경우를 한번 생각해보죠. 일례로 실제 어느 스타트업의 경우 유아케어 서비스 및 관련 부모 교육을 저렴하게 제공하는 온라인 서비스를 시작했는데, 막상 다수의 부모들과 부딪치다 보니 유아의 육아 및 교육 관련해서는 부모들이 어설프게 저렴한 서비스보다는 확실히 믿을 수 있는 명확한 자격을 가진 전문가에게 고가의 비용을 지불하는 쪽을 더 선호함을 알게 되었습니다. 그래서 본격 서비스 출시 이후에는 급하게 전문가를 보강하고 가격을 높게 끌어올렸습니다. 이런 이유로 가격을 변경하게 되면 초기에 저렴한 가격을 내세워 모은 고객은 모두 떨어져 나갈 것이고, 평판도 나빠질 위험성이 있습니다. 자칫하다가는 고객 커뮤니티 같은 곳에서 온갖 비난을 받게 될 수도 있습니다. 아예 고가 제품은 별도의 브랜드로 재론칭하는 것이 더 나은 선택일 수 있겠죠. 이렇듯 가격을 결정하고 이를 시장에 노출하는 것과, 이를 변화시키는 것은 엄청난 의미를 가집니다. 최선은 MVP와 시장 진입 극초기에 적정 가격을 정하고, 이 가격대를 최대한 지키도록 향후 운영을 맞춰 나가는 것입니다. 가격을 처음부터 '잘' 정하면 되는데, 최적 가격은 사실 고정된 것이 아닌 끊임없이 움직이는 목표물입니다. 시장이 변화해가고 내 사업도 커져가면서 이 가격을 통해 고객도 더 끌어들이지만 회사에서도 적자가 나지 않아야 하는 그 지점을 계속해서 찾아야 합니다. 쿠팡은 매출은 끊임없이 늘어남에도 매년 수천억 원의 적자를 내고 있죠. 쿠팡을 통해 판매하는 제품의 가격이 너무 저렴한데, 쿠팡은 시장 점유율 확대를 위해 이를 감내해 왔습니다. 하지만 2022년 초부터 쿠

---

5. 필요한 소프트웨어를 업체에 요청해서 설치, 사용하는 것이 아닌 웹이나 앱을 통해 필요할 때만 필요한 만큼만 사용하도록 하는 서비스를 말합니다. 예전에 화상통화는 기업체에서 시스템 통합 업체를 불러 매우 비싼 개발 비용을 지불하고 회사 내부에 설치 및 운영했지만, 지금은 줌이나 구글 미트 같은 서비스를 적은 사용료를 내고 쓰는 경우가 대표적 예시죠. 소프트웨어 업체 입장에서 개발비만 투입하면 이후 고객의 구매나 서비스 과정은 시스템이 처리하기 때문에 고객을 급격히 늘리는 데 매우 유리합니다.

쿠팡의 로켓와우 회원비를 기존 2,900원에서 4,990원으로 인상했습니다. 배송 한 번 정도의 비용으로 한 달간 로켓배송을 무료로 제공하다 보니 적자가 너무 커져서 가격을 바꾼 것이죠. 이처럼 스타트업의 적정 가격도 한 번으로 끝나지 않고 계속해서 변화하고, 고객 증가와 수익 확보 사이의 방정식을 끊임없이 풀어야 합니다.

가격은 기업이 결정하지만 많은 경우 판매망에 따라 가격을 어쩔 수 없이 변동해야 하기도 합니다. 유통 마진이 극도로 높은 것으로 알려져 있는 백화점이나 홈쇼핑을 주거래처로 하는 경우와 반대로 카드 수수료보다 약간 높은 수준의 마진만 내면 되는 네이버 스마트스토어를 주력으로 하는 경우 가격이 똑같을 수는 없습니다. 앞서 언급한 B2B 소프트웨어처럼 SaaS 형태로 파는 것과 시스템 통합 업체를 통해 판매하는 가격이 같을 수 없는 것처럼 말이죠. 그렇지만 애플의 판매 정책처럼 제품의 특성이나 고객의 가격 민감도, 판매 전략 등에 따라 채널별 가격을 통일할 수도 있습니다. 각각의 가격 정책은 기업의 선택이지만 선택엔 결과가 따라옵니다. 회사의 전략과 제품 특성이 가격 정책과 엇가가게 되면 결국 매출이 줄어들고, 기회를 상실하게 됩니다.

가격에서 또 다른 고려 요소는 원가를 어느 정도로 할 것이냐의 문제입니다. 원가는 기본적으로 판매량의 함수입니다. 생산량, 궁극적으로는 판매량이 많을수록 제품 원가는 줄어들게 마련이죠. 외부 업체에 OEM을 주는 경우에도 발주 수량을 늘리면 매입 단가는 보통 낮아집니다. 하지만 생산량이 늘어난다는 것은 내가 처리해야 할 재고가 늘어난다는 뜻입니다. 초기 스타트업에게는 높은 원가보다 더 무서운 것이 산더미처럼 쌓인 재고입니다. 판매망도 아직 부실하고, 고객들과의 관계도 안정적이지 않은 상태며, 브랜드 존재감도 미약하기 때문에 많은 재고를 빠르게 처리할 방법이 별로 없습니다. 섣불리 가격 행사를 해봤자 잠재 고객 자체가 적으니 판매량은 늘지 않으면서 마진만 날리게 되고, 자칫하면 먼저 구매했던 고객들에게 컴플레인만 듣게 됩니다. 대기업은 수많은 판매망과 대리점, 그리고 브랜드 존재감을 가지기에 제품 출시 초기 원가 경쟁력을 갖출 만한 대규모 물량을 생산하고도 금방 처리할 수 있습니다. 정 안 되면 홍보 행사를 한 번 진행한 후 가격을 낮추면 재고를 없앨 수 있습니다. 하지만 스타트업은 결코 이렇게 할 수 없기 때문에 초기에는 최소한의 재고로 운영해야 하는데, 이렇게 되면 원가 부담을 피할 수가 없습니다. 팔아봐야 적자일 가능성이 크다는 것이죠. 브랜드 인지도도 없는데 비싸게 팔 수도 없으니까요. 유통 채널과 가격의 문제는 결국 시장 분석과 비즈니스 모델의 문제로 다시 돌아옵니다. 초기부터 손실을 보더라도 낮은 가격으로 빠르게 매출을 확대할 수 있는 시장인지, 이런 식으로 초저가 사업을 구현할 역량이 내부적으로 갖춰져 있는지 등의 문제를 미리 고민하고 사업화를 해야 하기 때문이죠. 혹은 반대로 고가로 간다면 고가에 어울리는 제품 퀄리티를 만들 수 있는지, 그리고 적은 판매량에 따른 적은 매출액으로도 운영과 성장이 가능한지 등도 고민해야 합니다.

시장에 본격적으로 진입하면 수많은 경쟁에 노출됩니다. 경쟁은 대략 세 종류로 나뉩니다.

첫 번째는 나와 비슷한 시기, 유사한 아이디어를 가진 스타트업들과의 경쟁입니다. 미국 내에서 한때 페이스북 유사한 SNS 서비스가 백 개가 넘게 있었고, 국내에서도 소셜커머스 서비스나 배달 앱은 초기 수십 개 업체가 경쟁했습니다. 사실 이런 경쟁은 매우 좋은 경쟁입니다. 경쟁업체가 많다는 것은 그 시장의 잠재력이 엄청나다는 뜻입니다. 게다가 여러 스타트업이 경쟁하기 때문에 시장을 확대시키려고 크게 무리하지 않아도 시장이 금방 커지고, 내 제품의 '컨셉'을 고객들에게 설명하느라 시간을 낭비할 필요가 없어집니다. 보통 경쟁사가 없는 제품이나 서비스는 고객들이 이 제품과 서비스가 무엇인지 이해하지 못해서 아예 관심 자체를 보이지 않게 됩니다. 비슷비슷한 경쟁사가 많다면 스타트업 입장에서 자사의 제품의 품질과 가격 경쟁력이라는 사업의 본질에 집중할 기회를 더 많이 주기 때문에 장점이 매우 많은 상황입니다. 물론 경쟁사에 대비 특색이 없을 경우 One of them이 되거나 품질, 가격 등의 요소에서 한 번 밀리면 회복하기 어렵기는 합니다. 그렇다 할지라도 경쟁이 아예 없는 경우보다는 훨씬 좋습니다. 세상에 존재하지 않던 컨셉의 혁신적 제품이 시장에서 매우 높은 확률로 참패하는 이유는 고객을 '교육'시켜야 하는데, 대부분의 스타트업은 이렇게 고객을 교육하면서 돈까지 벌 여력이 안 되기 때문입니다. 과거에 너무 독특해서 성공하지 못했는데, 시간이 지나면서 일상적인 제품이 되는 경우 처음에 제품을 내놨던 업체를 보고 '시대를 잘못 만났다'고 하는 경우가 바로 이 문제입니다.

두 번째 종류의 경쟁은 유사한 컨셉으로 시장을 장악하고 있는 대기업이 있는 경우입니다. 가령 카카오톡이 장악하고 있는 모바일 메신저 시장에 진출하려는 스타트업이나 네이버와 카카오 엔터테인먼트가 장악하고 있는 웹소설 시장에 진출하려는 스타트업이 부딪치는 문제입니다. 이 경우에는 시장의 규모나 고객들에게 제품과 서비스의 컨셉을 알리는 것 자체는 전혀 문제가 되지 않습니다. 고객들이 기업만큼이나 전문가일 테니까요. 여기서의 문제는 기존 대형 경쟁사 대비 어떤 차별점이 있느냐로, 이 상황에 처한 스타트업들은 모두 '어떤 어떤 특징이 대기업 제품과 다르다'라고 주장하지만 대부분은 굉장히 마이너한 변화여서 고객들이 별 의미를 두지 않는 차이점이거나 대기업 제품이 금방 따라서 할 수 있는 수준의 변화여서 의미 없는 경우가 아주 흔합니다. 대기업 제품과 경쟁해야 하는 상황에 놓인 스타트업은 보통 시장의 작은 틈새에서 기존 대기업 제품과 다른 것을 찾는 소수의 고객을 위한 제품을 내놓게 됩니다. 그래야 차별화가 될 테니까요. 하지만 이렇게 특이한 제품을 반기는 고객의 수는 대부분 너무 적어서 결국 해당 스타트업은 성장의 기회를 갖지 못하게 됩니다. 때문에 이런 접근은 확실하게 구분된 세부 시장이 존재하거나 혹은 대기업이 없는 해외 시장에 진출할 여지가 있을 때 시도하게 됩니다. 다양한 필터나 재미있는 기능으로 하나의 독자적인 시장을 만들어낸 카메라 앱이나, 카톡이 장악하고 있는 개인용 메신저와 분리해서 업무용 메신저를 사용하고 싶어 하는 기업들을 위한 기업용 메신저 서비스가 이러한 접근을 잘 보여주는 예시입니다.

세 번째는 고객이 경쟁사인 경우입니다. 정확히는 고객의 니즈를 제대로 발굴해내지 못한 경우를 의미합니다. 고객들이 비싼 돈을 주고 제품과 서비스를 사느니 자기 나름대로 대안을 찾아서 사용하게 됨으로써, 정작 기업들이 니즈는 자극했지만 이를 사업으로 연결시켜내지 못한 상황이죠. 스타트업 제품들이 차별화를 계속 고민하다 보면 독특하지만 너무 작은 시장을 들여다보는 경우가 많습니다. 고가의 스니커즈 신발을 좋아하는 사람들을 위한 전용 장식장이라거나 혼자사는 사람의 불안감을 해소하기 위한 IoT 장치가 결합된 유리

창 열림 방지 장치 같은 것들은 분명 수요가 있기는 한데, 그렇다고 충분히 가격을 낮출 만큼 많은 수요가 있다고 말하기는 어려운 제품들입니다. 고객들은 평범한 장식장을 이용해 스니커즈를 진열하거나 아예 수작업으로 만들게 되고, 유리창 열림을 방지하기 위해 3천 원짜리 미끄럼방지 고무를 창틀에 놓아두기를 선택하겠지요. 경쟁을 피하는 것은 좋지만 어디까지나 시장이 충분히 커야 사업적 의미가 있습니다. 니즈가 너무 좁거나 고객이 대안을 마련하기 쉬운 제품군은 '재밌는 제품이지만 사고 싶지는 않은' 상황을 만들게 됩니다.

D 조직의 성장 준비

시장에 진입하고, 경쟁과 싸우고, 영업망과 가격을 계속 바꾸면서 성장 기회를 발굴하는 것과 동일한 타이밍에 기업 내부적으로 해결해야 할 숙제들도 꽤 있습니다. 다음 그림을 보면 기업 내부 관리 세부 과제들이 정리되어 있습니다.

초기 3년 수행 과제 2. 펀딩 확보와 운영상의 이슈

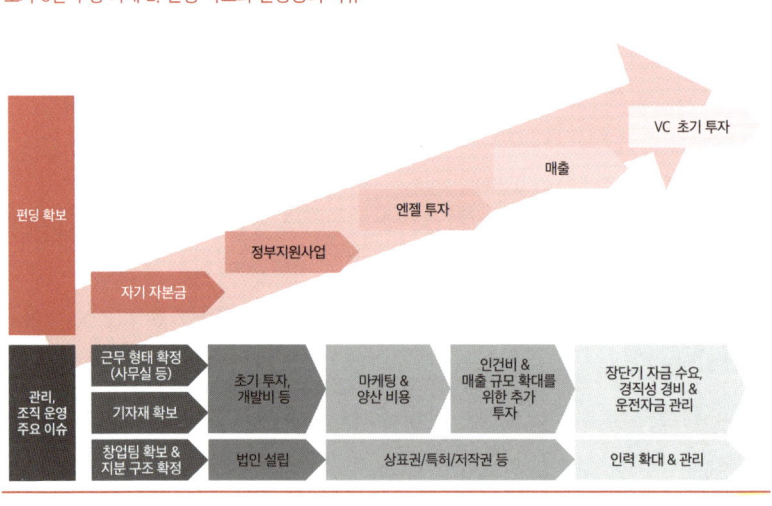

대략 구분을 해보자면 일차적 과제는 사업의 진도보다 조금씩 빠르게 필요한 '자금'을 마련하는 것입니다. 시장 진입 전에는 제품 개발과 판매망 구축을 위한 자본을 투입해야 하고, 진입 전후로는 마케팅에 많은 돈이 필요해집니다. 그리고 대부분은 초기 매출로는 운영에 필요한 자금을 충분히 조달하기 어렵기 때문에 이때도 역시 큰돈이 필요하죠. 정부지원금은 물론이고 벤처캐피탈에서도 미팅 이후 입금이 완료될 때까지 보통 최소 3개월 정도 소요됩니다. 물론 이는 중간에 자금 계획이 한 번도 틀어지지 않는다고 가정했을 때의 시간입니다. 정부지원은 얼마든지 탈락할 수 있고, 상황에 따라서는 상반기나 하반기에만 지원이 가능해서 동일 프로그램 지원은 1년을 기다려야 할 경우도 있습니다. 각 정부지원마다 신청할 수 있는 스타트업 사업들의 제약이 있기도 합니다. 벤처캐피탈의 경우도 아주 빠르면 3개월 내에 되지만 내부 상황에 따라서 한두 달 더 지연되는 경우도 있고, 기본적으로 벤처캐피탈과 미팅을 시작했다고 해도 투자가 이뤄질 확률은 10%가 되지 않습니다. 심사역과의 미팅이 아닌 서류 검토부터 고려하면 100개 중의 한 개, 즉 1%입니다. 가끔 창업자 분들 중에서 벤처캐피탈에 이메일 몇 통 보내고는 바로 투자가 진행될 것처럼 기대하면서 자금 계획을 세우는 분들이 있는데, 1~10% 확률을 믿고 기업을 운영하는 것은 매우 위험한 일이죠. 제품의 본격 판매가 이뤄지기 시작하면 자금의 소모 속도가 급격히 올라갑니다. 아차하면 비용 지급에 큰 문제가 생깁니다. 한두 번이야 대표자가 마이너스 통장 만들고 지인에게 빌려서 메꾼다고 해도 이런 임시방편만으로 회사가 버틸 수는 없으니 자금 계획은 항상 6개월~1년 정도를 내다보면서 관리하는 습관을 들여야 합니다. 사업 진도에 대한 이야기할 때는 동시에 자금 조달 계획도 항상 함께 떠올려야 합니다.

두 번째 이슈는 '인력'입니다. 보통 최초 시장 진입 시점까지는 웬만하면 인력 고용 없이 창업팀만으로 진행할 수 있도록 창업팀을 구성하는 것이 가장 이상적이라고 합니다. 그러면서도 창업팀의 인원은 보통 3명, 최대 5명은 넘지 않는 게 좋다고 하죠. 이 정도면 그렇게 복잡하지 않은 모바일 앱 서비스를 만들 수는 있는 인력이고, 소규모의 디자인 제품 제작 및 판매를 할 수는 있는 인력이지만 그 이상의 사업을 구성하기에는 상당히 어려운 규모입니다. 그렇지만 사업적 가치가 아직 증명되지 않은 상황에 덜컥 사람을 고용할 수는 없는 일입니다. 물론 창업팀만으로 핵심적인 기능이 충족되지 않는 경우엔 아예 선택의 여지가 없죠. 게임을 만들려는데 기획자와 디자이너만 있는 경우라면 프리랜서 개발자와 계약하거나 인력 고용을 해야 하니까요. 프리랜서로는 서비스의 계속적인 업데이트와 고객 대응 등을 계속 진행할 수는 없으니 결국 출시 전후로 고용을 해야 할 겁니다. 그런데 인력 고용도 자금과 매우 유사하게 예상 밖의 일들이 너무 많이 생깁니다. 특히 최근에 개발자는 농담 반 진담 반으로 '멸종위기종'이라 할 정도로 초기 스타트업 입장에서는 너무나 뽑기 어려운 직군입니다. 연봉도 높게 줘야 하는데, 며칠 일하다가 맘에 안 든다고 휙 사라져 버리는 경우까지도 생깁니다.

초기에는 특정 기능을 할 수 있는 인력이 없어서 고생스럽지만, 안착하기 시작하면 그때부터는 창업자에게 더 머리 아픈 일이 생깁니다. 초기 멤버 혹은 창업 멤버들의 역량이 회사의 성장을 뒷받침해줄 수준이 되지 않음을 느끼기도 합니다. 이 단계는 보통 매출이 어느 정도 나오기 시작하면서 본격적으로 기관 투자자의 투자를 받는 시점, 즉 Series A 전후로 생기는데, 연구개발 등을 중심으로 하는 회사의 경우 투자 회사에서 노골적으로 '기존 인력 말고 더 능력 있는 사람으로 최고 기술 책임자^{CTO}를 뽑으시면 좋겠네요'라 이야기하기도 하고, 창업자 스스로 회사가 조금씩 모양을 갖춰가다 보니 지금 인력보다 더 나은 인력을 구해야 한다는 느낌을 받기도 합니다. 많은 창업자들에게는 새로운 인력을 뽑는 것보다 더 어려운 선택입니다. 창업팀의 능력이 모두 좋아서 회사와 인력이 함께 성장하면 좋겠지만 균형이 잘 맞지 않는 경우도 흔하고, 회사가 본격적인 시장 내 경쟁을 해야 하는 시점에 이런 문제는 회사의 성장 동력을 약화시키고 차별화 기회를 놓치게 만들 수도 있습니다. 내보낼 인력을 내보내고 더 좋은 인력을 잘 뽑으면 된다고 말하기는 너무도 쉽지만 사람의 문제는 이성과 논리만으로 풀 수는 없는 문제입니다.

마지막으로 회사 내에 '시스템'을 만들어가는 일입니다. 이 문제는 극초기보다는 그래도 어느 정도 성장 가능성이 구체화되었을 때, 즉 스케일업 단계의 초입에 들어갔을 때 고민할 문제이기는 하지만, 매출이 크게 나오기 전에 외부 투자를 받게 되는 경우에는 빠르게 느끼게 되는 문제이기도 합니다. 회사 내 시스템은 내부 커뮤니케이션과 의사결정을 의미하는 조직 구조와 전결 체계, 인력들의 채용부터 보상, 동기부여와 성장, 그리고 페널티와 퇴사까지를 아우르는 HR, 그리고 이를 서포트하기 위한 재무관리와 IT 시스템 등을 의미합니다. 이 중 가장 급한 것은 당연히 HR입니다. 스타트업 사업의 특성상 조직과 전결은 불과 몇 달 만에 변화해야 할 때도 있고, 한 사람이 동시에 여러 일을 두서없이 해야 할 때도 많습니다. Series B 정도 되어도 회사 조직 구조와 역할 및 책임의 분배 등은 엉망인 경우도 흔하죠. 이 정도까지는 조직 관리 사항들이 엉망이라고 회사가 무너지거나 사업이 꼬이지는 않습니다. 그보다는 직원들 간에 분란이 생기거나, 신규 입사자들이 단체로 나가거나, 기존 직원들의 업무 태도가 서서히 나빠지는 식의 문제가 더 흔하게 생깁니다. 모두 창업자가 최우선으로 나서서 해결해야 할 숙제이고 답을 찾아야 하는 문제입니다. 보통 조직원이 20여 명이 넘어가면 HR 체계가 슬슬 모습을 갖춰야 한다고 이야기합니다. 이런 항목들을 갖춰 나가는 것이 사내에 시스템을 만들어가는 일입니다. 이 단계 정도까지 오면 회사가 망할 것이라는 두려움이 서서히 줄어드는 반면 성장을 가속화해야 한다는 과제가 주어지면서 시스템 구축 같은 주제들이 창업자의 관심사로 올라옵니다. 이 문제를 해결해내면 초기 스타트업을 벗어나 본격적으로 J 커브를 목표로 하는 스케일업 단계의 스타트업이 됩니다.

이상에서 설명한 3년 차까지의 과제는 일종의 표준 모형이기는 하지만 당연히 모든 스타트업에 적용되지 않습니다. 몇몇 Deep Tech 스타트업의 경우 매출이 아예 없는데도 인력이 20명이 넘고 시드 단계의 투자만 200억 원 이상을 받고 출발하는 경우도 있습니다. 1인 창업으로 매출 수억 원을 기록하는 경우도 있고, MVP 테스트를 했는데 이것이 '대박'이 나면 그대로 스케일업을 하는 회사도 있습니다. 하지만 거의 대부분의 스타트업은 이런 '행운'을 겪지 못합니다. 그리고 앞에서 설명한 문제들을 2~3년 정도에 걸쳐 하나하나 해결해 나가야 합니다. 다만 정서적으로 안정적이고 실행력 좋은 멤버들로 창업팀이 구성되어 있고, 무엇보다 단단한 비즈니스 모델을 가진 스타트업은 이 죽음의 계곡을 버터내면서 한 걸음씩 위로 올라갑니다. 이 과정에서 비즈니스 모델은 단순히 외부 투자를 받기 위해 고민하는 서류상의 계획이 아니라 사업의 안정적 성장을 위한 기반이 됩니다.

이제부터 본격적으로 스타트업의 사업을 이끌어주는 내비게이션 역할을 하는 동시에 정부지원사업 및 투자자 미팅 시 필수 주제인 비즈니스 모델에 대해 이야기해 보겠습니다. 비즈니스 모델은 창업을 머릿속에 떠올리는 순간부터 고민해야 하는 과제고, 어쩌면 사업을 완전히 접는 그 순간까지 붙잡고 가야 할 영원한 과제이기도 합니다. 학창시절에 비유하자면 국영수 같은 필수 과목이라고 할까요?

이 챕터는 기본적으로 초기 창업자가 사업을 준비하면서 부딪치는 여러 비즈니스 모델 항목을 FAQ(Frequently Asked Questions) 형태로 다루고 있습니다. 독자 여러분 입장에서 궁금한 부분을 빠르게 찾아보는 데 유리할 것 같아 이 구조를 택했습니다. 때문에 현실에서는 중요하지만 막상 책에서는 가볍게 터치하거나 아예 다루지 않는 부분이 있을 수 있고, 반대로 현실에서는 잘 발생하지 않지만 막상 생기면 대처가 어려운 문제를 자세히 설명한다고 느끼실 수도 있을 것 같습니다. 하지만 이 질문들은 저자가 만 6년간 예비~Series B 사이의 스타트업 2천여 곳을 코칭하는 과정에서 높은 빈도로 받은 질문들을 간추린 것입니다.

뻔히 지뢰밭이라 알려진 곳에 무리해서 길을 만들 필요는 없습니다. 2장의 FAQ가 지뢰밭을 피하고 조금이나마 꽃길을 찾아가는 데 도움이 되길 바라겠습니다.

2장

단계별 FAQ를
통해 이해하는
비즈니스 모델
설계

STEP 1

사업 아이디어 구체화 및 비즈니스 모델 이해

우리는 비즈니스 모델이라는 표현을 굉장히 쉽게 사용하지만 사실 쉽사리 정의하거나 설명하기 매우 어려운 단어입니다. 그렇지만 분명한 건 비즈니스 모델은 초기 스타트업의 성패를 좌우하는 가장 중요한 요소입니다. 이번 장에서는 너무 추상적이거나 내용이 어려워서 잘 와닿지 않는 비즈니스 모델을 작은 항목들로 나누어 살펴봄으로써, 비즈니스 모델을 구체화, 현실화시킬 수 있는 방법을 찾아보려고 합니다.

Q1

스타트업을 창업하려면
무엇부터 준비해야 하나요?

스타트업 창업을 본격적으로 고민할 때 제일 먼저 준비해야 하는 것은 사업 아이디어 떠올리기, 초기 창업 멤버 구하기, 그리고 나 자신과 주변에 대한 사전 정지작업입니다. 사업 아이디어와 초기 창업 멤버 구하기는 뒤에서 다시 다룰 것이므로 여기서는 나 자신과 주변에 대한 사전 정지 작업에 대해 알아보겠습니다. 사업에 대한 설명에 앞서 일상적인 것에 대한 이야기를 하는 이유는 이 일상의 문제들이 여러분이 기업가로서 가져야 하는 '기업가 정신'의 기초를 이루기 때문입니다. 자신과 주변의 삶을 제대로 돌볼 수 없는 사람이 사업을 일으키고 수많은 직원과 고객, 파트너들의 삶을 잘 돌보기를 기대하기는 어렵겠죠. 치국평천하 이전에 자기를 돌보고 주변을 관리하는 수신제가가 우선입니다.

A 생활 환경과 기존 업무 마무리
B 경제적인 준비와 초기 자본금
C 충분한 사전 조사
D 정서적인 안정감

A 생활 환경과 기존 업무 마무리

요즘엔 학생들도 창업을 하지만, 여전히 절대 다수의 창업자들은 기존에 다른 일을 하고 있거나 직장인으로 살면서 창업을 고민하기 시작합니다. 창업자의 성격에 따라서는 본업을 유지하며 창업을 위한 사전 준비 과정을 1년 이상 가지고 가는 분들도 있습니다. 혹은 직장을 다니면서 주말을 이용해 배달 일을 하거나 얼굴을 드러내지 않는 유튜브를 하는 것처럼, 창업을 투잡의 일종으로 생각하는 분들도 있습니다. 배달 일이나 유튜브 정도는 직장일과 병행해 볼 수 있겠지만, 본격적인 창업은 투잡과는 굉장히 거리가 먼 일 같습니다. 특히 외부 투자를 받거나 정부지원사업을 받아서 제품과 서비스를 만들어야 하는 경우 투잡은 기본적으로 불가하다고 생각하는 게 맞습니다. 경제적 여력이 너무 없어서 창업하고도 한참 동안 알바 일을 하는 경우는 매우 흔합니다. 정부지원금의 대부분이 창업자는 급여를 가져가지 못하게 막아 놓았거나, 지원금을 받는 대신 프로젝트 전체 비용의 30% 정도는 대표자와 사업체가 보유한 자금을 투입하도록 하는 매칭 형태이기 때문에 직원들은 급여를 챙겨주더라도 창업자는 가져갈 수 없는 상황이 생기기 때문입니다. 하지만 외부 지원을 조금이라도 받고 난 뒤에는 경제적으로 심하게 어렵더라도 단기 또는 일회성 알바를 제외하고는 창업 자체에만 집중해야 좋습니다. 가장 집중해야 하는 사업 극초기에 다른 일을 하면 일이 제대로 진행되지 않습니다.

창업을 하겠다는 마음을 먹게 되면 마음이 조급해지기 시작합니다. 무엇보다 내가 떠올린 아이디어와 유사한 아이디어를 다른 사람이 먼저 시작하지 않을까 걱정되기 때문이죠. 쇠뿔도 단김에 빼라고 했으니 마음먹은 즉시 실행에 옮기고 싶어지는 게 당연합니다. 하지만 좋은 아이디어는 어느 순간에도 좋은 아이디어이고, 좋은 제품은 경쟁사가 아무리 많아도 팔립니다. 우리나라에 싸이월드가 없어서 페이스북과 인스타그램이 대세가 된 것이 아니고, 쿠팡은 최초의 사업 아이디어인 소셜 커머스 모델을 가지고 성공한 업체가 아닙니다. 배틀그라운드도 최초의 배틀로얄 게임은 아니었죠. 스타트업 하면 무조건 새로운 아이디어로 'First to Market'해야 한다고 생각하기 쉽지만, 선도 업체가 새로운 아이디어를 고객들에게 이해시키느라 에너지를 소진하고 있을 때 후발 주자가 훨씬 정돈되고 깔끔한 제품을 만들어서 시장을 장악하는 경우도 많습니다. 이런 전략에 최적화된 모습은 애플에서 볼 수 있습니다. 시장에 처음 새로운 개념을 소개하지는 않지만 기존 제품이 가진 문제점을 거의 완벽하게 해결해서 시장 크기를 키우면서 휩쓸어버렸지요. 아이폰이 세상에 처음으로 나온 스마트폰은 아니지만 그전에 나온 윈도우 기반 스마트폰의 문제점이었던 터치의 불편함과 느린 반응 속도, 그리고 다양하지 못한 애플리케이션 프로그램을 한 방에 해결하면서 아이폰을 스마트폰의 표준으로 만들었지요. 물론 출시가 너무 늦어지면 차별화가 어렵기 때문에 스타트업의 부족한 자본으로는 성공하기가 매우 어렵겠죠. 하지만 중요한 것은 반드시 'First to Market'해야 하는 것은 아니라는 점입니다. 1장에서도 잠깐 언급했었지만 나와 유사한 제품/서비스를 나 혼자 파는 것보다는 수많은 경쟁사가 있는 편이 훨씬 생존에 유리합니다. 그리고 나보다 반 발자국 정도 앞서가는 기업이 있다면 더 좋죠. 벤치마킹하면서 해당 업체가 잘하는 것을 배우고 실수하는 것은 피해갈 수 있으니까요. 그러다가 결정적인 순간이 오면, 그때 치고 나가면 됩니다. 자동차 경주할 때 경쟁자를 앞세우고 바람의 저항을 줄이면서 힘을 축적하다가 한순간에 추월하는 것과 유사한 형태입니다. 아이디어가 떠오르더라도 굳이 무조건 첫 번째로 시장에 나가겠다는 생각은 조금 늦추고 충분한 자금과 마음의 준비가 될 때까지 기다려야 합니다.

창업을 마음먹은 직후, 조급함은 버리고 '내 생활 환경 개선과 기존 업무의 마무리'에 집중해야 합니다. 우선 가정에 복잡한 문제가 있거나 주변에 엮인 문제가 많은 경우에는 그 문제들을 모두 정리한 다음에 창업을 고민하는 것이 순서입니다. 생활 환경 역시 이사와 같은 복잡한 상황이 발생하지 않도록 미리 정돈해야 합니다.

창업자의 삶은 최대한 단순해야 합니다. 일터-집-일터-집의 쳇바퀴라고 생각하면 좋습니다. 창업은 겉에서 보기에는 화려하고 멋있지만 실상은 수도승의 삶과 유사합니다. 조금이라도 긴장이 풀리거나, 업무에 집중하지 못하는 외적 요인이 있을 경우엔 사업이 무조건 산으로 갑니다. 이는 필자가 만나왔던 2천여 명이 넘는 스타트업 대표 모두에게 100% 진리였습니다. 사업의 다른 영역에서는 절대 진리라는 것이 존재할 수 없지만, 머리가 복잡한 창업자가 성공할 수 없는 것만큼은 절대 진리입니다. 창업에 많이 뛰어드는 30대 초반~중반이면 연애나 결혼 문제가 엮이기도 하고, 친구들하고 놀기를 포기하지 못하기도 하고, 창업하겠다고 남들에게 과시하느라 바쁘기도 하고, 가족들에게 문제가 생기면 수습해야 하기도 하죠. 현재 이런 문제가 존재한다면 창업을 서두를 것이 아니라 이 문제들부터 정리해서 최소 6개월 정도는 자기 일에만 온전히 집중할 수 있는 환경을 만들어야 한다는 뜻입니다. 가능하다면 회사에 다니는 동안, 즉 수입이 있는 동안 정리하는 것이 좋습니다. 창업의 성공은 머리가 단순해져야 가능합니다.

회사에서의 기존 업무는 최대한 열심히, 깔끔하게 마무리지어야 합니다. 창업 고민도 해야 하고, 관련해서 자료도 찾아보고 해야 하는데 기존 일을 열심히 하라는 것이 모순처럼 들릴 수 있습니다. 하지만 회사에서 풀어진 상태로 일을 하는 습관이 들면 내 사업에서도 풀어진 상태로 일하기 쉽습니다.

더불어 기존 회사에서 친해진 사람들과의 네트워크를 내 창업에 활용하고자 하는 경우도 많지만, 그들에게는 창업을 축하한다는 메시지 받는 정도만 기대하는 게 맞습니다. 가족이나 정말 친한 친구가 아닌 업무에서 맺어진 네트워크는 해당 업무 기반일 때만 의미가 있습니다. 이 맥락을 벗어나게 되면 좋은 말벗이나 스트레스 받을 때 술친구는 해줄 수 있을지 모르지만 사업적인 도움을 받기는 매우 어렵습니다. 특히 대기업을 오래 다니신 분들이 입에 달고 하는 말이 '내가 데리고 일한 애들이 몇 명이고, 일했던 부서가 몇 개인데 창업하고 나를 도와줄 사람 한 명 없겠어?'인데, 도와줄 사람 한 명 없는 것이 일반적입니다. 인간관계를 잘못 맺은 것이 아니라 원래 그게 정상입니다. 사회에서의 인간관계는 서로 주고받을 게 있어야 유지됩니다. 대기업에서 내 이야기에 귀를 기울이고 나를 도와주려 했던 사람들은 내게 인간적인 감화를 받은 사람도 있겠지만 대부분은 내가 그 자리에서 권력을 쥐고 있었기 때문이며, 인간적인 감화를 받은 사람들에게 사업적인 도움을 요청하는 것은 한두 번이면 몰라도 계속 요청할 수는 없는 일입니다. 이분들과는 내 사업이 성공 궤도에 오르면 자연스럽게 다시 만날 일이 생깁니다. 나와 내 기업체가 해줄 수 있는 것이 생겨나기 때문입니다.

창업을 시작하기 전까지는 기존 회사에서의 업무에 집중하라는 뜻이 기존 동료들과의 네트워크를 생각해서 하는 말이 아니라, 일을 확실하게 마무리 짓는 태도가 창업 시 매우 중요하기 때문입니다. 창업은 혼자서 가야 하는 외로운 길입니다. 창업 동료가 있더라도 그들이 기댈 수 있는 단단한 사람이 주 창

1장
스타트업 창업과 성장 과정 개요

2장
단계별 FAQ를 통해 이해하는 비즈니스 모델 설계

3장
국내외 스타트업 사례로 이해하는 비즈니스 모델

업자여야 합니다. 때문에 맺고 끊는 태도를 습관화하고, 재직 중인 회사의 일을 확실히 마무리한 후 창업을 시작하기 바랍니다. 초기 창업자들 중에서 상당수는 창업을 한 것도 아니고, 안 한 것도 아닌 매우 어정쩡한 스탠스로 있으면서 간만 보다가 결국 돈과 시간만 낭비한 채 '나랑은 안 맞네?'라고 말하면서 직장 생활로 돌아갑니다.

B 경제적인 준비와 초기 자본금

경제적인 준비나 초기 자본금은 무조건 다다익선이겠죠. 일단 경제적 준비라면 창업 후 1년 정도는 생활을 최소한으로 유지할 정도의 돈을 마련해야 합니다. 조건에 따라 매우 다르겠지만 혼자 사는 분이라면 2~3천만 원 정도일 것이고, 배우자와 자녀가 있다면 4~5천만 원 정도일 것 같습니다. 이 돈은 생활비입니다. 창업하고 불과 몇 달 되지 않았는데 생활비 때문에 압박을 받기 시작하면 삶이 급격하게 비참해집니다. 창업자가 우울증을 겪는 가장 큰 이유는 경제적인 어려움에 따른 자괴감 때문입니다. 부모님 집에서 살고 생활비를 최대한 아낄 수 있는 조건이거나 배우자가 충분한 소득이 있다면 준비해야 할 생활비가 줄어들겠지만, 아무리 그래도 정신적으로 숨 쉴 구멍이 필요하니 어느 정도의 여유 자금은 반드시 통장에 들어 있어야 합니다. 이 정도 돈을 준비하지 않고 정말 최대한 끌어모으고 빚까지 내서 창업을 시작하는 경우도 많죠. 정부지원금이나 외부 투자금을 끌어올 수 있는 스타트업 형태의 사업보다는 초기에 임대보증금과 시설투자비가 필요한 자영업을 시작하는 분들이 그런 편입니다. 삶의 여유가 완전히 사라지면 사람은 매일 벼랑 끝을 걷게 됩니다. 사업 자체도 초기에는 벼랑 끝입니다. 창업 초기 매출이 충분히 올라오지 못했는데 비용이 계속 들어가는 시기를 '죽음의 계곡'이라 부르는 이유는 실제 사업이 낭떠러지 옆을 걷는 일이기 때문입니다. 사업도 힘든데 내 인생까지 벼랑 끝에 몰아넣을 이유는 없습니다. 어차피 창업하기 전의 아이디어는 창업 과정을 거치면서 수도 없이 수정되고, 처음 생각과 아예 다른 사업을 하는 경우도 굉장히 흔합니다. 이 아이디어를 빨리 시장에 내놓아야 한다는 혼자만의 흥분에 취해 무리하지 마시고, 최소 1년 정도는 자존감을 유지할 수 있는 최소 생활비를 준비한 상태에서 사업을 시작하시길 권합니다. 연쇄창업자들의 성공률이 초보 창업자들보다 훨씬 높다고 하는데, 창업 경험에 따른 운영 노하우가 있다는 점도 크지만 그만큼이나 앞서 사업으로 번 돈으로 만든 생활의 여유 때문이기도 합니다. 사업은 벼랑 끝에 놓일지라도, 삶에는 여유를 가지길 바랍니다.

그럼 생활비와는 별개로 사업을 위해 투입해야 하는 자본금 규모는 얼마가 좋을까요? 일단 주식회사는 단돈 100원의 자본금으로도 설립할 수 있기 때문에 법적으로 필요하진 않습니다. 흔히 권장하는 초기 자본금은 사업체가 6개월~1년 정도 매출이 전혀 없어도 굴러갈 수 있는 수준입니다. 자영업을 한다면 시설비와 임대보증금 등의 이슈로 상당히 큰 금액, 아마도 억 단위를 넘는 돈이 초기에 필요하겠지만, 1인 창업이거나 인건비가 대부분을 차지할 IT 분야 창업은 이 정도까지는 아니겠죠. 보통 3인 창업 기준으로 5천만 원 정도 이야기하는 것 같습니다. 이 돈이면 IT 산업 분야에서 창업팀에 개발 인력이 속해 있을 때, 만든 MVP에 몇 차례 수정 작업을 거쳐 시장에 출시하고 기본적인 마케팅 정도는 해볼 수 있는 돈입니다. 이때 성과가 좀 나오면 그 성과를 기준으로 정부지원금이나 엔젤 등의 지원을 찾는 것이 일반적인 절차입니다.

그러나 Deep Tech 분야라면 완전히 다른 이야기죠. 임상실험 등을 해야 하는 바이오 스타트업이라면 이미 첫 해에 수억 원 이상을 소진할 것이고, 개발용 설비 등을 갖춰야 하는 경우라면 수십억 원이 될 수도 있겠죠.[6] 제품을 만들려는 제조 스타트업도 아무리 초기 물량을 OEM 업체에 맡긴다고 해도 시제품 개발에만 몇천만 원이 들어가기 때문에 못해도 5천, 가능하다면 1억 원 정도를 준비하고 출발하면 좋겠습니다.[7]

사업은 내가 애초에 기획한 것보다 진도가 늦어지는 일이 매우 흔합니다. 사업에서 시간의 지연은 당연히 비용의 증가와 매출 기회의 축소를 의미하죠. 자금이 절대 부족한 초기에 비용 투입의 증가는 단순히 수익률의 저하가 아닌

---

[6] 아직 매출은 전혀 없는 스타트업이 초기 투자부터 100억 원 이상을 받는 경우도 있습니다. 모두 엄청난 R&D가 선행되어야 하는 Deep Tech 업체들입니다. 바이오나 팹리스, 로봇 등 첨단 기술 기업, 신소재 업종, 그리고 모빌리티 등의 매우 복잡한 소프트웨어를 개발해야 하는 업체들이므로 이들은 초기 자본금이 거의 의미가 없습니다. 어차피 사업을 시작하자마자 곧바로 외부 투자를 받아야 사업의 진도를 나갈 수 있으니까요.

[7] 제조 스타트업은 다른 비즈니스 모델보다 중기부 프로그램을 통해 지원받을 수 있는 여지가 상당히 많은 편입니다. 비즈니스 모델을 만든 후 정부지원사업을 신청하다 보면 시제품과 제품 1차 양산을 할 수 있는 연구개발비, 시제품 제조비용, 금형비, 초기 마케팅 비용 등을 정부지원으로 상당 부분 해결할 수도 있습니다.

사업의 포기로 이어질 수 있습니다. 창업에 가장 많이 뛰어드는 30대 초중반의 나이에 사업에 몇 억을 투자할 수 있는 사람은 별로 없고, 운이 좋아 팀 내에 필요 인력이 다 있다면 모르겠지만 외주 등을 통해 제품 개발을 진행해야 하는 경우도 아주 많죠. 창업 멤버는 지분만 가지고 무보수로 일할 수도 있겠지만 외주는 큰 비용이 들어갈 수밖에 없습니다. 이런 모든 경우를 고려하면 여유 자본금을 최대한 확보해야 하기에 정부지원금이나 투자금을 당연히 받을 거라고 생각하며 시작하면 안 됩니다. 정부지원사업의 경쟁률은 3~10대 1을 넘는 경우가 흔하고, 투자자들이 투자하는 비율은 검토한 기업 중 고작 1% 정도입니다. 창업 법인 12만 개, Series A 투자 업체가 연간 천 개 미만이라고 보면 외부에서 자금이 원활히 들어올 것이라는 기대가 얼마나 확률이 낮은지 알 수 있죠. 마냥 늦출 필요는 없지만 시제품을 만들 수 있을 정도의 자본금은 가지고 출발해야 합니다.

C 충분한 사전 조사

사업을 시작하기 전에 내가 하려는 사업에 대해 어느 정도의 사전 조사를 해야 충분한 조사일까요? 회사에서는 시장 조사나 신사업 타당성 검토 등을 위한 포맷이 있는 경우가 많고, 사내에 도움을 받을 수 있는 역량을 갖춘 인력이 있는 경우도 많으며, 시장 조사 기관이나 컨설팅 등도 활용할 수 있습니다. 담당자가 페이퍼워크하느라 고생은 할 수 있지만 일정 시간과 예산만 주어지면 충분히 조사할 수 있습니다.

하지만 나만의 사업을 위한, 특히나 시장 수요나 고객 행동 등을 예측하기 어렵고 참조할 만한 자료도 많지 않은, 기존과 다른 비즈니스 모델을 가진 스타트업을 위한 사전 조사는 쉽지 않습니다. 여러분이 고객의 검색 키워드를 통해 관심 사항을 추정해 개인 맞춤형 광고를 보여주는 서비스를 만든다고 가정해보겠습니다. 관련 시장 규모나 고객들의 행태, 향후 시장 전망 등이 쉽사리 머릿속에 떠오르나요? 혹은 요즘 세대 갈등이 심각하다는 생각이 들어서 고객들을 동일 연령대 기반으로 묶은 후 동일한 주제에 대해 세대별, 연령별로 어떻게 생각하는지 글을 남기고 토론하게끔 해서 세대 간 이해를 촉진하는 SNS를 만들고 싶다고 합시다. 이것 역시 시장 규모 혹은 예상 참여자 수 등을 추정하기 매우 어렵습니다. 고객들에게 이런 서비스를 사용하게 할 유인책이 무엇인지도 쉽게 안 떠오르는데 이에 기반해서 예상 고객 사이즈를 추정한다는 건 정말 난망한 일이죠. 언젠가는 적절한 답들을 찾겠지만 이런 고민을 단기간에 쉬엄쉬엄해서는 절대 답을 찾을 수 없습니다.

사업에 본격적으로 뛰어들기 전에 꼭 해야하는 일은 내가 생각하는 아이디어와 유사한, 연관 있는 경쟁사를 제대로 조사하는 것, 그리고 내 제품과 서비스와 연결될 수 있는 고객의 '구매 여정 Customer Journey'을 구체적으로 그려보는 것입니다.

정부지원사업이나 IR 자리 등에서 경쟁사와 비교를 요청하면 '저희 제품과 서비스는 매우 독창적이고 혁신적인 서비스로 경쟁사가 존재하지 않습니다'라고 당당히 얘기하는 스타트업 대표분들이 있습니다. 앞서 1장에서 언급했지만 경쟁사가 없다는 뜻은 고객의 니즈가 없는 제품이거나, 고객들이 스스로 알아서 이미 대안을 찾았다는 뜻이거나, 아니면 대표자와 창업 멤버들이 게을러서 숙제를 안 했다는 뜻입니다. 사람 사는 세상에서 그 어떤 제품이든 경쟁 제품과 서비스가 없을 수가 없죠.

아이폰 이전의 스마트폰은 정말 'not so smart'했기 때문에 아이폰의 출시 시점에 직접 경쟁사가 없었다고 할 수도 있겠지만 조금만 넓혀봐도 전화와 인터넷 브라우저가 되는 핸드폰은 이미 있었고, 음악 플레이어는 애플 스스로 가진 아이팟이 있었죠. 잡스의 아이폰 출시 프레젠테이션에서 잡스가 '인터넷 브라우저, 전화기, 아이팟'을 번갈아 보여주다가 화면을 아이폰으로 바꾸는 순간이 의미하는 것은 아이폰이 경쟁 제품이 없다는 뜻이 아니라 경쟁 제품들은 각각의 기능만 제공한 반면 아이폰은 이를 통합했음을 의미하는 것이었습니다. 애플조차도 혁신적인 제품을 내놓기는 하지만 경쟁은 분명 존재한다는 것을 인식하고 있었죠.

경쟁사에 대한 비교분석을 할 때는 제품의 특성, 고객들의 반응, 판매 채널과 가격 운영, 프로모션 및 고객과의 커뮤니케이션, 반품이나 기타 고객 서비스의 내용과 장단점 등을 모두 정리해야 합니다. 경쟁사의 역사와 규모, 매출액과 영업이익률, 제품 라인업까지 정리할 수 있다면 더 좋겠죠. 여러분이 경쟁사에 대한 이런 정보를 구할 수 있다는 것은 그 경쟁사가 이미 시장에서 어느 정도의 위상을 가지고 있다는 뜻입니다. 경쟁사인 동시에 동시에 훌륭한 벤치마킹 대상이라는 뜻이기도 하죠.

직접적인 경쟁사 이외에도 내 제품/서비스와 유사한 가치를 고객들에게 제공하는 간접적인 경쟁 업체들에 대한 조사도 당연히 진행해야 합니다. 가령 내가 공장 설비들의 표면에 간단하게 탈부착하여 설비의 진동, 온도, 전기소모량 등의 자료를 수집할 수 있는 IoT 센서를 만들겠다고 했을 때 직접 경쟁사는 나와 유사한 센서들을 만들어 파는 곳이겠지만, 단순 센서가 아니라 이런 기능들을 내장한 설비를 팔아 자동으로 각종 설비 관련 정보를 제공해주는 대형 설비 제조사 역시 경쟁사가 될 것입니다. 고객사가 센서 기능이 없는 예전 장비 또는 단순 장비를 사용한다면 최신 설비 제조사는 내 경쟁사가 아니지만, 대기업 고객들에게는 자신들의 부가가치를 높이기 위해 이런 센싱 기능을 통합해서 판다면 내 매출 기회가 줄어들게 되니 경쟁사가 될 수 있죠. 이렇게 가능성이 보이는 업체까지 충분히 조사해야 내 제품과 서비스 아이디어가 구체화되고 현실감이 생깁니다. 경쟁사 조사가 부실할수록 창업팀의 제품과 서비스에 붕 뜬 느낌을 받게 됩니다.

고객들의 구매 행태와 구매 여정을 그려본다는 것은 내가 만들려고 하는 제품/서비스와 관련해서 고객들이 어떻게 제품을 인지하고 관심을 갖게 되는지 탐색해보고, 어떤 방식으로 구매하고 사용하는지를 조사하는 일입니다. 이것이 마케팅에서 말하는 Customer Journey 조사입니다. 시장과 고객에 대한 이해도를 높이며 특히 고객의 인지~구매 전 과정에서 어떤 영역에 병목 현상이 생기는지, 그리고 이를 어떻게 극복하면 좋을지 등에 대한 가설을 얻을 수 있습니다. 스타트업의 제품 개발 과정은 가설 검증의 연속이기에 좋은 결과를 위해서는 가설이 좋아야 합니다. 좋은 가설은 고객에 대한 이해도가 깊을 때 나타납니다. 야놀자나 무신사 같은 성공한 스타트업 창업자들의 창업 스토리를 잘 보면 모두 자신들이 해당 분야의 insider로서 고객들이 어떤 행태를 가지는지 매우 정확하게 이해할 수 있는 위치에 있었습니다. 야놀자 창업자는 모텔에서 숙식하며 청소와 관리 일을 했었고, 무신사 창업자는 신발 덕후로서 무려 8년 이상 신발 동호회 커뮤니티를 이끌어오다가 창업했으니까요. 엄청난 신기술이나 완전히 새로운 비즈니스 모델이 아닌 사업들이지만 놀라운 고속 성장을 보여준 바탕엔 고객에 대한 깊은 이해가 존재합니다.

이런 조사는 직장을 다니면서도 충분히 할 수 있습니다. 소비재 같으면 주말이나 평일 저녁을 이용해 잠재 고객들의 행태를 살펴볼 수 있고, 온라인 관련 각종 데이터를 찾아볼 수도 있죠. B2B 같으면 기술 세미나 자료나 관련 협회, 해외 기관 등에서 발행하는 각종 보고 자료, 관련 뉴스 등 역시 찾아볼 수 있는 곳이 얼마든지 있습니다.

이 리서치 과정에서는 정보의 취득 이외에 관련 산업의 밸류체인이 어떻게 구성되어 있고, 주요 플레이어들이 누구인지, 전문가로 꼽을 수 있는 사람이 누구인지, 산업내 동향은 어떠한지 같은 정보들 역시 부수적으로 얻게 됩니다. 대략 3개월 정도 틈틈이 이런 정보를 찾고 정리하면 사업 아이디어도 더 구체화되고 시장 기회 요인 역시 더 잘 알게 됩니다. 그리고 최소한 '우리는 혁신적이어서 경쟁사는 없습니다' 같은 말은 하지 않게 됩니다.

D 정서적인 안정감

스타트업 대표 중에서는 일반 직장인보다 정서적인 안정감이 무너져 있는 경우가 월등히 높습니다. 미국에서는 대략 40% 내외의 창업자들이 상시적으로 우울증에 시달린다고 합니다. 우리나라 창업자들도 미국과 크게 다르지는 않을 것 같습니다.

개인의 백그라운드도 탄탄하고 역량도 엄청나고 성품도 훌륭한 창업자들 중에서 중도에 포기하는 경우, 사업이 잘 진행되다가 갑자기 소리소문 없이 조용히 사라지는 경우 중 상당수는 창업자가 심각한 정서적 불안정을 겪고 있었습니다. 회사 생활에 어려움을 겪을 정도로 정서가 불안했던 분들이 커리어를 위해 창업 시장에 들어오는 경우도 있었지만, 그런 분들은 오히려 자기의 정신 건강에 대해 최대한 잘 돌보려 노력하고, 멘탈 관리에 대한 노하우가 더 많기도 합니다. 그보다 회사 생활을 하는 동안에는 상당히 잘 나갔던 분들이 오히려 창업이 기대처럼 흘러가지 않으면서 크게 좌절하고 감정의 기복을 크게 겪는 경우가 더 많습니다. 대부분의 성인에게 자기 정신 건강을 돌봐야 한다는 이야기를 하면 '나는 괜찮은데, 내가 왜?'라고 반문할 가능성이 더 많고, 자기 능력에 대한 확신이 있는 분들이 창업에 뛰어들 가능성이 더 높으니 정서적 안정성 문제는 없지 않을까 싶겠지만 자기 확신, 자기유능감이 높은 분들일수록 창업이 뜻대로 안 풀릴 경우 매우 크게 좌절합니다. 사업의 실패로 큰 상처를 받고 감정 기복에 시달린다면 창업하지 않은 것보다 못한 일이죠. 평소에 내 마음을 확실하게 다스리는 법을 알고 있어야 하고, 자기 마음에 대해 너무 과신하지 않는 태도를 익혀둘 필요가 있습니다.

짚고 넘어가야 할 또 다른 정서적 문제이자 창업 전에 스스로에 대해 점검해봐야 할 태도적 이슈는 '매우 바쁘게 사는 습관'입니다. 부지런한 게 문제라니? 의아해하실 분들이 있을 것 같습니다. 더 명확히 표현하자면 계속 무언가를 부지런하게 하고, 배우고, 돌아다니고, 사람을 만나고 하다 보니 정작 이렇게 들어온 정보와 파악된 이슈들을 정리할 수 있도록 두뇌에 휴식을 주지 않는 성향을 의미합니다. 이 성향은 유능하고 일을 잘할 수 있는 좋은 기반이 되지만, 부지런함만으로는 창업에 성공할 수 없습니다. 경쟁자보다 고객에게 어필할 수 있는 무언가를 떠올리는 것을 잘해야 합니다. 이 무언가를 보통 인사이트, 즉 혜안이라고 부를 테죠. 그런데 부지런하고 재빠르며 뭔가를 계속 하는 창업자들을 만나다 보면 '충분히 깊게 생각하지 않는다'는 느낌을 받게 되는 때가 있습니다. 일단 명확히 할 것은 이런 표현은 머리가 나쁘다는 뜻은 전혀 아닙니다. 인지적 기능이 탁월한 공대생 또는 성공한 커리어를 걸어와서 자기 확신이 강한 분들에게서 자주 나타나는 특징에 가깝습니다. 많이 알고 '영리'할수록 오히려 더 자주 보인다고 해야 할 수도 있겠네요. 이들의 문제는 인지적 기능이 좋다 보니 삶의 문제나 일의 해결을 '철저하게' 인지적 기능 중심, 즉 지식적 해결만으로 풀어간다는 데 있습니다.

예시를 좀 들어보자면, 가족이 우울해할 때 옆에서 차분히 다독이면서 이야기를 들어주기보다 문제 상황 한두 마디만 듣고 난 뒤 '그러니 이렇게 했어야지. 내가 문제 해결 방법 알려주잖아?' 같은 말을 하거나, 혹은 '그 문제가 뭐냐면 말이지…' 같은 식으로 설명을 하려 합니다. 공감이 아니라 설명이고, 문제 해결의 근본적 해결이 아닌 피상적/기계적 해결이죠. 이런 분들은 매우 목적

지향적으로 일하며, 이해하기 쉽고 당장 눈에 보이는 솔루션을 선호합니다. 가령 직원들의 이직률이 높아지면 조직 문화를 점검하거나 자기의 경영 스타일을 확인하기보다 '직원들 연봉도 높여줬는데 왜 이러는 거야?' 같은 식의 생각을 한다는 것이죠.

이들은 지식과 명시적 해결을 우선시하다 보니 항상 바쁩니다. 혼자 있는 시간에도 끊임없이 무언가를 학습하거나, 지식을 배우거나, SNS 포스팅과 신문기사를 읽고 부지런히 스크랩하고 공유합니다. 많이 알고, 체계를 갖추면 문제가 해결될 것이라 믿는 셈입니다. 분명 공학적 접근이 필요한 문제들이 많고, 경영의 문제도 때론 기계론적, 구조적 접근이 필요하기도 합니다. 컨설팅적 접근은 분명 그 가치가 있죠. 다만 이러한 접근은 자기의 지식 범주와 상식적인 수준에서 만들어진 사고 체계 밖의 아이디어를 무의식적으로 배제하게 됩니다. task 단위의 업무는 이들이 왕이죠. 짧은 시간 내에 정답을 찾아내고, 그에 대한 대안도 확실하게 마련합니다. 하지만 경영적인 이슈나 전략과 사람 간의 이슈가 생기면 어려워집니다. 왜냐하면 머리가 대뇌피질에 의존해서 프로세싱하기 때문에 논리적이고 체계적인 답은 나오지만 정작 중요한 감정과 욕구, 본능은 고려 대상에 넣기 어려워하기 때문입니다.

우리가 일상과 경영에서 부딪히는 추상적인 문제는 감정과 욕구, 본능 같은 원초적인 것들이 훨씬 중요합니다. 머리를 비우고, 지식으로 해결하는 것보다 조금 더 근본적인 문제, 고객의 감정을 생각하는 태도를 가질 필요가 있습니다. 지식은 이미 남이 떠올린 것이지만 창업은 남이 떠올리지 않은 생각이 필요합니다.

Q2

사업 아이디어는 어떻게 떠올려야 하나요?

A **본인 생활과 연결된 경우**
B **실패 경험 또는 업무 시 의문점에서 출발한 경우**
C **명확한 기술적인 니즈가 확인되는 경우**
D **국내외 성공 사례 조사 또는 벤치마킹**
E **거래 비용과 관련 사업 아이디어**

A 본인 생활과 연결된 경우

가장 흔한 접근이지만 가장 임팩트 있는 창업 아이디어는 생활 속 불편함이나 문제점을 해소하고자 할 때 나타납니다. 물걸레 청소기로 유명했던 한경희 생활과학의 한경희 대표가 사업을 시작했던 경우나, 신발에 관심이 많아서 만든 커뮤니티가 기반이 되어 시작된 무신사의 경우 등이 해당되겠네요. 넓게 보면 방학 동안 기숙사 동료들이 어떻게 지내는지가 궁금해서 시작한 페이스북도 여기에 해당될 것이고, 일상적인 생활 비디오를 공유하는 서비스로 출발한 유튜브나, 대도시에서 비싼 호텔 비용을 치르느라 고생해서 사업을 시작한 에어비앤비 역시 이 범주입니다.

유명한 기업이지만 소위 말하는 하이테크 기업들은 전혀 아닙니다. 일상에서 아이디어를 얻어 출발해서 생활의 불편이나 기존의 방법으로는 만족하기 어려운 아쉬움을 해소하기 위한 사업들이기 때문에 생활밀착형 B2C 사업을 시작할 수 있는 기반이 됩니다.

이 분야는 사업 아이디어를 얻기 쉽습니다. 물론 차분한 관찰을 통해 어떤 불편함과 문제가 있고, 이를 사업적으로 해소할 방법이 있는지, 나만 느끼는 문제가 아니라 많은 사람들이 공통적으로 느끼는 문제인지 등을 확인해봐야 사업 아이디어로서의 가치가 있겠지만, 복잡한 과학기술이나 대규모 조사 등을 하지 않고도 사업을 시작할 기반을 구체화할 수 있습니다. 다만 생활에 기반한 사업 아이디어는 준비 과정에서 몇 가지 요구되는 기준이 있습니다. 예시를 통해 살펴보죠.

가령 적절한 요양보호사를 찾기 어려워서 요양보호사와 수요자를 연결하는 플랫폼을 떠올렸다고 생각해봅시다. 예전에도 이들을 연결하는 플랫폼은 존재했습니다. 주로 인맥이 넓은 마당발 같은 사람이나 병원 등에서 이런 연결을 도와주는 업무를 하는 사람, 혹은 주변 지인 중에서 요양보호사에게 일을 맡겨봤던 사람, 그리고 직업소개소 같은 곳들이 이런 플랫폼이었죠. 하지만 이런 방법은 고객 입장에서 연락할 수 있는 요양보호사가 몇 명 되지 않고, 이들이 어떤 배경을 가지고 있고, 일을 잘하는지 파악하기 쉽지 않습니다. 대금을 얼마나 지급해야 적절할지도 역시 알기 어렵고, 만약 일 처리 방식 등에서 소개받은 요양보호사와 갈등이 생길 경우 대안을 찾지도 못하겠죠. 때문에 훨씬 더 많은 요양보호사 풀에 접근할 수 있고, 이들에 대한 기존 고객들의 리뷰도 볼 수 있으며, 가격을 투명하게 알 수 있게 공정 시장가격을 공개하면 좋겠죠. 이렇게 하려면 웹이든 앱이든 온라인 플랫폼이어야 합니다. 그리고 플랫폼 내에서 공급자라 할 수 있는 요양보호사 입장에서도 기존 방식이 아닌 이 플랫폼에 들어올 만한 이유가 있어야 합니다. 이들을 끌어들일 유인책은 기존에 중간자를 통해 고객을 만나는 경우보다 받을 수 있는 수당이 높거나 소개 수수료가 낮거나, 여러 고객들이 많이 존재해서 상황에 맞춰 일을 선택하는 유연성이 있거나, 고객과 분쟁이 발생할 경우 플랫폼이 적극적으로 이를 중재해주는 것 등일 겁니다.

그런데 부모님을 위해 요양보호사를 찾는 고객들은 주로 30~40대라서 IT 플랫폼 이용이 어렵지 않겠지만 요양보호사분들 중에는 나이가 많으신 분들도 꽤 됩니다. 이런 분들에게는 아무리 간단한 시스템이라고 해도 UI/UX가 어려우면 큰 장벽이 됩니다. 때문에 요양보호사분들이 편하게 익혀서 사용할 수 있는 디자인이어야 합니다.

　이처럼 생활에서 아이디어를 얻는 경우에도 역시 본격 사업을 결심하기 전에 상당히 많은 사전 조사를 해야 합니다. 단순히 '요양보호사와 고객이 모두 모일 수 있는 플랫폼이 있으면 좋겠다' 정도의 생각만으로 기존 일을 그만두고 사업에 뛰어드는 것은 무모하기 짝이 없는 일입니다. 창업을 시작하기 전에 플랫폼으로 기능하려면 수요자와 공급자 양쪽을 어떻게 끌어오고, 그들이 중요시하는 요인이 무엇이며, 왜 기존에는 이런 것들이 잘 충족되지 않고, 혹시 경쟁 플랫폼이 기존에 존재하는 경우 이들은 왜 아직까지 대세가 되지 못했는지 등의 질문을 떠올리고 답을 찾아야 합니다. 단순히 인터넷으로 조사할 것이 아니라 현장을 돌아다니면서 실제 공급자와 고객들까지 최대한 만나서 아주 구체적인 이해를 확보해야 하죠. 내게 익숙한 생활 속 아이디어라 해도 사업을 시작할 수 있는 수준의 이해를 가지고, 산업의 구조가 머릿속에 들어오려면 최소한 3~6개월 이상의 기간이 소요됩니다. 덜컥 창업을 저지른 다음에 이 조사 기간을 갖는 것이 아닌, 기존의 일을 하면서 병행해야 합니다.

　고려해야 할 또 다른 부분은 경쟁자가 등장하기 매우 용이하다는 것입니다. 생활 속 아이디어의 대부분은 대단히 높은 기술적 요소가 있는 것도 아니고, 사전적인 설비 투자가 대규모로 필요한 경우도 별로 없습니다. IT 시스템 개발 정도가 요구 사항이지만 이조차도 기존의 대중적 플랫폼 서비스를 활용하면 빠르게 시장에 진입할 수 있습니다. 가령 온라인 상담 서비스를 만들겠다며 독자적 앱을 개발할 수도 있지만, 네이버카페 같은 커뮤니티 서비스에 기반해서 카카오톡 오픈 채팅과 줌 같은 화상 통화 도구들을 조합, 비슷한 서비스를 개시할 수 있다는 것이죠. 어느 아이디어가 핫하다고 소문이 나면 경쟁사가 곧바로 등장할 수밖에 없습니다. 때문에 이런 서비스는 일단 시작되면 최대한 빠르게 시장에서 치고 나가서 1위를 차지하는 전략이 필수적입니다. 대부분의 생활 밀착형 서비스들은 국내 시장 규모로 볼 때 최상위 3~4개 업체만 살아남고 나머지는 모두 없어지게 됩니다. 소셜커머스도 수십 개 업체가 난립했지만 쿠팡을 위시한 3개만 살아남았고, 배달 앱 역시 수십개가 있었지만 배달의민족을 비롯한 3~4개만 성장을 기록할 수 있었습니다. 새로운 기술 등 차별성 또는 진입 장벽을 세우기가 매우 어려운 산업이고, UI/UX 같은 요소도 따라 하기가 너무나 쉽기 때문에 천천히 경쟁력을 쌓아가는 방식으로는 사업의 성장이 매우 어렵습니다. 그래서 이런 종류의 아이디어를 떠올릴 때는 이 사업을 어떻게 하면 최대한 빠르게 성장시켜서 시장 내에서 1, 2위를 다투게 만들 수 있는가 라는 질문에 대한 답까지 사전에 준비를 해야 합니다.

충분한 사전 조사와 고속 성장을 위한 조건까지 떠올려야 생활형 아이디어가 사업의 기반이 될 수 있습니다. 아이디어가 눈에 띄면 산업에 대한 전반적인 스터디를 충분히 하면서 고속 성장의 열쇠가 무엇일지 차분히 정리한 이후에 사업을 본격화하는 것이 진입장벽이 낮은 생활형 아이디어로 사업을 일구는 방법입니다.

B 실패 경험 또는 업무 시 의문점에서 출발한 경우

에어비앤비는 처음에는 '카우치 서핑', 그저 거실 같은 곳에서 간이 침대를 놓고 잠을 자는 서비스로 시작해서 이름이 'Air bed and breakfast'였다고 합니다. 공간을 빌려주는 사람 입장에서도 자기 집 거실에 낯선 사람이 자고 있으면 상당히 불편하거나 위험한 일이고, 구매자 입장에서도 바로 옆에 있는 방에서 낯선 사람이 자고 있다면 매우 불편하겠죠. 뉴욕처럼 숙소 가격이 너무도 비싼 곳에서, 대단히 개방적인 일부 젊은 사람들 사이에서나 가능한 서비스였던 셈이니 사업 확대 속도가 상당히 느렸다고 해요. 그러다가 한 음악인으로부터 여행 중 음악 연습을 위해 집 전체를 빌릴 수 있냐는 문의가 왔고, 이 문의를 해결하는 과정에서 집의 한 층 또는 아예 집 전체를 빌리는 지금의 모델을 떠올렸다고 합니다.

이 일화는 창업자들이 사업 아이디어를 어떻게 시장의 니즈에 맞춰 변화시켜야 하는가를 보여주는 사례로 여겨지지만, 이런 식의 아이디어는 꼭 창업을 시작하지 않아도 얻을 수 있는 것들입니다. 가령 모 공기업에 다니던 직원 한 분은 회사의 담당 지역내 절개지의 안전을 위한 측정 및 감시 장비가 외국산이었는데 기능이나 적용된 기술의 난이도 대비 비용이 너무 비싸다는 걸 알게 되었다고 합니다. 분명 국산화하면 가격이 크게 낮아질 테고, 관리 편리성도 크게 향상될 텐데 필요 수량이 아주 많지는 않다 보니 그 누구도 국산화를 해서 납품하려고 하지 않았다고 합니다. 그래서 이분이 자신이 일하는 곳 외에 다른 공기업이나 민간 기업 등에도 유사한 수요가 있는지 조사를 해봤고, 충분히 사업화할 수 있는 규모가 된다고 결론을 내렸습니다. 그저 회사들이 나눠져 있고, 누구도 큰 관심을 두지 않다 보니 그 정도 수요가 있음을 몰랐던 것이죠. 그래서 이 아이디어를 구체화하여 사업화했고, 기존 외국산을 대체한 후에는 해외 시장을 개척하는 준비를 하고 있습니다. 즉, 내가 하고 있는 업무나 내가 속한 회사에서 필요로 하는 영역을 차분히 검토하다가 문제점을 발견하여 사업화를 시키는 방법도 충분히 가능하다는 겁니다. 대기업 등에서 사내 벤처를 하는 팀들이 이런 식의 접근을 특히 많이 하지만 일반적인 직장인들도 얼마든지 생각해볼 수 있는 접근법입니다.

다만 이러한 접근을 할 때 주의점은 눈에 보이는 시장의 규모가 매우 작다는 것입니다. 시장이 작으면 그 사업은 큰 재무적 가치를 갖기 어렵습니다. 예전에 제조업 납품사는 주로 대기업을 다니다가 나온 창업자가 대기업에 필요 부품을 납품하는 방식으로 사업을 시작했습니다. 그런데 대기업 한 곳과 거래를 시작하면 해당 기업의 경쟁사에는 납품할 수 없기 때문에 납품사의 마진과 회사의 생사를 대기업이 쥐고 있었고, 창업자는 그저 작은 납품사로 만족하며 살아가다가 그 대기업이 크게 성장하면 함께 성장하는 식이었습니다. 자기 자본만이 아닌 벤처캐피탈 등 외부 투자자의 투자를 받아 성장하는 스타트업의 경우에는 이런 전통적인 형태의 중소기업 성장 루트는 받아들이기 어렵습니다. 때문에 어떻게든 규모가 나오는 시장을 떠올려야 합니다. 보통 사업 준비 기간에는 규모가 있는 시장으로의 진출 또는 사업을 성장시키는 방법이 바로 떠오르지 않기 때문에, 창업한 이후 MVP 단계에서 성과가 나오지 않는 초기 아이디어를 버리고 다른 기회를 찾는 식이 많습니다. 다시 한번 강조하지만 창업 전에 직장 생활을 하면서 이러한 기회 발굴을 할 수 있다면 당연히 창업 후 시행착오를 하는 것보다 훨씬 낫습니다.

C 명확한 기술적인 니즈가 확인되는 경우

산업계나 미디어, 전문가들 모두가 '그 시장/기술은 반드시 뜬다'라고 이야기하는 분야들이 있습니다. 가령 AI를 이용한 영유아의 성장 단계별 발달 진단 및 발달 촉진을 위한 디지털 치료제라든지, 개인화된 모빌리티 서비스라든지, 레거시 설비를 가진 공장들의 스마트팩토리화 같은 것들이죠. 누가 봐도 관련 기술이 발달하고, 해당 시장이 커질 것에 별 이견이 없는 분야들입니다. 이런 분야들은 아이디어의 문제가 아니라 이를 실현하기 위한 기술적, 경제적 장벽을 누가 먼저 무너뜨리느냐의 싸움입니다. 이런 아이디어들은 대부분 Deep Tech, 즉 굉장히 교육 수준이 높은 공학도들이나 연구팀들이 모여서 몇 년에 걸친 R&D로 승부가 나는 영역입니다. 시장이 형성될 것이라는 점을 모두 알고 있고, 대단한 인력들이 모여드는 분야기 때문에 벤처 투자의 규모가 작은 국내에서조차 매출이 전혀 나오지 않지만 몇십억 원~몇백억 원의 투자도 곧잘 받습니다. 이 정도 규모의 투자라 해도 R&D의 속성상 성과가 실제로 나타날지, 기술적인 성과가 나타나더라도 그것이 과연 사업이 가능할지 도무지 예상할 수 없습니다.

농구장에서 헤엄쳐 오르는 거대한 고래의 모습을 통해 AR 글래스의 미래를 만들어낼 수 있을 것 같았던 Magic Leap[8]의 경우 유명한 연쇄창업자와 엔지니어들이 참여했다는 이유만으로 이렇다 할 제품도 없던 상태에서 무려 5천4백억 원 이상의 펀딩을 받았고, 이후 제품이 시장에 나올 때까지 1조 4천억 원 이상의 외부 투자금을 끌어들였죠. 하지만 매직리프는 투자금에 걸맞는 제품은 아직도 만들어내고 있지 못합니다. 피 한 방울로 수많은 질환을 진단해낼 수 있다고 주장했던 Theranos[9]의 경우에도 7천억 원 이상의 투자금을 모았습니다. 구현만 된다면 모든 헬스케어 기업의 꿈같은 기술이니까요. 물론 지금은 창업자의 사기로 밝혀졌고 법적 처벌을 받고 있습니다.

이 분야들은 현대 기술의 발전 방향과 시장의 흐름을 보면 자연스럽게 다음에 어떤 기술이 필요하며 어떤 시장이 열릴 것이라는 점을 대부분의 사람들이 동의하는 분야입니다. 이런 사업 아이디어를 구현하려면 일단 창업팀 자체

---

8. 미국의 헤드 마운티드 증강현실 디스플레이 제품 개발 회사. 2010년도에 창립되었으며 한때 5조 원 이상의 기업 가치를 가진다고 평가받았으나 현재까지 관련 제품의 성능이나 판매 모두 기대에 못 미친다는 평가를 받고 있습니다.

9. 2003년 미국에서 설립된 진단기기 회사, 대량의 혈액과 오랜 시간 분석이 필요하던 진단용 혈액검사를 한두 방울의 혈액과 몇 분 내에 처리 가능한 기술을 개발한 것으로 알려졌으며 이에 수많은 투자를 유치, 한때 기업가치가 10조 원을 넘는다고 평가되었습니다. 하지만 실제 이러한 기술은 존재하지 않고 창업자가 적극적으로 투자자들을 속여 투자를 받았다는 사실이 밝혀져, 회사는 폐업했고 창업자는 사기 혐의로 현재까지 재판을 받고 있습니다.

가 이 분야에 대한 매우 높은 전문성이 필요하며 사업 초기부터 외부 투자를 적극적으로 받아야 합니다. 매출은 단기간에 나올 수 없으며, 장기간에 걸친 R&D를 해야 하니까요. 다만 이 R&D는 매직리프의 경우처럼 대부분은 실패하거나 혹은 기대에 크게 못 미치는 결과물만을 만들어 냅니다. 하지만 이런 사업이야말로 성공할 경우 시장을 완전히 바꿀 수 있는 게임 체인저가 되는, 완전히 혁신적인 기술로 삽시간에 시장을 장악하는, 가장 '스타트업스러운' 접근법입니다. 진짜로 '모 아니면 도'거든요.

D 국내외 성공 사례 조사 또는 벤치마킹

스타트업 지원사업의 심사를 하다 보면 가끔 굉장히 잘 만들어진 비즈니스 모델인데, 어디서 본 듯한 느낌을 주는 스타트업들이 있습니다. 대부분은 해외에서 상당히 성공한 비즈니스 모델을 고스란히 가져온 경우죠. 다행히 국내 다른 스타트업의 모델을 카피하는 경우는 거의 없지만 아무래도 해외 성공 사례를 너무 대놓고 카피한 느낌이 나면 선정 과정에서 불리한 평가를 받기 쉽죠. 도덕적으로도 좋은 평가를 받기는 어렵습니다.

예술 분야에서 창의적 재해석과 표절을 쉽게 나누기 어려운 것처럼 비즈니스 모델이 매우 유사한데 한국 시장에 맞춰 약간의 변형을 한 경우에는 어떤 회사의 모델을 가지고 왔는지는 알겠는데 저 정도면 카피라 해야 할지 아니면 그저 벤치마킹을 했다고 봐야 할지 헷갈리기도 합니다.

하지만 도덕적인 면을 배제하고 순수하게 사업적인 측면만 따져본다면 꽤 생각해볼 여지가 많은 접근법이기도 합니다. 가령 국내에서 가장 큰 유통사인 쿠팡의 경우 아마존의 비즈니스 모델을 굉장히 많이 벤치마킹했습니다. 대량구매 후 공격적인 가격으로 적자가 나더라도 시장 점유율을 극적으로 넓히는 전략이 그러하며, 자체 물류망을 최대한 확보해서 이를 풀필먼트 서비스로 만들어 원가 절감 및 매출 추가 향상 방안을 만드는 것과, OTT 사업에 진출해 추가 매출원을 확보하려는 시도도 유사합니다. 물론 클라우드 서비스를 가지고 있지 않다는 것이 큰 차이점이기는 하지만, 쿠팡이 초기 생활 밀착형 서비스들의 할인 쿠폰을 판매하던 소셜 커머스에서 본격적인 이커머스 업체로 변신한

2013년 이후 쿠팡의 궤적이 아마존을 벤치마킹한 것은 분명해 보입니다. 쿠팡은 아마존의 사업을 카피한 것일까요? 논란의 여지는 당연히 많겠지만, 만약 쿠팡이 아마존을 단순 카피해서 1등을 하고 있는 것이라면 국내의 다른 여타 유통업체들은 모두 카피하는 업체만도 못하다는 뜻이 됩니다. 아마도 현실적인 해석은 '쿠팡이 아마존에게서 사업 전략에 대한 많은 아이디어를 얻었지만 이를 국내 현실에 굉장히 잘 적용했다' 정도일 것입니다.

타사의 사업을 기반으로 해서 사업 아이디어를 얻을 때 주의해야 하는 점은 크게 두 가지입니다.

첫째로, 외부인에게 비즈니스 모델을 카피했다는 느낌을 받도록 하는 것은 심각한 문제가 있습니다. 하다못해 로고 색깔까지 유사하게 카피하는 경우들이 있는데, 분명 도덕적으로 비난받을 일이고 법적 문제가 될 수도 있는 사안입니다. 그렇지만 먼저 성공한 회사가 가졌던 문제의식이나 답에 접근한 방법 등은 얼마든지 참조할 수 있겠죠. 운동 선수들이 유명한 선수들을 롤모델 삼아 그들의 훈련법과 플레이하는 모습 등을 따라 하는 것과 유사하다고 할 수 있겠습니다. 그리고 가장 중요한 것은 그렇게 따라가더라도 결국 사업을 실제 현실에 적용할 때는 내 회사만의 무언가 다른 점이 있어야 하고, 그 다른 점이 회사 실적에 큰 영향을 주도록 해야 합니다. 그래야 불법 복제가 아니라 선도 기업에게서 훌륭하게 배웠다는 평을 받게 됩니다. 소비자들이 보기에도 그렇지만 실제 투자자들에게 투자받을 때도 너무 대놓고 카피한 비즈니스 모델은 후순위로 밀리기 쉽습니다. 성과가 나쁠 것이라는 우려보다는 저 정도로 뻔뻔한 창업팀이면 나중에는 투자한 우리에게도 뻔뻔하게 나올 위험성이 크다고 느껴지니까요.

두 번째로 주의해야 하는 점은 사업 모델을 카피했다고 그 사업이 성공한 사례처럼 굴러갈 수는 없다는 점입니다. 해외 시장과 국내 시장의 성격이 다르고 경쟁이 다르기 때문이기도 하겠지만 무엇보다 이를 실행해야 하는 팀의 역량이 다르기 때문입니다. 대놓고 베끼는 것이 아닌 참조를 하는 경우에도 나와 유명한 성공 사례에서 무엇을 배우고 무엇은 배우지 않을지를 따져볼 때 꼭 염두에 둬야 하는 것이 팀의 역량입니다. AI 반도체를 설계하는 국내의 한 팹리

1장
스타트업 창업과 성장 과정 개요

2장
단계별 FAQ를 통해 이해하는 비즈니스 모델 설계

3장
국내외 스타트업 사례로 이해하는 비즈니스 모델

스 스타트업의 경우 대표자와 주요 엔지니어들이 서울대, MIT 석박사 출신에 삼성전자, 구글, 스페이스 X 등에서 일했던 굉장한 인력들입니다. 시드 단계에서 수백억 원의 투자금도 받았을 정도입니다. 수백억 원의 투자금 유치가 멋있어 보이고 AI 전문 반도체에 대한 수요가 많을 것이라 보여서 이 스타트업을 비즈니스 모델 차원에서 카피한다 해도 이만한 인력을 모으기란 매우 어려운 일입니다. 이런 배경을 가진 인력들이 국내에 몇 명이나 있을까 생각해보면 불가능에 가깝겠죠. 스타트업 분야에서 비즈니스 모델 카피에 대해 상대적으로 크게 신경 쓰지 않는 것은 사실 이 이유 때문입니다. 모델을 카피한다고 해서 인력들의 역량까지 카피할 수는 없으니까요.

경쟁사가 되었든 유명한 성공 사례가 되었든 롤모델이 있다면 사업 아이디어를 얻고, 이를 구체화하는 데 매우 도움이 됩니다. 디테일한 요소들까지 파악할 수 있다면 사업화 단계의 속도를 극적으로 높일 수 있기에 더 큰 도움이 되겠죠. 하지만 너무 대놓고 카피하면 팀에 대한 외부 투자자의 불신을 초래하기 쉬우며, 부도덕한 일이기도 하고 무엇보다 비즈니스 모델을 카피했다고 해도 역량 차이는 결코 메꿔지지 않기 때문에 도움되는 사례 중 감당할 수 있는 부분에 대해서만 참조를 해야 합니다.

E 거래 비용과 관련 사업 아이디어

거래 비용이라는 이론이 있습니다. 우리가 하는 모든 상거래에는 눈에 보이는 '가격' 이외의 여러 추가적인 비용 요소가 있다는 이론입니다. 여기서 추가적인 비용에는 거래의 사전적, 사후적으로 발생하는 시간과 에너지의 소진, 거래 상대방의 낮은 신뢰도에 따른 스트레스, 거래 이행을 강제하기 위한 법적 대응 비용 등이 있습니다.

우리의 일상에서 생각해보면 대형마트가 동네 시장보다 분명 더 비싸지만 대부분의 소비자는 '주차가 불편하고, 물건 찾기가 어렵고, 가격이나 품질을 믿을 수 없고, 환불이 어려우며, 덥거나 춥고, 길거리의 먼지가 음식에 올라갈 것 같아서' 시장보다 대형마트를 선호하는 것에서 쉽게 이 거래 비용이라는 개념을 이해할 수 있습니다. 즉, 고객은 가격이 비싸도 부수적인 거래 비용이 상대적으로 적은 거래처를 찾는다는 것이죠.

극단적으로 말하면 세상의 모든 경제적 활동은 이 거래 비용을 줄이는 방향으로 이뤄져 왔습니다. 시장보다 가격은 비싸도 신뢰도가 높은=거래 비용이 낮은 마트가 각광받았고, 이제 오프라인에서 돌아다니는 에너지와 시간 소모가 더 적은 온라인으로 넘어오는 것이 이 흐름의 상징이라 할 수 있습니다. 오프라인에서 많은 사람을 만나고 많은 정보를 받아들이려면 굉장히 긴 시간이 들겠지만 온라인에서는 클릭 몇 번으로 연결되고, 원격지에 있어도 실시간으로 전달됩니다.

이 이론을 스타트업 비즈니스 모델에 적용하게 되면 몇 가지 재미있는 인사이트와 함께 사업 아이디어를 떠올리는 데 도움을 줍니다.

우선 사업 도메인은 거래 비용이 최대한 높은 영역에 들어가야 무조건 좋습니다. 야놀자나 배달의민족을 생각해보면 온라인화가 거의 이뤄지지 않아서 정보 획득이나 서비스 품질 등의 거래 정보를 얻기 매우 어렵기에 고객 입장에서 거래 비용이 매우 높았던 소상공인 영역에 들어간 것이며, 카카오톡의 경우 통신사들이 문자를 유료화해서 돈을 벌겠다는 정책만 유지하지 않았다면 불과 2년 만에 5천만 사용자를 확보하는 사건을 만들지는 못했을 것입니다. 유료 문자는 그 자체로도 돈이 들지만 다수의 사용자와 메신저 형식으로 주고받는 것보다 '불편'하죠. 즉, 거래 비용이 이래저래 높았습니다. 더불어 당시 다른 메신저들은 모두 이메일 기반이었지만 카톡은 전화번호 기반이기도 했습니다. 이메일을 안 쓰는 어르신들이나 이메일 회사가 달라서 활용이 불편하던 다른 메신저들보다 편리했지요.[10]

두 번째, 스타트업이 초기에 집중해야 할 것은 투자를 받기 위해 무작정 규모가 큰 시장을 노리거나, 기술 개발만을 위한 기술 개발이나 무조건적인 매출 확대를 추구하는 것이 아니라 비록 소수의 고객이라도 나와 거래하지 않으면 거래 비용이 많이 발생할 수 있도록 하는 방안을 만드는 것이어야 한다는 점입

---

[10] 스타트업이 수행하는 MVP 테스트는 이렇게 실제 시장에 거래 비용이 존재하고 내 제품이나 서비스가 이 거래 비용을 줄이는 나에 대한 확인을 위한 것이라고도 할 수 있습니다.

니다. 콘텐츠일 경우 해당 제작사가 아니면 그 정도 재미를 얻기 위한 대안 업체를 찾기 어려울 정도로 만들어야 하고, 플랫폼일 경우 그곳과 거래하지 않으면 장사에 지장이 발생하게 할 수 있는 방안이 마련되어야 합니다. 식당 프랜차이즈 비즈니스의 의미는 고객들에게 그 브랜드만 보고도 맛과 가격을 예상하게 해서 주문한 후에 실망하거나 예상과 달라 당혹해하는 확률을 낮추는 것이죠. 즉, 프랜차이즈 역시 거래 비용을 낮추는 기능을 하고, 이의 확대 버전이 O2O 플랫폼입니다. 우리가 페이스북을 이용하는 것도 내 포스팅을 읽고 반응해줄 사람을 찾기 용이하기 때문입니다. 새로운 SNS에서 이만큼의 주목이나 반응을 얻으려면 사용자 입장에서 이동에 따른 많은 에너지 소모가 뒤따르죠. 페이스북에는 팔로워가 많은데 인스타그램에는 한 명도 없어서 팔로워 모집에 한참 신경을 써야 한다면 이 신경 쓰는 과정에서 에너지 및 시간의 소비가 크게 발생하며, 이를 전환 비용 Switching Cost 이라고 합니다. 소수의 고객이라도 나와 거래하지 않으면 전환 비용이 크게 발생하도록 만드는 것이 페이팔 마피아의 일원으로 유명한 피터 틸이 이야기하는 '니치 시장에서의 독점력'이 됩니다.[11] 초기 기업의 제품력이 매우 중요하다고 늘 이야기하는 것이 바로 이 지점이기도 하죠.

세 번째, 스타트업은 무조건 자신이 속한 산업의 기업 수보다 고객 수가 많은 곳을 골라야 합니다. 만약 자동차용 배터리 관련 신기술을 개발하는 스타트업의 경우 완성차를 타깃으로 하면 국내에는 현대나 기아밖에 없고, 메이저 부품사라고 해봐야 만도나 모비스 등 몇 개 되지 않습니다. 배터리 회사 역시 몇 개 안 되죠. 기술을 잘 알고, 기술의 전도가 유망하더라도 이런 상황에서 사업을 시작하면 정말 잘 풀려봐야 현기차의 하청업체가 됩니다. 초기에 너무 어렵더라도 해외의 완성차나 부품, 배터리 업체를 찾아야 하겠죠. 물론 국내 메이저 회사에 맞춰 준비해야겠지만 어떻게 해서든 해외에 거래처를 추가로 확보하려는 계획을 비즈니스 모델에 담고 이를 실행해야 합니다. 그래야 국내 대기업과 거래가 잘 안 되거나, 혹은 거래 조건이 나쁘더라도 기업의 성장과 미래를 담보할 수 있습니다. 그저 '잘 아는 사람이 대기업에 있고, 그 기술의 전도가

---

11. 피터 틸은 Paypal 창업팀의 일원으로 실리콘밸리에서 매우 유명한 창업가이자 투자자입니다. '니치 시장에서의 독점력'은 그의 저서 『ZERO to ONE(한국경제신문사, 2021.10)』에 나오는 이야기입니다.

유망하니 연구개발 잘해서 국내 대기업에 납품하면 매출이 나오겠지'라고 생각하면 그 기업의 성장 한계는 너무도 분명합니다. 기업용 AI 기술을 개발하는 업체는 고객사와 일을 하다 보면 마치 시스템 통합System Integration 업체처럼 외주를 받아서 시스템을 개발, 납품하는 구조가 만들어지기도 합니다. 기존의 각종 기업용 소프트웨어건 AI건 마찬가지죠. 그런데 이렇게 되면 이 사업은 기껏해야 외주 인건비 장사가 되고, 초기라면 몰라도 좀 지나서 유사한 경쟁사가 늘어나면 도무지 고객에게 대규모의 전환 비용을 물릴 방법이 없어집니다. 내가 제공하는 솔루션을 떠나는 것에 고객사가 도무지 부담을 느끼지 않는 것이죠. 이렇게 되면 내 회사는 그저 'one of them'이 됩니다. 때문에 외주는 받아서 연명하더라도 서비스의 거래 비용을 낮추기 위한 시스템화, 즉 SaaS 서비스로 성장하는 노력을 멈춰선 안 되고, 이렇게 해야만 기업의 성장이 고객사 몇 곳의 예산에 휘둘리지 않게 됩니다.

애초부터 고객이 회사보다 많은 B2C 기업이라면 이런 식의 시스템화보다도 고객이 나를 버리고 떠났을 때 거래 비용을 느끼도록 만드는 장벽들을 떠올리는 데 집중하는 것이 중요합니다. 가장 중요한 것은 입소문과 install base[12]입니다. SNS 업체들처럼 네트워크 효과가 필수적인 사업이 아니라도 이 논리는 마찬가지입니다. 고객이 나와 거래할 때 거래 비용이 절감되는 경험을 해야 전환 비용이 높아져서 고객이 나를 버리지 못합니다.

거래 비용 이론은 산업구조론의 기반이 되고, 산업구조는 기업의 성장과 마진율을 가장 강력하게 옭아매는 족쇄이자 프레임입니다. 스타트업의 사업 아이디어는 단순히 누구에게 무엇을 팔겠다가 아니라, 어떻게 하면 산업 구조를 내게 유리하게 바꿀 것인가에서 시작하는 것이 중요한 셈이죠.

---

12. 설치 사례, 즉, 특정 제품이나 서비스가 고객들에게 설치된 규모를 의미합니다. 가령 내 프린터가 시장의 절대다수를 차지한다면 나는 편안하게 카트리지 장사를 할 수 있게 되고, 내 프린터가 아닌 다른 프린터를 사려는 고객은 카트리지 수급 문제로 쉽게 다른 프린터를 선택하지 못하게 되니다. 설치 규모가 크기 때문에 전환 비용이 크게 나오는 것이죠.

Q3

피해야 하는
아이디어는 무엇인가요?

스타트업은 동네 주민 대상으로 조그마한 문화 공간을 운영하겠다는 것부터 화성에 식민지를 건설하겠다는 아이디어까지 어느 것이든 그 목표를 이뤄갈 수 있는 방안이 현실에서 출발할 수 있다면 좋은 아이디어지만 상대적으로 지원사업이나 투자 심사 자리에서 평가절하되고, 실제 사업을 시작하더라도 성과가 나오지 않는 사업 아이디어도 있기 마련입니다. 다음의 몇 가지 사항들이 그런 아이디어들입니다.

A 자신이 연구 및 개발의 주체가 아닌 경우
B 유행하거나 유망하다는 기사를 본 경우
C 생활의 작은 불편 혹은 사소한 개선 아이디어의 경우

A 자신이 연구 및 개발의 주체가 아닌 경우

앞서 언급한 비즈니스 모델 표절보다 조금 더 문제인 케이스입니다. 사업에 성공해서 큰돈을 벌겠다는 의지는 매우 강한데, 한꺼풀 벗겨보면 막상 그 사업의 핵심이 되는 기술이나 특허 등은 다른 회사 소유인 경우입니다. 만약 해외 업체의 제품이라면 그저 국내 총판권 정도를 가지고 있거나 아니면 제한된 시장에서 판매하고 영업에 따른 수수료를 얻을 수 있는 권리를 가지고 있으면서도 마치 판매 회사 대표자가 자신이 개발했거나 자기 회사 소유 기술이라 이야기하는 것입니다. 친환경 소재의 1회용 제품을 만드는데, 막상 그 친환경 소재를 추출하고 제조하는 기술은 다른 회사 소유인 경우 이를 판매하는 스타트업은 사실 스타트업이 아닌 영업 대리점이죠. 이런 사례는 정부지원사업, 특히 초기 기업을 대상으로 하는 곳의 심사 자리에 가면 매우 흔히 볼 수 있습니다. 스타트업이라고 타 회사 제품을 판매해서는 안 된다는 뜻은 당연히 아니지만, 회사의 본질적 사업 영역에 해당되는 제품/서비스를 타 회사가 개발했고 타 회사가 관련 권리를 가지고 있다면 해당 판매 기업의 본질적 가치는 그저 영업회사라는 뜻이고, 원천 기술을 가진 업체와 관계가 끊어지면 기업으로서의 가치가 확 꺾인다는 뜻이 됩니다.

해외 제품을 수입해서 판매하는 회사도 많고, 이런 수입 회사들 중에서 매출이 아주 커지는 곳들도 가끔 나옵니다. 이 경우는 판매 능력 자체가 회사의 본질적 경쟁력이라는 뜻이 되겠죠. 한 회사 제품에만 의존하지 않고, 여러 회사 제품을 모두 다 잘 판매한다면 이 기업은 충분히 고속 성장을 노리는 혁신 기업이라 할 수 있습니다. 커머스 분야의 강점이 있으니까요. 유통업인 것이죠. 하지만 유통업이라 주장할만한 회사라면 소수의 제조사 제품이나 기술에 사업 대부분을 의존하면 안 됩니다. 그리고 어떤 매력적인 기능이나 서비스를 통해 고객들을 모아내고 재구매하게 만들 것인지가 회사 비즈니스 모델의 핵심에 있어야 합니다.

이런 비즈니스 모델을 들고 오는 분들은 빨리 창업해서 빨리 돈을 벌고 싶은데 욕심에 비해 노력을 하고 싶지 않은 경우가 대부분입니다. 당연히 외부 투자금도 정부지원금도 받을 확률이 매우 낮습니다. 내가 하려는 사업의 핵심 영역은 반드시 스타트업이 가진 독자적 기술이나 특허, 역량이어야 합니다. 그렇지 않다면 그 사업은 외부 지원 없이 순전히 자기 자본으로만 해야 합니다.

B 유행하거나 유망하다는 기사를 본 경우

아무래도 대학생 창업팀처럼 사회 생활 경험이 많지 않은 팀들이 접근하게 되는 방식입니다. 대학생들이 직접 경험해본 것은 아닌데 신문 기사나 관련 유명인이 미디어에서 언급한 것에서 힌트를 얻어 사업화를 하겠다고 나서는 경우입니다. 생활 속 아이디어를 얻거나, 미디어를 통해 유망하다고 하는 분야나 사회 문제 등에 대해 이야기를 듣다 보니 생겨난 아이디어와 뭐가 다르냐라고 묻는다면 별로 다를 것은 없습니다. 고객의 불만이 있고, 이를 사업화하면 좋을 것이라는 점도 같습니다. 다만 딱 한 가지 차이점이 있는데 이 부분이 향후 사업의 성패를 가르게 됩니다. 예시를 통해 살펴 보겠습니다.

여성으로 이뤄진 창업팀이 기존 여성 속옷들이 너무 표준 크기에만 맞춰 나오다 보니 오버사이즈나 언더사이즈인 사람들에게는 선택지가 너무 없어서 이를 해결하기 위해 창업을 했습니다. 당연히 여성들로 이뤄졌으니 당사자로서의 현실적 불만을 강하게 느꼈을 것이기 때문에 창업을 준비했다고 생각했습니다. 하지만 막상 만나본 창업 멤버 중 누구도 사이즈에 대한 불만을 가진 사람들은 없었습니다. 주변의 친구 등 지인들에게 이런 불만 사항을 종종 듣기는 했지만 이 창업을 생각한 계기는 창업지원금 중에서 생활 밀착형 아이디어에 대해 포상을 하는 제도가 있어 이에 지원하려고 급조한 아이디어였던 것이죠. 당연히 관련 소비자들의 구체적인 불만이나 시장에 대한 이해 등은 매우 피상적인 수준이었습니다. 이런 팀들은 사업화를 진행한다고 해도 고객의 핵심 니즈를 '체감'하지 못해 결국 핵심을 찌르지 못하고 변죽만 울리게 됩니다. 대만에서 유행하던 디저트를 한국에 가지고 와서 디저트 카페 창업을 하겠다는 중년도 있었는데 정작 그 디저트를 먹어 본 경험은 대만을 몇 주 여행한 기간에 먹어본 게 다였다는군요. 디저트를 만들어본 경험도 전혀 없는데 말이죠. 이 창업자의 경우 사실 그 디저트가 정말 좋았던 것이 아니라 디저트 카페 앞에 있는 고객들의 긴 줄이 부러웠던 것이겠죠.

이런 사업 아이디어들은 주로 생활 밀착형 B2C 비즈니스 모델입니다. 미디어에서 언급하거나 유명하다고 하는 것이 아니라 직접 이를 실감해서 시작해야 하는 영역이죠. 물론, 사업 아이디어의 힌트나 최초의 관심은 미디어를 통해서 얻을 수 있습니다. 하지만 기자처럼 그저 옆에서 조망하는 사람이 아니라, 그 안에 들어가서 실제 문제가 무엇이고, 어떤 이유로 그런 문제가 생기며, 이를 고객 입장에서 변화시키기 위해 어떤 솔루션이 필요한지 지식이 아니라 마음속으로 깨닫는 과정이 필요합니다. 현장에서 적어도 몇 달의 시간은 보내야 감이 잡히겠죠.

미디어에서 유망하다고 이야기하는 사안과 관련해서 심사숙고해야 하는 다른 문제는 미디어들 역시 유행을 탄다는 점입니다. 가령 2015~16년에 가장 핫했던 창업 아이템은 AR/VR이었습니다. 실리콘밸리에서 오큘러스나 매직리프 같은 회사들이 1조 원대의 펀딩을 받는다는 소식이 들려오고, 마이크로소프트가 홀로렌즈를 내놓으면서 정점에 달했죠. 그 여파는 한국에도 고스란히 왔습니다. 정부의 스타트업 지원 프로그램에 AR/VR이 최상단에 놓였고, 이를 보고 다시 민간의 지원 프로그램들이 AR/VR을 띄웠고 미디어는 이를 받아서 썼죠. 그리고 불과 1~2년이 지나고 그 많던 AR/VR 지원 프로그램은 사라져버렸고 그 자리를 고스란히 빅데이터가 물려받았습니다. 모든 스타트업이 갑자기 자기들이 모두 빅데이터 업체라고 이야기하던 때죠. 그러다 블록체인을 거쳐 AI가 최신 유행 키워드가 되었으며, 작년엔 디지털 트랜스포메이션과 바이오 헬스, 그리고 메타버스였습니다.

필자가 몇 년간 지원사업 심사 등에서 마주쳤던 스타트업 하나는 빅데이터 전문 업체였다가 그다음 해에는 AI 전문 업체, 그리고 그다음 해엔 디지털 트랜스포메이션 및 메타버스 전문 업체로 바뀌었습니다. 사업 내용의 핵심은 매년 전혀 바뀌지 않았는데 말이죠. 지원금을 받기 위해 포장만 열심히 바꾼 것이지만, 달리 생각해보면 자기들 사업에 대해 깊은 이해도, 철학도, 지향점도 없었기 때문에 단순히 지원금 받고 투자 조금 받아서 연명하는 게 목적이 되어버린 것입니다. 미디어에서 유망 사업이라고 언급되는, 최근 실리콘밸리에서 최대로 각광받는다는 사업들 모두가 이렇지는 않겠지만 그저 단기적 유행에 춤추는 경우도 없다고는 할 수 없습니다. 때문에 미디어에서 언급되는 최신 기술과 유망 사업 아이디어를 함부로 내 사업 아이디어로 가져오는 데는 많은 주의가 필요합니다. 자칫하면 실체 없이 지원금만 노리는 지원금 헌터처럼 보이게 됩니다.

C 생활의 작은 불편 혹은 사소한 개선 아이디어의 경우

비율상으로 많지는 않지만, 보통 사회 생활 연차가 많지 않은 20대 중후반 중심의 창업팀에서 자주 보이는 아이디어 중 하나가 자기가 살고 있는 지역이나 자기가 주로 사용하는 기기 등과 관련해서 사소한 개선 사항으로 창업하는 경우입니다. 작고 사소한 문제라도 불편함이나 문제점을 느끼는 사람에게는 큰 문제일 수 있고, 이를 사업으로 엮어보려는 시도 자체를 부정하는 것은 전혀 아닙니다. 작고 사소한 것이 나중에 사업이 된 경우는 얼마든지 있으니까요. 뉴욕 호텔 가격에 열받아서 카우치 서핑을 한 에어비앤비도 그렇고, 파리에 갔다가 러시아워에 택시를 구할 수 없었던 경험이 사업이 된 우버 같은 케이스도 얼마든지 나올 수 있습니다.

그런데 여기서 말하는 작은 개선 아이디어와 에어비앤비, 우버와의 차이는 그 문제를 경험하는 사람의 수입니다. 가령 예를 들어 동아리 모임 같은 6~10명 전후의 모임을 할 수 있는 공간이 많지 않고, 이런 모임을 관리하는 일도 복잡하니 이를 관리해주는 앱을 만든다고 생각해보겠습니다. 우리나라에서 이런 조건에 해당하는 모임 관리자가 얼마나 될까요? 전국에 있는 대학교에 동아리가 100개씩 있다고 가정하고, 기타 일반인 동호회 등을 포함하여 1만 명 정도 된다고 생각해보겠습니다. 이들이 모임 인원을 관리하고, 모임 장소를 통보해주고, 모임 비용을 개인별로 알려주며, 모임 장소를 예약할 수 있는 정도의 기능이 제공되는 앱이라면 유료로 쓸까요? 가령 월 구독료로 5천 원씩 받는다고 하면 연간 6억 원 규모입니다. 1만명 고객 전체가 내 서비스에 가입하고 월 회원비를 지불한다고 할 때 연간 6억 원이죠. 국내에서 아무리 유사한 모임들이 늘어난다고 해도 10만 개, 100만 개가 될 수는 없을 테니 글로벌 시장에 나가면 몰라도 국내에서는 사업이라고 부르기에는 너무 작은 시장만 존재하는 것이죠. 우버를 생각해보면 낯선 곳에서 택시를 도무지 탈 수 없거나 비싼 값을 불러 당황한 경험들이 한 번씩은 생기기 마련입니다. 물론 그렇다고 해서 개인들이 자기 차를 영업용으로 끌고 나올까 하는 것은 검증이 되지 않은 의문이지만, 일단 비슷한 문제를 경험하고 있는 사람의 기본 숫자가 매우 많지요.

사업화되기 전에 어떤 사업 아이디어 관련 시장이 너무 작다 또는 충분히 크다고 함부로 결론짓는 것은 조심해야 하지만, 시장의 규모가 너무 작다 싶은 생각이 잠깐이라도 든다면 그 아이디어의 구현은 취미 또는 그를 통해 어려움을 해결할 사람을 위한 선의 정도로 생각하고, 이를 통해 돈을 벌 생각은 하지 않는 편이 좋을 것 같습니다. 뒤에서 다시 다루겠지만 시장 규모는 스타트업의 사업에서 가장 중요한 요소 중 하나이니까요.

Q4

비즈니스 모델은 무엇이고
어떻게 준비해야 하나요?

본격적으로 비즈니스 모델의 세부 사항을 살펴보겠습니다. 시중에 비즈니스 모델을 다루는 책들은 이미 굉장히 많고, 충분히 도움을 얻을 수 있습니다. 하지만 대부분이 일반 기업체들의 입장에서 가용한 방법들이고, 자원과 인력이 절대적으로 부족하며 시간 여유가 없는 스타트업을 대상으로만 해서 비즈니스 모델을 설명하는 책은 많지 않습니다. 여기서는 스타트업 입장, 특히 초기 스타트업의 비즈니스 모델 정립에 대한 이야기를 주로 하겠습니다.

검색창에 '비즈니스 모델 캔버스Business Model Canvas'라고 검색해보면 스타트업의 비즈니스 모델 수립 가이드 그림을 볼 수 있습니다. 창업에 대한 고민을 시작한 분들이라면 누구나 한 번쯤 봤을 유명한 프레임워크입니다. 고객을 가장 우측에 두고, 반대쪽에는 핵심 파트너-핵심 활동-핵심 자원이라는 '자기 회사'의 활동을 적고, 고객을 위한 자사의 핵심 가치를 정리한 뒤에 고객 관계와 전달 채널을 정리하게 되어 있는 장표로, 자사의 활동을 통해 가치를 만들고, 이를 타깃 고객에게 전달하는 구조입니다. 이를 위해 원가는 어떻게 통제할지, 매출액은 어떻게 만들지를 정리하면 그림이 모두 채워지게 되어 있습니다. 사실 여기에 가장 중요한 내용이 모두 포함되어 있습니다. 이 캔버스만 제대로 채워낼 수 있다면 굳이 복잡하게 비즈니스 모델을 고민하느라 머리 싸매지 않아도 됩니다. 하지만 제대로 채워넣기가 어렵죠. 더불어 스타트업 입장, 한국의 상황 등도 같이 고려해야 하는데 이 부분은 더욱 어렵습니다. 이 비즈니스 모델 캔버스를 머릿속에 떠올리면서 이하의 내용을 읽으면 도움이 되리라 생각합니다.

다음 그림에 간략히 나타냈지만 '비즈니스 모델이 한 문장으로 뭘까'라고 물어본다면 '타깃 고객을 찾아서 제품과 서비스를 공급하고, 그 대가로 매출과 수익을 올리는 시스템을 만드는 일'이라 할 수 있습니다.

비즈니스 모델의 개요

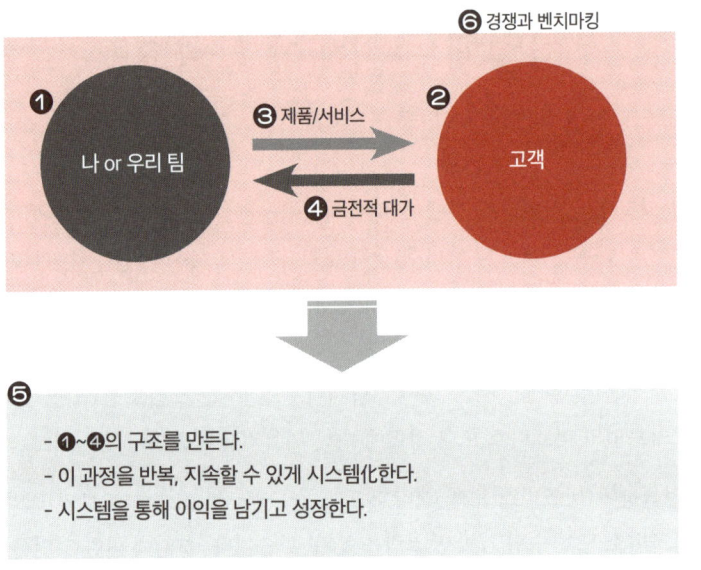

처음 필요한 것은 고객을 찾고, 제품을 만드는 주체를 세우는 일입니다. 1인이건 팀이건 사업자를 만들어야 합니다. 두 번째는 어떤 제품과 서비스를 판매할 것이냐는 사업 아이템을 선정하는 것이고, 이에 맞는 고객을 찾는 것입니다. 물론 이것은 때론 순서가 반대일 수도 있습니다. 특정 고객군에 대한 이해가 많이 생기다 보니 그들에게 제공할 제품과 서비스를 생각해내는 것일 수도 있죠. 영유아를 돌보는 일을 하다 보니 이들의 보육과 양육을 도와줄 서비스를 만들기도 하고, 가정주부로 살다 보니 가사일의 효율을 높여줄 제품이 떠오르기도 한다는 것입니다. 이렇게 제품과 서비스가 준비되면 이를 고객에게 제공하고 그 대가를 받아야 하죠. 고객이 직접 비용을 지불하기도 하고, 고객의 가족이 지불할 수도 있고, 이 고객에게 관심 있는 기업이나 정부가 지불할 수도 있습니다. 거래 관계는 당연히 한 번으로 끝나지 않고 반복되고, 더 늘어나야 합니다. 이를 위해서는 이 거래 관계를 유지, 발전시킬 시스템이 만들어져야 합니다.

그러면서 나보다 더 잘하는 회사는 벤치마킹을 하고, 경쟁사가 나와 고객 사이에 들어오는 일은 막아야 하겠죠. 이상이 비즈니스 모델입니다.

사업의 주체를 세우고, 고객을 찾고, 그들에게 가치를 줄 제품과 서비스를 준비하고, 거래 관계를 통해 매출과 수익을 만들고, 이를 시스템화하면서 경쟁은 방어하고 잘하는 타 회사에게서는 배우는 것입니다. 이렇게 정돈하면 매우 쉽습니다. 내가 노점을 차려서 지나가는 학생을 대상으로 붕어빵을 장사하는 것에도 적용이 가능하고, 고성능의 산업용 로봇을 만드는 스타트업의 창업에도 역시 적용이 가능합니다. 결국 주체와 객체가 있고, 둘 사이의 거래 관계를 안정적으로 만들어 성장시켜 나가는 것이 사업이니까요.

뒤에서 자세히 설명하므로 여기서는 비즈니스 모델의 요소들에 대해 아주 간략히만 설명하겠습니다.

A **나 또는 우리 팀**
B **고객**
C **제품과 서비스**
D **금전적 대가**
E **시스템화**
F **경쟁과 벤치마킹**

A 나 또는 우리 팀

회사를 세우는 일입니다. 법인 설립 절차 같은 기계적인 의미가 아닌, 나와 우리 팀은 무엇을 이루기 위해 사업을 하려고 하며, 참여하는 인력은 누구고, 어느 정도의 자금으로 출발해볼 것인가에 대한 결심 또는 합의를 의미합니다. 즉, 회사가 사업을 하는 근본적인 이유인 미션, 그 이유를 구체화한 중장기 목표로 구체화한 비전, 사업에 참여하는 주체들 간의 역할과 헌신에 대한 상호 간의 약속, 그리고 자본의 규모와 지분율을 정하는 과정입니다. 회사가 의사결정할 때의 지침이자 멤버 상호 간의 상호 존중을 위한 기준점이며, 갈등이나 어려움이 생겼을 때 합의를 이룰 수 있는 일종의 헌법 같은 역할을 합니다. 친한 친구끼리 술 마시다 의기 투합하기도 하지만, 이에 대해서는 진지하게 최소한 번은 서로 이야기를 명시적으로 하는 시간이 사업 전에 필요합니다.

B 고객

우리가 사업을 통해 가치를 제공하고 싶은 대상입니다. 개별 고객일 수도 있고, 고객의 특정한 관심 또는 욕구일 수도 있습니다. 잊지 말아야 하는 것은 내가 제품과 서비스를 만드는 과정 동안, 그리고 사업을 유지하는 동안 고객과 고객의 니즈는 계속 바뀔 수 있다는 점입니다. 특정 관광지를 목표로 출발했는데, 막상 중간에 다른 곳이 더 좋아서 가지 않을 수도 있고, 갑자기 차에 문제가 생겨 목적지에 도착하지 못할 수도 있습니다. 혹은 처음 마음먹은 곳을 최대한 가려고 노력할 수도 있죠. 다만 낯선 곳을 여행하는 여행자처럼 상황이 계속 바뀔 수도 있다는 유연한 마인드를 유지하는 것이 중요합니다. 고객을 다른 말로는 '시장'이라고도 부릅니다.

C 제품과 서비스

고객이 어느 정도 정해지면 그들에게 주고 싶은 가치를 정하고 이 가치를 현실에 투영한 제품과 서비스를 만들어내야 합니다. 고객이 원하는 가치를 제품으로 만든다는 말은 매우 쉽지만 사실 고객이 뭘 원하는지 명확하지 않고, 고객이 내가 생각하는 아이디어에 대해 가치를 두는지도 불명확합니다. 더더욱 어려운 것은 내가 파악한 고객 가치를 제품과 서비스에 제대로 녹여내는 일이죠. 용을 떠올려도 뱀이 그려지는 일은 항상 일어납니다. 당연히 경쟁자와 벤치마킹에 대한 많은 심사숙고도 요구됩니다. 제품과 서비스가 제대로 만들어진다면 고객에게 선보였을 때 좋아한 고객이 주변에 이 제품과 서비스에 대한 이야기를 자발적으로 퍼뜨림으로써, 복잡하고 비싼 마케팅 활동 없이 기업이 폭발적으로 성장할 수 있습니다.

D 금전적 대가

이 항목의 구성 요소는 고객이 제품과 서비스를 경험하고 구매할 수 있는 판매 채널의 구축과 제품의 개발부터 생산, 판매 채널의 비용까지를 고려한 원가구조의 계산, 그리고 원가구조 이상의 가격을 받는 방안을 포함합니다. 마케팅과 판매망 구축, 제품 서비스를 판매하도록 개발하고 양산하는 데는 많은 비용이 들어갑니다. 때문에 보유하고 있는 자금을 어떤 요소에 투입하며 매출과 수익을 극대화할 수 있을지에 대한 고민도 함께 해야 합니다. 사회 사업이 아닌 영리 기업이라면 결국 수익을 남기자고 하는 일이니까요.

E 시스템화

고객과의 거래가 한번으로 끝난다면 사업이 아니겠죠. 고객에게 제품을 팔고, 대가를 받고, 고객이 사용하고 피드백을 주는 과정은 기업에게 학습의 기회를 줍니다. 이를 통해 제품을 더 개선하거나 새로운 제품을 개발하고, 판매망을 강화하고, 고객을 더 확대해 나가고, 더 많은 마진을 위해 움직여야 합니다. 초기에는 당연히 창업 멤버들과 소수의 직원 개개인이 이 모든 일들을 해내야 하지만 사업 규모가 커지게 되면 사람이 많이 개입하지 않거나 혹은 경영진이 크게 고민하지 않더라도 이런 문제들을 해결해 나가야 하며, 이를 시스템화라고 합니다. 시스템화라면 단순히 IT 시스템 도입을 말하는 것이냐고 생각할 수도 있겠지만 제품을 개선, 개발하는 R&D, 개발된 제품을 상품화하는 생산과 물류, 고객에게 판매하고 피드백을 받는 과정을 의미하는 마케팅과 영업망, 회사의 자금 소요를 관리하는 재무, 그리고 이 모든 일에 가장 중요한 인재를 선발하고 동기부여할 수 있는 HR 등 특정인의 개인 역량이 아니더라도 원활하고 효율적으로 운영될 수 있도록 체계를 만드는 것을 의미합니다.

하지만 이런 운영 측면의 시스템화보다 더 중요한 것은 결국 매출을 증가시켜내는 체계를 발견하거나 만들어내는 것입니다. 시장내 매출이 증대되는 구조를 '성장 드라이버 Growth Driver'라 합니다. 회사가 비용을 쓰는 것은 결국 매출을 올리기 위한 것이고, 때문에 사용되는 비용은 매출 증대와 명확한 구조적인 연관 관계가 있어야 합니다. 이 연관 관계를 만들고 강화하는 것이 성장 드라이버이고, Series B 이후 투자 유입에서 핵심을 이루는 키워드입니다.

F 경쟁과 벤치마킹

    단기간 내에 비즈니스 모델을 만드는 데 가장 도움이 되는 방법을 꼽으라면 경쟁사와 롤모델이 될 만한 회사의 사례를 최대한 깊게 들여다보는 것입니다. 경쟁사나 롤모델 회사가 고객 가치를 어디서 어떻게 찾았고, 그 가치를 제품에 어떻게 녹여서 지금의 위치에 가게 되었는지를 살펴보면 내가 어떻게 사업해야 하는지가 아주 명확해집니다. 물론 경쟁사는 때론 내 비즈니스 모델을 크게 바꾸도록 강요하는 존재가 되기도 하죠. 경쟁과 롤모델 회사에 대한 깊이 있는 조사는 정부지원사업이나 투자자 미팅에 갔을 때 심사역들에게 좋은 인상을 남기는 데 아주 큰 도움이 됩니다. 경쟁사와 경쟁 제품을 꿰뚫고 있다는 뜻은 창업자가 창업자로서의 역할에 매우 성실하다는 방증 같은 것입니다.

Q5

스타트업 창업 시 비즈니스 모델이 왜 중요한가요?

A 원칙 있는 의사결정의 기준
B 팀 빌딩과 실행을 위한 가이드라인
C 어려운 순간을 이겨내는 데 필요한 확신

앞에서 설명했듯 비즈니스 모델이라는 것은 결국 사업 목표를 정하고, 고객에게 적절한 제품을 적정한 가격에 반복해서 판매함으로써 성장하는 기업을 만드는 것을 의미하기에 어느 종류의 사업이든 반드시 가지고 있는 뼈대 같은 것입니다. 비즈니스 모델이 없다면 비즈니스가 아니겠죠.

하지만 이런 원론적인 접근이 아니라, 투자자 미팅 등에서 언급되는 비즈니스 모델은 조금 더 구체적인 항목들이 제법 존재합니다. "고객이 여러분 회사의 제품을 왜 계속 쓰고 싶을까요?", "가격이 싸다는 점을 제외하고 경쟁사보다 이것 하나는 확실히 낫다는 점 하나만 이야기해주세요.", "그렇게 팔면 수익 전망이 어떻게 돼요? 적자 나지 않나요?" 같은 질문들의 형태를 띠면서 고객 가치, 차별적 경쟁력, 그리고 매출과 수익 전망에 대해 물어본다면 비즈니스 모델을 좀 더 구체적이고 현실감 있게 설명해 달라는 요구입니다. 이런 요구에 대한 답변에 사용되는 비즈니스 모델은 추상적인 방향성이 아닌, 매우 디테일하고 확실해야 합니다.

사실 비즈니스 모델을 꼼꼼하게 정리하지 않아도 성공하는 사업자도 많습니다. 야놀자나 스타일난다, 무신사 같은 뛰어난 능력을 가진 창업자 한 명이 자기 자본으로 오랜 기간 사업의 기반을 닦아온 뒤에야 외부 투자를 받거나 인수되었기 때문에 이들 창업자들은 아마 사업 초기 몇 년간은 비즈니스 모델이라는 말조차 별로 써본 일이 없었을 겁니다. 세 회사 모두 2000년대 초반에 사업을 시작한 20년이 다 되어가는 회사들이고 모두 상당 기간 자기 자본만으로 운영했다고 알려져 있습니다.

그렇지만 이렇게 대단한 창업자는 언제나 소수이고, 특히 사업 성격상 초기부터 외부 투자를 받아야 한다면 나의 비즈니스 모델을 최대한 멋있게 설계하고 이를 타인에게 잘 설명하는 것이 매우 중요합니다. 이런 복잡한 것을 고민하지 않고 단순히 제품 잘 만들고 잘 팔면 되는 게 아니냐 싶겠지만, 내가 외부 투자를 받아야 제품을 잘 만들고 잘 팔 수 있다면 투자자나 정부지원금 심사위원도 고객입니다. 고객의 요구가 구체적이고 확실하게 알고 싶어 한다면 그에 맞춰야 합니다.

A 원칙 있는 의사결정의 기준

투자자들에게 보여주는 용도로서의 비즈니스 모델은 그럴싸한 파워포인트에 예쁘게 그려지고, 화려한 문구와 성공 가능성으로 포장되어야 할 것처럼 인지됩니다만, 비즈니스 모델을 고민하는 가장 근본적인 이유는 내가 어떤 사업을 해 나갈 것인가에 대한 일종의 설계도이기 때문입니다. 스티브 잡스가 넥스트를 창업한 직후 직원들과 워크샵을 진행하는 영상을 보면 '스타트업은 1년에 대략 2만 개 정도의 의사결정을 해야 한다'고 말합니다. 숫자 자체는 큰 의미를 갖지는 않겠지만 하루에도 수십 개의 의사결정이 내려진다는 뜻입니다. 회사 생활을 경험해 본 분들이라면 아시겠지만 각자의 직무에서 수많은 선택과 결정을 하기 마련이고, 그 선택과 결정들이 성공과 실패를 가르게 됩니다. 한두 개의 선택이라면 신중에 신중을 기해 잘 할 수 있겠지만 하루 100여 개에 이르는 선택이라는 뜻은 제대로 꼼꼼히 살펴보고 충분히 검토하고 의사결정을 한다는 뜻이 아니라, 일을 처내느라 정신을 못 차린다는 뜻입니다. 현실적으로 의사결정의 원칙 또는 일관된 방향성이 없으면 서로 모순되고 앞뒤 연결되지 않는 선택들만 잔뜩 하게 되겠죠. 바로 이 의사결정의 원칙과 가이드라인이 비즈니스 모델입니다. 고객에게 제공하는 가치를 높이고, 제품의 고객 만족도를 높이고, 장기적이고 안정적인 시스템을 만들기 위한 원칙 있는 의사결정을 하려면 비즈니스 모델이 먼저 설정되어야 합니다.

　1인 창업이나 외부 투자 없이 대표자의 개인기로 크게 성공하는 스타트업에는 파워포인트로 거창하게 만들어진 쇼잉을 위한 비즈니스 모델은 필요치 않을 겁니다. 하지만 머릿속에는 실제 사업을 위한 의사결정의 기준이 필요하고, 일을 하나씩 실행해갈 때 무엇을 위해 어떻게 할 것인지의 가이드라인은 여전히 필요합니다. 비즈니스 모델의 본질적 역할은 바로 이것입니다.

B 팀 빌딩과 실행을 위한 가이드라인

　창업팀 인원이 몇 명 되지도 않고, 창업에 성공하겠다는 의지에 불타는 사업 초기, 서로 한 몸처럼 느끼고 생각하고 실행하면 참 좋겠지만 대부분의 팀은 이렇지 않습니다.

　차라리 멤버 중에 욕심이 많거나 성격이 나빠서 갈등이 생기는 문제라면 괜찮은데, 겉보기엔 서로 화목한데 몇 명 되지 않는 사람 간에도 손발이 잘 맞지 않아 문제가 되는 경우가 너무 많기 때문입니다. 대표자는 제품 출시를 독촉하는데 기술과 제품 개발 책임자는 지금 제품 상태로는 도저히 시장에 나갈 품질이 안 되니 늦추자고 이야기하고, 매출이 필요한 대표자가 엔지니어링 담당 직원들도 영업을 도와주면 좋겠다고 말하지만 엔지니어들은 기술적 문제 해결도 급한데 불필요한 고객사 미팅은 하고 싶지 않은 식의 충돌입니다.

　이런 문제들은 끝도 없습니다. 자금이 급하니 확률이 낮고 제약이 많더라도 정부지원사업을 신청할지 아니면 빈손이라도 최대한 버티면서 제품 출시에 더 집중할지, 마케팅을 위해 외부 투자를 끌어들여야 하는데 돈을 쓰더라도 단기간에 진입할 수 있는 시장이 아니니 투자 유치보다 고객 커뮤니티를 만들어 가는 데 집중할지와 같은 의견 충돌이 매일 일어나는 것이 스타트업입니다. 누가 더 옳고 그른지의 문제가 아닌 이유는 이런 판단을 하기에는 사업 초기이다 보니 모든 게 가설이고 어느 것 하나 속 시원하게 답이 나오지 않은 상태이기 때문이죠. 비즈니스 모델을 사업 초기에 충분히 고민해야 하는 이유 중 하나가 바로 서로 다른 견해와 필요성을 토론하고 합의하면서 나갈 수 있게 해주기 때문입니다.

제품 출시 일정과 제품 품질 준비 사이의 갈등은 결국 우리가 충족시켜야 하는 고객 가치가 결정하게 됩니다. 제품의 품질보다는 저렴한 가격만을 선호하는 것이 고객 가치라고 판단된 상황이라면 이 모델에 맞춰 기본 품질까지만 충족시키고 빠르게 시장에 나가야 할테죠. 반대의 경우 제품 출시가 중요하기는 하지만 초기 자본금의 규모가 너무 작아서 고객의 요구 수준까지 제품 품질을 높일 수 없다면 제품을 허술하게 출시하기보다는 이를 늦추고 정부의 스타트업 지원금을 받는 데 집중하는 것에 합의할 수 있을 것입니다. 모두 비즈니스 모델 수립 과정에서 충분히 현 상황과 향후 방향성에 대해 논의를 했기 때문에 가능한 일이죠.

C 어려운 순간을 이겨내는 데 필요한 확신

1장의 후반부에 잠깐 언급했지만, 창업팀 특히 대표자의 심리적 상태는 매우 불안정합니다. 어느 날 아침엔 내일 당장 사업이 폭발적으로 성장할 것 같은 느낌을 받지만 그다음 날 아침엔 사업이 곧 망할 것 같은 느낌에 사로잡히는 게 대표자니까요. 정부지원사업에 신청했는데 탈락했다거나 투자자에게 무시당했다는 큰일 때문에 감정이 소용돌이치기도 하지만, 그보다는 작고 사소한 일에 마음이 무너져 내리는 일이 더 많습니다. 통장내역을 살펴봤는데 몇 달 못 버틸 것 같은 상황이 보인다든지, 지원사업으로 입주한 사무실이 갑자기 공사를 해서 일주일 동안 출근하고 회의할 곳이 사라져버린다든지, 너무나 피곤한 하루를 마치고 자정에 퇴근하는데 택시비가 아까워서 집까지 걸어가야 하는 경우 등에 갑자기 '현타'가 옵니다. 뭐하는 짓인가 싶죠. 다시금 에너지를 내서 제품을 드디어 출시했는데 악플보다 무서운 무플이 나타납니다. 놀랍도록 아무런 고객 반응이 없습니다. 힘이 주욱 빠지고 세상이 무너지는 기분이 듭니다. 단지 막연한 불안이 아니라 공포가 현실이 되는 것이죠. 이럴 때 좋은 동업자라도 있으면 좋은데 1인 창업이거나 감정적 교류가 어려운 동료들이라면 대표자 입장에서 어떻게 하는게 좋을지 너무 어려운 순간이죠.

바로 이때 창업자가 스스로를 다잡고, 팀원들을 격려하면서 방향을 잡도록 하는 것이 바로 잘 만들어진 비즈니스 모델입니다. 시장에서 우리가 믿는 고객 가치를 구현하기 위해 이 사업을 시작한 사람들인데 이 정도의 어려움으로 지치지 말자는 이야기를 할 수 있게 됩니다. 사업을 하는 과정에는 믿고 기대며 힘들 때마다 돌아올 수 있는 기둥이 필요합니다. 깊게 생각한 비즈니스 모델은 창업자에게 어려운 순간을 헤쳐 나갈 확신을 제공해줍니다.

1장
스타트업 창업과
성장 과정 개요

2장
단계별 FAQ를
통해 이해하는
비즈니스 모델
설계

3장
국내외 스타트업
사례로 이해하는
비즈니스 모델

Q6

비즈니스 모델에서 가장 중요한 한 가지를 꼽는다면 무엇인가요?

A 시장, 시장, 시장!
B 성장 드라이버(Growth Driver)

비즈니스 모델에는 굉장히 여러 요소가 있습니다. 나와 내 팀이 준비해야 하는 것들, 고객의 니즈 발굴과 이를 위한 영업망과 마케팅, 경쟁사와 벤치마킹까지 굉장히 다양하며, 어느 하나가 어느 하나보다 덜 중요하다고 말할 수 없을 정도로 모두 중요합니다. 하지만 이렇게 말하면 '좋은 대학교에 가려면 국영수사과 모두 잘하면 돼.'라는 식으로 들리죠. 분명 이들 중에서도 스타트업의 성장과 투자 유치, 그리고 궁극적인 성공에 영향을 가장 크게 미치는 요소가 있습니다. 바로 '시장'입니다.

A 시장, 시장, 시장!

굉장히 좋은 학벌과 경험을 가진 대단한 연구팀이 요즘 가장 핫한 분야라고 할 수 있는 AI 분야에서 무려 3년 이상 준비를 해서 사업을 시작했습니다. 극초기 정부 R&D 과제도 따내고, 다른 지원사업이나 스타트업 공모전 같은 곳에서 승승장구했습니다. 대학 연구팀 시절부터 보유한 기술이 원체 좋았고 3년여 동안의 사업 준비 과정에서 쌓인 내공도 굉장히 좋았습니다. 하지만 이 팀은 정작 외부 투자를 받아야 하는 단계가 되었을 때 유사한 백그라운드를 가지고, 역시 AI 분야에 뛰어든 유사한 스타트업의 1/5도 가치를 인정받지 못했습니다. 팀원들의 보유 역량이나 기술적 성숙도 때문에 투자 가치를 인정받지 못한 것은 당연히 아닙니다. 가장 문제가 되었던 것은 기술이 적용되는 시장의 정의 및 규모였습니다. 해당 스타트업이 핵심 기술을 가진 분야는 문서에 쓰인 사람의 손 글씨를 컴퓨터 비전으로 읽어들이는 것이었습니다. 문제는 이 '사람의 손글씨'를 읽어들여야 하는 시장의 규모가 국내에서는 별로 크지 않다는 점이었습니다. 여전히 관공서나 금융기관에서는 수많은 문서에 사람이 수기로 작성을 하지만 이 서류의 대부분은 증빙으로 남아 있으면 되므로 수기 내용을 디지털화할 필요성은 크지 않습니다. 그리고 디지털화가 필요하다면 애초부터 웹이나 모바일로 전자 서명을 받거나 아이패드 등을 이용해 필기 서명을 받으면 되죠. 우리나라처럼 거의 완전하게 디지털 행정 및 금융서비스가 구현된 나라에서는 컴퓨터 비전을 통한 문서 인식 시장의 연간 수요는 불과 수백억 원 수준입니다. 때문에 이 스타트업이 고속 성장을 하려면 상대적으로 문서 디지털화가 덜 이뤄진 외국에 진출해야 하는데, 해외 시장에 진출해 관공서 및 금융기관의 프로젝트를 수주하는 데는 비용과 시간은 많이 들어가는 반면 매출 확보 속도는 떨어질 것이 자명했습니다. 투자자 입장에서 높은 기업 가치를 인정하기 어렵죠. 반면 같은 B2B 형태의 컴퓨터 비전이지만 공장 생산 라인의 생산품 품질 관리 소프트웨어 같으면 수요 시장의 규모가 월등히 크고 성장 속도도 빠릅니다. 바로 이것이 두 스타트업의 기업 가치 차이를 만든 것이죠.

비영리 영역을 제외한 일반적인 영리 스타트업 성공의 가장 명확한 잣대는 외부 투자자들이 기업 가치를 얼마로 평가하느냐입니다. 그리고 보유한 기술이나 인력의 역량보다 기업 가치에 더 큰 영향을 주는 것이 시장의 규모와 성장성입니다.

배달의민족은 2019년 12월에 독일 DH에 매각될 때 4조 3천억 원, 1년여 뒤 딜이 마무리되었을 때 최종적인 가치는 8조 원이 넘었다고 합니다. 당시 배달의민족의 연간 매출액은 5천억 원 수준이었고 영업이익은 적자였습니다. 반면 같은 해 국내 한 오프라인 유통사의 매출액은 17조 원이 넘었고 영업이익도 4천억 원이 넘었죠. 하지만 이 오프라인 유통사의 시가총액은 2조 원을 겨우 넘는 수준이었습니다. 매출은 30배가 넘게 차이 나고 영업이익은 적자와 흑자로 갈렸지만, 기업 가치는 오히려 적자 기업이 4배 높았던 것이죠. 거의 매년 매출이 2배로 성장하고 있던 배달의민족을 생각하면 저 정도 기업 가치가 당연하다고 생각됩니다만, 배달의민족의 기업 가치는 단순히 매출액이 빠르게 성장했기 때문만은 아닙니다. 매년 두 배의 엄청난 매출 성장 속도에도 불구하고 관련 배달 시장에는 배달의민족이 아직 진출하지 못한 영역이 훨씬 더 크게 남아있었고, 시장의 성장성도 높다는 것이 핵심입니다.

국내 요식업 시장은 대략 연간 140조 원 정도라고 알려져 있습니다. 50만여 개의 식당과 20여만 개의 카페 등이 만들어내는 금액입니다. 2019년도 배달의민족을 통해 판매된 식음료 총액은 약 9조 원이고 배달의민족이 매출액으로 인식한 금액은 5천억 원입니다. 단순 계산으로 총판매액의 1/18 정도가 배달의민족 매출로 잡힌다는 뜻입니다. 배달의민족은 2020년, 20조 원에 육박하는 총판매액과 1조 원이 넘는 매출액을 올렸습니다. 단순무식하게 계산해볼 때, 배달의민족이 국내 요식업 시장 전체를 점유한다면, 즉 시장점유율이 100%가 된다면 배달의민족은 7조 원의 매출액이 가능하다는 것이죠. 이렇게 보면 8조 원의 기업 가치가 그렇게 높지 않다는 생각을 할 수 있습니다. 요식업 시장 점유 100%는 불가능한 이야기지만 배달 시장은 배달의민족의 성장과 함께 성장해서 2020년에는 총 거래액이 30조 원, 즉 전체 요식업 시장의 20%가 넘는 수준까지 급격하게 커졌으니까요. 코로나가 아니더라도 분명 빠르게 커지는 시장이었고, 배달의민족은 이 빠르게 성장하는 거대한 시장에서 명확한 1위였기 때문에 낮은 매출액, 그리고 적자 기업임에도 불구하고 8조 원 이상의 가치를 인정받게 된 것입니다. 반면 국내 모 오프라인 유통사는 온라인에서 상대적으로 장악력이 떨어지고, 결정적으로 시장 규모가 갈수록 축소되고 있는 오프라인 시장에만 강자로 있었기 때문에 시가 총액이 확 밀리게 되었습니다. 이를 종합해보면 기업체 자체의 역량도 중요하지만, 기업체가 속한 시장이 충분히 크고 빠르게 성장하는 시장인지의 여부가 기업 가치에 더 중요하다는 뜻입니다. 똑같은 1등이어도 축소하고 있는 시장의 1등보다는 빠르게 성장하는 신흥 시장의 1위가 기업 가치적 측면에서 확연히 높지요. 그렇기에 초기 스타트업 비즈니스 모델에서 가장 고민해야 하는 포인트는 바로 어떤 시장에 진출할 것인지 정하는 것입니다. 기업 가치를 평가하는 여러 요소들 중에서 시장의 매력도가 가장 중요한 척도인 셈입니다.

시장의 규모와 성장성이 중요하다는 이야기를 듣다 보면 머릿속에 자연스레 의문이 떠오릅니다. 동일한 시장에 있는 회사들의 기업 가치는 서로 비슷해야 하는 게 아닌가 싶죠. 여기서부터는 기업체 내부 역량이 핵심이 됩니다. 시장이 빠르게 성장하는데, 누군가는 시장 성장률보다 더 빠르게 매출을 늘려서 시장점유율을 높이는 반면 누군가는 밀려나서 기업의 존재감이 떨어지게 됩니다. 시장 형성의 극초기에는 모든 플레이어가 동시에 주목을 받고 비슷한 가치를 부여받지만 시장 성장이 가속화되면 1위 업체와 2위 이하의 업체의 가치가 완전히 나눠지는, 일종의 디커플링이 일어나게 됩니다. 가령 같은 시기 출발한 소셜커머스 업체였던 쿠팡, 티몬, 위메프는 2012~13년 소셜커머스를 버리고 일반적인 생필품을 파는 이커머스 업체로 변신합니다. 그리고 쿠팡 혼자 엄청난 속도로 성장한 반면, 티몬과 위메프는 이 속도를 따라가지 못했죠. 이커머스 시장 자체도 매년 두 자릿수 비율로 성장했지만 쿠팡은 거의 매년 100%에 가까운 매출 성장률을 보여줬고, 결국 미국 증시 상장에 성공해 한 때 100조 원대의 평가를 받기도 했습니다. 삼성전자의 시가총액이 5백조 원 수준이라고 보면 쿠팡은 잠깐이나마 국내 최고 기업인 삼성전자 기업 가치의 1/5까지 따라갔다는 뜻입니다. 반면 티몬과 위메프는 이런 성장 속도를 보이지 못했고, 기업 가치는 1.5조~2조 원대 내외일 것이라는 말이 나오고 있죠. 물론 이 정도 가치도 시장이 축소되고 있는 오프라인 유통사들에 비해 보면 매우 높은 수준입니다. 10여 년 연속 적자인 회사인데도 저 정도 가치를 인정받고 있다는 뜻이니까요. 즉, 1위 업체와 비교할 수는 없겠지만 여전히 시장이 좋으면 기업 가치를 높게 인정받을 여지가 많다는 뜻이고, 동시에 각 개별 기업의 매출 성장률 차이도 기업 가치에 매우 큰 영향을 준다는 것을 알 수 있습니다. 결국은 비즈니스 모델에서 고민한 과제들을 제대로 실행해낸 회사는 매력적 시장과 높은 매출 성장률이라는 축복을 동시에 받아서 엄청난 기업 가치를 인정받고, 높은 매출 성장까지는 못하더라도 매력적 시장에 있으면 어느 정도의 기업 가치 인정은 받을 수 있습니다. 이러니 비즈니스 모델에서 시장이 가장 중요하다는 이야기를 하는 것이죠.

스타트업이 들어가는 시장은 매력적이어야 합니다. 매력도는 일단 누구나 알 수 있게 매우 명확한 시장 정의가 가능한 곳이어야 하고, 그 규모가 충분하며 높은 성장률이 나와야 합니다.

명확한 정의가 가능할수록 기업 가치에 긍정적입니다. 가령 세계 스마트폰 시장과 관련해서는 수많은 조사 기관의 아주 명확한 데이터가 존재합니다. 반면 친환경 생활용품 시장이라 하면 시장 정의가 꽤나 어렵습니다. 친환경의 정의도 불분명하고, 생활용품에 무엇이 포함되고 포함되지 않는지도 명확하지 않기 때문입니다. 때문에 외부의 시선에서 볼 때 전자가 후자보다 훨씬 매력적입니다.

규모가 충분하다는 것은 꽤 복잡한 의미지만 보통은 업체의 점유율과 관련된 사항입니다. 가령 어느 스타트업이 가정용 반려 로봇을 만든다고 해보겠습니다. 이런 시장은 지금 현재는 존재하지 않으니 정의도 모호하고 규모 추정도 어렵습니다. 그런데 이 스타트업이 초기 개발비로 2년간 100억 정도가 필요해서 기업 가치 500억 원의 20% 지분을 내놓고 투자자를 모집한다고 생각해보겠습니다. 통상적인 기술 제조업체들의 R&D 비용의 비율은 연간 매출액 대비 5~10% 사이고, 제조 스타트업들은 20%를 넘기기도 합니다. 이를 기준으로 역산해보면 연간 50억 원 정도의 R&D를 하는 회사는 스타트업이라고 해도 매출액이 최소 250억 원 정도는 나와야 합니다. 매출액 250억 원에 기업 가치 500억 원이라면 기술 기업의 특성상 과도한 기업 가치는 아닌 것 같습니다. 삼성전자가 270조 원 매출에 500조 원 정도 기업 가치를 인정받으니까요. 예시를 가상의 시장으로 잡았지만 보통 투자자 등 외부에서 인정해주는 좋은 비즈니스 모델을 가진 스타트업들이 플레이하는 시장의 규모는 아무리 작게 잡아도 국내에서만 연간 1천억 원 이상은 되어야 좋습니다. 물론 유니콘 기업으로 성장하려면 시장 규모가 최소한 수조 원대가 되어야겠지요. 국내에서 수조 원대의 규모가 가능한 시장은 별로 많지 않습니다. 그렇기 때문에 스타트업이 커지면 해외로 나갈 글로벌 사업 진출 전략을 비즈니스 모델에 추가하도록 요구받는 경우가 많습니다.

성장률의 경우, 비록 관련 전체 시장이 성장하지 않더라도 스타트업이 들어가려는 세부 시장만큼은 반드시 높은 성장률을 보여줘야 합니다. 컴퓨터 비전 AI 시장이 고속 성장하지만 사람의 손글씨 인식 세부 시장은 매력도가 낮고, 국내 요식업 시장은 정체 상태를 벗어나지 못하고 있지만 배달 시장만큼은 폭발적으로 성장해온 것처럼요.

B 성장 드라이버(Growth Driver)

매력적인 시장에 있으면 기업 가치 평가에 매우 유리하다는 이야기를 했지만, 그렇다 하더라도 1위 업체와 2위 업체 간에 매우 큰 평가 차이가 나는 이유가 무엇인지 비즈니스 모델 수립 단계에서는 생각해볼 필요가 있습니다. 기업 가치 평가의 차이는 단순히 외부의 시선이기보다 한 기업체가 받을 수 있는 사업적 기회의 총량입니다. 기업의 재무적 가치는 기업체가 가진 경제적 기회를 모두 돈으로 환산했을 때의 금액이니까요. 때문에 빠른 성장을 하고 싶은 기업이라면 반드시 기업 가치를 고민해야 합니다. 여기에서 생각해봐야 할 개념이 '성장 드라이버 Growth Driver'입니다. 성장 드라이버는 한 기업체가 매출 성장을 이루기 위해 내적, 외적으로 가지고 있는 자원 또는 자원의 활용 방법을 의미합니다.

가령, 지금까지 하이브 엔테테인먼트의 성장 드라이버는 BTS라는 아주 매력적인 7명의 아티스트들입니다. 이 아티스트들을 잘 쓰기만 하면 매출이 계속 늘어나는 구조였기 때문에 이들이 군대를 가야 할 나이가 되어간다는 것은 하이브의 성장 드라이버가 사라진다는 말이 됩니다. 만약 하이브가 BTS의 뒤를 이을 수 있는 새로운 아티스트를 발굴해내고, 이 신진 아티스트가 BTS의 자리를 잘 물려받는다면 그때부터는 하이브의 성장 드라이버는 BTS라는 단일 팀이 아니라 'BTS 같은 아티스트를 발굴하고 이들을 계속해서 세계적 스타로 성장시켜낼 수 있는 내부 시스템'이 될 것입니다. 회사가 가진 성장 드라이버가 일대 혁신을 하는 것이므로 이에 성공한다면 지금보다 훨씬 매력적이고 높은 가치를 인정받는 회사가 되겠죠.

배틀그라운드라는 극히 성공적인 IP를 보유한 크래프톤 역시, 지금까지는 배틀그라운드가 성장 드라이버였지만 만약 후속작을 잘 만들어낸다면 그때부터는 크래프톤의 비즈니스 모델이 '배틀그라운드 운영사'에서 '배틀그라운드를 포함한 멋진 게임 포트폴리오를 만들어내고 이를 계속 유지 및 발전시키는 회사가 될 것입니다. 당연히 성장 드라이버도 게임 하나에서 많은 히트작을 만들 수 있는 내적 역량으로 바뀌게 될 테니 기업 가치 역시 폭발적으로 성장하겠죠. 크래프톤의 주식 가격이 올해 들어 계속 약세를 면하지 못하는 것은 결국 배틀그라운드 이후 후속작을 만들어낼 수 있는 역량에 대한 투자자의 의구심을 떨쳐내지 못하고 있기 때문입니다.

모 오프라인 중심 유통사를 생각해보겠습니다. 이 오프라인 유통사가 온라인에서도 아예 못하는 것은 아니지만, 불과 3~4% 수준의 점유율만 보유하고 있고 빠른 성장을 보여주지도 못해서 20~30%의 점유율을 가진 오프라인 사업에 비해서는 매우 열세입니다. 점유율이 높은 오프라인 시장은 매년 축소되고 있죠. 기존에 오프라인이 꾸준히 성장할 때 이 회사가 보유했던 성장 드라이버는 목 좋은 곳을 찾아내 그곳에 매장을 만드는 능력과 좋은 브랜드들을 입점시키는 능력이었습니다. 유통사라면 당연히 갖춰야 하는 역량이지만 문제는 시장이 온라인 중심으로 변화하면서 목 좋은 곳을 찾고 브랜드를 입점시키는 것이 아니라 대규모의 물류망 구축과 극한의 운영 효율성, 그리고 고객들의 재방문과 재구매를 유도하는 다양한 UX 시스템이 유통업의 성장 드라이버가 되었다는 점입니다. 쿠팡은 아예 이런 스탠다드를 만들고 산업 전반에 퍼뜨리고 있는 회사인 반면 전통적인 오프라인 유통 업체들은 이런 성장 드라이버에 매우 취약할 수밖에 없죠. 왜냐면 이런 식으로 경쟁한 적이 없었으니 역량을 보유하고 있지 못한 것이죠. 오프라인에서 기존에 없던 성장 드라이버를 발굴했다면 비록 온라인보다는 느려도 자기만의 영역을 갖추면서 경쟁력을 유지할 수 있습니다. 아무리 코로나가 무서워도 주말마다 주차장 들어가는 데만 1시간이 넘게 걸리도록 사람들이 몰려드는 코스트코를 생각해보면 알 수 있습니다.

결국 성장 드라이버는 성장하는 시장에서는 시장을 이끌고 갈 수 있는 회사의 사업 방식과 내적 역량, 성장하지 못하는 시장이라도 남들과 달리 성장을 유지하고 시장 점유율을 넓혀갈 수 있는 회사의 사업 방식과 내적 역량을 의미합니다.

스타트업의 비즈니스 모델은 우선 시장을 잘 골라야 하지만 그와 함께 성장을 유지시켜낼 수 있는 사업 방식과 내적 역량을 구체화하고, 1회성으로 소진시키지 않고 시스템화할 수 있도록 준비해야 합니다. 즉, 성장 드라이버의 설계가 명확하고 설득력을 가져야 정부지원사업이나 투자자들의 관심 등 성장 기회를 부여받을 수 있고, 실제 사업화 단계에서는 이를 시장에서 증명해내야 기업체의 가치가 성장하면서 꿈에 그리는 유니콘을 노려볼 수 있습니다.

1장
스타트업 창업과 성장 과정 개요

2장
단계별 FAQ를 통해 이해하는 비즈니스 모델 설계

3장
국내외 스타트업 사례로 이해하는 비즈니스 모델

STEP 2

투자자에게 어필하는 비즈니스 모델

자기 자본만으로는 할 수 있는 사업이 흔치 않고, 초기 제품 제작과 마케팅 단계에서 성공 가능성을 최대한 높이려면 정부지원금과 외부 투자를 받는 것이 좋습니다. 이번 파트에서는 외부 지원자의 입장에서 좋은 스타트업에 대한 이야기를 해보려고 합니다. 정부지원사업은 관심 있는 스타트업 종류 또는 비즈니스 모델을 미리 밝히기 때문에 이에 맞는 스타트업이 지원하면 됩니다. 선발 방식은 투자자에게 IR을 하는 것과 유사하기에, 이하 설명은 투자자의 관점에서 투자하고 싶은 스타트업의 조건에 대해 다루겠습니다.

Q7

투자자가 제 비즈니스 모델이 자영업 모델이라며 매력 없다고 합니다. 무슨 의미이고, 왜 문제가 되나요?

A **자영업과 스타트업의 공통점과 차이점**
B **스타트업이 자영업이 되는 이유**
C **'스타트업스러움'을 유지하는 방법**

투자자, 특히 기관 투자자는 기본적으로 '스타트업' 사업에 투자하는 사람들입니다. 즉, 자영업에는 투자하지 않는다는 뜻입니다. 자영업이 아주 커져서 적어도 가맹점이 수십 개가 넘어가는 프랜차이즈가 된다면 그때는 자영업이 아니라 기업이기 때문에 투자 대상이 되지만, 일정 규모로 성장하기 전까지 자영업에 벤처캐피탈 등의 기관 투자자가 투자하는 경우는 없다고 생각해야 편합니다.[13]

벤처캐피탈이 자영업에 투자하지 않는 이유는 명확합니다. 벤처캐피탈이 원하는 속도로 사업이 성장할 것이라 기대하기 매우 어렵기 때문이죠. 유망한 스타트업은 매해 매출이 50~100%씩 늘어나는 것을 수년간 지속합니다. 쿠팡은 200억 미만이던 매출이 불과 3년 뒤 3천억 원을 넘었고, 배달의민족도 300억 원 미만이던 매출이 불과 3년 뒤엔 1,500억 원을 넘어섰습니다. 이 정도의 속도로 성장할 것을 기대해야 투자하는 곳이 벤처캐피탈입니다. 자영업체가

---

[13] 단순 카페나 음식점이 아니라 지역에서 일종의 문화 공간이나 문화 사업의 일환으로 카페 등을 운영하는 경우가 있는데, 이런 사업들 중에서 지자체나 문화체육관광부 등의 모태펀드에 따라 일부 기관 투자자에게 투자를 받기도 합니다. 이 경우 지원 이유의 핵심은 '문화산업'에 초점이 맞춰져 있는 것으로, 단순히 자영업이라고 투자하는 것이 아닙니다.

이만큼 성장하리라고 기대하는 것은 무리일 테죠.

이 설명만으로는 내가 하려는 사업이 외부 투자를 받기 어려운 자영업인지 아닌지 파악하기 어려우실지도 모르겠습니다. 요식업이지만 스타트업으로 분류되어 투자를 잘 받는 곳들도 있고, 분명 IT 등 신기술을 개발하는 회사인데 투자자 미팅에서 '자영업이시네요'라는 이야기를 듣는 케이스도 있습니다. 기왕 사업을 할 거라면, 투자금을 좀 더 잘 받을 수 있는 모델로 수정하는 방향을 생각해보는 것이 좋겠죠.

A 자영업과 스타트업의 공통점과 차이점

자영업이라 하면 치킨집이나 편의점 운영 같은 것이고, 스타트업은 IT 회사 말하는 것 아니냐고 편하게 생각하는 분들도 종종 있지만 양자의 차이점을 더 명확하게 알아야 합니다. 투자 유치도 그렇고 모델에 따라 사업 극초기에 집중해야 하는 영역이 다르기 때문이기도 합니다.

일단 결론부터 이야기하자면, 자영업이나 스타트업이나 모두 돈을 벌기 위함이며, 일정 규모 이상 성장하면 기업체가 된다는 것도 똑같습니다. 다만 거기까지 가는 방법이 다릅니다. 자영업스러운 비즈니스 모델이 있고, 스타트업스러운 비즈니스 모델이 있다고 생각하기 쉽습니다. 그러나 사실은 자영업을 지향하는 대표자와 스타트업을 지향하는 대표자가 있는 것입니다.

똑같이 IT 개발 인력이 모여 있는데 시스템 통합^{System Integration} 등 외주 개발 작업을 주로 하면 자영업이고, 자체적인 애플리케이션 서비스나 소프트웨어 패키지를 개발하려 하면 스타트업입니다. 이 표현은 인력 구성이나 기술 보유 여부가 자영업과 스타트업을 가르는 기준이 아니라, 이미 모든 것이 알려지고 정해진 시장에 진출한 뒤에 시장에 이미 존재하는 비즈니스 모델을 따르고, 사람의 인건비를 중심으로 단기적 매출을 추구하는 비즈니스 모델은 자영업이라는 뜻입니다. 반면 아직 성숙되지 않은 시장에서 완전히 검증되지 않은 가설을 가지고, 시스템이나 각종 솔루션 등 사람의 인건비가 직접 매출원 또는 회사가 창출하는 가치의 핵심이지 않은 비즈니스 모델을 추구하는 사업이 스타트업입니다.

만약 내가 홍대에 카페를 차리고 두세 명의 알바를 데리고 카페 운영을 하면서 비용을 제외한 수익을 올리는 데 집중한다면 자영업입니다. 그런데 똑같이 홍대에 카페를 차리지만 내 공간에 여러 콘텐츠를 집어넣고 인테리어나 음식의 맛 등에서 차별화를 추구하거나 카페 공간을 촬영용 스튜디오로 활용한다면 어떨까요? 인테리어와 공간 콘텐츠, 음식 레시피, 쇼핑몰 운영 등의 노하우를 주변의 다른 카페에도 적용해서 프랜차이즈로 확장시키고, 유튜브 영상으로 입소문과 광고 수익도 올리고, 식품 제조업과 디저트 유통사로 발전해 간다면 이는 스타트업입니다.

내 인건비를 위해 운영하는 카페는 사람의 노동 투입이 바로 매출액으로 환산됩니다. 영업 1시간당 커피 10잔, 4만 원 매출이라면 알바 시급 만 원으로 4만 원의 매출을 올린 것입니다. 알바 두 명을 투입함으로써 일의 효율성이 올라가고 고객 응대 품질이 좋아져서 시간당 30잔 12만 원이라면 알바 시급 2만 원으로 12만 원 매출입니다. 하지만 카페는 공간의 제약이 있다 보니 알바생을 아무리 많이 투입해도 매출이 더 이상 늘어나지 않고 비용만 증가하는 시점이 오겠죠. 이것이 이 카페가 벌 수 있는 최대 매출입니다. 시간이 지나서 좀 더 비싼 메뉴를 추가하고 가격을 약간씩 높여 받을 수는 있겠지만, 일정 장소에 있는 일정 크기의 카페가 벌어들이는 매출 및 인건비당 매출액은 명확한 한계가 있는 것이죠.

반면 공간 인테리어와 콘텐츠, 제조 판매, 프랜차이즈 등 사업의 핵심을 단순 음식 판매가 아닌 다른 요소들로 확장한 사업체는, 매장에서 발생한 매출을 제외한 다른 매출원에서 인건비 1만 원당 매출 얼마라는 계산을 할 필요가 없어집니다. 가령 카페를 운영하며 공간의 소리를 ASMR로 해서 유튜브에 띄웠더니 높은 조회수가 광고 수익으로 월 오백만 원의 매출이 추가되었다고 합시다. 이를 유튜브에 연결하고 댓글을 관리하는 데 대표자가 고생을 좀 하겠지만 기존 비용에 추가되는 비용이 거의 없기 때문에 이 오백만 원은 매우 높은 수익률을 내게 됩니다. 나중에 이런 소리를 재편집해서 사람들에게 화이트노이즈 영상으로 다시 띄웠더니 또 백만 원이 매달 들어온다고 하면 이제 슬슬 인건비와 확실히 분리된 매출원이 생깁니다. 마지막에는 음악과 영상을 자동으로 편집해주는 AI 소프트웨어를 통해 사람이 전혀 개입하지 않고 매출이 월 육백만 원씩 나온다고 하면 AI 소프트웨어 외에는 아예 비용이 들지 않으므로 수익률은 더더욱 올라가죠. ASMR만 하는 것이 아니라 다른 콘텐츠, 레시피 등도 이런 식으로 인력의 개입이 별로 없이 판매될 수 있다면 회사의 매출액과 수익 증가율에는 공간에 따른 한계도, 인력 투입에 따른 한계도 없어지게 됩니다. 자영업과 스타트업의 차이가 이제 머릿속에 들어오나요? 사업의 본질적 가치와 매출액 증가 한계가 사람과 공간 등 물리적 실체에 얽매이면 자영업이고, 콘텐츠나 레시피, 시스템 등 물리적 한계가 훨씬 적으면 스타트업이라고 할 수 있겠네요.

비즈니스 모델을 고민할 때 고객 가치를 단순하게 생각하면 안 되고, 내 사업이 가진 가치를 최대한 고객에게 잘 전달하려면 사업 운영이 어떠해야 하는가를 충분히 고민하고 실천해야 합니다. 5년, 10년 음식 장사하면서도 단골도 없고 위생 문제로 매번 욕먹는 음식점이 있는가 하면, 규모는 작지만 단골이 많고 항상 고객들이 줄을 서는 식당이 있습니다. 이런 가게 중 일부는 고객들 성화에 못 이겨 매장도 넓히고, 조리법을 레시피로 만들어 보급하거나 이를 식품 제조업으로 판매하고, 대형 프랜차이즈를 만들어 해외에 진출하기도 합니다. 결국 창업자가 가지는 시각과 태도의 차이에 따라 자영업과 스타트업이 갈립니다.

B 스타트업이 자영업이 되는 이유

창업자의 시각과 태도에 따라 자영업과 스타트업이 나뉜다고 해서 둘 중 어느 하나가 우월하다는 뜻은 전혀 아닙니다. 작지만 단단하고 멋진 가게를 운영하는 창업자도 멋있고, 작은 가게에서 시작해서 기업체로 발전시켜가는 창업자도 멋있습니다. 그저 성향과 선택의 차이일 뿐이지 좋고 나쁘다의 차이는 전혀 아니지요.

하지만 이 시각이 문제를 일으키는 경우가 있습니다. 바로 대표자의 머릿속 욕구와 현실에서 취하는 행동 사이에 괴리가 발생할 때입니다. 특히 대표자가 스타트업으로 투자받고 성공하겠다는 의욕은 강한데, 정작 현실에서 선택하는 전술이 모두 당장의 매출과 인건비 따먹는 데만 혈안이 되어 있는 경우입니다.

창업한 회사의 금전적 압박은 창업자에게 상상을 초월하는 무게로 다가옵니다. 고객의 구매 주기는 길고 결제 후 입금은 오래 걸리는 데 반해, 원가와 비용이 나가는 날은 숨막히게 빨리 다가옵니다. 직원들 급여일은 어제였던 것 같은데 눈 뜨고 나면 다시 급여를 줘야 하는 날이 되죠. 이런 미칠 듯한 살얼음판이 제품 제작과 출시 초기의 스타트업입니다. 처음부터 대규모 투자를 유치하는 등 부드럽게 사업이 시작되면 좋겠지만 대부분의 스타트업은 외부 투자 유치 확률이 매우 낮다는 이야기는 앞에서 설명했습니다. 게다가 초기 자본이 많다면 다행이지만 이 역시 삽시간에 사라집니다. '아, 이제 현금이 겨우 2달 남았네. 어떻게 하지?'라는 질문이 머릿속에서 떠나지 않습니다. 이런 압박에 몇 달 노출되고 난 뒤에는 당장 현금을 벌어들일 수 있는 일이 최우선 과제가 됩니다. 엔지니어와 개발자들에게 우리가 만들고 싶어 하는 제품에 집중할 시간을 주고 싶지만 애매한 상황이 꼭 펼쳐집니다.

가령 AI 솔루션을 만들어서 사람의 개입을 최소화하는 SaaS로 발전시켜 고객과 매출을 확 늘리고 싶은데, 아직 개발이 그 단계까지는 되어 있지 않고, 그 과정의 개발비는 현재 보유한 현금으로는 감당할 수 없어 어쩔 수 없이 개별 고객사에 가서 고객사 맞춤형으로 개발 및 설치해줘야 하는 경우를 생각해보죠. 쉽게 말해 외주 개발을 해줘야 하는 셈이 되는데 이런 외주는 투입되는 인력에 대해 시간당 비용을 받으며, 시간에 쫓기며 개발하는 경우가 대부분이기 때문에 만들고 싶은 자사 소프트웨어의 개발은 이 외주를 마칠 때까지는 느린 속도로 진행될 수밖에 없습니다. 외주를 뛰는 개발자들을 무리하게 야근이나 주말 근무를 시켜가면서 외주와 독자 소프트웨어 개발을 병행하다가는 팀원들이 번아웃될 것이기에 어쩔 수 없이 완료 시점을 늦추게 됩니다. 하지만 이렇게 벌어들인 매출은 몇 달 생명연장을 시켜줄지는 몰라도 회사의 재무 상태를 반전시키지는 못합니다. 다시금 외주 개발 프로젝트를 수행하고, 다시 수행하고. 이 과정을 반복하다 보면 어느새 시간은 6개월, 1년이 지나고 회사의 핵심 개발 인력들은 자사 제품은 만들지 못하고 외주로 도는 모습에 실망해 회사를 떠나기 시작합니다. 창업 멤버들의 빈자리를 동일 역량의 인력으로 메우기는 어려우니 외주만 전문적으로 뛰는 인력들을 뽑게 되고, 자사 제품 출시는 더욱 늦춰집니다. 다시 1~2년이 지나면 평범하게 인건비 버는 외주 개발사가 되어

버리고 개발하려 했던 솔루션은 이미 시장에서 낡은 기술이 되어 비전이 사라집니다.

외주 개발사 예시를 들기는 했지만 어떤 비즈니스 모델이든 자사만의 독자적인 경쟁력을 갖추고, 인력 투입이 아닌 시스템을 통해 매출을 올리는 사업으로 발전하지 못하는 길을 걷게 되면 절대 자영업에서 벗어날 수 없습니다.

C '스타트업스러움'을 유지하는 방법

'스타트업스러움'을 유지하는 가장 중요한 것은 자사만의 경쟁력을 갖추기 위한 제품과 서비스 개발에는 결코 타협을 해서는 안 된다는 점입니다. 2010년대 초중반 서울대 공대 학부생들로만 이뤄진 스타트업이 있었습니다. 온라인 교육 플랫폼을 만들겠다는 팀이었는데, 우연찮게 모두 지방에서 상경한 학생들이었습니다. 서울의 비싼 물가와 자취방 월세 등 큰 경제적 부담에 시달리는 학생들이었죠. 하지만 창업을 꼭 성공시키겠다는 의지만큼은 대단해서 팀원 전체가 숙소를 한곳으로 합쳐서 모여 살며 남은 월세 보증금을 사업에 투자합니다. 그걸로도 부족해서 과외 알바를 하면서 근근이 버텼죠. 불과 몇 년 사이지만 그 팀이 지금 창업을 했다면 초기 투자부터 잘 받을 수 있었을 텐데 2010년대 초중반에는 이런 식의 외부 투자를 얻기가 훨씬 어려웠기 때문에 정말 비용을 처절하게 아끼면서 버팁니다. 개발비에 투입할 돈을 위해 몇 달간 라면만 먹다 보니 영양 불균형으로 손톱이 빠지는 일까지 겪었다고 합니다. 이 팀은 초대박을 기록하지는 못했지만 결국 성과를 인정받아 외부 투자를 받고 안정적인 매출을 올리는 교육 회사가 되었습니다.

단순히 사람을 투입해서 투입 시간당 매출을 버는 것이 아니라 사람 투입과는 별개로 시스템이 돈을 벌게 해야 합니다. 제조업은 기계 장치가 벌며 온라인은 컴퓨터 프로그램이 돈을 벌죠. 스타트업은 이렇게 할 수 있는 시스템을 만들고 발전시키며 이 과정을 통해 매출을 올려야 합니다. 그러기 위해서는 고통스러운 제품 개발 과정이 수반되어야 합니다. 힘들더라도 이 과정을 버텨내야 합니다.

물론 제품 개발은 한 방에 해결되지 않습니다. 고생해서 제품을 출시했지만 고객들은 얼마든지 냉담할 수 있습니다. 악플이라도 달리면 좋겠는데 무섭도록 아무 관심을 주지 않을 수 있죠. 그러면 제품을 다시금 수정하고 다시 또 수정하는 무한 반복을 해야 합니다. 아예 비즈니스 모델 자체를 수정하는 피봇팅을 해야 할 수도 있죠. 이 과정을 버티게 해주는 힘은 팀, 그리고 팀이 결성된 근본적인 이유인 회사의 미션과 비전입니다. 우리가 무엇을 하고자 창업을 했는지에 대한 목표 의식이 고통을 감내하게 하는 근본이고, 팀원들이 중간에 지쳐서 번아웃되지 않도록 붙잡아주는 힘이 됩니다.

　성공 예시를 보다 보면 자신과 나의 팀, 나의 제품이 초라하게 느껴집니다. 남들은 이렇게 성공했는데 나는 뭐 했나 싶어집니다. 이렇게 남들과 비교하다 보면 꿈은 희미해지고 단기적인 만족만을 추구하게 됩니다. 스타트업으로 출발했지만 자영업에 머물러버리게 됩니다. 이럴 때 사업의 초심으로 돌아가서 미션과 비전을 떠올려야 합니다. 비즈니스 모델의 맨 처음에 사업을 할 주체를 세운다는 뜻은 이렇게 길고 먼 길을 가면서 팀이 길을 잃지 않도록 가이드해줄 내비게이션을 만든다는 뜻이며, 목표를 위해 현실을 버텨내는 힘을 기업가 정신 Enterpreneurship 이라고 부릅니다. 큰 청운의 꿈을 품었으니 이를 위해 달려가려는 기업가의 모습이지요.[14]

---

[14]. 유튜브에서 스티브 잡스가 넥스트 직원들과 워크샵하는 영상을 찾아보면, 스티브 잡스가 이렇게 말하는 장면을 볼 수 있습니다. "우리가 고객들에게 고객들이 원하는 가치를 제공할 수 없다면 우리 회사는 망해야 합니다." 결국 시장에서 혁신을 가져오지 못한다면 사업을 할 이유가 없다는 의미로, 기업을 만든다는 것의 본질이라 할 수 있습니다. 창업자는 항상 돌아갈 다리와 배를 불태워버렸다는 절박함을 가져야 합니다.

Q8

투자자에게 매력적인 비즈니스 모델은 어떤 것인가요?
투자자가 절대 투자하지 않는 모델이 있나요?

A **투자자의 판단 기준**
B **투자자가 선호하는 비즈니스 모델**
C **최신 트렌드와 키워드**
D **투자자의 시선 밖으로 밀려나기 쉬운 모델**

A 투자자의 판단 기준

세상엔 너무도 다양한 투자자가 존재하고, 개인이 스타트업과 연이 닿아서 투자하는 경우 순전히 개인의 취향이 기준입니다. 하지만 이름이 알려진 엔젤 정도가 되면 개인적인 취향과 함께 객관적인 판단 기준들을 적용하기 시작하고, 벤처캐피탈이나 스타트업 투자를 하는 Private Equity^{사모펀드} 같은 전문적 투자 기관들은 객관적인 기준들을 철저하게 앞세우게 됩니다.

1장에서 간략히 언급했지만 벤처캐피탈 같은 조직에서는 심사역 한 명이 스타트업이 맘에 든다고 투자를 집행할 수는 없습니다. 이 사람들도 타인의 돈을 위탁받아서 성과를 만들어야 하는 책임을 분명히 가진 기업체의 일원이기 때문이죠. 판단에 따른 의사결정 기준과 기업 가치 평가에 대한 분명한 근거가 있어야 합니다. 만약 맘대로 투자해서 대규모 손실이 발생한다면 배임에 해당됩니다. 또 심사역들에게는 투자 히스토리가 곧 자신의 이력서이기 때문에 최대한 꼼꼼히 살펴서 실패를 피하려 합니다.

벤처캐피탈의 가장 중요한 투자 기준은 바로 해당 스타트업이 목표로 하는 시장의 규모와 성장 속도입니다. 직접적으로 연관된 시장의 규모가 클수록 좋고, 성장 속도가 빠를수록 좋습니다. 시장 규모 자체가 크고 성장이 빠르면 중간만 가도 업체가 시장의 혜택을 누릴 수 있습니다. 그리고 만에 하나 그 스타트업이 무너지더라도 심사역의 스타트업 발굴 능력에 대한 의구심이 적게 되죠. 매력적인 시장은 골라낸 셈이니까요.

자동차나 석유화학, 스마트폰 같은 시장은 수백조 원대 시장을 글로벌로 형성하고 있으니 이런 곳을 가야 한다는 뜻이냐고 물으실 수 있는데 당연히 이런 시장은 아닙니다. 기존에 강력한 초대형 업체들이 장악하고 있는 시장에 가겠다고 하면 어떤 투자자도 반기지 않습니다. 시장의 규모가 커야 하지만 작은 스타트업 입장에서 기회 요인은 분명히 보여야 합니다.

10여 년 전, 배달 앱이 없던 시대의 배달 시장을 한번 생각해보죠. 식당에서 개별적으로 라이더를 운영했고 배달 주문 역시 중간자 없이 직접 해당 매장에 전화해서 주문해야 했습니다. 국내에 수많은 중국집과 피자가게가 있었고, 이들의 합계 매출액은 몇조 원대였습니다. 엄청나게 거대한 시장이죠. 다만 하나로 묶여 있지 않고 동네별로 나뉘어 있었기 때문에 누구도 시장을 장악하지 못하고 있었을 뿐입니다. 그러다가 모바일이라는 기술이 등장하면서 플랫폼을 통해 이를 하나로 통합할 수 있게 됩니다. 마치 20세기 초 미국의 전기 생산 업체들이 배전송 능력이 낮아서 도시별로 전기 회사가 있었는데, 장거리 배전송 기술이 발전하면서 도시 단위가 아닌 주^{state} 단위, 여러 주를 묶은 대규모 지역 단위 전기 회사가 생겨나 통폐합되었던 것과 유사합니다. 모바일 주문이 시작되면서 고객들은 많은 식당과 메뉴를 한꺼번에 비교할 수 있게 되었고, 소비자 리뷰를 통해 먹어보지 않아도 우열을 가려볼 수 있게 되었습니다. 앱들이 시장을 묶어서 새로운 고객 가치를 창출했으며, 이는 다시 시장 규모를 확대시키는 순환 구조를 만들었습니다. 시장 규모가 크고 성장성이 높다는 뜻은 이러한 의미입니다. 시장의 거래액이 단순히 얼마나 큰지가 아닌, 스타트업이 들어가서 시장의 문법을 바꾸고 기업과 시장 규모가 동시에 성장할 수 있는지 그 가능성을 보는 것이죠. 때문에 투자자들이 가장 선호하는 시장은 전체는 크지만 매우 잘게 쪼개져 있어서 합쳐져 있지 않은 곳인 것 같습니다. 생각해보면 1980년대 말에는 동네 슈퍼마켓과 잡화점들이 셀 수 없이 나눠져 있었는데 이 시장에 대형 마트가 생기면서 통합해 나갔습니다. 시장의 '기업화'와 함께 사람들도 주말에 대형 마트에서 장을 보는 패턴이 생겨나면서 함께 성장해 나갔죠. 1980년 개별적으로 나뉘져 있던 연예기획사들 역시 1990년대를 거치면서 대형 업체들이 연예인 발굴을 기업화, 시스템화하면서 급속도로 산업화가 진행되었고 미디어 산업의 질적 발전을 이끌었죠. 배달음식 시장 역시 이와 유사한 패턴을 따라갔습니다. 극단적으로 말하자면 배달의민족은 무려 20조 원짜리 거래액을 가진 초대형 음식점 프랜차이즈를 만들어냈지요. 투자자들에게 매력적인 시장은 이럴 가능성이 보이는 시장입니다.

추가적으로 스마트폰과 자동차 시장의 예시를 살펴 보겠습니다. 아이폰이 등장하기 전에도 무선전화기 시장은 거대한 시장이었습니다. 내연기관 자동차 역시 수백 조짜리 사업이죠. 그러다가 스마트폰으로 급격한 변화를 맞이했고 노키아 등 기존 업체들이 쓰러지고 대신 애플과 수많은 중국 업체들이 등장했습니다. 애플이 세계 최고의 회사로 추앙받는 이유는 바로 이렇게 수백 조짜리 시장을 단숨에 뒤집어 버리는 능력을 보여줬기 때문입니다. 통신사와 제조업체로 양분되어 있던 시장을 제조사와 OS 제작사, 수많은 애플리케이션을 만드는 소프트웨어 개발사와 이에 미디어 콘텐츠를 제공하는 회사들로 재편한 것이죠. 통신사들은 분명 예나 지금이나 서비스를 제공하고 있지만 피처폰 시대만큼의 시장 장악력은 없습니다. 자동차 역시 내연기관의 종말과 함께 전기차, 수소차 등 차세대 구동방식이 시장을 빠르게 확장하고 있습니다. 테슬라가 기업 규모에 비해 엄청난 기업 가치를 인정받는 것 역시 애플의 아이폰 같은 역할을 하고 있기 때문입니다. 물론 자동차라는 내구재의 특성상 스마트폰처럼 기존 플레이어들이 전부 휩쓸려 사라지는 일은 일어나지 않을 것 같지만 기존 문법과 다른 세상이 열리는 것은 분명합니다. 그렇지 않았다면 2022년 CES에 현대차 그룹의 정의선 회장이 로봇인 스팟 Spot과 함께 무대에 서지는 않았을 테니까요.

정리하자면 투자자들이 찾는 규모 있고 성장성 있는 시장은 첫째, 관련 소비는 분명 크지만 시장에 잘게 나눠져 있어서 이를 통합할 가능성이 있는 경우입니다. 잘 생각해보면 우버나 에어비앤비, 야놀자의 비즈니스 모델도 여기에 해당합니다. 토스나 카카오뱅크로 상징되는 금융 시장 역시 이와 유사하고, 이들보다는 규모가 작지만 법률이나 의료 시장, 교육업 등도 이런 변화 가능성이 타진되고 있는 시장으로 보입니다. 두 번째는 이미 기존에 큰 시장이고 대형업체들이 장악하고 있는데 큰 변화를 맞이하고 있는 시장입니다. 아마도 모빌리티 시장이 이에 해당할 것이고, 홈엔터테인먼트를 포함한 가정용 스마트 홈 플랫폼 시장도 가능성이 높아 보입니다. 내가 도전하려는 시장의 특성이 어떤지 잘 살펴보고, 단순히 제품을 만들어 파는 것이 아닌 시장 구조를 변화시킬 가능성이 있는지를 따져보면 좋겠습니다. 여러분의 회사가 시장 구조를 재편하지는 못한다고 하더라도 큰 꿈을 가진 업체에는 아무래도 큰손 투자자가 오기 마련이니까요.

B 투자자가 선호하는 비즈니스 모델

거래 규모는 크지만 아직 통합되지 않았거나 새로운 기술이 등장해 기존 시장의 변화 조짐이 강하게 나타날 때 그 시장을 목표로 하는 스타트업이 각광받는다는 이야기를 했습니다. 그렇지만 동일한 시장을 목표하더라도 개별 스타트업의 세부 사업 내용은 모두 조금씩 다르기 마련입니다.

시장, 즉 고객의 니즈가 같거나 매우 유사하다면 어떤 추가적인 기준들로 투자할 기업과 아닌 기업으로 나눌까요? 비즈니스 모델이란 간단히 하면 고객 니즈를 찾아서 그에 맞는 제품을 만들고, 팔아서 수익을 남기는 방법입니다. 고객 니즈가 충분히 매력적이라면 당연히 이제 니즈에 맞는 제품을 만들 수 있는지로 관심이 옮겨가게 됩니다. 즉, 그 팀이 얼마나 실행력이 있으며, 얼마나 좋은 제품을 만들 수 있느냐가 핵심이 됩니다. 제품을 만들고 마케팅을 하기 위해 투자금을 받는 것이 일반적이라, 이때는 팀이 어느 정도 퀄리티의 제품을 만들지 알 수 없습니다. 때문에 팀의 역량을 봐야 합니다. 대표자와 핵심 멤버들이 만들고자 하는 제품을 잘 만들 기술적 역량이 있고, 관련 경험이 많은지, 예상되는 어려운 문제들에 충분히 고려하면서 제품 제작을 진행하고 있는지, 경쟁사 등에서 예상치 못한 도전 과제를 내밀었을 때 이를 견딜 수 있는 힘이 있는지 등을 확인합니다. 대기업 입사 면접과는 비교도 안 되는 강도로 대표자와의 미팅을 수차례 반복하면서 질문들을 함으로써 정말 말만 번지르르한지 아니면 제대로 준비되어 있는지를 알아내는 것이죠. 여기서도 스펙 따지는 면접이냐 싶으실 수도 있겠지만, 하겠다는 사업의 성격에 맞는 역량을 집중적으로 보는 것이지 학벌이나 경력만 따지지 않습니다. 창업 시장에서 정말 믿지 못할 것 중에 하나가 대표자의 좋은 학벌과 유명한 대기업 경력입니다. 이렇게 눈에 보이는 것들만 믿고 있는 창업자는 심사역이 던지는 질문의 융단폭격을 견뎌내지 못합니다. 그럼 스펙이 아니라 무얼 통해 투자자에게 우리 팀의 역량을 보여야 할까요? 방법은 간단합니다.

첫 번째, 작더라도 실적을 만들어야 합니다. 인테리어 소품을 만들겠다는 팀은 단순히 몇 개 제품의 스케치를 파워포인트에 넣어서 '잘 할 수 있습니다'라고 주장하는 것이 아니라 큰돈 들이지 않고 만들 수 있는 소품을 몇 개라도 만들어봤고, 이를 온라인을 통해 팔아본 경험 혹은 오프라인 편집샵에 입점한 경험과 같이 매우 작더라도 실적을 가지고 와야 합니다. 웹소설 플랫폼을 만들겠다면 굳이 돈과 시간을 들여 자체 앱을 제작하려 하기 전에 하다못해 네이버 카페라도 만들어서 작가들을 모았고, 이들의 작품을 카페 회원들에게 보여줬더니 열심히 보고 좋은 댓글 남겨주더라 같은 식의 성과가 있어야 합니다. AI를 통한 영상 제작 서비스를 만들겠다면 웹사이트 하나 간단히 만든 다음에 사용자들을 모아보거나, 아니면 제작 서비스를 통해 유튜브 영상을 만들고 채널을 운영해봤더니 방문자들이 좋아하더라 같은 식의 'small success'가 있어야 합니다. 이런 트랙 레코드가 쌓여야 비즈니스 모델에 설득력이 생깁니다.

두 번째, 비즈니스 모델은 최대한 간단하고 익숙해야 좋습니다. 차별성이 있어야 한다는 생각이 굉장히 강해지면 남들이 이해할 수 없는 비즈니스 모델을 그리게 됩니다. '고객들이나 공급업체 등이 우리와 거래할 때는 기존과 다른 행태를 보이게 될 것이다' 같은 이야기를 하는데, 물론 이 논리 자체가 틀렸다고 할 수는 없겠죠. 시장에서 실적으로 검증되기 전까지는 아무도 모르는 가설이니까요. 다만 복잡하고 낯설수록 설득력이 낮아집니다. 남들과 똑같은 모델이면 됩니다. 비즈니스 모델에서의 차별화가 아니라 '실행'에서 차별성을 보여주면 됩니다. 이 역시 small success와 연결되는데, 남들은 R&D만 하면서 개발만 집중하고 있을 때 다소 조잡하지만 고객들이 프로토타입을 사용해봤다, 유튜브에서 관련 콘텐츠로 사람들을 모아봤다, 작게나마 유통사에게 팔아봤다 등이 비즈니스 모델을 복잡하게 만드는 것보다 훨씬 더 강력합니다. 저 정도로 실행력이 좋다면 모델은 별 차별성이 없어도 중간까지는 가겠다는 생각을 들게 합니다. 실행력이 어느 정도 증명되었다면 제품의 특징이나 채널 구조, 관련된 시장 진입 마케팅 아이디어에서 약간의 차별성만 있어도 충분합니다. 스펙 좋고 경력이 빵빵한 사람들이 창업팀이면 창업 직후에도 큰돈을 투자받을 수 있다고 했습니다. 하지만 초기부터 큰 투자는 창업자의 능력이 없으면 결코 감당할 수 없는 무거운 짐입니다. 아이언맨이 스파이더맨에게 '큰 힘엔 큰 책임이 따르고, 슈퍼히어로 수트가 없이는 아무것도 할 수 없다면 그 수트를 입으면 안 된다'는 말을 하죠. 스타트업 투자도 똑같습니다. 비즈니스 모델을 요상하게 비틀어서 남다르게 보이려고 하기 보다는, 작게라도 비즈니스 모델의 여러 가설들을 시장에서 검증해보려 함으로써 실행력을 증명한다면 비즈니스 모델에서는 아주 약간의 차이만 있어도 충분합니다. 남과 다른 비즈니스 모델이 아니라, 남과 다르게 실행해서 유사한 모델이지만 다른 결과가 나올 것이라고 보는 사람을 믿게 만드는 것이 중요합니다.

결론적으로, 투자자가 좋아하는 특정 비즈니스 모델은 존재하지 않습니다. 시장만 매력적이면 그다음은 모두 실행력의 문제입니다. 비즈니스 모델은 논리를 갖추고 있고 필요한 고려 요소를 반영한, 충실하게 숙제를 한 정도면 충분합니다. 쿠팡이 자체 물류망을 만들고 로켓배송을 만들었을 때 티몬과 위메프, 혹은 다른 온라인 커머스 업체들은 이런 아이디어를 아예 몰랐을까요? 이미 아마존이 2000년대에 구사해서 미국 시장에서 성공한 모델입니다. 쿠팡이 대단했던 것은 엄청나게 위험하고 대단히 부담스러운 이 전략을 실행해냈다는 점입니다. 완전히 다른, 세상에 없는 비즈니스 모델을 만든 것이 아니라 세상에 이미 존재하는 답을 과감히 실행했지요. 실행력과 실행 결과인 제품과 서비스 품질의 차별성에 집중해야 합니다.

C 최신 트렌드와 키워드

국내 벤처캐피탈 투자의 가장 큰 유동성 공급처는 정부가 조성한 모태펀드입니다. 그래서 정부가 매해 정하는 일종의 투자 우선 순위에 따라 벤처캐피탈의 투자도 상당 부분 영향을 받습니다. 정부가 메타버스를 강조하면 그 해와 그다음 해 정도는 메타버스 업체들이 투자에서 각광을 받으며 AI를 강조하면 AI 업체가 투자 우선 순위에 올라가곤 합니다. 물론 벤처캐피탈 업계에서도 매해 새로운 스타급의 스타트업을 발굴해야 명성이 유지되고 투자금이 계속 들어올 수 있기 때문에 일부러 테마를 만들어서 붐을 만들려고 하는 목적도 분명 있습니다.

정부의 우선 순위와 벤처캐피탈들이 원하는 테마, 그리고 해외 벤처 투자 시장에서의 키워드 등이 결합되면 유행하는 비즈니스 모델이 만들어지게 됩니다. 2015년 전후의 시기에 가장 핫했던 아이템은 O2O였습니다. 배달의민족, 야놀자, 여기어때 같은 사업들이 폭발적으로 성장했으니 당연합니다. 직후 바톤은 빅데이터와 AR/VR로 넘어옵니다. 빅데이터는 기본적으로 B2B 산업이기 때문에 대외적으로 크게 내세울 업체가 등장하기 어렵기도 하지만, 포켓몬고의 성공으로 붐을 이뤘던 AR/VR은 대규모의 자금이 투입되었음에도 나이앤틱 같은 성공적인 케이스는 만들지 못한 채 유행이 지나갔습니다. 2016~17년 투자나 정부지원사업을 잘 받을 수 있었던 AR/VR 스타트업들은 2018년 이후 갑자기 식어버린 투자 열기에 매우 곤혹스러운 시간을 보내야 했습니다. 이 모델에 대해 투자하는 정부지원사업도 몇 개 남지 않았고, 벤처캐피탈들은 AR/VR이 사업소개서에 보이면 일단 고개를 저었으니까요. 2018년 이후 키워드는 슬슬 블록체인과 AI와 로봇, 모빌리티 쪽으로 넘어오기 시작합니다. 이 분야를 모집하는 액셀러레이터가 크게 늘어나고, 각종 지원사업이 넘쳐나게 됩니다. 물론 벤처캐피탈의 투자도 크게 몰리죠. 아직까지도 이 분야는 핫한 상태로 남아 있습니다. 빅데이터나 AR/VR보다는 사업 실체를 만들기 용이하고, 적용할 수 있는 분야가 많기 때문으로 보입니다. 코로나 이후에는 O2O 플랫폼에 AI나 로봇 등이 결합된 사업이 떠오릅니다. 통상적인 제조 업체 등 많은 산업체들이 오프라인에 자산과 역량이 집중되어 있던 상태에서 코로나로 인해 오프라인

이 마비되면서 급하게 온라인화를 추진할 필요가 생겨났고, 때문에 산업체의 디지털 트랜스포메이션 Digital Transformation 을 이끌 아젠다가 필요한데 바로 O2O였던 것이죠. 물론 2015년 이후 시간이 많이 지났기 때문에 AI 등 다른 요소들이 많이 결합된 형태였습니다. 가령 로봇 바리스타를 이용한 카페나, AI를 이용해서 상담사에게 직접 전화가 몰리는 상황을 최소화하려는 AI Contact Center, 주방 시설을 공유하면서 배달만 전문적으로 처리하는 식당 서비스인 Shared kitchen 같은 것들이죠. 하다못해 요식업체들의 키오스크 대규모 도입도 이런 트렌드를 반영한 것이었습니다. 사실 이 O2O의 재림은 투자의 유행이 마치 패션처럼 돌고 돈다는 것을 의미합니다. 코로나가 장기화하기 시작하자 AR/VR도 다시 돌아왔죠. 물론 이번에는 '메타버스'라는 다소 신기한 이름으로 나타났지만, 본질은 증강/가상현실 업체와 게임 업체, 콘텐츠와 화상회의 업체들이 자신들의 사업을 메타버스라고 포장했다는 것입니다. 과연 이번에는 사업의 실체가 제대로 만들어질지 한번 지켜볼 일입니다. 그리고 코로나 이전에도 핫했지만 원체 투자 사이클이 길고 리스크가 커서 관심이 없다면 잘 보이지 않았던 바이오, 헬스 분야도 완전히 대세를 이루는 중입니다.

유행하는 키워드가 무엇이든 좋은 시장에서 실행력 또는 작더라도 내세울 수 있는 실적이 있는 스타트업은 자신의 고유 비즈니스 모델 그대로 지원금을 받고 투자금을 유치할 수 있습니다. 이 점은 아주 분명합니다. 아무리 유행이 커도 실적을 이기는 유행은 없습니다. 다만 내놓을 실적이 마땅찮거나 실적을 내기 위한 투자금이 필요한 경우엔 해당이 되지 않습니다. 그렇다 보니 많은 스타트업 대표가 저지르는 큰 실수가 바로 자기 사업의 본질과 맞지 않는데도 유행하는 키워드를 비즈니스 모델에 갖다 붙이는 것입니다.

체육시설 예약 서비스 앱을 운영하는 업체가 갑자기 고객별로 관심 운동과 운동 예약 시간 데이터에 기반해서 고객 건강 관리를 하는 AI 업체가 되겠다고 하거나, 소규모 캐주얼 게임을 개발하던 업체가 갑자기 기존 자사 게임에 영상 통화 기능 정도를 추가해서 메타버스 전문 업체라고 주장하거나, 몇 가지 간단한 설문 정도만으로 치매를 예측하고 관리하는 원격 의료 업체가 되겠다는 식의 주장을 하는 것이 실수라 할 수 있습니다. 정부지원사업 같은 곳에서 우연찮게 해당 분야를 잘 모르는 심사위원이 있을 경우 한두 번 통과되는 행운이 있을지 모르지만 외부 투자자들에게는 전혀 먹힐 가능성이 없는 스토리입니다. 창업자로부터 비즈니스 모델 이야기를 듣는데 너무 황당해서 얼굴까지 화끈거리는 경우가 굉장히 많습니다. 물론 안타까운 경우도 많습니다. 투자비가 급하다 보니 유행하는 키워드를 사업에 억지로 붙이는 바람에 창업자 스스로도 맞지 않는 옷임을 뻔히 알고 있는 경우죠. 이런 유행 키워드들을 비즈니스 모델에 활용하면 분명 서류 통과 정도까지는 확률을 높여줄 수 있겠지만 규모가 있는 정부지원사업에서는 거의 통과될 확률이 없고, 벤처캐피탈 심사역과는 아예 미팅 성사도 안 될 수 있습니다.

유행하는 키워드라고 해서 사용하지 말라는 뜻은 아닙니다. 그보다는 자기가 원래 추구하는 비즈니스 모델이 있으면 거기에서 작은 실적이라도 만드는 편이 사업의 성공에서도, 외부 투자 유치의 관점에서도 더 유리합니다. 앞서 언급한 실수를 하는 업체들은 사실 자신들의 원래 비즈니스 모델도 별로 경쟁력이 없거나 계획만 그럴싸하게 세우고 실행은 제대로 못한 업체들이 대부분입니다. 춤을 못 추면 기본 동작이라도 잘 배워서 그런 대로 추면 되는데 못 춘다는 이야기를 들으니 자꾸 무리해서 도저히 할 수 없는 크고 멋있어 보이는 동작만 배우려 하는 초보자와 똑같다고 할 수 있습니다. 제대로 된 문제 해결의 방법이 아닙니다. 운동이나 춤, 공부 모두 중간 이상을 하려면 기본기를 닦는 '축적의 시간'이 필요합니다. 사업도 마찬가지입니다. 기본기가 충분히 탄탄해진 후 유행하는 키워드를 추가해야 투자 유치와 사업 성장에 좋은 도구가 될 수 있습니다.

D 투자자의 시선 밖으로 밀려나기 쉬운 모델

다음은 외부 투자자의 입장에서 투자를 할 확률이 매우 낮은 모델입니다.

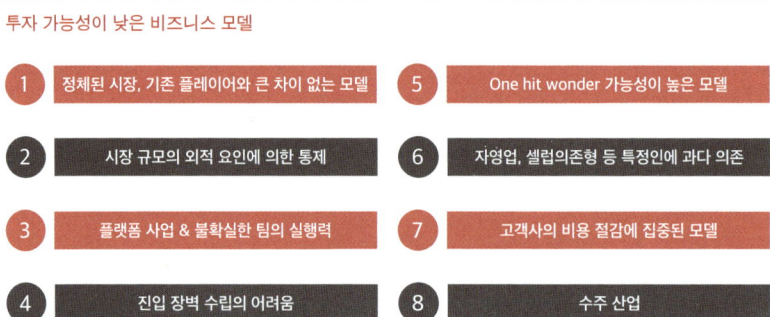

가장 먼저 이야기되는 모델은 명확히 정체된 시장에 기존 업체와 크게 다르지 않은 비즈니스 모델을 가지고 오는 경우입니다. 기존 강자들이 존재하는데 전체 파이를 키우지 못하는 모델이라면 검토 대상이 될 수 없겠죠.

두 번째는 시장 규모가 외적 요인에 의해 통제되는 경우입니다. 주로 정부 규제 또는 사회 내 다른 이익 집단과 매우 강한 충돌이 예상되는 경우죠. 타다의 경우가 대표적 사례입니다. 타다에 대한 규제가 옳은지의 여부와 상관없이 투자자들은 기본적으로 불확실성을 피하고 싶어 합니다. 사업 자체의 내재적 위험이야 당연히 피할 수 없지만 규제 등 외부 요인에 의한 통제 가능성이 높은 사업은 당연히 제외 대상 1순위가 되죠.

세 번째는 플랫폼 사업입니다. 개인적인 경험으로는 플랫폼 모델이 전체 스타트업들의 모델 중에서 적어도 20% 정도는 되므로, 플랫폼 사업이라면 무조건 투자를 안 한다는 뜻은 당연히 아닙니다. 그보다는 플랫폼은 사용자와 공급자 둘 모두를 모아야 사업이 가능하기 때문에 기업체가 제품/서비스를 만들어서 파는 것보다 사업 실행의 난이도가 훨씬 높습니다. 생각을 떠올리기는 쉽지만 실체를 만드는 과정이 너무 어렵고, 제대로 운영해내기는 더 어렵다 보니 어지간해서는 플랫폼을 하겠다는 창업자의 계획을 믿지 못한다는 것이죠.

네 번째는 진입 장벽 수립이 매우 어려운 경우입니다. 사업을 하려면 대규모의 설비 투자가 선행되거나, 특허 등 기술적 장벽이 존재하거나, 제품 생산과 서비스에 오랜 노하우가 필요하다거나, 관련 전문 인력을 구하기가 매우 어렵거나, 시장을 선점한 업체가 절대적으로 유리하다는 이유 등, 무엇이 되든 후발주자가 쉽게 들어오지 못하고 들어오더라도 사업 확대에 어려움을 겪을 수 있는 장벽이 존재하는 모델이 아니라면 투자자를 찾기가 어렵습니다. 사업 초기 가장 건강한 진입 장벽은 비록 소수의 고객들이더라도 반복해서 찾아오도록 만드는 제품과 서비스의 품질입니다.

다섯 번째와 여섯 번째는 회사의 사업이 시스템화되지 않았고 우연히 얻어걸린 아이템 하나는 그런 대로 성공했는데, 이러한 성공을 반복할 가능성이 낮은 모델과 특정 개인에 대한 의존도가 지나치게 높은 사업입니다. 얻어걸렸다고 해도 초대박을 터뜨린다면 상관없겠지만, 중간 정도의 성공을 한 뒤에 다시 성공을 반복할 수 있는 역량이 해당 스타트업에 내재화되어 있지 않은 경우인데, 주로 콘텐츠 분야에서 아무래도 이런 모델이 많이 보입니다. 엔터테인먼트 분야에서 계속해서 히트작을 만든다는 것은 정말 어마어마한 능력이 있어야 하거나 운이 따르는데, 수차례 반복적으로 이런 역량을 증명한 경우가 아니면 투자자의 리스크가 너무 높겠죠. 스타트업은 아니지만 가끔 신인 영화 감독이 첫 작품에서 큰 히트를 기록해서 두 번째 작품에 투자했다가 감독과 투자자가 함께 몰락하는 이야기를 들어봤을 겁니다. 벤처캐피탈 입장에서는 이런 리스크를 감안할 필요가 없습니다. 미국 서부개척시대에서 금광을 캐는 광부에게 투자하기보다 마차와 청바지, 총을 파는 업체에 투자하기를 선호하는 곳이 벤처캐피탈이라 보면 될 것 같습니다.

시스템화되어 있지 않아 도무지 전망하기 힘든, 특정 개인에게 과도하게 의존하는 모델도 마찬가지입니다. 최근엔 유튜브나 인스타그램 등에서 셀럽이 된 후 쇼핑몰 등을 운영하는 사례가 굉장히 흔한데 이들은 평판에 매우 의존하고, 감정적인 대응 등 통제와 예측이 안 되는 요소투성이이기 때문에 기관 투자자 입장에서는 매우 부담스러운 투자처입니다. 가능하다면 안 하고 싶죠. 물론 이들 크리에이터를 여러 명 데리고 있어서 제작 노하우도 어느 정도 있고, 한 명의 크리에이터가 문제를 일으켜도 꾸준히 일정 실적을 만들어낼 수 있는 MCN 같은 곳들은 개인에 대한 과도한 의존도 아닐뿐더러 콘텐츠도 일정 흥행이 남보되기에 당연히 투자 고려 대상이 됩니다.

일곱 번째는 고객사의 매출 증대가 아니라 비용 절감에 집중된 모델입니다. 다른 항목들과는 달리 아마 이 내용이 바로 직관적으로 다가오지 않을 것 같습니다. 일단 이 모델은 꽤 투자를 많이 받는 모델이기도 합니다. 기업체를 대상으로 판매하는 솔루션은 결국 고객사인 기업의 매출을 높여주거나 원가와 비용을 절감시켜주는 역할을 합니다. 그런데 고객사의 매출을 높여주는 솔루션들은 그렇게 흔하지 않습니다. 반면 운영효율을 높이는 식으로 비용을 절감해주는 솔루션은 굉장히 많죠. 가령 ERP 솔루션도 결국 운영효율을 높여 비용을 줄이는 도구이고, 줌 같은 SaaS 서비스도 마찬가지죠. 이런 솔루션들은 매우 강력한 비즈니스고 시장에 안착하기만 한다면 거의 준독점에 가까운 힘을 발휘할 수 있습니다. 그런데 왜 이 좋은 비즈니스가 투자 후순위가 될까요? 가장 큰 이유는 기업 시장의 특성에 있습니다. 일단 기업체는 자사에서 실제 운영효율을 높여주거나 비용 절감이 확인된 솔루션이 있으면 이 솔루션을 계속 사용합니다. 때문에 일단 납품에 성공하면 준독점이 됩니다. 반면에 후발주자는 이 틈을 비집고 들어가기 매우 어렵습니다. 인사관리나 마케팅 도구 등은 그나마 새로운 솔루션이 나오면 적용해보려고 하는 곳이 종종 있지만 회사 운영의 근간이 되는 ERP나 생산관리 시스템, 대부분의 경영 정보 시스템 등은 최소 5년 정도는 고정입니다. 후발주자가 기존 솔루션 업체 대비 수십 %의 운영효율 개선 또는 비용 절감을 보여주지 않는 한 영업 기회 자체가 없고, 영업력이 엄청나거나 솔루션이 어마어마하게 좋지 않는 한 매출액 증가 속도가 너무나 더딥니다. 벤처캐피탈 입장에서 가장 피하고 싶은 상황, 즉 가능성은 충분하고 제품도 좋은데 매출이 늘어나지 않는 스타트업을 계속 지켜봐야만 하는 상황이 됩니다.

이와 연결된 것이 투자 순위가 낮은 여덟 번째 비즈니스 모델인 수주 모델입니다. 완전히 자동화된 상태로 서비스되고, 고객사의 수가 엄청나게 많은 SaaS나 완전 패키지 형태로 판매되는 MS Office 같은 도구들은 분명 B2B 솔루션이지만 수주라는 과정을 거치지 않습니다. 고객사별로 커스터마이징 Customizing 을 하지 않고, 영업사원을 투입해서 몇 달씩 영업 건을 성사시키려 매달리지 않으며 고객 획득 비용도 높지 않고, 개별 고객이 떠나도 사업에 큰 타격이 없죠. 다른 고객사가 많으니까요. 하지만 완전 수주업은 고객 획득 비용이 엄청나게 높고 수주를 실패할 리스크도 많습니다. 성공적으로 수주했다고 하더라도 경쟁 상황에 따라서는 마진이 극히 낮거나 심지어 손해를 보는 수주를 해야 할 때도 있습니다. 매출의 안정성, 성장성, 이익률, 개별 고객의 영향력에 따른 불확실성 등 주요 성과 지표에서 모두 불리한 사업이 수주업입니다. 물론 국내 조선소나 메모리 반도체처럼 규모가 엄청나게 커지고 시장에서 과점적 지위까지 올라서면 말은 수주지만 고객사도 함부로 못할 영향력을 가지게 되죠. 하지만 초기 스타트업이 이 수준까지 갈 것이라 기대하면서 투자를 할 수는 없습니다. 빠른 성장을 보여주는 다른 수익률 좋은 사업도 많으니까요.

비즈니스 세계에 절대라는 말은 존재하지 않습니다. 앞에서 설명한 모델로 투자를 잘 받고 승승장구하는 회사도 분명 있을 겁니다. 하지만 스타트업 창업 초기는 철저하게 확률 게임이고, 해당 모델들 모두 매우 낮은 성공 확률을 가지므로 투자자들에게 후순위로 밀려나지요. 만약 여러분이 하려는 사업들이 앞서 설명한 모델과 똑같다면 외부 투자 없이 성장을 추구하거나 아니면 외부 투자를 받기 용이한 모델로 변경하기를 고민해볼 필요가 있습니다.

이 모델의 반대쪽, 즉, 투자받기 용이한 모델 리스트를 그림을 통해 살펴봅시다. 매력적인 시장에서 독점적인 힘을 발휘할 가능성이 높은 비즈니스 모델이 최고입니다. 애플이나 구글 같은 회사들이 전 세계 최고의 회사로 각광받는 데는 다 이유가 있습니다. 앞서 설명한 내용과 연결해서 충분히 이해할 수 있는 항목들이므로 추가적인 설명은 하지 않겠습니다.

투자 가능성이 높은 비즈니스 모델

1 성장하는 시장, 기존 업체 대비 확장성/수익성이 용이한 모델	5 고품질의 제품/서비스를 지속 개발 가능한 구조 및 인력
2 외부 요인의 영향력이 크지 않은 시장	6 시스템에 의한, 인력 개입이 필요치 않은 매출 발생
3 다수 고객을 상대로 동일 제품 판매가 가능한 모델	7 고객사의 매출 증대에 집중된 모델
4 기술 또는 노하우 등 스타트업이 독점적으로 보유한 자산에 기반한 높은 진입 장벽	8 온라인 판매 또는 다운로드 모델

STEP 3

비즈니스 모델 설계 01
팀 · 미션 · 비전

지금까지 비즈니스 모델을 전반적으로 살펴봤습니다. 여기까지 충실히 읽고 여러분의 사업에 적용했다면 충분할 것으로 생각됩니다. 다만 비즈니스 모델을 좀 더 고도화하기 위해서는 세부적인 사항에 대한 추가적인 고민들이 필요합니다. 지금부터는 비즈니스 모델의 각 요소별 세부 사항과 함께 적용을 위한 현실적인 팁에 대해 이야기하겠습니다. 우선, 팀 구성입니다.

Q9

팀이 필수인가요?
1인으로 창업하고 싶다면 어떤 준비가 필요한가요? 1인 창업이 적절한 비즈니스 모델이 따로 있나요?

A 1인 창업에 적절한 비즈니스 모델
B 1인 창업을 위한 사전 준비
C 극초기 창업 멤버 구하기

A 1인 창업에 적절한 비즈니스 모델

요즘엔 1인 창업이 굉장히 많습니다. 크리에이터나 웹소설 작가처럼 프리랜서도 아니고, 그렇다고 창업을 했다고도 이야기하기 애매한데 대신 성공할 경우 큰 수입을 올릴 수 있다 보니 창업이 아니라고 할 수도 없죠. 이런 틈새 영역의 일들을 스타트업이라고 하진 않으므로 여기서 깊게 다루지는 않겠습니다. 콘텐츠 창작자는 기업 경영자와는 다른 훈련과 준비가 필요할 테니까요.

그런데 모바일 앱이나 각종 소프트웨어, 쇼핑몰 등 커머스, 심지어는 OEM 업체를 활용한 제품 제조까지, 굉장히 스타트업스러운 분야에서도 1인 창업이 많이 시도됩니다. 초기 창업팀을 코칭할 때를 기준으로 보면 청년창업사관학교라는 정부지원사업에 합격하는 수준까지는 1인 창업팀이 전체 참여 팀의 절반 정도가 되는 것 같습니다. 대학생팀들은 오히려 공동 창업자가 있는 비율이 압도적으로 높은데, 직장인이었다가 창업을 결심한 사람들은 1인 창업 비율이 높습니다. 마음에 맞고, 사업적 관심사도 유사한데 금전적인 이야기도 불편하지 않게 나눌 수 있는 사이어야 공동 창업이 가능할 텐데, 사회 생활을 하면서 이런 사람을 찾기는 매우 어렵기 때문이겠지요. 안타까운 것은 상당수의 1인 스타트업 창업자들이 회사 생활을 하는 동안 자기 전문 영역이 없이 경영 지원 분야의 업무를 했거나 프리랜서 디자이너 등으로 일하다가 커리어의 답답함을 풀어내고자 창업 시장으로 진출하는 것 같다는 점입니다. 오랫동안 모은 자본을 전부 투입하고도 실패의 확률이 너무 높은 자영업을 시작하지 않고 그나마 자기 자본 투입을 최소화할 수 있는 스타트업 창업 쪽을 택한 것은 굉장히 잘한 일이지만 이런 1인 창업자들은 거의 소규모 정부지원사업을 한두 차례 받는 수준에서 사업이 멈추게 됩니다. 사업 영역이 지나치게 좁은 니치 마켓만 생각하고 있거나 기술이 요구되는 분야를 피하다 보니 비즈니스 모델 매력도가 많이 낮아 사업을 본격적으로 시작할 외부 지원을 받지 못하는 것이죠. 정부지원금이나 대기업 등의 청년창업지원사업이 굉장히 많다 보니 몇 차례 지원을 받다 보면 충분히 사업성을 검증하고 창업에 필요한 훈련도 하며 성장할 수 있지 않나 싶겠지만, 유사한 창업자분들이 매우 많기 때문에 경쟁을 이겨내지 못하는 것이죠. 개인의 역량 부족이 문제일 수도 있지만, 역량이 충분해도 혼자서 비즈니스 모델을 매력적으로 구상하면서 제품과 서비스도 제대로 만들어낸다는 것은 거의 불가능한 미션입니다. 스타일난다 김소희 대표 같은 케이스를 언급하며 본인도 할 수 있다고 이야기하는 분들이 있는데, 이런 분들께는 우선 1년 동안 쇼핑몰을 운영해서 생활 영위가 가능해지면 그때 다시 도전하는 것을 권장합니다. 스타일난다 케이스가 유명한 것은 그만큼 드문 케이스이기 때문입니다. 성공하고 싶은데 로또 확률에 사업을 맡긴다면 좋은 방안은 아닌 것 같습니다.

대신 1인 창업은 자유롭고 개인의 취향을 강하게 드러낼 수 있으며, 외부 투자를 받기 전까지는 자기의 스케줄에 맞춰 진행할 수 있기 때문에 분명 장점도 있습니다.

1인 창업을 권하고 싶은 쪽은 개인의 창의성을 드러내는 분야들입니다. 예체능 분야, 캐주얼 게임 개발, 개인의 취미 및 소품 제작과 관련된 분야 같은 곳들입니다. 네이버 스마트스토어 등 오픈 플랫폼을 활용한 커머스 역시 매우 좋은 모델입니다. 유튜브 크리에이터로 성공한 1인 창업자는 매우 많고, 인스타그램 셀럽도 많으며, 최근에 크게 성공한 '고양이와 스프' 같은 게임도 1인 개발자가 제작했습니다. 인테리어나 취미와 관련해서 소규모로 제작하고 이를 온라인 등에서 판매하는 경우도 아주 많습니다. 아이디어스 같은 샵에서는 1인 창업자가 만든 물품들을 흔히 볼 수 있습니다. 창작에 대한 재능과 어느 정도의 영업, 마케팅적인 감각이 있다면 일정 수준까지 성공하는 것이 불가능한 일도 아니고, 유튜브나 인스타그램, 스마트스토어 같은 대형 플랫폼을 잘 활용하면 작은 중소기업만큼의 매출을 올리는 경우도 있죠. 물론 이 경우엔 직원들을 많이 고용해야 하겠지만요.

다만 이 분야들은 앞서 설명했듯 투자를 받기에는 매우 불리한 비즈니스 모델입니다. 개인의 역량에 좌우되며 반복이 가능할지 전혀 알 수 없는, 즉 시스템화가 전혀 이뤄지지 않는 분야라서 정말 개인을 믿고 투자하는 수밖에 없습니다. 샌드박스의 도티처럼 크리에이터에서 시작해서 회사로 성공적으로 발전시켜내는 경우는 매우 드물고, 사업이 규모가 좀 커지는 경우 창업자가 개인의 욕심이나 성격을 통제하지 못해 평판을 완전히 날려버리는 경우도 종종 생겨서 투자자 입장에서는 여러모로 썩 내키지 않습니다. 능력이 좋으면 어느 정도의 매출까지 만들어볼 수는 있지만, 매년 매출을 반복적으로 만들어내고 창업자 개인이 손을 어느 정도 떼더라도 자체로 돈을 벌기 시작하는 기업체로는 발전하지 못할 가능성이 높다는 뜻입니다.

이렇게 개인의 창의성만으로도 충분한 성과와 차별성을 만들 수 있는 분야들이 아니라면 1인 창업은 성공 확률이 너무나 떨어집니다. 가끔 식품 제조, B2B 솔루션, 기계류 및 전자제품 분야, IoT 등의 영역을 도전하는 1인 창업자도 있습니다. 대부분은 경력이 아주 많은, 엔지니어 출신이신 경우가 많습니다. 하지만 성공 확률이 너무 낮아서 한두 해 이상 사업을 지속하는 경우를 본 적이 거의 없습니다. 이런 분들은 대체로 자신의 생각에 대한 확신이 너무 강하거나, 매우 좁은 니치 마켓만을 염두에 두고 계셔서 투자도 받기 어렵고, 큰 실적이 없는 상태여서 금융권의 지원도 받기 어렵기 때문에 지속을 못하게 되는 거죠. 사전에 충분히 알아보고 충분히 고민한 후 시작하더라도, 개인이 경쟁력을 갖기에는 한계가 아주 큰 분야 같습니다.

B 1인 창업을 위한 사전 준비

창의성을 기반으로 하는 창작 영역으로 1인 창업 시 가장 좋은 점은 회사 등 기존의 생계 수단을 완전히 포기하고 시작할 이유가 없다는 것입니다. 일종의 사이드 프로젝트나 N잡의 일부라고 생각하면서 시작하기를 권합니다.

창작은 재능을 굉장히 많이 요구합니다. 내가 해당 분야를 오랫동안 공부했다고 해서 고객들에게 매력적인 창작자가 된다는 보장은 없습니다. 영상을 오래 공부하면 영상 편집 기술이야 늘겠지만, 조회수가 많이 나오는 영상을 만들 수 있다는 뜻은 아닙니다. 창작은 학습하고 경험치가 쌓인다고 해서 잘할 수 있는 일이 아니라는 거죠. 그럼 재능이 있는지 여부는 어떻게 알아야 할까요?

첫째로, '스타트업 정신'을 가져야 합니다. 농담 반 진담 반처럼 쓴 표현이지만 스타트업은 세운 가설을 시장에서 끊임없이 확인하는 사업 방법을 씁니다. 고객의 관심을 모아낼 능력이 되는지 테스트를 상당 기간 반복적으로 해봐야 합니다. 그럼으로써 스스로 '내가 이걸 잘 해낼 수 있겠다'는 확신이 들 때까지 덤벼봐야 합니다. 다만 기간은 좀 정해두는 편이 좋습니다. 앵그리버드 개발사 로비오는 앵그리버드가 성공하기 전까지 5년간 50개 이상의 게임을 제작했지만 흥행하지 못했고, 배틀그라운드 기획자인 김창완 대표는 17년간 성공한 게임을 만들지 못해 마지막이라는 심정으로 배틀그라운드를 만들었다고 하죠. 아무리 창업이라지만 이렇게까지 목숨 걸듯 오래 매달리기는 싫다고 생각하는 분들이 많을 것 같습니다. 몇 년씩 테스트만 할 수는 없는 일이죠. 하지만 기간을 줄이려면 특출난 재능을 가지고 있어야 합니다. 학습이나 경험으로 결코 확보할 수 없는 것이 고객이죠. 자신의 재능을 언제까지 확인하고, 얼마나 집중력 있게 매달려볼지 한계선을 그어보는 것이 1인 창업 준비의 첫 번째 단계입니다.

두 번째는 진짜로 해보는 겁니다. 단, 현재 월급을 받거나 혹은 생활하고 있는 일의 성과 창출에는 방해가 되지 않아야 합니다. 가끔 자기 일에는 월급루팡을 하면서 부업에만 매달리는 분들이 있는데, 월급루팡을 하는 분들은 대부분 자기 창업에서도 지구력 있게 매달리지 못합니다. 눈앞의 일을 부실하게 하는데 다른 일을 열심히 할 가능성은 높지 않습니다.

1장
스타트업 창업과 성장 과정 개요

2장
단계별 FAQ를 통해 이해하는 비즈니스 모델 설계

3장
국내외 스타트업 사례로 이해하는 비즈니스 모델

유튜버들 중에서 10만 명 이상의 구독자를 모으는 사람은 0.6%가량이라고 합니다. 실버 버튼을 받았다고 해서 생계를 유지할 정도로 버는 것도 아니며, 일단 여기까지 올 확률이 스타트업을 창업해서 Series A를 투자받는 확률과 별로 다를 게 없습니다. 영상 한두 편으로 실버 버튼을 받으면 좋겠지만 대부분은 아무리 적어도 40~50편 정도는 올려야 십만 명대 구독자를 노려볼 수 있습니다. 1주일에 두 편 정도를 포스팅하려면 유튜버로 일해야 하는 시간이 월급쟁이와 별로 다르지 않다고 하죠. 상당한 노력을 지속해야 하며, 몇 번 해보기만 해선 잘 안 된다는 뜻입니다. 때문에 일과 병행해서 지속할 수 있는 스케줄로 꾸준히 실행해야 합니다. 이 과정에서 본인이 어느 분야에 재능이 있는지, 어느 정도까지 노력할 수 있는지, 어떤 성공을 꿈꾸는지 스스로 답을 찾아야겠죠.

크리에이터 분야보다는 통상적인 스타트업스러운 사업 분야를 생각하는 분들이라면 1인 창업은 어디까지나 비즈니스 모델에 대한 검증을 위한 필드 테스트 과정이라 생각하면서 동시에 제대로 된 창업을 함께할 팀원을 찾기 전까지의 과정이라 생각해야 합니다. 팀의 역량을 매우 중요하게 생각하는 외부 투자 단계, 즉, 벤처캐피탈의 투자 이전에 엔젤이나 액셀러레이터의 투자를 받기 위해서라도 팀을 구성해야 합니다. 결론적으로 1인 창업은 본격적 창업 이전의 워밍업 정도라고 생각해야 좋습니다.

일반적인 사업 분야에서 완전히 혼자서 창업하는 경우는 사실 권장하기 어려운데, 1인 창업이 성공하려면 창업자 개인이 가진 역량이 정말로 탁월해야 하기 때문입니다. 야놀자를 데카콘으로 키워낸 이수진 대표의 경우 불우한 가정 환경으로 인해 조손가정으로 컸고, 숙식을 제공받을 수 있었기에 모텔 청소와 관리 일을 시작했다고 합니다. 그러다가 2004년에 모텔에서 일하는 사람들 간의 커뮤니티를 만들었고, 1년 만에 1만 명이 넘는 규모로 키워내면서 야놀자의 기원을 시작할 수 있었다고 합니다. 모텔에서 일하면서 숙식을 해결해야 할 정도로 절실했지만, 현장에서 직접 보고 들으며 부딪히는 문제들의 공감을 타인에게 잘 이끌어냈고, 이에 대한 해결책도 나눌 정도로 능력이 있었기에 학벌이나 유명 기업 경력이 없이도 성공해낼 수 있었다고 하죠. 패션 브랜드 스타일난다의 김소희 전 대표도 전문대를 졸업하기 전에 동대문 의류를 최대한 상세히 사진을 찍어 고객에게 제품을 정확히 보여주고, 고객의 요청 사항에 진심을 다해 대응하는 태도로 고객의 신뢰를 얻음으로써 사업을 일구어 냈다고 합니다. 성공한 사람의 뒷모습을 보면서 성공한 이유를 찾기는 쉽기에 '실제로는 별 것 없구만' 싶을 수도 있습니다. 하지만 혼자서 커뮤니티를 만들고 매출에 필요한 제품 소싱부터 판매 사후 관리까지 해가면서 사업으로 발전시키는 일은 정말 능력자 외에는 할 수 없습니다. 실제 유니콘이 된 기업들 리스트를 살펴봐도 거의 대부분은 3~5인이 창업한 케이스입니다. 상식적으로 생각해봐도 창업은 던전에 보스몹 잡으러 가는 일인데 파티 구성이 당연히 필요하지 않을까요?

C 극초기 창업 멤버 구하기

극초기 창업 멤버는 창업을 준비하거나 막 시작하는 순간에 주 창업자 옆에서 함께 고민을 나눠주고, 일을 덜어줄 수 있는 사람을 말합니다. 보통 창업에 대한 이미지를 떠올리면 가장 흔하게 생각나는 그림은 HP의 창업자들인 휼렛과 패커드가 젊은 열정이 넘치는 모습으로 차고에서 동전을 던져 회사 이름에 휼렛의 이름을 먼저 쓰기로 정한 것처럼 유쾌하고 즐거운 모습, 혹은 영악한 스티브 잡스가 순진한 워즈니악과 함께 나무 위에 기판을 용접한 전자 제품에 Apple I이라고 이름 붙이는 모습일 것 같습니다. 잘 알려진 전설적인 창업 이야기들이죠.

이처럼 초기 창업 멤버라면 어쩐지 죽이 너무나 잘 맞고, 아더왕과 원탁의 기사들처럼 '운명'적인 느낌의 조합을 떠올릴 텐데, 이런 운명의 단짝을 만나는 것도 좋겠지만 현실적으로 극초기 창업 멤버는 학창시절의 친구라고 생각하는 쪽이 더 좋을 듯합니다. 초등, 중등 시절 친구들과는 학교에서는 매우 즐겁지만 사춘기가 지나고 청년기를 지나면서 몇 명 남지 않게 됩니다. 다만 학교를 다니는 동안에는 숙제를 같이 하고 고민을 나누며, 함께 웃는 관계일 수 있습니다. 즉, 일반적인 창업 멤버는 가까운 곳에서 나의 사업적인 아이디어를 맞장구 쳐주고, 할까 말까 망설일 때 격려를 해주는 사람에 더 가깝지만 인생의 영원한 파트너는 아니라는 뜻입니다.

마음이 맞으면서 장기간에 걸쳐 신뢰할 수 있으며 사업을 도와줄 수 있는

1장
스타트업 창업과 성장 과정 개요

2장
단계별 FAQ를 통해 이해하는 비즈니스 모델 설계

3장
국내외 스타트업 사례로 이해하는 비즈니스 모델

역량을 가진 사람은 찾기가 매우 어렵고, 이런 꿈같은 사람을 찾느라 시간을 보내는 것보다는 최대한 빠르게 사업을 시도해볼 수 있도록 도와주는 사람을 구해서 창업하는 것이 현실적이라는 뜻입니다.

창업 전에 인연이 닿은 사람이나 오랜 친구와 창업하는 경우도 종종 있지만, 그보다는 회사에서 프로젝트를 같이 했거나 정말 신뢰할 수 있는 사람이 중간에 있는 경우가 좋습니다. 마치 영화배우이자 엔터테인먼트 회사 공동 설립자로 20여 년간 한 번도 큰소리를 내며 싸운 적이 없다고 하는 이정재와 정우성의 관계처럼 비즈니스로 만나서 서로 존중하며 선을 넘지 않되 서로의 지향점은 진솔하게 이야기 나눌 수 있는 관계가 최선이라는 뜻입니다. 오히려 친구 등 사적인 인연이 있는 관계는 사업이 잘 안되었을 때 사업뿐 아니라 인간관계까지 깨지기 쉽고, 사업이 잘 되어도 문제가 생깁니다. 대체로 공동 창업자는 자신이 회사 내에서 높은 위상을 가지고 있다고 믿고 주식 소유 측면에서도 마찬가지겠죠. 하지만 회사의 규모가 20명, 50명, 100명으로 커지면 자연스럽게 회사 내의 직무에 따른 역할이 더 중요합니다. 지분을 가진 주주라고 해도 임원 등의 역할을 맡지 않는 한 회사 내에서의 역할이나 위상은 제한적입니다. 주주총회나 이사회를 통한 의견 개진 정도가 행사 가능한 정당한 권한입니다. 50% 이상의 지분을 갖지 않는 한 회사 내의 직함이 그 사람의 위상이라 할 수 있지만 공동 창업자들 상당수는 이 점을 받아들이기 어려워하죠. 회사를 설립하던 시절부터 대표자와 형 동생 하는 관계였는데, 회사가 커지면서 대표는 대표자로서 위상이 커지는 데 반해 공동 창업자인 자신은 찬밥신세라는 생각이 들거나, 여기까지는 아니더라도 새로 들어온 직원들에 대해 자기가 감시자로서의 역할을 하며 이를 위해 대표자와 독대를 할 수 있는 권리가 있다고 믿습니다. 물론 관련 이야기를 할 수도 있고, 때론 해야만 하기도 하죠. 하지만 회사가 성공할수록 공동 창업자는 대표자와 공식적인 거리를 지켜줘야 하고, 회사 내의 공적인 시스템을 존중해야 합니다. 그래야 창업팀과 신규 직원 간에 알력 다툼이 생기지 않고, 대표자와 창업 멤버 간에도 불필요한 갈등이 생기지 않습니다. 이러한 관계를 만들려면 기존에 친분이 있던 관계보다는 상호 신뢰가 매우 높은 비즈니스 관계가 더 좋습니다.

창업 교육 같은 곳에서 창업 멤버를 구하는 경우도 많이 봅니다. 예비 창업자 지원 프로그램에서도 만남의 장을 만들기도 하고, 개발자 교육 같은 곳에서도 교육을 받다가 친분이 생긴 사람끼리 공동 창업을 하기도 합니다. 대학생 창업팀이라면 어쩔 수 없지만, 직장인이라면 이런 방식으로 공동 창업자를 구하기보다는 직장 생활을 하면서 일처리와 대인관계 능력이 충분히 파악된 사람과 함께하기를 권합니다. 일을 마무리 짓는 방식이나 스트레스 상황에서 대인관계 문제를 해결하는 모습을 봐야 합니다. 그래야 창업 후 힘들어질 때 상대를 무시하거나 원망하는 식의 태도를 보이는 사람과 함께하지 않을 수 있습니다. 창업이나 개발자 교육 같은 환경에서는 주로 인지적 능력과 기술적 능력만 보입니다. 하지만 창업은 매우 거친 바다를 항해하는 일이고, 인간에 대한 신뢰를 줄 수 있는 사람이 우선입니다. 만약 직장 생활에서 이런 사람을 찾을 수 없다면 무리하지 말고 우선 1인 창업으로 시장에서 작게 확인해보는 데 집중하는 것이 좋습니다. 사업 아이디어에 진심이라면 이 사업 아이디어의 시장성 확인 과정에서 자연스럽게 멤버가 될 사람을 만나게 됩니다.

1장
스타트업 창업과 성장 과정 개요

2장
단계별 FAQ를 통해 이해하는 비즈니스 모델 설계

3장
국내외 스타트업 사례로 이해하는 비즈니스 모델

Q 10

팀을 구성하는 데 무엇을 우선시해야 하나요?
초기 멤버 중에 핵심 기술이나 기능을 보유한 사람이 없다면 어떻게 하죠?

A **기능 중심 결합 vs 케미 중심 결합**
B **팀 생산성을 높이기 위한 실행 과제**

A 기능 중심 결합 vs 케미 중심 결합

창업팀을 꾸리다 보면 크게 두 가지 갈래로 사람을 구하게 됩니다. 내가 생각하는 사업 아이디어를 구현하기 위해 필요한 기술적, 기능적 요소를 갖춘 사람을 구하는 것과 나 또는 멤버와의 인간적 케미가 잘 맞는 사람을 구하는 것입니다. 사실 양쪽에 모두 해당되는 사람을 구하기는 매우 어렵습니다. 이런 사람을 두세 명만이라도 구할 수 있다면 여러분의 스타트업은 몇 년 뒤 유니콘이 될 수 있습니다. 두 조건 다 만족시키기는 너무 어렵기 때문에 보통은 어느 한쪽에 치우치기 마련인데, 당연히 선택에 따른 장단점이 있습니다.

우선 기능적, 기술적 역량을 중시해서 팀을 꾸린 경우 도전 과제는 상호 기대치의 충돌과 커뮤니케이션상의 문제가 생기기 쉽다는 점입니다. 대체로 기능 중심으로 팀을 꾸릴 때 창업을 주도하는 대표자가 기술 부분에 대한 깊은 이해가 부족한 경우가 대부분입니다. 사업 기획이나 마케팅을 주로 했던 분들이 필요한 개발 인력이나 디자인 인력 등을 찾아서 팀을 꾸리게 되는데, 대표 창업자가 이들 분야에 대한 이해도가 깊지 않아서 어느 정도의 기술을 보유했다더라 정도만 확인하고 팀원으로 받아들이는 것이죠. 하지만 서비스를 만들다 보면 상대가 가진 세부 기술이 내가 생각했던 기술과 다르거나, 보유 기술만으로는 부족하다는 것을 알게 됩니다. 간단한 예로 앱 개발 경험이 있는 사람을 멤버로 뽑았는데 막상 보니 클라이언트는 잘 알아도 DB 등 서버 기술이 부족하다거나, 안드로이드는 문제없는데 아이폰 O/S는 못한다거나, 풀스택이라는데 세부적인 지식과 경험이 너무 부족한 것과 같은 문제들이죠. 디자인의 경우도 원화는 잘 그리는데 상품 디자인은 못하는 식입니다. 이는 창업 멤버로 들어오는 사람 입장에서도 마찬가지로 문제가 생깁니다. 대표자가 창업 자금을 충분히 마련한 줄 알고 합류했더니 당장 지원금을 못 받으면 문 닫아야 할 상황이거나, 업무를 나눠줄 사람이 있다더니 실제로는 전혀 없어서 혼자서 처음부터 끝까지 다 해야 하는 상황 같은 것이죠. 스타트업이다 보니 부족한 것이 많은 것은 이상할 것 없지만, 서로의 팀이 되기 위해 더욱 냉철한 상황 인식이 필요합니다. 인간적인 신뢰가 있다면 어려움을 버텨내면서 한 걸음씩 나아가겠지만 기능을 우선시해 만나다 보니 갈등이 증폭되기 매우 쉽습니다. 그렇다고 창업 멤버를 구하고자 매번 후보자를 만날 때마다 보유하고 있는 기술 인력과 사업 계획, 자금 상황 등 모든 현황을 완전히 설명하고, 상대방의 이력서에 대해 꼼꼼히 물어보는 인터뷰를 할 수도 없는 노릇이니 정말 쉽지 않지요.

이 문제는 사실 핵심 창업자의 준비 및 인내심 부족에서 비롯되는 일입니다. 자기 서비스에 어떤 기술적, 기능적 요건이 필요할지 아주 세부적인 고민까지는 하지 않았기에 비슷한 스펙을 가진 사람에게 마구잡이로 던지다가 관심을 보인 사람을 덜컥 합류시켰기 때문에 생긴 일이라는 겁니다. 창업을 본격화하기 전에 충분히 아이디어의 기술적 요건도 세부적으로 검토해봐야 합니다. 가령 온라인으로 개인 역량을 분석한 후 이에 맞춰 커리어 조언을 제공하는 웹사이트를 만든다고 할 때 커리어 조언을 개인 맞춤형으로 제작, 판매하는 것이 중점이라면 쇼핑몰을 구축, 운영했던 사람과 온라인 설문조사를 운영해봤던 인력이 적합할 것이고, 그보다는 블라인드처럼 사용자들 간 커뮤니케이션을 더 중시한다면 커뮤니티나 게시판 운영 경험이 있는 인력이 더 적합한 기술 인력일 것입니다. 혹은 커리어 조언을 영상 형태로 스트리밍할 생각이라면 온라인 교육 사이트를 운영해본 인력이 최적이겠죠. 모두 가능한 인력이 있다면 당연히 더 좋겠지만 그런 인력이 내 스타트업에 올 확률은 낮습니다. 때문에 기능 중심으로 팀을 구성하려면 핵심 창업자의 머릿속에 비즈니스 모델 계획이 충분히 구성되어 있어야 시행착오나 서로의 기대가 어긋나서 파열음이 나는 상황을 최소화할 수 있습니다. AI 자동화에 목숨 걸 생각이라면서 단순 클라이언트 앱 정도만 만들어본 개발자를 데려오는 건 넌센스겠죠.

또한 기술을 아무리 잘 알아도 새로운 서비스에 적용하기 위해서는 학습 시간과 기술을 테스트할 시간이 필요합니다. 만들려는 서비스와 똑같은 시스템을 개발해본 적이 있는 엔지니어가 창업팀에 합류한다면 최고겠지만, 이미 남들이 만든 시스템과 똑같은 것을 후발 주자로 만드는 방안은 별로 좋은 방안이 아닐 테니, 결국 창업자 자신도 엔지니어도 처음 해보는 일일 것이라는 뜻입니다. 여기서 인내심이 필요합니다. 엔지니어가 이 일에 대해 충분히 고민할 시간을 확보한 뒤에 본격적으로 사업을 시작해야 합니다. 가령 사업 아이디어를 주말 시간을 이용해 어느 정도 구체화해 놓고, 다시 주말을 이용해 다른 회사에 다니는 개발자와 함께 기술적 검토를 충분히 한 뒤에 상품 준비까지 필요 기간과 금액을 추산한 다음에야 창업을 본격화하는 식이 적절합니다. 핵심 창업자는 기술 보유 멤버가 경험하지 못했고, 학습할 수 없는 영역도 존재한다는 점을 고려하면서 이를 보완할 수 있는 역량이 있는 창업 멤버를 더 구하거나, 아니면 외주 의뢰 혹은 채용을 할 생각을 하고 있어야 합니다. 하지만 이 경우에도 그 인력과 함께하기로 했던 애초의 이유, 즉 해당 기술 영역에 대한 존중은 잊지 말아야 합니다.

만약 비즈니스 모델을 계속 발전시키다 보니 해당 인력이 가진 기술 분야가 아예 필요가 없어졌다면 어떻게 할까요? 가령 애초에 제조를 하고자 공장 운영 경험이 있는 인력과 함께 회사를 시작했는데, 사업이 구체화되다 보니 제조는 포기하고 유통만 하기로 했다면, 서로 진솔하게 이야기해봐야 하겠지만 대체로 지분 정리에 대한 합의를 하고 각자의 길을 가게 됩니다. 뒤에서 자세히 다루겠지만 창업 멤버 간 지분 분배와 중간에서 갈라질 경우의 지분 처리에 대한 합의를 담은 주주협약서를 꼭 준비해야 하는 가장 큰 이유가 바로 이 때문이기도 합니다.

서로 간의 인간적인 신뢰를 중심에 놓고 창업 멤버를 꾸리는 경우, 즉 케미 중심의 결합은 어떨까요? 이 경우엔 대표 창업자가 아닌 멤버들이 자기의 위상을 잘 받아들일 수 있느냐가 도전 과제가 됩니다. 앞에서 이야기했지만 창업 멤버들은 회사 내에서 특별한 존재로 대우받고 싶어 하는 경우가 흔하죠. 그렇지만 기술적 요소를 우선해서 뽑은 상태가 아니기 때문에 창업 멤버라고 해도 회사에서 하는 일은 정말 '잡일'일 가능성이 많습니다. 회사 업무엔 개개인별로 명확히 나뉜 업무들도 있지만 굉장히 많은 일이 '회색지대'에 존재합니다. 창업 극초기 고객 컴플레인 전화를 받는 것부터 디자이너나 개발자 보조, 각종 행정 처리, 사무실 물품 관리나 청소까지 끝도 없죠. 제품 개발이 중요시되는 시점에 영업을 담당하는 창업 멤버라면 사실 그렇게까지 할 일이 많지 않습니다. 마케팅 계획을 비롯한 기타 다양한 계획을 세우는 데 시간을 투입하게 되지만 제품이 어느 정도 준비되기 전까지는 의미 없는 일입니다. 더불어 제품의 기술이 복잡한데 기술적 이해가 없는 창업 멤버는 정말 소외감을 느끼기 쉽죠. 그래서 케미를 조건으로 창업 멤버를 꾸릴 경우 매우 중요한 것이 자기의 줄어든 역할이나 위상에도 회사 전체의 발전을 위해 고민할 수 있는지 여부입니다. 유명한 예능 프로그램인 '강식당'을 보면 이수근은 딱히 맡은 역할이 없는 사람으로 나옵니다. 하지만 강식당 멤버들이나 그를 지켜보는 시청자 누구도 이수근이 없을 경우에도 강식당이 원활하게 돌아갈 것이라 생각하지 않는 것 같습니다. 바로 이 역할이 케미를 중시해서 함께하게 된 멤버가 보여줘야 할 태도입니다.

대표자는 이들을 인간적으로 매우 존중해야 하지만, 그와 동시에 새로 뽑은 직원 등에게 소위 갑질을 하지 않는지 잘 살펴봐야 합니다. 창업 멤버는 아무래도 대표자와 개인적인 친분이 있고, 지분도 보유한 경우가 많아서 창업 이후 새롭게 들어온 채용 직원과는 회사 내에서 비교도 안 되는 권력을 가지게 됩니다. 하지만 회사의 일이 제대로 굴러가려면 대표자와의 관계가 아닌 회사 내에서 각자가 가진 직무가 중심이 되어야 합니다. 창업 멤버는 사원인데 새로 뽑은 기술 책임자는 임원이라면 창업 멤버가 새로 뽑은 기술 책임자를 윗사람으로 존중해야 한다는 뜻입니다. 갈등이 생겼다고 대표자에게 쪼르르 달려가서 '기술이사가 나를 무시한다' 같은 소리는 절대 하면 안 되고, 대표자 역시 창업 멤버가 이런 소리를 해선 안 된다는 점을 명확하고 냉정하게 이야기할 필요가 있습니다. 이로 인해 갈등이 생기고, 이 갈등이 계속 유지된다면 애초에 창업 멤버를 잘못 뽑은 것입니다. 그동안의 회사 발전에 대한 기여를 보상하는 차원에서 뭔가를 챙겨줄 수는 있겠지만 거기까지이고 갈라서야 합니다. 착각하지 말아야 하는 점은 창업 전까지의 좋은 케미가 창업 후에도 좋을 것이라는 뜻은 전혀 아니라는 것입니다. 변화하는 회사에 맞춰 자신의 위상도, 관계도 바뀔 수 있다는 유연성이 있어야 하고, 대표자 역시 이를 냉정하게 처리할 필요가 있습니다. 아주 냉정한 경우엔 창업 멤버들과 식사를 하는 때 회사 업무 이야기는 아예 꺼내지 못하게 하는 대표자도 있습니다. 그래야 후에 합류한 직원들이 소외감을 느끼지 않기 때문입니다. 아차 하면 회사 주요 안건이 밀실에서 결정된다는 느낌을 주기 쉽습니다. 창업 멤버들이 지분을 많이 가지고 있어서 이들의 의견이 매우 중요하다면 창업 멤버 간의 회의를 '이사회' 같은 이름으로 공식화해야 합니다. 그러면 창업 멤버들의 회사 내 지위가 '이사'가 되는 것이죠. 어느 방식이든 비공식적인 '케미'가 회사 내 업무 분장과 권한을 넘어서는 경우가 발생하지 않게끔 해야 합니다. 이 부분은 초기 팀이 깨지는 가장 큰 이유입니다.

B 팀 생산성을 높이기 위한 실행 과제

창업 멤버들을 확보하면 회사를 설립할 시점 전후에 명시적으로 합의해야 하는 몇 가지 사항이 있습니다. 초기 투입 자본금의 분배, 사업 영역 및 대략의 비즈니스 모델, 사업의 목표 지속 기간, 매출 발생 시점 같은 사업 운영 계획을 당연히 포함하며, 사업 도중에 팀원이 나가야 하거나 사업이 예상대로 되지 않아서 중간에 멈춰야 할 때, 사업 지속을 위한 부채 등이 발생했을 경우 처리 등 비상 상황에 대한 합의도 포함합니다. 아차 하면 큰 싸움이 날 수도 있는 주제들이기 때문에 최대한 명료하게 논의해야 하고, 서류에 서로 도장을 찍는 것이 최선입니다.

- 주주협약: 창업 멤버 간의 자본금 부담 및 지분 분배, 1차적 사업 운영 기간, 필수 참여 기간 및 역할, 중도 이탈 시 자본금 및 지분의 처리, 폐업 시 법인 부채의 처리 등 창

업 주주로서 가지는 역할과 상호간의 책임을 규정한 서류를 주주 협약이라 합니다. 우리나라 사람들의 정서에는 사실 좀 맞지 않는 방식이기는 합니다. 우선 동료들과 '돈 이야기'를 노골적으로 하는 데 불편함을 느끼는 사람들이 많기도 하고, 사업을 시작도 하지 않았는데 중도 이탈이나 폐업 등의 이야기를 하기 꺼림칙하다고 느끼는 분들도 많을 것 같습니다. 그래서 필자가 지금까지 만나 온 2천여 개가 넘는 스타트업들 중에서 주주 협약을 작성한 곳은 불과 이삼십 곳 정도였습니다. 하지만 막상 창업멤버들 간에 갈등이 있어서 팀이 깨졌던 경험을 해본 창업자들에게 물어본다면 대부분은 주주협약서 작성을 권장할 겁니다.

무엇보다 주주협약서는 창업 멤버들에게 명확한 책임감과 동지의식을 부여합니다. 술 한잔 마시고 잘해보자 하는 것보다 훨씬 큰 확실성을 부여해주며, 1년이면 1년, 3년이면 3년의 협약 기간 동안 사업이 예상처럼 잘 풀리지 않는다고 덜컥 뛰쳐나가고 다른 일을 벌려서 서로 싸움이 일어나는 볼썽사나운 꼴이 생기지 않습니다. 그리고 멤버가 중도에 빠져나가더라도 지분 정리 등에 대해 사전에 계약서가 있기 때문에 이미 감정이 상해 있기 쉬운 이탈 타이밍에 큰 소리 내지 않고 깔끔하게 잘 마무리할 수 있습니다.

주주협약이 좋은 또 한 가지는 벤처캐피탈 등 외부 투자를 받을 때 좀 더 원활하게 투자를 받을 수 있다는 점입니다. 주주협약을 체결했다는 것은 해당 창업팀이 일처리가 매우 정확함과 서로 간의 권한과 책임에 대해 깔끔하다는 것을 의미하므로 신규 주주 입장에서 팀과 거래 시에 좀 더 신뢰를 가질 수 있게 됩니다.

우리나라 문화에서 불편한 방식이지만, 동업을 하기 전 명확한 주주 협약을 작성해 두면 추후 큰 도움이 됩니다.

- 사업 지속 기간에 대한 합의: 주주협약 논의 과정에서 당연히 논의되는 것이 사업 기간에 대한 합의인데, 이 부분은 더욱 깊게 생각해 놓을 필요가 있습니다. 통상적으로 사업을 처음 하는 분들은 사업 실적 창출에 대해 매우 비현실적인 기대를 가지고 있죠. 성공의 규모도 과다하게 크게 기대하지만, 그보다는 매출이 발생하고 손익분기점을 돌파하는 순간을 너무 빨리 생각한다는 문제가 있습니다. 커머스나 오프라인 매장을 운영하는 비즈니스 모델을 제외하면 스마트폰 앱의 경우에도 최소 6개월은 소요되고, 하드웨어 제품은 1년, R&D가 누적되어야 하는 하이테크 분야는 최소 1년 반 이상이 소요됩니다. 바이오나 반도체, 로봇 등의 분야는 이보다도 더 오랜 시간이 걸릴 수 있죠. 제품 준

비를 마쳤다고 해서 바로 본격적인 매출이 나오지는 않습니다. 테스트 판매도 해봐야 하고, 초기 제품에 대한 유통망과 고객들의 피드백을 반영해서 개선 작업 후에 양산 또는 정식 출시까지 다시 6~12개월 정도가 추가로 소요됩니다. 즉, 통상적인 경우 의미 있는 규모의 매출이 나오는 시점은 아무리 빨라도 사업을 시작하고 최소 1년 뒤라는 뜻입니다. 1년 동안 매출 없이, 제품 개발에 큰돈을 써가면서도 창업 멤버들이 충분한 급여를 가져갈 수 있는 정도로 자기 자본이 넉넉한 곳은 별로 없습니다. 정부지원금을 따낸다고 해도 대표자는 급여를 챙겨가지 못하도록 제한이 걸린 경우가 많습니다. 지원사업 여러 건을 따내거나, 초기부터 시드 등의 투자를 받아내지 못하면 제품 개발의 막판 또는 시장 진입 초창기에는 대표자와 창업 멤버들이 생활적인 면에서도 큰 압력을 받게 된다는 뜻입니다. 그런데 이 시기는 기본적으로 창업자들에게 가장 스트레스가 큰 시기입니다. 제품 출시를 앞두고 있는데 불안하기 짝이 없죠. 이 타이밍에는 돈도 떨어지고, 생활의 압박도 현실화됩니다.

그리고 제품을 출시한 다음에 시장 반응이 좋으면 모든 문제가 해결되지만 반응이 나쁜 경우엔 창업팀 내부에 분란이 생기기 쉽습니다. 마음은 급한데 수정 작업을 해야 하는 건지, 마케팅이 부족한 건지, 아니면 애초에 잘못된 시장을 고른 건지 모두 명확하지 않은 상태에서 빨리 대응해야 하고, 이렇다 보니 서로 날카로워져서 싸움이 나기도 합니다. 이 타이밍이 서로 갈라설 때 최악의 타이밍입니다. 투입한 자본금은 이미 거의 다 썼고, 삶의 여유도 없는데 잔뜩 기대했던 제품은 시장 반응이 나쁜 상황이죠. 사람이 창업 아이템이 싫어져서 회사를 떠난다면 얼마든지 본인의 자유지만, 이런 타이밍에 떠나는 사람들 중 상당수는 자기가 보유한 지분을 되사라고 하면서 원래 사업에 함께 투입했던 자본금을 돌려달라고 요구합니다. 주주협약에서 사업 기간을 명시하고, 중도 이탈을 하게 되면 지분 처리에 대해 합의된 사항을 명기하라고 하는 이유가 바로 이런 이유에서입니다. 사업 초기에는 어떤 일이 생길지 모르고, 창업 멤버 간에 갈등이 어떻게 증폭될지 아무도 모르죠. 때문에 1년이면 1년, 3년이면 3년의 명확한 약속 기간이 있어야 서로가 서로를 신뢰하면서 사업에 몰입할 수 있는 시간이 확보됩니다.

- 출자금 비율과 지분율, 그리고 파트타임 멤버: 파트타임으로 시작하는 팀원이 많은 경우 창업팀을 꾸릴 때 현실적인 문제가 생깁니다. 아직 실체도, 자본금 여유도 없는데 풀타임 멤버가 너무 많아도 곤란한 문제지만, 파트타임만으로 구성된 팀들도 좋지 않습니

다. 정답이 있을 수 없는 문제지만 명확한 점은 대표자가 되는 사람은 반드시 다른 일을 하지 않고 사업에만 매달려야 한다는 것이고, 파트타임으로 합류하는 멤버는 초기 자본금에 매우 큰 부분을 출자하지 않는 이상은 소규모 지분만 가져야 한다는 것입니다.

통상적으로는 출자한 자금 비율에 맞춰 지분율을 갖게 됩니다. 2명에서 7백만 원과 3백만 원씩 자본금을 냈다면 보통 지분율은 7대 3입니다. 하지만 풀타임과 파트타임의 조건이 추가되면 이야기가 달라집니다. 우선 멤버 중에 풀타임을 근무할 상황이 되는 사람이 대표자가 되어야 합니다. 생활비 등을 벌기 위해 어쩔 수 없이 아르바이트를 할 수는 있겠지만, 대표자는 1주당 최소 40시간 이상 스타트업 일에 전적으로 매달려줘야 합니다. 누구도 풀타임으로 근무하고 있지 않다면 일의 진도가 나가지 않습니다. 파트타임은 단어 자체가 하나의 일에 목을 걸 수 없는 상황이라는 뜻입니다. 무조건 성공시켜야 하는 사람과 성공하면 좋겠다는 사람이 보여주는 성과 창출 능력의 차이는 시간이 갈수록 벌어지기 마련입니다. 때문에 출자금을 더 냈다고 하더라도 그 사람이 파트타임이라면 풀타임으로 근무하는 사람에게 오너십을 인정해주고 지분을 적게 가져간다는 생각을 해야 합니다. 어쩐지 억울하다는 생각이 든다면 파트타임이 아니라 풀타임으로 합류해야 합니다.

창업의 깃발을 세우는 순간부터 창업 멤버들은 사업의 성공 자체에 헌신해야 합니다. 파트타임 합류는 바로 이 부분에서 회사에 기여하는 부분이 낮을 수밖에 없고, 때문에 회사의 주인 된 권리를 적게 가져가야 합니다. 출자금 몇백, 몇천만 원 더 냈다고 해봐야 회사 입장에서 불과 몇 달이면 소진될 돈입니다. 초기 스타트업에서는 금방 사라질 돈이 아니라 사업 아이디어 구체화와 실행이 훨씬 더 중요한 자원입니다. 지분율은 출자금 비율이 아니라 사업 기간 동안 누가 더 헌신적으로 일할 것인지 오너십을 알려주는 것입니다. 만약 1년 동안 사업을 할 것이고, 3천만 원을 3명의 창업자가 1천만 원씩 냈고 모두 풀타임이라면 마치 에어비앤비 창업팀처럼 33%씩 가져야 맞습니다. 하지만 한 명만 풀타임이고 두 명은 해당 기간 동안 파트타임으로 합류할 것이라면 풀타임 인원이 적어도 70~80%는 가져야 합니다. 단순히 생각해도 해당 기간 동안 풀타임 멤버의 인건비는 들어간다고 봐야 하니까요. 이렇게 해야 사업에 대한 집중과 헌신이 가능해집니다.

Q 11

대기업도 아닌데
미션과 비전이 필요한가요?
미션과 비전은
어떻게 정리해야 하나요?

    A **미션과 비전의 의미**
    B **스타트업에 필요한 미션과 비전**
    C **미션과 비전 수립 방법**

대기업 웹사이트나 인트라넷의 첫 페이지에는 대부분 멋있는 미션과 비전이 나타나 있습니다. 하지만 대기업 직원 대부분은 비전에 관심 없거나 그런 비전이 있는지조차 알지 못합니다. 반면 잘나가는 스타트업의 직원들은 회사의 미션과 비전을 잘 알고 있고, 그 중 일부는 대표를 믿고 대표가 제시한 미션과 비전을 자신의 것처럼 여기기도 합니다. 사이비 종교 단체의 광신도처럼 믿는다면 당연히 문제가 되겠지만, 회사가 나아갈 방향에 대해 공감하고 이를 체화하려는 태도는 회사에 매우 큰 도움이 됩니다. 업무의 생산성이 급속도로 올라가니까요.

작은 회사에서 미션이니 비전이니 하는 것들이 불필요하다고 생각하는 창업자들도 많지만 나름대로 필요한 이유가 있습니다. 거창하게 만들 이유는 없지만 정리된 문구로 임직원들과 커뮤니케이션하고, 회사가 성장함에 따라 투자자, 궁극적으로는 고객에게 이 미션과 비전이 전달되어야 합니다.

A 미션과 비전의 의미

미션은 회사가 고객과 사회에서 궁극적으로 어떤 존재가 될 것인가에 대한 방향성을 말합니다. 테슬라는 "To accelerate the world's transition to sustainable energy 지속 가능한 에너지원으로의 변화를 가속화하라", 링크드인은 "To connect the world's professionals to make them more productive and successful 전 세계의 전문가를 연결해 더욱 생산적이고 성공적으로 만들라", 나이키는 "If you have a body, you are an athlete 당신에게 몸이 있다면 이미 운동 선수입니다"입니다.

이런 것들을 읽어보면 각 회사가 어떤 지향점을 가지고, 사회에 어떤 영향력을 행사하는 존재인지가 나타납니다. 좀 더 시적이고 낭만적인 메시지를 가진 나이키 같은 회사도 있고, 그보다는 굉장히 재미없지만 상대적으로 매우 명료한 미션을 가진 테슬라 같은 회사도 있죠. 물론 아예 미션이 없는 회사도 많습니다. 하지만 이런 미션이 정해져 있고, 이 미션들이 회사 내에서 지속적으로 언급되고, 특히 최고경영자가 임직원들에게 반복적으로 이야기하고 행동으로 이 미션을 실행하려고 한다면 얼마 지나지 않아 회사 직원들 전체가 이 미션을 받아들여 업무의 가이드라인처럼 사용하게 될 것입니다. 테슬라 직원들은 지속 가능한 에너지를 세상에 더 퍼뜨리기 위한 고민을 항상 머리 한편에서 하게 될 것이고, 나이키의 임직원들은 전문 운동 선수들의 경험을 일반인들이 받아들이되, 자신의 몸에 대해 좀 더 긍정적으로 해석할 수 있는 방향을 생각하겠죠. 물론 구글처럼 "Don't be evil 악당이 되지 말라"이라고 이야기하더라도 독점업체로서의 폐해까지 막아주지는 못하겠지만, 임직원들이 회사에서 반복적인 일상 업무를 하더라도 가끔은 회사의 방향성을 고민할 수 있는 기회를 제공해 줍니다.

비전은 미션처럼 크고 궁극적인 방향성보다는 보통 3~5년 정도 뒤의 미래 목표에 대한 이야기지만, 글로벌 기업들은 미션과 비전을 뒤섞어서 쓰는 경우가 많은 편이고, 국내 대기업들은 비전을 '2025년, 국내 최대 전자상거래 업체'와 같은 식으로 몇 년 뒤의 목표 실적으로 이야기하는 것 같습니다. 비전은 미션보다는 조금 더 구체적인 목표를 지향할 때 사용하는 표현에 가까운 셈입니다.

최근 글로벌 기업들은 임직원에게 목표를 부여하고 성과를 평가하기 위해

OKR이라는 시스템을 사용합니다. 'Objectives and Key Results'에서 첫 글자씩 따온 것입니다. 그 이전에 유행하던 평가 시스템인 KPI Key Performance Index, 핵심 성과지표가 주로 매출, 수익, 사용자 수 등 실적 수치를 중심으로 임직원의 실적 달성을 압박하는 용도로 활용된 것에 비해 OKR은 실적보다는 추상적이지만 임직원들이 회사원으로서 꼭 달성하고 싶은 것을 함께 찾아내어 이를 목표로 최선을 다하고, 달성하지 못할 경우 어떤 부분에서 회사가 바뀌고 지원을 추가하면 목표를 다시 도전할 수 있을지에 대해 의견을 주고받는 시스템입니다. 목표 숫자가 아닌 가슴 뛰게 할 만한 목표를 공유하고, 이를 수행하기 위한 현실적인 방안을 서로 주고받아 성과 창출과 임직원의 성장을 함께 노리는 시스템이죠. 이렇게 OKR에서 이야기하듯, 회사의 비전은 임직원들에게 동기부여를 할 수 있는 'Objective'와 유사한 가이드 역할을 하게 됩니다. 미션이 회사의 큰 방향성이라면 비전은 그 방향성 아래에서 회사가 어떤 성과를 어떻게 만들어갈지에 대한 이야기입니다.

B 스타트업에 필요한 미션과 비전

미션이나 비전이 회사에 도움이 된다는 점은 명확하지만, 사실 임직원이 몇 명 되지도 않는 스타트업에서 굳이 이런 것이 필요할까 하는 생각이 들 수 있습니다. 대표자가 가진 회사의 미래에 대한 생각을 분명 정돈해야 하지만 임직원들과 자주 이야기를 나누면 되고, 생각에 동의하는 사람들과 함께 팀을 이루는 것이니 굳이 그럴싸한 활자로 만들어둘 필요는 딱히 없으니까요.

그렇지만 이런 경우라도 명시적으로 회사의 미션과 비전은 만들어두고 사업을 출발시킬 필요가 있습니다. 다음 세 가지 이유 때문입니다.

우선 회사에 조금이라도 성과가 나오기 시작하면 창업 멤버가 아닌 외부 인력들이 들어오고, 외부 업체와 협력할 일이 생겨납니다. 직원을 뽑아야 하고, 투자자들에게 투자를 받아야 하니까요. 그저 직원을 뽑고, 투자자와 미팅하는 건데 뭘 미션, 비전씩이나 필요하냐 하고 생각하겠지만, 단순한 알바생을 뽑는 것이 아닌 한 초기에 들어오는 직원 몇 명은 회사의 기둥 같은 존재가 되어줘야 합니다. 초기 스타트업은 일종의 골조공사를 하는 공사장인 셈이니, 주요 기둥들이 자리에 위치해줘야 건물을 제대로 쌓아 올릴 수 있게 됩니다. 골조공사가 제대로 이뤄지려면 설계도가 필요하고, 전체 설계도 역할을 하는 것이 미션과 비전입니다. 세부 설계도는 이 책에서 다루는 비즈니스 모델입니다. 그리고 미션과 비전이 명확해야 투자자에게 내가 어떤 건축물을 무엇을 위해 지으려는지 깔끔하게 전달할 수 있습니다. '1조 원짜리 유니콘이 되겠다'라고 투자자에게 이야기하는 대표자는 굉장히 허황되어 보입니다. 유니콘이 되겠다는 말은 고등학생이 '서울대 가겠다', 운동 선수가 '금메달 따겠다' 정도의 말과 다를 것이 없습니다. 어떤 목표를 위해 서울대를 갈 것이고, 금메달이 왜 내게 의미 있는지 이유를 앞뒤에 붙여야 그 사람의 '동기'를 이해할 수 있으며, 그 목표가 더 이상 허황된 몽상이 아니라 현실적으로 노력할 목표임을 상대방이 수용할 수 있습니다. 당장의 먹고사는 문제만 관심있는 사람과 원대한 포부를 가지되 현실에서 어려움을 헤쳐 나갈 의지를 보이는 사람 중에서 외부 사람이 도와주고 싶은 사람은 당연히 후자입니다.

두 번째는 지극히 현실적인 이유입니다. 정부지원사업이나 투자자와 미팅할 때 회사의 비전은 반드시 필요한 문구입니다. 사업의 목적, 장기적인 목표 등의 이야기가 수익 모델에 앞서 언급되어야 합니다. 사람이 심리적으로 타인을 이해하려 할 때 말과 행동만 본다고 해서 이해하기란 쉽지 않습니다. 타인에 대한 이해를 촉진하는 것은 그 사람의 기본적인 '동기'죠. 창업자가 왜 성공하려고 하는지 이해할 수 있도록 설명해야 한다는 뜻이며, 이러한 이유를 알려주는 말이 미션과 비전이죠. 성장 과정에서 외부 도움은 거의 필수이기 때문에 이들에게 나와 창업팀의 기본적인 동기를 보여주는 것이 중요합니다.

세 번째 이유는 다소 모순된 이야기입니다. 창업자들 중에서 허황된 생각을 가지고 현실감이 떨어지는 사람이 많다 보니 이들 스스로 현실감을 가지게 하기 위해 미션과 비전이 필요합니다. 일단 이상은 높으면 좋죠. 창업자 중에서 '시장을 혁신하겠다'는 이야기를 입에 달고 사는 분들이 있습니다. 그저 시장을 추종하기만 하며 고객들에게 'one of them'으로 인식되지 않으며, 오히려 고객들이 추종하는 기업이 되는 것은 모든 창업자의 꿈이죠. 그런데 스티브 잡스가 아이폰을 기획해서 내놓을 때 첫해 목표 판매량은 1백만 대 수준이었고,

3년 차까지도 천만 대를 못 넘을 것이라 생각했다고 합니다. 당시 연간 수억 대가 팔리는 핸드폰 시장, 수천만 대가 팔리는 PC 시장, 어느 쪽과 비교하더라도 잡스의 계획은 니치에 가깝습니다. 아이폰 이전의 매킨토시처럼 시장 점유율 3~5% 정도의 니치 혹은 전문가용에 가까운 시장 포지션을 생각했다는 뜻입니다. 이때 잡스가 '우리는 핸드폰 시장을 완전히 장악할 것이다'라고 여기저기에 말하고 다녔을까요? 물론 2007년 첫 아이폰 발표 자리에서는 이와 유사하게 이야기했지만, 이때 경쟁제품으로 들고 나온 것들은 PDA나 블랙베리였죠. 이들과 싸워서 몇백만 대 정도의 판매만 기대했던 제품이, 결과적으로는 2010년대 이후를 그 이전 시대와 완전히 다른 세상으로 만들었습니다. 시장을 혁신한 것이죠. 정말 잡스가 아이폰을 내놓을 때 전체 핸드폰 시장과 PC 시장의 총체적 혁신을 꿈꿨을까요? 세계적 대히트작인 배틀그라운드는 어땠을까요? 개발진이 이 제품으로만 수천만 카피를 팔고, 2조 원 이상의 매출을 올릴 것이라 기대하면서 개발은 진행하지 않았다고 알려져 있죠. 정확히는 20만 카피라도 팔려서 몇십억 원의 개발비 손익분기만이라도 맞추고, 트위치 사용자들이 좋아해 주면 좋겠다는 생각 정도로 개발한 제품이었습니다.

창업자들 중에서 소위 '스티브 잡스 병' 또는 '일론 머스크 병'에 걸린 사람을 자주 보게 됩니다. 자기가 이 정도의 비전 넘치는 성공한 창업자가 되겠다는 이상은 좋지만, 제품을 만들고, 직원들에게 동기부여를 하고, 투자자들에게 현실감있는 성장 스토리를 이야기하려면 스티브 잡스의 꿈은 '미션'이나 '비전'에만 거창하게 적어두고, 현실에서 매출 1억 원이라도 올리려는 방안을 마련하는 데 집중하는 것이 좋습니다. 종종 몽상이 떠오를 때면 미션이나 비전을 보면서 마음의 위안도 삼을 수 있고, 비록 처음엔 작고 초라하게 시작하지만 끝은 위대할 것이라고 스스로 응원할 수도 있습니다.

꿈이 없는 창업자는 그저 하루 벌어 하루 먹는 일에 만족하기 쉽습니다. 그렇다고 스티브 잡스만을 꿈꾸다 보면 사장 놀이를 하는 피터팬이 되어버리기 십상입니다. 미션과 비전이라는 이름으로 꿈을 정리해 놓으면 오히려 그때부터 창업자의 시선이 현실에 머물게 됩니다. 그리고 때때로 지쳤을 때 하늘의 별을 쳐다보듯 미션과 비전을 되새기며 힘을 얻죠.

C 미션과 비전 수립 방법

거창하게 만들 필요도 없고, 미사여구일 필요도 없습니다. 그렇지만 그 말을 적어 놓는 자신의 가슴과 함께 모험을 떠나는 파티원들에게 가슴을 뛰게 하고, 서로의 에너지를 고취시키는 데 도움이 된다면 유치한 문구도 좋습니다. B2B 솔루션을 만드는 회사라면 '구글, 우리 솔루션 다운로드하려면 10억 달러!', B2C 콘텐츠를 만든다면 '5년 내 누적 1억 다운로드, 가즈아!'처럼 적어도 좋다는 뜻입니다. 외부 서류에 이런 문구를 적지만 않는다면 무슨 상관이겠어요.

미션과 비전은 가능하다면 한 문장이 좋습니다. 성향에 따라 현실적이고 매우 꼼꼼한 대표자라면 미션과 비전은 절대로 이번 생애에 이룰 수 없는, 몽상이 더 좋습니다. 지나치게 당장의 현실에만 몰두하다 보면 회사가 성장할 수 있는 기회를 놓치고 작은 중소기업, 혹은 그저 자영업체로 남게 됩니다. 회사가 성장이 느리면 대표자는 몰라도 똑똑한 임직원들은 떠나기 마련이니까요. 대표자보다 직원들의 꿈을 반영하되, 조직 전체가 공감할 수 있는 이야기여야 합니다.

반대로 몽상가적인 분들은 자기의 몽상가적 경향을 모두 압축한 하나의 문장이 좋습니다. 앞서 이야기했듯 현실 감각이 없는 자기 모습을 외부에 객관화시키고, 당장의 일에서는 철저하게 현실적인 이야기만 하겠다는 의지의 표현처럼요. 임직원의 공감보다도 대표자 본인의 꿈을 적으면 더 좋습니다. 이 성향의 분들은 어차피 남이 이야기해도 잘 듣지 않기 때문에 그럴 바엔 자기의 거창한 꿈을 표현해 놓는 편이 더 도움이 됩니다. 다만 이 비전을 그대로 정부지원사업이나 투자자에게 표현할 것인지는 내부 논의를 하시고 임직원 의견을 듣는 게 좀 더 좋을 것 같습니다.

나머지의 경우 한 문장 정도로, 사업 기간 동안 의지할 방향이라고 생각하시고 하루 이틀 정도 고민해서 만들면 됩니다. 길게 오래 생각해도 어차피 창업자, 투자자, 고객을 만나다 보면 조금씩 수정하게 됩니다. 어쨌든 하나는 필요합니다. 그래야 각박한 현실에 매몰되어도 스스로를 잃어버리지 않습니다.

1장
스타트업 창업과 성장 과정 개요

2장
단계별 FAQ를 통해 이해하는 비즈니스 모델 설계

3장
국내외 스타트업 사례로 이해하는 비즈니스 모델

STEP 4

비즈니스 모델 설계 02
타깃 고객과 시장 선정

고객에게 우리와의 거래에 대한 만족감을 심어주고, 고객이 우리 회사가 아닌 경쟁사에 가면 우리만큼의 가치를 느끼지 못해 다시금 찾아오게끔 만드는 것이 사업입니다. 하지만 이 세상의 모든 사람과 모든 기업이 고객이 될 수는 없습니다. 투자금이 무한하다면 모든 고객을 찾아내겠지만, 극도로 제약된 자금으로 시장에 구멍을 내서 앵커를 박고 모진 경쟁을 견디면서 하나둘씩 영토를 넓혀가야 하는 게 스타트업의 현실이죠.

초기 스타트업은 모든 사람을 만족시킬 필요도 없고 만족시킬 수도 없습니다. 사업 3년 내에 몇백, 몇천 명 정도겠지만 나와 내 제품을 사랑해주는 팬을 만들어낼 수 있다면 스타트업으로는 대성공입니다. 이들이 곧 수만이 되고, 다시 수십만이 되어줄 것이니까요. 이제부터는 본격적으로 고객에 대한 이야기와 시장의 정의와 규모 추정, 성장성은 어떻게 전망할 수 있을지에 대해 이야기하겠습니다.

Q 12

타깃 고객은 어떻게 선정하고, 고객 가치는 어떻게 구체화하나요?

가장 처음 낯선 우리를 받아주고, 우리의 제품을 써주고 마음에 들어 할 고객들을 타깃 고객이라 합니다. 그리고 이들이 우리 제품을 통해 기존에 경험해보지 못했거나, 만족하지 못했던 점들을 해소해낼 수 있다면 우리는 고객에게 우리와 거래할 가치를 제공한 것입니다. 이를 고객 가치라고 합니다. 영어로는 Customer Value 또는 Value Proposition이라고 합니다. 고객이 우리와 거래할 이유를 말하는 것이죠. 처음에는 타깃 고객도 막연하고 고객 가치도 추상적이지만 맞는 고객을 찾았고, 고객 가치를 제품에 녹여낼 수 있다면 우리가 발을 디딜 수 있는 최소한의 공간을 시장 내에 마련할 수 있고, 이를 기반으로 사업을 굴려낼 수 있습니다. 때문에 초기 타깃 고객 설정과 고객 가치 구체화는 사업에서 절체절명의 과제입니다.

A 사업 아이디어와 타깃 고객의 관계
B 고객 가치의 의미
C 고객 가치 구체화 아이디어

A 사업 아이디어와 타깃 고객의 관계

성공한 기업들의 사례를 보다 보면 처음부터 타깃 고객을 찾아내고, 고객들이 원하는 것을 정확히 맞춰낸 것처럼 보입니다. 하지만 처음에 이를 맞춰낸 기업은 오히려 극히 소수입니다. 심지어 아주 유명한 창업자가 재창업을 한 것이고, 사업 실적으로만 보면 한 방에 시장을 휘어잡은 것 같은 카카오톡의 경우에도 사실은 2007년 창업 후 만 3년 동안 부루닷컴, 위지아닷컴 같은 도무지 친숙해지지 않는 이름의 서비스들만 만들어냈다가 모두 실패한 뒤에 만들어진 것이죠. 만 3년을 허송세월하고 나서야 고객과 고객 가치를 찾아낸 것입니다.

그럼 타깃 고객을 어떻게 발굴해야 할까요? 스타트업의 사업 방식에서의 왕도는 딱 하나, 시행착오입니다. 앞에서 린 스타트업 Lean Startup 이라고 설명한 방식입니다.

이 세상 최고의 현인이라 해도 시장에서 어떤 회사가 성공하고 실패할지 알 수 없습니다. 가령 코로나19가 터지지 않았었다면 Zoom이 현대차보다 시가총액이 비싼 회사가 되거나 모더나가 세계 최고의 제약 회사들과 어깨를 나란히 할 수는 없었을 겁니다. 반면 수많은 대형 유통사들과 항공사들은 문을 닫고 말았죠. 코로나 같은 블랙스완이 아니라고 해도 시장은 예측을 불허하고, 작은 스타트업의 미래 역시 마찬가지입니다. 때문에 그럴싸한 그림을 머릿속에 떠올리고 제대로 된 계획을 세우고 이를 실행에 옮긴다면 아이디어를 떠올릴 때는 분명 시장에 수요가 있었는데 제품을 출시할 때쯤 되자 시장이 아예 없어져버리는 황당한 일들도 곧잘 생깁니다. 2019년 이전에 국내에서 가장 활발했던 창업 영역 중 하나가 관광 시장이었지만 이젠 아예 전멸할 상황까지 내몰렸죠. 코로나 같이 100년에 한 번 있을 법한 문제는 아니더라도 사단은 얼마든지 날 수 있습니다. 앱 서비스를 만들었는데 어느 날 카카오나 네이버가 똑같은 서비스를 출시할 수도 있고, 타다 사태처럼 국회에서 관련 규정을 바꿔서 사업을 못하게 할 수도 있죠.

중요한 것은 예상할 수 없다는 것입니다. 때문에 특정 고객에게 너무 오래 매달리며 버티는 방식이나 대기업에서 일반적으로 채택하는 '철저한 시장조사와 꼼꼼한 사업 계획' 방식은 스타트업에게 권장하지 않고, 고객과 고객 가치가 대략 정리되면 빨리 시장에 나가서 실제 수요가 존재하는지 확인해봐야 합니다.

타깃 고객 확인 과정에서 가장 중요한 제언은 시장과 싸우지 말라는 것입니다. 고객과 고객 가치 등에 대해 가설을 강하게 가져야 애초에 창업을 시작할 것이고, 상당한 자기 확신이 있어야 몇천만 원에서 몇억 원에 이르는 돈을 제품 제작에 사용할 겁니다. 이렇게 제품을 완성했는데 타깃 고객이 부정적인

1장
스타트업 창업과
성장 과정 개요

2장
단계별 FAQ를
통해 이해하는
비즈니스 모델
설계

3장
국내외 스타트업
사례로 이해하는
비즈니스 모델

반응을 보이면 짝사랑 상대에게 고백을 했다가 차인 경험보다 더 서글프겠죠. 그러다 보니 고객을 가르치려고 드는 경우가 많습니다. '몰라서 그러는데 우리 제품을 써보면 좋아질 겁니다' 같은 생각을 하게 되는 것이죠. 우리가 자연재해를 겪고 나면 하늘을 원망하고 싶어집니다. 하지만 자연은 그저 그러하기 때문에 자연이고, 재해에 대해 원망해봐야 내 마음만 힘겨워집니다. 고객 역시 유사합니다. 개별 고객은 분명 한 사람이지만, 이들이 모여 있는 시장은 자연과 유사합니다. 시장에서는 공급하는 사람이 얼마나 노력했으며 얼마나 진심인지 별로 궁금해하지 않습니다. 그저 자신의 욕구를 보다 잘 충족시켜주는 제품과 서비스를 고를 뿐이죠. 그래서 시장과 맞서 싸우기보다는 시장을 읽어내고 고객과 나 사이의 접점을 하나씩 만들어 나가야 합니다. 내가 틀릴 수 있다는 점을 받아들여야 합니다. 고객과 시장이 알아봐주지 못한다고 투덜거리는 것은 사실 그 창업자가 타깃 고객을 못 알아봤다는 뜻입니다.

고객 선정에 관한 두 번째 주의점은 고객을 단일체로 봐서는 안 된다는 것입니다. 우리가 보통 타깃 고객을 선정하라고 하면 나이, 성별, 지역, 소득, 교육 수준 등과 같은 인구학적 지표를 기준으로 구분을 합니다. 하지만 다이어트하는 사람이 샐러드를 먹지만 저녁에 삼겹살을 먹기도 하고, 다른 일상은 모두 상남자스러운 사람이 집안 인테리어는 여성스럽게 꾸몄다거나, 국밥에 소주를 먹는 사람이 패션에 대해서는 진심일 수 있습니다. 한 고객 안에는 여러 정체성 섞여 있는 것이 당연합니다. 심지어 이성으로는 사지 않을 것이라고 외치지만 손은 그 물건을 집어들고 있는 고객도 있습니다. 고객을 다면적 존재, 시간에 따라 변하는 취향을 가진 존재라 인식하면 고객에 대한 접근법이 달라질 수 있습니다. 정확히는 타깃 고객을 선정하는 것이 아니라 '잠재 고객군의 타깃 니즈'를 찾아낼 수 있게 됩니다. 일례로 유기농 재료의 아주 건강한 사료를 만드는 스타트업을 생각해보죠. 유기농이고 소규모 생산이니 단가가 아주 높을 수밖에 없기 때문에 강아지에게 값비싼 사료를 사줄 정도로 경제적 여유가 있고 강아지를 아주 좋아하는 견주가 타깃 고객이라고 생각하기 쉽습니다. 하지만 조금 더 깊게 생각해보면 경제적 여유가 있는 견주는 이미 강아지 시절부터 신경 써서 먹여온 사료가 있을 것입니다. 새로운 유기농 사료가 좋아 보인다고 하더라도 기존 사료 대비 아주 크고 명확한 장점이 있지 않는 굳이 무리해서까지 바꾸려 하지 않을 가능성이 더 크겠죠. 이들로만 타깃 고객을 정하면 시장 개척에 어려움이 생기기 쉽다는 뜻입니다. 반면 강아지가 성견, 노견 등으로 나이가 변해서 새로운 사료를 살까 말까를 알아보는 고객들이라면 오히려 관심 대상 1순위일 수 있습니다. 가격이 부담스러울 수 있다면 이 사료와 조금 더 저렴한 사료를 함께 패키지로 묶는 식으로 고객의 여러 입장을 반영하는 것이 좋습니다.

　세 번째는 감이나 창업자 개인의 선호보다는 초기 시범 판매를 통한 데이터에 기반하여 타깃 고객을 판단해야 합니다. MVP 판매를 하는 목적 중 하나가 고객에 대한 판매 데이터를 모으기 위함입니다. 시제품 수준으로 어떻게 판매 관련 데이터가 쌓이는지 의아할 수 있지만, MVP 테스트의 가장 중요한 요건이 고객에게 실제 판매를 하는 것입니다. SNS 플랫폼처럼 사용자와 비용을 지불하는 주체가 아예 달라서 유료 테스트의 의미가 없거나 일정 규모의 사용자와 관련 데이터가 축적되기 전까지는 사업적 가치가 없는 서비스들은 어쩔 수 없지만, 그 외에는 어떻게든 MVP 테스트 때 실제 판매를 해봄으로써 고객들의 구매 관련 데이터를 모아야 합니다. 가장 중요한 지표는 방문 및 재방문 시점 & 재구매 주기 같은 것들입니다. 밀키트를 판다면 적어도 한 달에 한두 번, 강아지 사료를 판다면 3~6개월 내외, 온라인 게임이라면 일주일 내에 2~3차례의 반복 방문이 이뤄지는지를 면밀히 살펴봐야 합니다. 불과 수십 명의 고객일지라도 이 정도의 데이터를 모을 수 없다면 MVP 테스트가 아닙니다. 고객의 방문 빈도와 구매 데이터는 가장 면밀하게 해석해야 하는 데이터입니다. 고객의 니즈를 정확히 알 수 있기 때문입니다. 쉽게 말해 비싼 사료를 파는 데 밤 늦은 시간대에 주로 몰린다면 우리 제품을 구매하는 고객들은 낮 시간대에 잊어버리고 있다가 밤에 사료가 떨어진 것을 깨닫고 급하게 주문하고 평소 잘 놀아주지 못해서 미안해서 비싼 사료를 주문하는 고객일 수 있다는 것이죠. 이렇게 급하게 주문하고 죄책감을 느끼는 고객이 첫 번째 타깃 고객이어야 한다는 의미가 될 것입니다. 맨 처음 판매할 때야 타깃 고객을 임의로 선정해야겠지만, 일부 데이터라도 쌓이기 시작하면 데이터가 알려주는 고객으로 타깃이 바뀌어야 합니다.

네 번째, B2B 제품에서의 고객은 B2C와 매우 다릅니다. B2B도 B2C처럼 다수의 고객을 상대하는 솔루션들이 있습니다. SaaS가 대표적이겠죠. 하지만 대부분의 B2B는 소수의 규모 있는 고객을 상대하는 일입니다. 공장을 타깃으로 하는 IoT 장비건 물류 자동화를 위한 소프트웨어건, 대형 공장과 건설현장을 모니터링하는 자율주행 로봇이건 가능성 높은 고객사는 거의 몇십, 몇백 수준으로 리스트에 정리되기 마련입니다. 이 경우 타깃 고객은 초기부터 제품 테스트를 적극적으로 해줄 고객으로, 컨셉 테스트나 시범 운영 같은 것을 해줄 고객입니다. 타깃 고객 선정은 철저하게 경제적인 우선순위에 따라가야 합니다. 몇 개의 세부적인 판단 기준을 만든 뒤 그에 따라 각 고객사를 평가하고, 평가 순위가 높은 고객사부터 집중 공략합니다. 주로 '당사 솔루션에 대한 고위층의 관심 또는 시범 도입 가능성', '시범 운영 결과에 따른 구매력', '당사 솔루션 판매 시 당사가 얻게 될 산업계 내에서의 평판' 등이 세부적 평가 기준일 것입니다. B2C에서의 타깃 고객은 시행착오의 결과에 따른 데이터가 가이드해주는 결과라면, B2B에서의 타깃 고객은 철저한 사전 준비와 분석의 결과물입니다.

B 고객 가치의 의미

비즈니스 모델 작성을 하고자 구글링을 하다 보면 유독 잘 이해되지 않는 표현이 있습니다. 바로 '고객 가치', 영어로는 보통 Customer Value라는 표현보다는 Value Proposition이라고 합니다. 가치 제안이라고 하는 게 맞을 수도 있겠습니다. 엄밀히 따지자면 둘은 다른 개념이지만, 기업의 성공을 위해서는 결국 고객이 가치를 느끼는 점을 찾아야 하고, 그 지점을 맞추기 위해 여러 가치를 제안해야 하기 때문에 둘을 혼용해서 사용하기도 합니다.

타깃 고객을 선정한다는 말은 우리 제품의 특징이나 유용성 등을 특정 그룹의 고객들에게 좀 더 어필한다는 뜻입니다. 실제로 모든 고객을 만족시키는 제품은 존재할 수 없죠. 아무리 유명하고 좋은 기능이 있더라도 기능이 너무 많아 불편하다는 사람도 나오고, 비싸기 때문에 별로라는 사람도 나옵니다. 반대로 단순한 기능의 저렴한 제품을 선호하는 사람도 많지만 기능이 너무 없고, 눈에 띄지 않기 때문에 선호하지 않는 사람도 있는 법입니다. 타깃 고객을 선정하고 고객 가치를 결정한다는 것은 수많은 고객들의 니즈와 기준 중에서 어떤 부분에 초점을 맞춰 제품을 개발하고 고객들에게 마케팅할 것이냐를 결정하는 것입니다.

스타트업은 타깃 고객을 정확히 알기 어렵기 때문에 일단 창업팀이 가진 가설하에서 제품을 만들고, 제품에 맞는 고객을 찾아 나선다고 이야기했습니다. 그리고 타깃 고객을 도저히 찾을 수 없거나, 혹은 찾기는 했는데 고객이 뭔가 변화를 주문하면 그에 맞춰 제품을 계속적으로 개선시켜서 매출과 사용자가 크게 증가시켜 내는 것이 목표라고 했습니다. 즉, 고객 가치는 타깃 고객의 특성과 뗄 수 없으며, 수요가 폭발할 때까지는 끊임없는 변화가 있을 것이라는 점도 생각해야 한다는 뜻입니다.

고객 가치와 관련해서 스타트업 입장에서 생각해야 하는 세 가지 요소가 있습니다.

우선 중간은 안 된다는 것입니다. 기업 경영 전략 분야의 태두로 꼽히는 하버드대 교수 마이크 포터 Michael Porter 는 모든 기업이 가지는 본질적인 전략에 대해 다음과 같은 표현을 사용합니다. "가격 경쟁력 또는 차별화". 어느 형태의 어떤 사업을 하는 기업체이건 고객에게 어필하는 것은 궁극적으로 경쟁사 대비 저렴한 가격을 추구하거나 또는 경쟁사가 제공하지 못하는 장점을 가지고 있어야 한다는 뜻입니다. 이 양쪽의 중간에 있으면 고객들에게 선택받지 못해서 결국 가격 경쟁력이 있는 업체에 밀리거나 차별적 기술을 가진 업체에 밀려나게 된다는 뜻이기도 하죠. 스타트업이 제품을 만들 때는 둘 중에서 어느 방향으로 갈 것인지를 명확히 해야 하며, 시장에서 명확히 검증되기 전까지는 방향성을 철저하게 지켜야 합니다. 굉장히 재미있는 기능이 많은 비교적 고가의 전자제품을 만든다고 생각해봅시다. 그런데 막상 초기 제품을 출시했더니 시장에서 '가격이 비싸다', '기능이 고만고만하다'는 두 반응이 모두 보입니다. 고민이 시작됩니다. 가격을 좀 낮추자니 기능을 많이 빼야 하는데 그럼 경쟁사 제품과 도무지 차이점이 없습니다. 반대로 기능을 강화하자니 이미 비싼 가격이 더 비싸질 것 같습니다. 이 상황에서 일단 떠오르는 답은 지금의 기능과 가격으로도 소구되는 고객을 찾아낼 때까지 버티는 것이죠. 하지만 스타트업은 이걸 오랫동안 버텨낼 돈이 없습니다. 때문에 이도 저도 하지 못한 상태로 있다가 결국 가격을 후려칩니다. 그런데 이런 상황에서 가격을 후려쳐봐야 고객들은 이미 떠난 뒤입니다. 제품을 사고 싶어 하는 고객이 많을 때는 가격 할인이 판매량 증가를 가져오지만, 고객이 모두 떠난 뒤엔 아무런 의미가 없죠. 일본의 토스터형 오븐 등 소형 가전 전문 업체인 발뮤다에서 스마트폰을 출시했는데 제품 스펙도 경쟁 제품보다 떨어지고 가격도 중간 정도인 제품을 내놓았다가 엄청난 비판을 받았습니다. 이후 재고가 문제되자 가격을 낮췄는데 이미 고객이 다 떠난 후라 재고 문제는 고스란히 남은 상태에서 먼저 구매한 고객들에게 비난만 더욱 받게 되었습니다. '기능도 고객의 요구도에 웬만큼 맞추고, 가격도 비싼 제품보다는 싸다'가 꽤 좋은 접근처럼 보이겠지만 이렇게 양쪽 다 만족시키려는 제품은 결국 양쪽 다 만족시키지 못하며 끝나게 됩니다. 양쪽 모두를 만족시키는 전략은 이미 고가 제품 또는 저가 제품이 있는 대기업에서 매출액을 넓히기 위해 추가적 제품 개발 시 사용하는 전략입니다. 대기업은 브랜드 파워도 있고, 기본 고객층이 있어서 이들을 통해 일정 판매량을 확보할 수도 있고, 대리점 등을 통해 물량을 회전시킬 수도 있어서 중간 성능의 제품이라고 해도 충분히 내놓을 이유가 있습니다. 하지만 시장에서 존재감이 별로 없는 스타트업은 우선 고객들에게 '특색'을 각인시키는 것이 더 중요하기 때문에 어느 한쪽이든 선택과 집중을 해야 합니다. 가격으로 승부를 보겠다면 홍콩의 드론 업체인 DJI 또는 중국의 샤오미처럼 확실하게 경쟁 제품 대비 가격 차별화를 보여줘야 시장에 임팩트가 있으며, 아니라면 명확한 차별성을 가진 제품이어야만 팔립니다.

두 번째는 고객 가치에 대한 가설이 제품과 서비스 개발의 가장 중요한 설계도라는 점입니다. 스타트업은 결국 가격 경쟁력 또는 특정 기능을 강조하는 차별화를 추구하게 되는데, 가격 경쟁력은 일단 기본 생산 및 판매량이 많아서 고정비에 대한 원가 부담을 급격히 낮출 자신이 있을 때만 가능한 전략입니다. 창고형 할인매장인 코스트코의 경우 고객들이 코스트코에 대한 이해도가 높고, 충성도도 높기 때문에 다른 유통사들과 달리 IT 등 값비싼 시스템에 대한 투자를 최소화하고 여기서 얻어진 비용 경쟁력을 모두 제품 가격 인하에 투입합니다. 실제로 2010년대 초반까지 코스트코는 온라인 판매도 하지 않았고, 사내의 여러 IT 시스템 역시 최소로만 운영했습니다. 심지어 코스트코 임원들의 연봉은 다른 미국 회사들보다 훨씬 낮습니다. 회원들에게 좋은 제품을 최대한 경쟁력 있는 가격에 제공한다는 코스트코의 기업 이념이 고객 가치가 되었고, 코스트코 운영진은 이 고객 가치를 실현해 내기 위해 철저하게 노력하고 있는 것이죠. 내부 매장에 화려한 인테리어 없이 시멘트 벽을 노출하는 것이 단순히 산업주의 미학 때문이 아니라는 것이죠.

스타트업은 만약 차별화를 하겠다고 마음먹었고, 초기 테스트에서 차별화에 반응하는 고객을 소수라도 찾았다면 이들을 제대로 만족시켜내는 데 집중해야 합니다. 판매량이 나오지 않는다고 해서 갑자기 기능을 축소하고 저렴한 버전을 내놓아봐야 고객들은 반응하지 않습니다. 얼굴의 윤곽을 줄여주는 기능을 하는 미용용 페이스 마스크를 만들던 스타트업이 있었습니다. 시장 조사가 충분히 되지 않은 상태에서 제조 공장 쪽에서 요구하는 최소 수량에 맞춰 양산을 했습니다. 막상 시장에 출시했더니 제품을 착용하면 숨쉬기가 힘들고 불편하다는 이야기도 많고, 얼굴을 조이는 느낌이 너무 강해서 피부가 상할 것 같다는 컴플레인이 많았습니다. 당연히 재고가 많이 쌓였고, 판매가 너무 부진해서 현금이 막히자 결국 대규모 할인 행사를 시작했습니다. 당연히 판매량이 안 나옵니다. 고객이 불안, 불편해하는 기능에 대한 답을 가격을 낮추는 것으로 대응한 것이죠. 그래서 결국 제품은 제품대로 팔리지 않고, 가격은 가격대로 무너져버렸습니다. 이렇게 되면 손실을 크게 보는 떨이 판매 외엔 선택지가 남지 않게 됩니다. MVP 테스트를 제대로 해야 한다고 계속 강조하는 이유는 지금 설명하는 '차별화'를 추구하려면 그전에 경영진이 제품에 대한 근거 있는 확신을 가져야 하기 때문입니다. 마땅한 근거 없이 덜컥 특정 기능에 집중해서 차별화를 추구하면 고객이 원하는 고객 가치를 맞추지 못할 확률이 훨씬 높고, 결국 차별화를 추구했다가 강제로 가격 경쟁력 쪽으로 이동하는 일이 생겨납니다. 밀려서 선택한 전략은 전략이 아닙니다. 시장에서 아무런 반향을 이끌어내지 못하니까요. 감당할 수 있고, 검증이 된 근거로 이에 맞는 제품 기능을 갖춘 상태에서 차별화를 시도해야만 차별화를 진행할 수 있습니다. 고객 가치가 제품 개발의 가장 중요한 설계도라는 말은 일단 고객 가치를 정하면 그 포지션을 유지하도록 최대한의 일관된 노력을 해야 한다는 뜻입니다.

세 번째는 가설 검증 과정에서 극단적인 변화도 받아들여야 한다는 점입니다. 아주 유명한 이야기지만 동영상 공유 플랫폼인 유튜브의 처음 시작은 소개팅 영상 사이트였습니다. 현실에서 연애가 잘 되지 않는 남성들이 자기를 소개하는 영상을 찍어서 올리는 목적의 사이트였죠. 하지만 얼마 지나지 않아 그보다는 사람들이 자유롭게 영상을 찍거나 편집해서 올리는 사이트로 변신하게 되고 오늘날의 유튜브가 됩니다. 연애를 위해 자기를 소개하는 영상 사이트에서 불과 몇 달 만에 동영상 편집 및 공유 사이트가 됐습니다. 데이팅 사이트에 관심있던 고객에서 일반인 모두가 고객이 되는 큰 변화입니다. 스타트업은 이런 변화가 정상입니다. 고객이 어떤 반응을 보여주건 내게 관심을 보여주는 초기 고객에게 맞춰 바뀌어야 합니다. 핀터레스트는 구하기 어려운 사진이나 멋진 사진을 유료로 판매하는 사이트였지만 6개월 동안 파리만 날리는 상황이 반복되자 사진을 무료로 개방하는 대신 기업체가 이 사이트를 통해 제품 광고 등을 할 수 있는 사이트로 변신했고, 초기 전화번호부 역할을 하던 배달의민족은 공급업체들이 배달 라이더를 구하는 데 어려움이 있음을 깨닫고는 배달라이더 서비스를 만들어서 식당들이 라이더를 직접 고용하지 않고도 배달이 가능하게 만들었습니다. 고객들이 가치를 부여할 것이라 생각했던 내용이 아닌 다른 제품이나 서비스에 고객이 더 관심을 보였기 때문에 이에 맞춰 사업을 바꾸거나 기능과 서비스를 추가한 사례죠. 이 정도의 변화가 없는 스타트업은 아예 없다고 보는 게 맞습니다. 초기에 어느 정도 성공한 뒤에도 제품 특성 자체를 완전히 바꾸는 경우도 꽤 많이 일어납니다. 쿠팡이 초기에 생활권 가게들에 대한 할인 쿠폰을 팔다가 100억대 매출로 넘어간 후에는 일반 물품을 판매하는 커머스로 완전히 바뀐 사례는 이런 변화가 흔하다는 점을 잘 보여줍니다. 처음의 고객 가치를 밀고 나가고 싶겠지만, 고객들이 보여주는 피드백에 따라 처음 생각한 가설이 틀렸다면 고객에 맞춰 바꿔야 하며, 이 변화는 때로는 극단적인 수준일 수 있습니다.

C 고객 가치 구체화 아이디어

앞서 이야기했듯 어떤 고객 가치를 떠올리고, 이를 제품과 서비스에 얼마나 녹여내느냐가 그 회사의 경쟁력이 됩니다. 때문에 여기서 정확히 어떤 고객 가치를 떠올려야 여러분의 사업이 성공할 수 있다고 말씀드릴 수는 없습니다. 이 답이야말로 여러분이 직접 떠올려야 하는 것이니까요. 다만 고객 가치를 떠올릴 때 적용해볼 수 있는 몇 가지 방안을 이야기하고자 합니다. 기본적으로는 사업 아이디어를 떠올릴 때와 유사합니다. 다만 사업 아이디어는 큰 시장이나 대략의 니즈 정도를 떠올린 수준이라면 고객 가치는 그보다 훨씬 더 디테일해야 한다는 차이가 있습니다. '라면 시장에 들어가겠다'가 사업 아이디어라면 '차슈 라면을 인스턴트로도 만들어 팔겠다'가 고객 가치 구체화 아이디어인 셈입니다.

가장 손쉬운 고객 가치 창출 방안 첫 번째는 이미 성공한 대기업이나 유명 기업의 사례를 고스란히 가져오는 것으로, '대기업이 만든 매운 라면이 잘 팔리니 나도 매운 라면을 만들겠다'는 식의 접근입니다. 이 경우엔 일차적인 고객 가치는 매운 라면을 먹는 즐거움이겠죠. 다만 이 가치는 기존의 대기업이나 유명 기업이 훨씬 더 잘 구현할 것입니다. 라면 맛도 대기업 제품에 더 익숙할 것이고, 브랜드 인지도는 아예 비교가 불가할 것입니다. 여러분이 같은 매운 맛이지만 완전히 새로운 맛을 만들어낼 수도 있겠죠. 하지만 현실적으로는 이렇게 세상에 없던 맛을 만들 확률은 극히 낮을 겁니다. 제품에서 차별화가 잘 안 될 것이라는 뜻이죠. 이 경우 두 가지 선택을 할 수 있습니다. 하나는 기존 대기업보다 월등히 싸게 만들어 팔아야 합니다. 가격 차별화를 시도하는 것으로, 라면의 경우라면 거의 불가능하겠지만 제품군에 따라서는 가능한 경우도 있겠죠. 실제로 유사한 제품들이 백화점, 마트, 온라인, 재래시장 등 채널에 따라 가격이 다르며 브랜드도 다르다는 걸 잘 아실 겁니다. 이렇게 저가 경쟁을 하게 되면 시장을 혁신하기 어렵고, 투자자들에게 내 사업이 얼마나 매력적인지도 설명하기 어려울 겁니다. 기존 시장 구조를 그대로 받아들여서 거기서 어떻게든 살아 남아보겠다고 주장해야 하는데, 투자자 입장에서 별로 매력적이지 않은 접근이죠.

이 접근에서 또 다른 방법은 기존의 대기업 제품으로는 잘 만족하지 못했던 고객을 찾는 것입니다. 가령 국내에 들어오는 외국인들이 매운 맛을 어려워할 수 있고, 기존 대기업 라면도 잘 모를 테니 이들을 타깃으로 해서 이 시장에서만 1등 하겠다는 전략인 셈입니다. 이 가설로 타깃 고객을 선정하면 제품을 완전히 대량 양산하기 전에 시제품 단계에서 외국인들에게 먹도록 하고 이들의 취향과 니즈를 반영하는 제품으로 발전시켜서 확신이 있을 때 최소 수량만 양산해서 판매를 해보고, 다시 제품을 수정하고 대량 양산을 하는 식으로 사업이 커져가겠죠. 외국인 타깃 전략이 효과적이지 않다면 다시 다른 고객을 찾아야 할 것입니다. 제품의 힌트는 대기업에서 얻었지만, 타깃 고객을 달리하여 경쟁력을 확보하고 사업화하려는 시도입니다. 스타벅스가 출점하면 임대료가 조금 더 낮은 바로 뒤쪽이나 옆쪽 건물에 출점해서 스타벅스의 가격이 부담스럽거나 자리가 없어서 매장을 나오는 고객들을 유인하는 이디야의 고객 가치도 이와 유사한 접근입니다. 보통 일상에서 사용하는 B2C 제품이나 기업에서 범용으로 사용하는 제품군에서 이런 접근을 많이 합니다. 다만 이 접근은 내가 들어가려는 시장 규모를 잘 봐야 합니다. 고객 가치는 분명히 있지만 시장이 너무 작아서 사업적 의미가 약할 수도 있는 접근법입니다.

고객 가치 창출 방안 두 번째는 기존 업체들 또는 기존 고객들이 소비하는 방식 대비 구매 가격이 아닌 거래 비용을 낮춰주는 접근입니다. 거래 비용에 대해서는 앞서 사업 아이디어 얻는 법에서 자세히 설명했습니다. 가령 지금의 배달 앱은 여러 문제가 있지만 특히 1인 가구의 경우 최소 주문 금액도 부담스럽고, 배달료도 매우 높게 느껴집니다. 배달료가 5천 원이라 해도 4인 가구가 5만 원 정도 주문해서 먹을 때와 1만 원도 안되는 식사를 하고 싶은 1인 가구에게는 느낌이 완전히 다르죠. 음식점에 가기 싫거나, 가는 데 시간과 에너지가 많이 투입되어 이 거래 비용을 배달 앱으로 낮추려고 한 것인데, 배달 라이더들에 대한 비용이 증가하면서 고객이 지불해야 할 비용도 다시 올라간 것이죠. 이번엔 시간, 에너지 같은 거래 비용이 아니라 진짜로 돈이 올라간 겁니다. 비용이 올라갔다는 건 이 문제를 해결할 아이디어를 사업화할 수 있는 기반이 생겨났다는 뜻이겠죠. 좀 공상과학스러운 아이디어지만 가령 인접 지역에서 유사한 시간에 유사한 메뉴를 한 음식점에 주문하는 1인 고객들이 여러 명 있다면 시스템이 자동으로 이들을 주문 한 건으로 취급해서 최소 주문 금액이나 라이더 비용을 낮춰주고, 대신 실제 배달은 집 앞 편의점으로 이뤄지는 형태일 수 있겠죠. 라이더는 어차피 한 번 배달하면 되며, 고객들은 약간 귀찮아지는 대신 음식값이나 배달료 부담이 확 낮아지니까요. 최근 AI 관련 개발자와 데이터 전문가가 너무 부족하다 보니 웬만한 기업에서도 AI 프로젝트를 쉽게 수행하지 못합니다. 직원으로 뽑을 사람도 너무 부족하고, 프리랜서들 몸값도 천정부지로 올라가고 있으니까요. 이런 상황이기 때문에 AI 개발의 상당 부분을 자동화해서 필요한 데이터만 확보되면 그에 기반한 AI 프로그램은 자동으로 생성해주는 SaaS 서비스 같은 것들도 새롭게 나오고 있습니다. 이 역시 개발자 구하기가 어렵다는 거래 비용 증대의 이슈를 시스템을 통해 해결해보려 하는 것이죠. 아마도 대부분의 플랫폼이나 커머스, SaaS 형태의 B2B 모델들의 고객 가치가 이 방법에 따라 정해질 것 같습니다. 기존의 제품이 가지는 불편사항이나 단점 등을 개선해서 내놓은 제품/서비스 등도 이 범주에 들어갑니다.

니치 시장의 니즈 충족이나 거래 비용의 절감 이외에 세 번째로 생각해볼 만한 고객 가치는 기존 고객 가치를 뒤집어보는 것입니다. 당연히 세상에 없던 것을 만들라는 뜻이 아니라 기존에 있던 것, 성공한 것, 유명한 것을 뒤집어서 생각해보자는 것이죠. 한 예시로는 지금까지는 거동이 불편한 부모님은 병원 등 외출할 때 혼자 나가시거나, 아니면 자녀가 어떻게든 시간을 쪼개서 부모님을 목적지까지 모셔다드린 후 모시고 와야 했죠. 자녀의 효도 문제로 보는 시각도 있었고, 그 정도는 연로하시더라도 부모가 스스로 해서야 하는 것 아니냐는 시각도 있었지만 최근에 이런 분들을 위해 병원 등으로 외출을 동행해주는 서비스가 나오고 있습니다. 비용은 들어가지만 부모와 자녀 모두 부담감이 낮아질 수 있으니 유사한 형태의 서비스들이 계속 확대되고 있죠. 우리 사회에서 '그래야 하는 것 아니냐'라고 여겨지는 것들을 뒤집어서 생각해보면 새로운 고객 가치가 떠오를 수 있는 것입니다. 물론 이 접근도 자칫 지나치게 작은 니치 시장이 될 수 있으니 조심해야 합니다.

네 번째는 기술 발전의 트렌드를 보고 다음에 올 것을 찾아가는 것입니다. 소수의 엔지니어나 연구팀들에게 적합한 접근법이고, 기술이 막상 별다른 실질적 고객 가치를 생성하지 못하고 주저앉아버려 시장이 사라질 수도 있는 위험도가 크기도 한 접근이지만 상대적으로 투자받기에도 용이하고, 소수 정예의 인력이 모여서 아주 큰 사업을 만들어낼 수도 있습니다.

다섯 번째 고객 가치는 완전히 새로운 것으로, 가장 어렵습니다. 게임이나 웹툰, 영상 같은 멀티미디어부터 텍스트나 음성으로 이뤄진 거의 모든 사업들이 이 범주에 들어가죠. 얼핏 보면 쉬워 보이지만 새로움으로써 인정받는다는 것이 창작자에게는 너무도 어려운 고통이겠죠. 이 접근은 아이디어 자체는 거의 무료이지만, 언제 사업화에 성공할 수 있을지 정말 아무도 모르는 사업입니다. 그럴싸한 성공 사례를 만들어내지 못하는 한 10년이 지나도 외부 투자가 들어오지 않을 수 있는 모 아니면 도 접근이죠. 하지만 혼자서도 할 수 있고, 만약 대박이 나면 차세대 '오징어 게임'이 될 것이기에 그만큼 매력적이기도 합니다.

고객 가치는 그 자체로 기업체의 핵심 경쟁력이자 사업의 본질을 정하고, 고객들에게 확인하는 일입니다. 나와 거래를 할 이유를 고객에게 제시하고 고객의 허락을 받는 일이니까요. 위에서 간단히 언급한 접근법 말고도 무수히 많은 접근법이 존재하고, 무수히 창의적인 아이디어가 필요할 겁니다. 사업을 준비할 때 여러분이 가장 많이, 오랫동안 고민해봐야 하는 비즈니스 모델의 항목이 바로 이것입니다. "고객은 우리 회사와 '왜' 거래를 하는가?, 고객이 우리 회사에 돈을 쓸 것인가?"

Q13

시장을 어떻게 정의해야 매력적이면서도 실현감이 있을까요?

사업 극초기, 아직 제품이 준비되지 않은 상태에서의 타깃 고객이나 고객 가치 등은 모두 가설이라 했습니다. 그렇지만 시장에 진출하려면 제품 개발 비용이 필요하고, 초기 자본금으로 해결할 수도 있겠지만 대부분은 정부지원금이나 외부 투자를 받아야 합니다. 그리고 이런 자금원에게 승인을 받으려면 비록 가설 수준이라고 해도 비즈니스 모델 전체가 하나의 세트로 준비되어 있어야 합니다. 그런데 앞서 설명한 팀의 구성과 고객, 고객 가치 등은 매우 추상적이고, 숫자로 이야기하기 힘든 부분입니다. 팀원들의 역량이나 고객의 특성 등을 이야기로 설명할 수는 있겠지만 이것만으로는 구체적인 예상 실적을 짚어낼 수 없습니다. 경영과 투자에서 중요한 것은 숫자입니다. 구체적인 실적 전망이 있어야 하고, 이를 위해서는 타깃 고객이 우리가 중요하게 생각하는 고객 가치에 돈을 어느 정도 쓸 것인지에 대해 설명해야 합니다. 타깃 고객이 우리가 생각하는 고객 가치에 쓰고 있는 돈 전체를 합쳐서 '시장'이라 부르고, 그 합계 금액을 '시장 규모'라 부릅니다. 여기서부터는 비즈니스 모델에 본격적인 숫자 놀음이 시작됩니다. 결국 비즈니스 모델의 화룡점정은 '이러저러해서 앞으로 얼마의 매출을 올리겠다'라는 한 문장입니다.

    A **시장 정의의 필요성과 다양한 시각에서의 시장 정의 방법**
    B **시장 정의에 따른 시장 규모 측정**
    C **시장 성장성에 대한 전망**

A 시장 정의의 필요성과 다양한 시각에서의 시장 정의 방법

타깃 고객과 고객 가치는 각각 하나의 시장을 형성합니다. 시장이란 서로 구분될 수 있는 특징을 가지며, 금액으로 환산될 수 있는 교환이 일어나는 곳을 말합니다. 실물이 팔리면 자동차 시장, 커피 시장 등으로 불리게 되고, 서비스가 팔리면 교육 시장, 의료 시장 등으로 구분되며, 고객 구분에 따라 20대 여성 생활 용품 시장, 40대 남성 문화 소비 시장 등을 나눠볼 수도 있습니다. 보통은 대표되는 제품이나 서비스의 시장이 있으며 이 시장이 지역, 인구그룹, 소득수준 등 다양한 세부 변수에 따라 작은 시장으로 나뉘게 됩니다. 이렇게만 보면 시장을 정의하는 것은 굉장히 간단해 보이지만 시장 종류에 따라서는 정의 자체가 매우 어려울 수 있습니다.

시장 정의가 필요한 이유는 사업적인 면에서 내가 '해야 할 일'과 '할 수 있는 일'을 구분하기 위한 것입니다. 제품을 처음 만들다 보면 이런 피처도 넣고 싶고 저런 기능도 추가하고 싶어집니다. 내가 할 수 있으니까 제품에도 넣고 싶은 것이죠. 하지만 그러한 특징이 내 타깃 고객이 원하고, 고객 가치를 느낄 조건이 맞는지 명료하게 정리하면서 진행해야 '기능이나 특징은 많은데 막상 별로 내키지 않는' 제품과 서비스를 만들어내는 비극이 생기지 않습니다. 결국 어떤 특징을 가진 시장인지를 정확히 정리해내지 못하면 생기는 문제죠. 더불어 비즈니스 모델을 타인에게 설명해야 할 때 보통 시장의 정의부터 시작하기 마련입니다. 듣는 사람에게 시장 정의를 먼저 설명해야 그다음 설명할 내용들이 일목요연하게 들어오니까요.

시장을 정의할 때는 반드시 세 가지 조건을 충족하면서 정의해야 합니다. 상식적인 수준에서 명확히 받아들일 수 있어야 하고, 정의에 따른 규모를 측정할 수 있어야 하며, 앞서 결정한 타깃 고객 및 고객 가치와 긴밀히 연결된 시장 정의여야 합니다. 몇 가지 예시를 들어 살펴보겠습니다.

가령 여러분이 서울 신촌에 라면집을 차린다고 해보겠습니다. 여러분의 라면은 젊은 세대가 즐길 수 있는 엄청나게 맵지만 독특한 맛이라고 해봅시다. 즉, 여러분의 타깃 고객은 신촌 쪽으로 오는 젊은 세대이고, 고객 가치는 독특한 매운 맛의 경험입니다. 그렇다면 여러분의 시장은 매운 맛의 라면을 좋아하며 신촌 쪽으로 오는 젊은 세대의 음식점 방문입니다. 일단 말로 들었을 때 상식적으로 이해하기 어렵지 않으며, 이 정의는 여러분의 타깃 고객 및 고객 가치와 명확히 연결되어 있습니다. 다만 매운 맛의 라면을 좋아하며 신촌으로 오는 고객들의 규모 추정이 매우 어려울 것 같습니다. 그나마 근처에 있는 라면집에서 라면이 팔리는 개수를 알거나, 혹은 매운맛 짬뽕처럼 대체재 역할을 할 수 있는 다른 식당의 판매량을 알 수 있다면 유사한 규모일 것이라고 추정이라도 해보겠지만, 이들 업체의 판매량을 알 수 없다면 상당히 난감한 일이죠. 당연히 실제로 판매해보면 금방 파악되겠지만, 그것도 내 사업의 매출만 파악되는 것이지, 그러한 수요 자체가 얼마인지는 알 수 없는 일입니다. 비즈니스 모델에 포함시키기 위해서는 반드시 숫자로 나타나야 하니 결국 식당 주변 지역의 유동인구 및 주변 상권 음식점들의 평균적인 고객 수와 주변 지역 객단가 등을 서울시 상권 통계와 관련자 인터뷰 등을 통해 파악해서 시장 규모를 추정해야 할 것입니다.

또 다른 예시를 생각해보죠. 여러분의 회사가 제조업체의 공장 설비에 IoT 센서를 부착, 설비의 생산성 및 장애 발생 예측 등을 실시간으로 알려주는 시스템을 공급하는 일을 한다고 가정해봅시다. 우리나라 제조업체 수는 2019년 기준 약 57만 개 수준입니다. 아주 명확하고 쉬운 정의입니다. 국내 제조업체 57만 개가 타깃이라 할 수 있겠습니다. 하지만 대기업이나 중견 제조업체의 상당수는 스마트팩토리를 한참 추진해왔기 때문에 굳이 새로운 IoT 장치를 설치하지 않더라도 기존에 구축한 설비들이 자체적으로 생산성과 장애 가능성 등에 대한 데이터를 수집 및 전송하고 있습니다. 최근에 설치된 공장들의 경우 생산 운영이 완전히 무인 자동화된 곳들도 많습니다. 이런 곳은 시장에서 배제해야겠죠. 내 IoT 장치 및 관련 시스템을 구매할 이유가 없으니까요. 그렇지만 국내 제조업체들의 99.7%는 중소기업이라 이들을 제외해도 여전히 57만 개 가까이 남습니다. 그런데 이번엔 이 중소기업이 문제가 됩니다. 이들 중에서 IoT 시스템까지 도입해서 공장의 생산성을 조금 더 높이는 것이 사업적 의미가 있을 규모의 업체는 7만 개가 안 됩니다. 나머지 50만 개는 직원 6명에 연간 매출 12억 원이 평균입니다. 이 정도의 영세한 공장에서 사람이 좀 더 일하거나 좀 더 좋은 기계를 사는 편이 낫지, 굳이 생산성 향상을 위해 IoT 시스템을 구매한다는 건 말이 안 되는 소리죠. 그럼 대기업도 아니고, 영세업장도 아닌 7만 개는 시장으로서 가능성이 있을까요? 이 분류에 해당되는 업체들의 평균은 직원 30명에 연간 매출액 77억 원 정도입니다. 영세업체보다 분명 커지기는 했는데 생산을 위해 반드시 필요한 설비도 아닌 IoT 장비에 투자를 할 필요성이 커 보이는 규모는 아닙니다. 77억 원 매출의 제조업체면 그저 평범한 공장 한 곳 정도라서 관리자를 한두 명 더 채용하여 설비를 잘 관리하며 운영할 수 있습니다. 이상의 자료는 통계청에 공식으로 올라와 있는 자료며, 이를 기반으로 기업용 IoT 시스템을 판매하는 업체의 시장을 어떻게 정의해야 할지 파악해봤습니다. 처음에는 멋있게 57만 개 제조업체라고 했지만, 영세업장과 IoT 장치에 고객 가치를 느끼지 못할 업체들을 제외하고 나니 불과 몇천 개 남지 않았습니다. 그리고 이미 자동화된 대기업과 중견기업까지 제외하면 정말 몇백 개 되지 않는 수준입니다. 이렇게 시장을 정의내려 보면 사업의 성공 가능성을 어느 정도 짐작해볼 수 있습니다. 그리고 이것이 시장 정의를 내려보는 근본적인 이유이기도 합니다.

한 가지만 더 추가로 생각해보면 최근 정부가 중소기업들의 공장 생산성 향상을 위해 스마트팩토리 관련 기술과 시스템 도입을 적극적으로 밀어붙이고 있고, 지방자치단체들도 큰 예산을 편성해 산업단지의 자동화 투자를 지원하고 있습니다. IoT를 통한 관리 자동화를 하는 사업체가 만약 단순한 일반 기업체의 구매가 아닌, 정부의 스마트팩토리 사업에 참여한 업체로 해서 돈이 없는 중소기업에도 판매가 가능해진다면 어떨까요? 이 경우 시장 정의는 더 이상 몇백 개 수준의 'IoT 시스템을 통해 생산성을 향상할 필요가 있는 기업'이 아니라, '정부의 스마트팩토리 지원사업의 규모 및 참여 기술 업체에 할당 가능한 금액'이 시장 정의가 될 것입니다. 어쩌면 이 시장의 규모가 더 클 수도 있겠죠. 시장 정의를 내리다 보면 주변 시장들도 들여다보게 되고, 기존 시각이 아닌 다른 시각도 생각해볼 수 있게 됩니다. 일단 떠올리고 생각해낸다면 새로운 성장 기회가 열립니다.

B 시장 정의에 따른 시장 규모 측정

시장 규모는 기본적으로 어떤 산업 내에서 동일한 밸류체인의 위치에 있다고 생각되는 업체들의 매출액을 합산한 금액입니다. 국내 백화점 시장 규모는 2020년 기준 27조 9천억 원 정도라고 합니다. 이 금액은 어떤 식으로 구성된 것일까요? 일단 유통사는 재고를 판매하면 판매액 전체를 매출액으로 잡을 수 있습니다. 백화점 매장에서 판매되는 상당수의 제품들은 백화점의 재고로 취급되며 판매액 전체가 백화점 매출이 됩니다. 반면 임대 매장의 경우 백화점의 판매액을 매출로 잡지 못하고, 판매액 중에 미리 약정되어 있는 비율만큼만 매출로 잡을 수 있습니다. 27조 9천억 원이라는 금액은 크게 볼 때 이 둘을 합친 금액입니다. 즉, '자기 재고 판매액 + 임대 매장으로부터의 임대 매출액'인 것이죠. 판매액 전체를 합친 금액은 보통 취급액이라는 용어를 사용해 별도로 표시합니다. 그러면 백화점에 입점해서 판매하는 업체들의 매출액은 얼마일까요? 분명한 점은 백화점과 입점 업체가 동일한 매출을 잡을 수는 없다는 것입니다. 가령 백화점의 한 매장에서 매출 1억 원이 나왔습니다. 그렇다면 백화점 매출은 1억 원이지만, 그 매장을 운영하는 판매 업체는 1억 원에서 미리 약정되어 있는 마진을 뺀 만큼만 매출로 잡을 수 있습니다. 만약 마진율이 30%라면 7천만 원만 업체 매출로 잡힌다는 뜻입니다. 전국 백화점의 평균 마진율이 만약 70%고, 모든 매출이 백화점 재고로 인식된다고 가정하면 백화점 입점 업체라는 시장은 27조 9천억 원의 70%인 20조 8천억 원이라고 규모를 산정해야 합니다. 반면 지마켓 같은 오픈 마켓에서는 판매액이 고스란히 업체의 판매액입니다. 지마켓은 자기 재고를 운영하지 않기 때문에 판매액을 매출액으로 잡을 수 없습니다. 때문에 지마켓은 취급액은 10조 원을 훌쩍 넘겼지만 회계상의 매출액은 1조 원대를 약간 넘는 수준이었습니다. 이 경우 지마켓이 올리는 매출은 업체들로부터 판매를 진행시켜준 데 대한 비용을 받는 개념입니다. 보통은 판매수수료라고 하죠.

유통 강의도 아니고 조금만 물건을 팔아보면 모두 알 수 있는 이야기를 왜 할까요? 의외로 스타트업 대표 중에서 이런 개념을 모르는 분들이 꽤 있습니다. 생활 용품을 만들겠다는 창업자가 백화점과 편집샵 등에 납품을 해서 매출 10억 원을 올리겠다고 하는데, 가만히 들어보면 백화점에서 소비자에게 판매하는 금액이 10억 원입니다. 이 돈은 백화점과 편집샵의 매출액이지 창업팀의 매출액이 아니죠. 마진 30%에 계약했다면 해당 창업팀의 매출은 7억 원입니다. 회사가 커지면 이런 숫자 계산 실수는 발생하지 않지만, IR 자리 같은 곳에서 이런 기초적인 실수를 하면 이후 사업 계획 전체의 신뢰성이 굉장히 떨어집니다. 마진과 수수료의 의미는 알고 시장 규모를 이야기해야 합니다. 어느 시장이나 이런 식의 계층 구조를 가지고 있습니다. 자신이 들어갈 시장의 일반적 규칙은 당연히 아주 세세한 수준까지 알고 있어야 합니다.

상식적으로 이해 가능하며, 고객 가치와 직접 연결되어 있고, 규모를 측정할 수 있어야 제대로 된 시장 정의라 했습니다. 그럼 이제 규모 측정에 대해 생각해보죠. 시장 규모 측정은 Market Sizing이라 합니다. 말 그대로 시장의 크기가 얼마쯤 되는지 짐작해보는 것입니다.

내가 들어가려는 시장에 대한 명확한 정부 데이터나 조사 기관 데이터가 존재하는 경우, 시장 규모를 가장 쉽게 측정할 수 있습니다. 조사 기관에서 발표하는 전 세계 TV 판매 대수는 2020년 2억13백만 대이며 판매액 기준으로 2,430억 달러입니다. 대략 대당 1천1백 달러를 약간 넘는 판가를 가진 시장입니다. 내가 만약 TV를 제조하겠다 하면 내 시장은 고민할 것도 없이 시장 조사 기관에서 발표한 이런 자료를 사용하면 됩니다. 다만 초기부터 글로벌 전체에 팔 수는 없을 테니 초기 시장으로는 어느 한 나라를 정해서 그 나라 시장을 내 시장으로 보고 접근해야죠. 그런데 가격대가 1100달러 정도지만 매장 등을 돌아보면 2백만 원, 3백만 원짜리 고가 TV와 70~80만 원보다 낮은 저가형으로 양분되는 구조를 볼 수 있습니다. 유명 브랜드 제품과 가격경쟁력을 앞세우는 브랜드로 갈리기 마련이니까요. 내가 TV 제조 판매 스타트업을 만든다고 해도 그 즉시 삼성이나 LG 같은 초거대 브랜드와 경쟁할 수는 없을 겁니다. 그렇다면 아마도 저가형 시장에서 플레이를 해야 되겠죠. 그래서 현실적으로 내 사업은 향후 2~3년간은 지역으로 한국, 판가로는 저가형 시장이 될 것입니다. 이 모든 데이터는 조사 기관 자료를 찾아보면 어렵지 않게 찾을 수 있습니다. 원체 큰 시장이고, 판매량 같은 정보들이 투명하게 공개되는 시장이다 보니 규모 추정이 어렵지 않죠.

시장 규모와 관련해서 스타트업 업계에서 많이 통용되는 표현이 있습니다. 바로 TAM-SAM-SOM입니다.

TAM은 Total Addressable Market의 약자로, 전체 시장 규모를 의미합니다. 전체 시장은 어디까지나 내가 관심 있어 하는 고객 가치와 직접적으로 연관된 시장 전체라는 뜻입니다. 가령 우리나라 B2C 업체에게 아무 맥락 없이 전체 시장이라고 하면 200조 원이 넘는 우리나라 전체 소매시장을 의미하겠죠. 그런데 이렇게 큰 시장 정의나 규모는 거의 아무런 의미가 없습니다. 내가 동네에서 슈퍼마켓 하나 하려는데 국내 소매 시장 전체가 무슨 의미가 있겠어요? 그래서 TAM은 통상적으로 내가 추구하는 고객 가치와 연결된 최대 시장이라는 뜻으로 쓰입니다. 웹소설 플랫폼을 만든다고 할 때 TAM은 텍스트 기반의 문학을 다루는 온라인 시장 전체 정도의 규모가 될 것입니다. 블로그나 브런치처럼 무료로 서비스되는 곳들은 시장에서 제외하고, 유료로 서비스하고 있는 플랫폼들과 e-book 시장의 매출액과 사용자 규모를 합친 정도가 되겠죠. TAM에서는 내가 추구하는 고객 가치와 직접 연결이라는 점이 매우 중요합니다. 이런 연결고리가 보이지 않는데 무조건 큰 시장이라고 숫자를 가져오면 보는 사람 입장에서 창업자에 대한 신뢰를 확 떨어뜨립니다. 이야기한 것처럼 동네 슈퍼를 운영할 사람이 국내 소매 시장 전체를 이야기한다면 듣는 사람 입장에서 도저히 이해하기 힘들겠지요.

SAM은 Service Available Market의 약어로 스타트업의 사업이 안정화될 경우 2~3년 내로 경쟁에 들어갈 수 있는 시장을 의미합니다. 식당 프랜차이즈를 꿈꾸며 서울에서 첫 매장을 성공시킨다면 SAM은 서울의 식당 프랜차이즈 시장이 될 것이고, 핸드폰용 게임을 만든다면 국내 시장 정도가 SAM에 해당되겠지요. 노약자 대상 외출 동행 서비스를 만든다면 글로벌 진출 가능성은 낮다고 봐야 하기에 TAM은 국내 노약자 시장 전체, SAM은 특정 시나 도 지역이 될 것입니다.

마지막은 SOM입니다. Service Obtainable Market입니다. 생존시장 또는 수익시장이라고도 부릅니다. 초기 스타트업이 생존을 담보할 수 있는 최소 규모의 시장입니다. 스타트업의 기본적인 전략이 대기업이나 경쟁사가 적은 시장을 골라 해당 니치 시장에서 압도적인 존재감을 갖추고, 이를 기반으로 큰 시장에 나아가서 다른 기업과 경쟁하는 것입니다. 사업 초기에는 극심한 경쟁을 피해 서비스의 품질도 높여야 하고, 고객들에 대한 이해도도 높여야 하죠. 때문에 처음부터 너무 큰 시장보다는 내 제품에 적극 호응해주는 소수의 고객에 집중하도록 해야 맞는 전략입니다. 바로 이때 접근하는 시장이 SOM이죠. 제품 출시 초기부터 스케일업을 하기 전 단계까지 플레이하는 시장이라 보면 됩니다. 캐주얼 게임을 만든다면 국내의 안드로이드 10~20대 여성 고객 시장이 SOM이 될 것이고, SAM은 전 연령대 및 아이폰 유저, TAM은 글로벌 출시일 테죠. 라면집을 한다면 SOM은 동네 상권, SAM은 서울 정도의 프랜차이즈, TAM은 전국 프랜차이즈 정도일 것입니다.

　이 분류 방식은 매우 유용하지만 몇 가지 주의할 점이 있습니다. 일단 SOM이 너무 작으면 안 됩니다. 가령 내가 뜨개질에 관심이 있어서 뜨개질 강의와 실을 제외한 뜨개질 용품 커머스를 할 생각이라 해보죠. 정확한 통계가 나온 것은 없지만 전국의 문화 센터 및 생활용품 판매 업체의 관련 매출 등으로 추정해볼 때 SOM은 아무리 크게 잡아도 연간 10억 원이 나오지 않는 시장입니다. 뜨개질에서 시작해서 자수, 퀼트 등으로 넓힌다고 해도 역시 20억 원대 수준이겠죠. 한 업체의 매출이 아니고 관련 시장 전체의 규모가 이 정도면 업체 매출액은 아무리 잘해도 몇억 원 수준에서 더 이상 성장하지 못할 것이라는 점을 알 수 있습니다. 이 규모로는 도저히 외부 투자가 들어오지 않습니다. 그저 자영업으로 지내야 하는 것이죠. 때문에 내가 생각하는 아이디어, 고객, 고객 가치와 직접적으로 연결된 SOM은 최소한 백억 단위 이상은 나와줘야 자영업이 아닌 스타트업 단계로 넘어갈 수 있습니다. 100억짜리 시장일 경우 스타트업을 굉장히 잘 운영하면 시장점유율 20~30%로 매출이 30억 원 정도가 될 수 있고, 이 정도면 웬만한 산업에서 다음 단계로 성장하기 위한 투자 및 인력 확보를 어느 정도는 해볼 수 있는 규모가 되기 때문입니다. 만약 도저히 내 아이디어로는 SOM이 수십억 원이 안 된다면 어떻게 해야 할까요? 이 경우라면 선택을 해야 합니다. 외부 투자 등은 없는 자영업 모델을 택하거나, 아니면 아이디어와 제품 특성을 바꿔야 합니다.

　TAM의 경우 최대 시장을 의미하지만 너무 허황된 시장 규모는 이야기하지 않는 것이 좋습니다. 꽤 많은 창업자 분들이 투자자 등에게 제출하는 사업계획서에 TAM을 글로벌 시장을 표시해 놓습니다. 보통 몇십조 원이 나오니 굉장히 커서 매력적으로 보입니다. 온라인 커머스를 하겠다고 하면서 TAM은 글로벌 커머스 시장, 경쟁사로 아마존을 표시하시니까요. 숫자는 멋지지만 이 정도 숫자를 보면 대표자의 신뢰성에서 점수가 깎입니다. 이유는 간단합니다. TAM이 전체 시장을 의미한다고 했지만 5년 정도 이후에는 들어가서 의미 있는 시장 점유율을 먹을 수 있다는 전제가 깔려 있는 전체 시장입니다. 국내 이커머스 업체 중에서 글로벌 수준에서 의미 있는 거래액을 만들고 있는 업체는 쿠팡 정도입니다. 그것도 세계 수준의 업체들에 비하면 굉장히 낮은 순위로 말이죠. 아마존은 우리 돈으로 연간 400조 원을 넘게 팔고 있고, 중국 1위인 알리바바도 150조 원에 육박합니다. 국내 1위인 쿠팡은 14조 원 정도입니다. 국내 시장에서 매출액 기준 7년 이상 1위를 점하고 있는 이커머스 업체인 쿠팡도 매출이 14조 원이라면 이들 업체와 신생 스타트업이 비교를 하는 게 지금 단계에서 의미가 있을까요? 그런데 신생 업체가 TAM으로 글로벌 이커머스를 이야기하면 굉장히 허황된 숫자로 보이지 않을까요? TAM-SAM-SOM이라는 분류 기준으로 시장 규모를 이야기하는 것은 좋지만 내가 들어가서 경쟁할 수 있는 시장이 어디까지인지에 대해서는 고민이 많이 필요합니다.

SOM은 최소한 100억 원 이상의 규모가 나와야 하고, 아니라면 내 아이디어와 고객, 고객 가치를 재정립해야 합니다. 혹은 자영업으로 해야 하고요. TAM은 반대로 현실성이 있는 전체 시장을 이야기해야 합니다.

시장 규모를 추정하는 방법은 보통 각종 거시 통계나 시장조사기관, 미디어 발표 자료 등을 기반으로 산업 전체의 시장 크기에서 내가 들어가 플레이를 할 세부 시장의 규모를 발라내는 Top-down 방식으로 TAM-SAM-SOM을 구분하는 것이 일반적입니다. 다만 이런 규모 추정이 안 되는 경우엔 내 고객이 얼마나 될 것인지를 추정하고, 동시에 목표 시장 점유율을 정해 이에 기반해서 SOM을 구한 후 이를 포괄하는 시장 규모를 하나씩 추정하는 방법이 있습니다. 보통 Bottom-up 방식이라 합니다. 신촌의 매운 라면집을 예시로 간략히 살펴보죠. 내가 만들 라면집이 테이블 5개로 20명이 들어올 수 있고, 점심에 2사이클을 돌릴 수 있다면 내 점심시간 고객은 최대 40명입니다. 신촌 지역에서 점심시간에 장사를 하는 면류 식당을 조사해 봤더니 50개였습니다. 그럼 하루 2천 명이 면류 고객입니다. 더불어 식사를 판매하는 모든 가게를 조사해보니 300개였다면 하루 동안의 신촌 지역 점심 식사 인구는 12,000명이죠. 이들은 각각 SOM-SAM-TAM이 될 수 있습니다. 처음엔 내 가게를 가득 채우고, 이후 주변 면류 업체들을 인수해서 내 가게로 바꾸고, 다시 신촌 지역을 기반으로 대형 매운 라면 프랜차이즈를 만들어내겠다는 생각에 맞춰 시장 규모를 확인 가능한 것이죠. 이 방법이 Bottom-up입니다. 보통은 Top-down과 Bottom-up 두 가지 방법을 모두 사용해서 교차 검증을 합니다. 시장 규모 추정은 많이 할수록 정교해지고 설득력이 높아집니다. 대기업들이 괜히 매년 사업계획 세울 때 시장 조사를 몇 달씩 진행하는 것이 아닙니다. 여러분도 사업계획서에 넣은 숫자를 발표 때마다 단순히 복사/붙여넣기 하기보단 주기적으로 점검을 하는 습관을 들이면 좋습니다. 대표자가 시장 규모에 대해 똑 부러지게 설명하는 것만으로도 투자자 미팅에서 절반은 먹고 들어갑니다.

C 시장 성장성에 대한 전망

시장 규모까지는 그래도 여기저기 조사 자료도 많고, 안 되면 전문가 인터뷰를 하거나 간단한 고객 조사를 통해서 추정을 해볼 수 있는 여지도 많습니다. 처음엔 잘 안 되지만 지원사업 신청이나 투자자 미팅 등을 반복하다 보면 굉장히 빨리 정교해질 수도 있습니다. 그런데 이 시장이 과연 내년 이후에 어떻게 될 것인지에 대한 이야기는 많이 다릅니다. 솔직히 말해서 어떻게 해도 정답이 없는 문제이기도 합니다.

통상적으로 SOM조차도, 갓 출발한 스타트업에게는 매우 큰 시장이어서 SOM의 성장률을 깊게 고민하는 경우는 별로 없습니다. 어차피 스타트업이 성공하려면 제품 출시 후 3년 전후에는 이미 SOM의 규모가 너무 작아져서 SAM, TAM으로 나아가야 합니다. 때문에 성장률을 고민할 때는 주로 SAM 단위 정도에서 고민하는 것이 가장 좋습니다. TAM은 웬만한 제품/서비스에서 수천억 원대를 넘는 경우가 많기 때문에 성장성이라 해봐야 대부분은 국내 GDP 성장률 정도 수준밖에 이뤄지지 않습니다. 물론 메타버스, AI, 디지털 치료제 같은 분야들은 굉장히 빠른 속도로 성장할 것이라는 공감대가 높은 분야들이죠. 대신 이렇게 핫한 분야들에 대한 전체 및 주요 시장 성장성은 대형 시장 조사 기관들에서 앞다투어 전망들을 내놓기 때문에 이들 기관들의 발표를 참조하는 것으로 충분합니다. 거듭 이야기하는 것처럼 초기 스타트업이 TAM 정도 규모의 시장의 성장성에 대해 과도하게 언급하는 것은 현실성이 없게 들리고, 대표자가 시장을 잘 몰라서 무조건 좋은 소리만 하나 보다 싶기 때문에 권장하지 않습니다.

SAM의 성장성에 대한 자료를 찾아내서 설명하는 것보다 더 편리한 방법으로, 아예 지금 하려는 사업에 대해 '아직 시장 지배적 사업자는 없지만, 나와 유사한 초기 스타트업이 매우 많이 몰려들고 있으며, 그중 일부는 벤처캐피탈의 투자를 받았다'라고 설명하는 쪽이 시장 성장성을 설득하는 데 훨씬 도움이 됩니다. 경쟁 스타트업이 늘어나는 것이 어떻게 도움이 될까 의문일 수도 있겠지만, '우리는 워낙 독창적이라서 경쟁사가 없다'라는 말보다 백만 배 좋은 말입니다. 시장에 진입하기 전에 창업자 머릿속에서 '이렇게 좋아 보이는 시장인데 사람들이 바보인가 봐, 아무도 안 들어왔어!'라는 생각이 지나가면 그 시장은 정말 가망성이 아예 없거나, 이미 다른 경쟁자가 수도 없이 망하고 나갔다는 뜻입니다. 예전에 백종원 씨가 '골목식당' 프로그램에서 망한 음식점 자리에 얼마 있지 않다가 다시 똑같은 음식을 취급하는 음식점이 다시 들어오는 일이 흔하다고 했습니다. 자영업 창업자들이 시장 조사를 정말 안 한다는 뜻으로 한 말인데, 자영업에만 해당되는 이야기가 아닙니다. 로또 확률로 정말 세상에 없던 사업 기회를 찾아낸 것이라면 여러분 사업체는 금방 유니콘이 되겠죠. 현실적으로는 내 눈에 보인 사업 기회가 진짜라면 다른 사람들 눈에도 보여야 합니다. 그래서 올망졸망한 경쟁사들이 많은 것이 훨씬 더 현실적이며, 동시에 산업 내 많은 사람들이 지금 그 사업 기회가 충분히 매력적이라고 본다는 뜻입니다. 시장성을 설명해야 하는 상황이니 당연히 경쟁사가 많은 쪽이 도움이 많이 됩니다. 다만 이미 시장의 30~40% 이상을 장악하고 있는 대기업이 있다면 이는 이야기가 많이 다르죠. 들어가면 안 되는 시장이라는 뜻입니다. 가장 이상적인 최고의 진입 시기는 아직 시장 점유율이 채 5%가 안 된 때입니다. 그리고 벤처캐피탈의 투자를 받은 업체가 있다는 것은 시장의 성장성에 대해 투자자들도 동의하고 있다는 뜻이니 이 역시 지원사업의 심사자나 투자회사의 심사역을 설득하는 데 도움이 됩니다. 투자 산업에서 볼 때도 컨센서스 consensus 가 있다는 뜻이니까요.

시장 조사 기관이나 전문가 인터뷰, 미디어 발표 자료, 중기부 등 정부 기관, 외국 전문가의 발표 자료 등 어떤 자료를 사용하든 SOM 차원이 아닌 SAM 또는 TAM 차원에서 성장 중인 시장이라는 메시지는 비즈니스 모델의 시장 규모 및 성장성에서 꼭 필요합니다. 다만 너무 과대포장하는 것은 지양하기 바랍니다. 객관적으로 증빙 가능한 자료에서 시장이 수천억 원대를 넘어간다면 경제성장률보다 5% 정도만 더 높아도 매우 빠르게 성장하는 시장이며, 수백억 원대 시장이라면 최소 연평균 10% 중반 정도의 성장 속도는 나와줘야 매력적으로 보입니다.

Q 14

타깃 시장이 너무 작거나 도무지 사이즈를 추정할 수 없다면 어떻게 해야 할까요?

직접적인 초기 진출 시장의 규모가 아무리 못 나와도 연간 매출이 100억은 되어야 합니다. 그리고 관련 최대 규모 시장은 최소 수백억 원대여야 하는데, 이 경우엔 성장 속도가 빠르게 늘어날 것이라는 전망이 함께 있어야 합니다.

그런데 나와 팀원의 역량, 초기 자본금의 크기, 혹은 주된 관심사의 시장 규모를 아무리 따져봐도 연간 몇억 원도 안 될 것 같다면 어떻게 해야 할까요? 그렇다고 외부 지원 같은 것 없이 자영업으로만 만족하기엔 싫다면 말이죠. 혹은 시장 사이즈를 도무지 예측할 수가 없다면 어떨까요? 이렇게 너무 작거나 불분명한 상황에서의 외부 설득 방법에 대해 생각해보겠습니다.

A **시장 규모와 투자 규모의 상호 관계**
B **사이즈를 측정할 수 없는 시장이라면?**

A 시장 규모와 투자 규모의 상호 관계

관련 연구 데이터를 가지고 있지 않지만 상식적으로 생각해볼 때 투자자들의 투자 규모는 진입하는 시장의 규모와 정비례 관계일 것 같습니다. 연간 1억 매출이 나오는 시장에 1억 원을 투자하는 건 말이 안 되며, 100조 원 시장인데 역시 1억 원 투자하는 것도 말이 안 되니까요. 그래서 대략적으로 계산해봤으면 합니다. 내가 외부 투자에 대해 기대하는 규모가 있다면 시장 크기의 최소

규모가 어떻게 될지 추론해보자는 이야기입니다. 내가 이야기하는 시장 규모가 사업 초기에 얼마만큼의 투자를 이끌어낼 수 있을지를 추정하다 보면 비즈니스 모델 전반의 사업성을 높이는 단초가 될 수도 있으니까요.

통상적인 벤처캐피탈에서 10배 이상의 수익을 남기는 투자 건은 10%가 안 된다고 합니다. 이 말은 가능성이 높은 딜의 경우 10억 원을 투자한다면 그 기업이 5~7년 정도 뒤에는 100억 원 이상으로 돌아와야 한다는 뜻입니다. 기업 가치가 10배 이상은 올라줘야 한다는 것이죠. 물론 전체 투자 중 절반 이상은 투자 손실이 생겨나는 곳이 벤처캐피탈이다 보니 실제 모든 투자에서 저런 수익을 올린다는 뜻은 아니고, 스타트업에 매번 투자할 때마다 10배 이상 수익화가 가능한지를 고민하면서 투자한다는 뜻입니다. 즉, 창업자는 외부 투자자에게 최소 10배 이상 돌려줄 수 있다는 것을 확신시켜야 투자를 받을 수 있다는 거죠.

만약 Series A 투자로 10억 원을 받았다고 합시다. 대부분의 벤처캐피탈이 초기 투자로 지분 10% 이상을 가져가지는 않으려고 하니 이 경우 합의된 기업 가치는 100억 원입니다 10%=10억, 100%=100억. 그리고 5~7년 뒤에는 최소한 기업 가치가 천억 원은 넘어가줘야 합니다. 그런데 기업 가치와 순이익 간의 평균적인 관계를 생각해보면 국내 스타트업이 1천억 원의 기업 가치 평가를 받으려면 적어도 한 해 순이익을 20억 원 정도 벌면서 높은 성장 가능성을 유지해야 합니다. 우리나라 2천 곳 기업의 평균 순이익률이 4% 정도이므로 이에 맞춰 역산해보면 순이익 20억 원을 벌기 위해서는 이 스타트업은 500억 원 정도의 연매출을 올려야 합니다. 이 말은 결국 7년 정도 기간 내에 5백억 원 매출에 순이익 20억 원 정도를 벌어들일 가능성을 여러분 기업이 보여줘야 투자자들이 기업 가치 100억으로 해서 10억 원의 투자금을 넣어줄 수 있다는 뜻입니다.

그런데 매출액 500억 원이 나오는데 순이익률이 4% 정도라면 시장 지배적 사업자라 할 수는 없습니다. 가령 여러분 회사의 시장 점유율이 30% 정도 된다고 하면 독점 기업은 되지 못하더라도 과점 기업은 충분히 될 수 있고, 수익률을 높이기 위해 시장의 구조를 변화시킬 만한 힘이 있다는 뜻도 됩니다. 우리나라 통신 3사의 시장점유율은 SK텔레콤, KT, LG유플러스 순으로 대략 45%, 32%, 24% 정도입니다. 이를 보면 30%가 어느 정도 시장 지배력인지 감이 오죠. 그렇다면 이를 역산하면 전체 시장 규모는 최소한 1,600억 원 정도는 되어야 합니다. 그렇지만 과점 기업들은 이익률 4%보다는 조금 더 높은 이익을 구현할 수 있습니다. 즉, 시장이 적어도 2천억 원, 3천억 원 정도는 되어서 다른 경쟁사들도 많다 보니 이익이 줄어서 4%라는 것이 맞는 해석일 것입니다.

굉장히 복잡한 이야기라 다소 혼란스러울 수도 있을 것 같습니다. 요약하자면 다음과 같습니다. 만약 여러분의 스타트업이 벤처캐피탈에게 10억을 시리즈 A로 투자받았다는 말은 여러분의 기업이 5~7년 뒤 매출 500억 원, 순이익 20억 원 정도를 벌 것이라는 기대로 투자했다는 뜻이고, 이렇게 하려면 시장 규모가 적어도 2~3천억 원은 되어야 한다는 뜻입니다. 물론 현실에서는 모든 투자에 대해 10배씩 기대하며 투자하는 것은 아니고, 많은 스타트업이 손익분기점을 돌파하면 순이익률이 평균보다 높게 나타나는 경우가 많기 때문에 목표 매출액도 이보다는 낮아야 하고, 따라서 시장 크기도 1~2천억 원 수준이면 충분할 것입니다.

이렇게 계산해본 이유는 아주 간단합니다. 여러분이 측정하는 시장 규모, 특히 TAM의 시장 규모가 아무리 이런저런 조건을 고려하더라도 지금 당장 그 규모가 1천억 원 이상이거나 아니면 지금은 규모가 작지만 5~7년 뒤쯤에는 2~3천억 원 이상의 규모로 성장할 잠재력이 있다고 예상되어야, Series A 투자로 10억 원을 벤처캐피탈로부터 받을 수 있는 기회가 생긴다는 것을 보여드리기 위함입니다. 왜 SOM의 규모가 100억 원은 넘어야 외부인들이 관심을 보인다고 했는지 이해할 수 있으리라 생각합니다.

시장 규모는 무조건 일정 수준 이상이어야 합니다. 극초기 정부지원금이나 시드 투자 정도까지는 시장 규모가 작은 곳에서도 가능하지만 그 이후의 투자 유입은 불가능해집니다. 만약 내가 준비하고 있는 사업의 규모를 아무리 계산해봐도 이 정도 규모가 나오지 않는다 혹은 성장 잠재력이 그만큼은 되지 못할 것 같다면 비즈니스 모델을 바꿔야 합니다.

모델을 바꾸기는 정말 싫은데 투자는 받아야겠다고 생각할 경우 마지막 방법은 정부지원금과 시드 등의 최소 자금만으로 내 사업의 성장 가능성은 충분히 높다는 것을 실적으로 증빙해야 합니다. '저 회사에 투자하면 확실한 실적으로 증명한다'는 것이 확인되면 시장 규모가 얼마로 계산되건 상관없이 외부 투자자가 나타납니다.

B 사이즈를 측정할 수 없는 시장이라면?

사업 아이디어를 떠올리다 보면, 도무지 시장 정의도 안 되고 시장 크기도 짐작되지 않는 제품이나 서비스도 종종 있습니다. 가령 페이스북은 처음에 대학교 기숙사 친구들끼리 소식을 공유하는 서비스였는데 이 경우 사실 사용자가 얼마나 확보될지 아무도 모르죠. 혹은 야놀자 같은 플랫폼, 게임이나 AR 콘텐츠 등도 예측이 불가합니다. SNS 전체 사용자나 전국 모텔 수, 게임 산업의 매출액 등의 관련 자료는 쉽게 찾을 수 있겠지만, 그렇다고 해도 막상 해당 사업과 직접 연관있는 시장이 얼마나 될지는 알 수 없습니다. 쉽게 말해 TAM은 나오지만 막상 SOM을 특정할 수 없는 상황이라는 겁니다. 그리고 어떤 경우에는 TAM조차도 SOM과 어떻게 연결되는지 논리적으로 잘 설명되지 않습니다. 가령 기업용으로 인터넷 브라우저에 사용하는 데이터 정리 및 협업을 도와주는 플러그인을 개발하는 소프트웨어라 하면 이 제품의 SOM은 어떻게 되고, 이와 명확한 연관성을 가진 TAM은 무엇일까요? B2B 소프트웨어 전체는 연관성이 떨어지고, B2B 협업 툴이라 하기에도 기능 및 목적이 달라서 이 역시 TAM으로 설정하기 적절치 않습니다.

이런 성격의 아이디어가 있을 때 투자자 미팅을 위해 시장 규모를 추정하는 방법은 시장 규모보다 실적 확보 가능성에 집중하는 것입니다.

정부지원사업이나 투자 심사역들이 시장 규모를 들여다보는 근본적인 이유는 규모가 있고 성장이 빠른 시장에 있을 때 해당 기업체의 실적이 잘 나올 확률이 높기 때문입니다. 즉, 시장 자체를 들여다보려는 목적이 아니라 기업체의 실적이 잘 나올지를 판단하기 위해서입니다. 때문에 시장 규모가 도저히 계산되지 않는 상황이라면 억지로 시장을 정의하거나 규모를 추정하기보다 일단 실적을 만들어서 보여주고 이 실적에 기반해서 투자자를 설득하면 됩니다.

그런데 실적을 만들 돈이 필요해서 투자자를 설득하려는 건데 설득을 하려면 실적을 만들어오라니, 신입으로 지원하려는데 경력 없는 신입은 안 뽑는다는 기업 채용처럼 들리는 말입니다. 스타트업의 사업은 강도가 조금씩 강해지는 피드백의 과정이라 이해하는 게 좋고, 완성형의 제품을 맨 처음부터 제대로 만들어서 내놓는 것이 아니라, 내가 증명하려는 고객 가치를 담고 있지만 가장 저렴한 제품을 만들어서 팔고, 이에 대한 고객의 피드백과 실적에 기반해서 투자를 받고, 다시 제품을 보강해서 좀 더 큰 시장에 팔고, 다시 투자를 더 받아서 제품을 더 보강하고, 더 큰 시장에 나가기를 반복하다가 자기 매출만으로 필요한 자금 소요를 감당할 수 있게 되면 성숙 기업이 되는 것입니다.

때문에 시장을 정의하거나 시장 규모를 추정하기 굉장히 어렵다면 초기 자본금 및 사업계획을 아주 세세하게 따지지 않는 작은 규모의 정부지원사업들을 통해 MVP를 만들고, 이를 통해 얼마되지 않는 초기 고객이라도 모아서 이 실적으로 시드 투자를 받고 다시 실적을 더 만들고, 이렇게 해서 실적이 커지면 투자자와 미팅해야 합니다.

이렇게 실적을 만드는 것과는 별개로 벤치마킹이나 경쟁사의 정보를 기반으로 사업 가능성을 보여주는 것도 한 방법입니다. 얼마전에 한 온-오프 연계형 여성 커리어 커뮤니티 한곳이 마켓컬리에 매각되었습니다. 커뮤니티 서비스는 참여자가 얼마나 나올지, 얼마나 활성화될지 사실 예측하기 매우 어렵죠. 사업 실적도 그렇고 시장 수요도 분명 있을 것 같기는 한데 얼마인지는 모르겠는 것이죠. 그런데 이 커뮤니티는 사업을 시작하고 얼마 있지 않아서 외부 투자를 27억 원까지 받은 것으로 알려져 있습니다. 창업팀원들의 백그라운드가 매우 화려하다는 이유도 있지만, 그보다는 이미 시장에 이와 유사한 서비스로 트레바리라는 성공 사례가 있었기 때문이라고도 보입니다. 즉, 시장 전체 수요 규모도 알기 어렵고, 해당 사업이 앞으로 올릴 실적도 불투명하지만, 유사했던 성공 사례가 있다면 '우리 팀도 과거 성공 사례처럼 할 수 있다'는 논리로 설득해도 됩니다.

시장을 정의하기 어렵고 규모 추정도 힘들다 해도 '내 사업의 사업성을 설득'하는 것에 집중해야 합니다. 정공법은 시장을 명확히 정의하고 시장 규모와 성장성을 하나씩 정리해서 전달하는 것이지만, 유사 성공 사례를 가져올 수도 있고, 혹은 경쟁 가능성이 높은 선발 주자의 사례 이야기를 해도 되고, 팀의 백그라운드만 가지고 설득을 시도해볼 수도 있습니다. 물론 이것들보다 더 좋은 것은 거듭 말하지만 실적입니다. 작은 실적이라고 기죽지 않고 사업성이 있음을 숫자로 증명하며, 한 단계씩 작지만 소중한 투자를 받아 나가도 됩니다.

Q15

처음부터 글로벌 시장 진출을
고려해야 하는 경우가 있나요?
글로벌 시장 진출 계획은
어떻게 세우나요?

글로벌 시장에 진출하고 싶지 않은 기업은 없을 겁니다. 우리나라는 제조업, 콘텐츠 분야, B2B 영역, Deep Tech 등에서는 규모가 꽤 작은 편입니다. 더불어 인종, 기후, 소득격차, 교육 등 여러 측면에서 소비자층의 균질성이 높은 나라라서 고객 세그먼트별 특성이 크게 다르지 않다 보니 니치 고객을 발굴하려 해도 별로 없는 경우도 많습니다. 이래저래 스타트업 입장에서 글로벌 진출을 고려하지 않을 수는 없는데, 결론부터 이야기하자면 초기 스타트업의 비즈니스 모델을 생각할 때는 글로벌 진출은 부수적인 모델로 생각하는 것이 좋습니다. 소수의 비즈니스 모델을 제외하면 글로벌 진출은 국내에서 실적이 어느 정도 생긴 다음에 고민할 문제이므로 정부지원사업 중 글로벌 진출 계획을 처음부터 요구하는 몇몇 프로그램을 제외하면 당장의 고민거리는 아닙니다. 다만 몇몇 영역은 그래도 어느 정도의 준비는 필요하니 간단히 이야기하겠습니다.

A **처음부터 글로벌 시장을 염두 해야 하는 비즈니스 모델**
B **내수 시장에서 승부를 봐야 하는 비즈니스 모델**
C **글로벌 진출을 위한 추가적인 고려 사항**

A 처음부터 글로벌 시장을 염두 해야 하는 비즈니스 모델

비즈니스 모델을 만드는 초기부터 글로벌 진출을 염두에 둬야 하는 사업들이 있습니다. 국내 시장만으로는 사업성을 갖기에 제약이 크거나 시장 크기가 명확하게 문제가 되는 모델, 처음부터 해외와 국내가 연결되는 모델, 그리고 해외 진출에 대한 제약 사항이 없어서 애초부터 글로벌 스케일로 시장 진입을 준비해야 하는 모델 등입니다.

우선 국내 시장만으로는 사업성이 나오지 않거나 규제 등으로 확대가 어려운 경우, 그리고 시장 크기가 너무 작은 경우입니다. 주로 Deep Tech, 모빌리티, 그리고 SaaS 같은 B2B 솔루션 분야 등이 이에 해당됩니다. 초기 설비 투자가 상당히 이뤄져야 하는 제조업이라면 이들 역시도 해당됩니다.

국내와 해외 인력이 함께 만들어진 스타트업 중에서 치아 크라운 기공 관련 분야를 AI와 3D 프린터 기술을 이용해 자동화하려는 팀이 있습니다. 기존에는 치기공사들이 CAD라는 프로그램을 이용해 디자인 후 수작업을 하는 분야인데 이 업무들의 효율성을 높이고, 부가가치가 낮은 업무들을 시스템으로 빠르게 해결하려 하는 아이디어를 가지고 있습니다. 고객 입장에서는 크라운 가격이 낮아질 수 있고, 치과와 치기공사 입장에서는 원가 및 투입 시간이 절감되는 효과가 있습니다. 국내 시장도 큰 편이지만 치아 크라운 관련 시장은 인구와 가격 구조 등의 면에서 미국 시장이 월등히 큽니다. 치기공사들의 역량도 우리나라보다 떨어지는데 가격은 더 비싸게 형성되어 있어서 관련 스타트업에게는 매우 매력적인 시장입니다. 국내에서만 진행하게 되면 사업성이 나타나기 위해서는 매우 많은 치과 및 치기공소와 거래를 해야만 하는데, 시장 점유율을 국내에서만 높이려고 하는 노력과 비용으로 미국 시장에서 치과들을 공략하는 편이 훨씬 투자 효율성이 높은 것이죠. 이런 비즈니스 모델의 경우 미국에 진출할 수 있는 교두보만 확보할 수 있다면 처음부터 글로벌 모델을 염두에 두고 해외 투자자도 물색해야 합니다. 국내의 대형 액셀러레이터나 벤처캐피탈 중에서 해외 투자자와 바로 연결해줄 수 있는 팀들도 있으니 팀의 역량만 확보된다면 굳이 좁은 국내 시장에서 힘겹게 시장을 개척해야 할 필요가 없습니다.

유사한 사례로 영유아의 모습을 촬영한 영상을 AI가 분석해서 발달에 필요한 여러 교육과 훈련들을 맞춤형으로 제공하는 디지털 치료제 개발 아이디어도 있는데, 디지털 치료제 포함 원격 진단 및 의료 행위에 대한 아주 명확한 가이드라인이 나와 있지 않은 상태이므로 국내 식약처건 미국 FDA건 관련 임상을 통한 승인을 받는 절차를 거쳐야 사업이 진행될 수 있을 것으로 보입니다. 국내 영유아 시장의 규모가 너무 적고, 디지털 치료제라는 제품의 특성상 임상 결과에 대한 승인만 확보되면 국가에 따른 제약이 상대적으로 크지 않은 분야이기 때문에 1차적으로는 국내 식약처 승인을 위한 임상을 진행하되, 국내 승인 즉시 미국이나 유럽에서의 임상 절차도 준비를 해야 할 겁니다. 해외 시장에 바로 나가야 하기 때문이죠. 국내에서는 신생아가 한 해에 30만 명 미만 정도만 태어나고 있으니까요. 이런 경우 국내 승인 과정에 집중하되 해외 승인 절차도 비즈니스 모델 단계부터 고려해야 합니다. 그리고 관련된 분석 도구와 디지털 치료제 특허 같은 것들은 임상 결과와 무관한 경우엔 역시 기술이 준비되는 즉시 해외 주요국에 신청해 놓을 필요가 있겠죠.

이와 유사한 형태들이 컴퓨터 비전이나 디지털 트윈 및 차세대 배터리 기술, 주문형 반도체 설계 등 글로벌 스케일의 부품 및 반도체 R&D 업체, 모빌리티 및 로보틱스 분야에도 고스란히 적용됩니다. 비즈니스 모델부터 글로벌 고객사 또는 협력 파트너사를 가지고 출발해야 하는 업종이죠. 오히려 이 업종들의 경우 국내에서만 집중하게 되면 국내에서 거래를 할 수 있는 대기업 수가 너무 적어서 자칫 대기업 하청업체가 되어버릴 여지도 있기 때문에 최대한 글로벌 사업을 준비해야 합니다.

국내에서 시작하지만 동남아 시장을 목표로 준비하는 경우도 있습니다. 이 경우엔 미국 등 선진국 시장 진출과 달리 보통 Deep Tech나 바이오 분야보다는 동남아의 풍부한 인구에 기반한 B2C 사업들이 많은 편입니다. 동남아의 경제나 기술 환경이 국내보다 열악하다고 하지만 그립[Grip] 같은 업체가 등장한 것처럼 오히려 열악한 부분이 있기 때문에 이를 잘 활용하면 사업적인 성과를 비교적 빠르게 만들어내는 경우도 있는 듯 싶습니다. 다만 소득 수준 때문에 고객 수에 비해 매출액의 규모에 한계가 있고, 무엇보다 국내와 동남아를 동시에 오가면서 사업을 하는 형태 때문인지 이런 사업을 시도하는 업체들의 숫자에 비해 성공하는 스타트업은 잘 보이지 않습니다. 미국 시장의 경우 크고 복잡하기는 하지만 투명한 편이어서 성과를 내는 경우도 많은데 반해, 동남아 시장은 불투명한 점이 많고 현지 상황이 예측 불허로 흘러 사업 계획대로 풀리지 않을 확률이 훨씬 높은 것 같습니다. 코로나가 생겨난 이후에는 정부지원사업이나 투자 심사 등에서 아예 사라져 버린 접근법이기도 합니다. 북미나 유럽보다 리스크가 훨씬 크고 현실적인 어려움이 많다는 점을 꼭 생각해봐야 합니다.

게임이나 콘텐츠, 각종 애플리케이션 서비스 개발사, SaaS 형태의 B2B 사업 등은 처음부터 글로벌 진출에 대한 현실적인 제약 사항은 거의 없다고 봐도 무방해 보입니다. 많은 모바일 게임이 이미 글로벌 서비스를 하고 있고, 고객 서비스에 불편이 있다면 글로벌 상대로 퍼블리싱을 하는 업체도 많기 때문에 이 역시 별로 문제가 안 됩니다.

배틀그라운드 역시 처음부터 트위치 방송과 스팀을 통한 다운로드 모델로 글로벌 시장을 염두에 두고 만들어졌죠. 구글이나 애플 플랫폼을 통해 서비스를 하는 다른 앱들도 상당수는 국적에 별 상관이 없기 때문에 얼마든지 해외 서비스가 가능합니다. 컬러노트 같은 메모 앱은 전 세계에서 1억 번 이상 다운로드된 앱이고, 캔디카메라 같은 앱도 3억 번 가량 다운로드되었습니다. 앱은 O2O 서비스처럼 지역성이 강한 경우나 SNS처럼 사회와 밀접히 연결된 경우를 제외하면 기본적으로 글로벌 서비스여야 합니다. 앱 제작사는 비즈니스 모델 수립 시에도 글로벌 고객들 대상으로 어떻게 고객 취향을 반영할지, 그리고 각 지역별로 어떻게 고객 서비스를 수행할지에 대한 계획을 반드시 포함해야 합니다. 물론 대부분의 고객 서비스는 결국 퍼블리싱 회사를 통해 이뤄져야겠지요. 글로벌 진출 계획을 지원사업이나 투자자 미팅에 포함시켜야 하는 상황이라면 퍼블리셔와 사전에 접촉해서 세부적인 조건에 대한 논의 내용도 포함해야 합니다.

B 내수 시장에서 승부를 봐야 하는 비즈니스 모델

소프트웨어적인 속성이 강한 앱이나 온라인 서비스, Deep Tech 등의 경우 글로벌 진출은 기본이라고 생각해야겠지만 반대로 각 지역별로 문화적 특성이 아주 강하게 반영되는 제품이나 서비스들은 국내 사업이 상당히 스케일업하기 전까지 글로벌 진출은 고민이 불필요한 부분일 것입니다. 같은 온라인 콘텐츠지만 언어적 장벽이 비교적 적은 웹툰의 글로벌화는 언어만 바꿔서 해외에 직진출하는 형태인 반면, 각 언어적 특성이 매우 강한 웹소설의 경우 네이버 같은 곳에서 해외 웹소설 업체를 M&A하는 사례만 봐도 차이점을 알 수 있습니다. 웹소설처럼 언어에 의존하는 서비스나, 로컬 문화와 강력히 결합하여 밸류체인 구성에 현지 인력이 다수 포함되는 O2O 같은 서비스도 해외 진출은 정말 어려운 이야기입니다. 배달의민족의 베트남 진출처럼 국내 사업이 완전히 무르익은 다음에나 고민해볼 수 있습니다. 같은 소프트웨어라 해도 문화적 요소가 영업에 절대적인 영향을 주는 B2B 소프트웨어도 마찬가지입니다.

하나 더 생각해봐야 하는 업종은 제조업입니다. 가령 저렴한 가격에도 다양한 기능이 제공되어 창업한 지 3년이 되기 전 세계 시장에서 두각을 드러낸 중국의 드론 업체 DJI 같은 사례도 있고, 우리나라의 호미나 호랑이 담요처럼 아마존에서 팔리다가 해외 시장에서 나름 잘 팔리고 있는 물품도 있지만 대부분의 하드웨어의 해외 진출엔 매우 오랜 시간이 필요합니다. 전 세계에서 최초로 휴대용 Mp3 플레이어를 만들었으며 국내 시장을 장악했던 아이리버도 해외 시장에서는 힘을 쓰지 못했고 결국 애플의 아이팟에 그대로 무너져 버렸습니다. 제조 업체들은 아마존을 통해 해외 판매를 시도하거나 코스트코나 월마트 같은 해외 유통사에 납품을 타진하기도 하고, CES 같은 전시회를 통해 잠재 고객이나 해외 판매를 도와줄 업체를 만날 기회를 찾지만 대부분은 좋은 결과로 연결되지 않습니다. 아무리 제조 스타트업이라 해도 초기에는 주로 제품 기획과 R&D만 하고 제조는 OEM 업체에게 요청하기 마련인데, 이렇게 하면 초기 판매는 가능해도 원가 절감에 한계가 많아서 가격 경쟁력을 갖추기가 쉽지 않습니다. 브랜드 파워가 충분히 생기면 되지 않을까 싶겠지만 해외 시장에서 브랜드 파워를 만들기가 쉬울 리 없죠.

초기부터 생산 시설을 갖출 수는 없습니다. 무엇보다 제품의 시장성에 대한 검증이 되지 않은 상태이니 굉장히 위험한 발상이죠. 그렇다고 제조업에서 해외 진출을 생각하지 않으면 해당 품목에 대한 국내 시장이 너무 작을 경우엔 답이 없는 상태가 됩니다. 사업 초기부터 해외에서 바로 사업을 타진할 수도 있겠지만, 해외에 기반이 있는 분들이 아니라면 솔직히 선택하기 어렵습니다.

　리스크를 줄인다는 측면에서 생각해볼 수 있는 현실적인 방법은 제품 제조와 판매는 국내에서 진행하되, 유튜브나 인스타그램 등의 마케팅은 영어를 활용해 진행하는 것입니다. 당연히 초기 해외 판매 역시 아마존을 통해서 진행하고요. 반응이 괜찮다면 그에 맞춰 해외 영업망을 조금씩 확보해 나가는 형식입니다. 미국에서 '김치 시즈닝'이라는 김치맛 향신료를 판매하는 푸드컬처랩이나 국내 중견기업으로 아마존에서 매트리스 판매 1위를 한 지누스 같은 업체들이 이런 방식을 따릅니다. 해외에서 한 번에 성공하면 참 좋겠지만 리스크와 수익 사이의 균형을 생각한다면 이러한 비즈니스 모델이 현실적일 것 같습니다.

c 글로벌 진출을 위한 추가적인 고려 사항

　쿠팡의 성공적 미국 증시 상장 이후, 국내에서 어느 정도 기반을 만든 스타트업이 해외로 본사를 완전히 이전하고 국내 사업을 지사로 변경하는 형태의 이동이 나타나고 있는데, 이를 Flip 플립이라 부릅니다. 기업용 채팅 프로그램 개발사인 샌드버드, 화장품 구독 서비스 업체 미미박스, 기업용 협업 소프트웨어 운영사인 스윗 테크놀로지스 등이 이러한 회사들입니다. 소프트뱅크로부터 2천억 원의 투자를 받은 AI 기반 교육 서비스 업체 뤼이드의 경우도 마찬가지라는 이야기가 있습니다.

　해외로 본사를 옮기게 된 계기는 모두 해외 대형 벤처캐피탈이나 액셀러레이터의 투자를 받게 되었기 때문입니다. 이러한 투자가 의미하는 바는 결국 국경의 제약이 없는 기술 기업의 경우 국내에서 어느 정도의 기반만 확보된다면 과거와는 달리 외국계 VC의 투자를 직접 받는 기회가 늘어났고, 이에 따라 글로벌 진출도 크게 고생하지 않아도 된다는 뜻입니다. 물론 이런 투자 기회의 기반은 당연히 국내에서 초기 실적을 많이 보여줘야 한다는 전제 조건이 있죠. 때문에 이 책에서 주로 다루는 초기 스타트업보다는 사업이 상당히 진행된 스타트업이 해당하고, 비즈니스 모델 역시 어디서나 판매할 수 있다는 명확한 장점이 있어야 합니다. 확률로만 보면 현실적으로 매우 어렵습니다. 사업 아이템에 따라서는 이런 식의 글로벌 진출도 충분히 생각해볼 수 있다는 점 정도만 기억하면 좋겠습니다.

그리고 경영진 구성에 투자를 받으려는 국가 출신의 인력이 포함되면 좋습니다. 투자자 입장에서는 외국인으로만 구성된 팀에 투자하기가 쉽지 않습니다. 언어 및 문화적인 문제도 있지만, 투자를 받고 진출하려는 국가에 대한 관심이라는 측면에서도 그렇습니다.

STEP 5

비즈니스 모델 설계 03
제품과 서비스 준비

사업은 모델로 하는 것이 아닌, 제품과 서비스로 하는 것입니다. 제품과 서비스는 우리가 시장에서 구현하고자 하는 고객 가치를 집약한 실체입니다. 제품은 그 제품을 만든 업체가 지향하는 비즈니스 모델을 바로 알 수 있을 정도로 사업 전체를 대표합니다. 만약 제품을 도저히 이해할 수 없다면 매우 난해한 비즈니스 모델을 설계한 것으로, 고객 커뮤니케이션도 어렵고 사업 실적을 올리기까지도 오래 걸리며 이를 위한 투자자 설득 과정 역시 힘겨울 수밖에 없습니다.

하지만 제품과 서비스를 제대로 만들려면 큰 돈이 들어갑니다. 90%까지 대충 만드는 것은 상대적으로 빠르고 쉽게 할 수 있겠지만, 마지막 10%를 다듬어내려면 90%까지 이룬 노력의 두 세배나 되는 노력이 투입되어야 합니다. 그리고 바로 이 부분이 제품과 서비스 준비에서 가장 중요한 고려 사항입니다. 100% 품질의 제품을 시장에 출시하기 위해서는 굉장히 많은 돈과 에너지가 필요한데, 막상 품질을 100%로 높여 출시하더라도 시장에서 필요로 하는 제품인지 확신이 없다 보니 돈은 돈대로 쓰고 고생은 고생대로 했는데 판매는 전혀 이뤄지지 않는 비극을 경험할 수도 있습니다. 때문에 100%가 아닌 70, 80%의 품질만으로도 고객의 선택을 받아야 합니다. 굉장히 모순되는 이야기죠. 경쟁이 되는 제품이나 서비스를 100% 구현하지 못하면 고객이 선택하지 않을 것이라고 하면서 정작 100%를 구현하기 위해 필요한 돈과 시간을 투자하는 것은 스타트업이 아니라고 하니까요. 이것이 스타트업의 사업 아이디어와 고객 가치가 기존에 판매되고 있는 제품의 서비스와 같아서는 안 된다고 하는 이유입니다.

Q 16

제품/서비스를 만들 때 해야 하는 일은 무엇인가요?

스타트업은 남들과 조금이라도 다른 제품을 만들다 보니 시장의 검증이 이루어져 있지 않습니다. 고객 가치가 혁신적이면 혁신적일수록 더더욱 시장 전망은 불투명하죠. 아무리 그럴싸한 시장 데이터와 스토리로 비즈니스 모델을 만들어봐야 실제 시장에 나가서 부딪쳐보기 전에는 아무도 모릅니다. 권투 역사상 최강의 복서로 꼽히는 마이크 타이슨이 했던 유명한 말인 "Everyone has a plan until they get punched in the mouth 링 위에 오를 때는 모두 자기가 이길 수 있는 계획이 있다. 얼굴에 펀치를 맞기 전까지는."가 진리인 곳이 시장입니다. 때문에 시장에 진출할 때는 겸손해야 합니다. 내 앞에서 부딪칠 고객이 마이크 타이슨이 되어 나를 한 방에 보낼지, 아니면 나를 사랑하고 찬양해줄 뮤즈가 될지 모르기에 조심스러워야 합니다. 그래서 내 눈에만 완벽한 제품을 만들려고 욕심 부리다가 망하는 사태를 만들면 안 되며, 고객이 나를 선택해줄 것인지를 먼저 확인한 다음에야 더 완벽한 제품을 만들고 대량 생산을 해야 합니다. 이 과정을 MVP 테스트라고 합니다. MVP 테스트 과정에서 무엇을 준비해야 하고 무엇을 배워야 하는지 정리해보겠습니다.

A **Time to Market vs Quality**
B **MVP의 요건**
C **MVP 테스트 및 결과의 측정과 해석**

A Time to Market vs Quality

스타트업은 좋은 제품을 내놓고 싶어 합니다. 초기 창업자에게 제품은 일종의 자존심입니다. 경쟁사보다 잘할 것이라 믿으며 사업을 시작했으니 당연히 좋은 제품을 내놓고 싶고, 고객들에게 긍정적인 반응을 이끌어내고 싶어 합니다. 스타트업도 이렇게 해야 합니다. 그래야 스케일업이 되겠죠. 하지만 내가 태권도 국가대표가 되고 싶다면 우선 1단부터 따야 합니다. 태권도 왕초보가 1단을 보면 멋있어 보이겠지만 실제 경쟁을 하는 선수급에서 보면 아무것도 아니겠죠. 흰 띠에서 출발해서 1단 승단 시험을 보는 것이 MVP 테스트라고 생각하면 됩니다. 실제 시합에 나가는 데 필요한 실력은 안 되지만 그래도 앞으로 실력이 차츰 늘겠다는 점이 명확히 보이는 수준, 이게 MVP 테스트에서 기대할 일입니다. 따라서 처음부터 완벽한 품질의 제품을 만들겠다는 생각은 현실감 없는 욕심일 가능성이 매우 큽니다. 그런데 품질이 좋은 제품이 아니면 매출을 어떻게 할까요? 시장이 재미있는 점은 품질이 다소 조악해도 명확하게 가치가 느껴지면 제품을 구매하는 소수의 고객은 있다는 것입니다. 이들을 찾아내서 내가 만든, 조금은 부실할 수도 있는 제품을 빨리 보여줘서 이들이 타깃 고객이 될 가능성이 진짜 있는지, 내가 만든 고객 가치에 고객들이 진짜 동의해주는지, 그리고 과연 내가 책정한 가격에 대해 받아들여줄지를 확인하는 것이 제품을 '잘' 만드는 것보다 더 중요합니다. 즉, 시장에 빨리 제품을 내놓고 수정 사항을 확인해서 더 나은 제품을 빠르게 내놓는 것이 훨씬 긴 시간과 자금을 투자해 한 번에 좋은 제품을 내놓으려는 것보다 스타트업에게 중요하다는 뜻입니다.

제품 아이디어 도출부터 실제 출시까지의 시간을 Time to Market이라 합니다. 초기 스타트업에서 사업 아이디어를 어떻게 잘 구현할 것인가는 어떻게 하면 시장에 빨리 내놓을 것인가 하는 질문보다 우선 순위가 낮은 질문입니다. Time to Market이 줄어들면 부수적으로 얻게 되는 이점이 있습니다. 더 많은 고객을 만나볼 수 있다는 점입니다. 한 달만 팔아본 경우와 그보다 한 달 앞서 팔기 시작한 경우 시장에 대한 이해도는 단순한 한 달 차이가 아닙니다. 고객 이해는 다면적이고 적층되는 누적적 이해이므로 고객을 상대하는 시간이 산술적으로 늘어나면 고객 이해는 기하급수적으로 늘게 되어 있습니다. 곱셈과도 같죠. 고객을 만나는 횟수가 많이 늘어나면 당연히 제품을 개선할 수 있는 아이디어가 창업팀 멤버 몇 명이서 고민하는 것과는 차원이 다르게 생겨납니다.

연애를 못하는 친구들이 상대에게 뭘 원하는지 물어보지를 못해서 혼자 고민하다가 선물을 샀는데, 막상 분위기만 더 나빠지는 경우를 보았을 겁니다. 스타트업이 품질에 대해 집착하는 것이 이와 매우 유사합니다. 바둑에서 하수가 오래 생각해봐야 악수일 뿐이라는 말도 그렇고, 요리할 때 조심스럽게 시간 들여 칼질한다고 재료가 잘 썰리는 것은 아니라는 것을 생각해봐도 그렇습니다. '우리의 아이디어가 틀릴 수 있다'는 생각을 하지 않고, 겸손하지 않아서 시장을 이겨 먹으려 하기 때문에 품질을 높이려 시간을 끌죠. 하지만 대부분은 악수이거나 고객 가치와 무관한 그저 자기만족의 일환일 뿐입니다. 스타트업에게는 Time to Market이 곧 품질이고, 사업 초기 품질 우선은 자기 집착일 뿐입니다.

B MVP의 요건

파워포인트에 사업계획서만 작성하는 것이 일의 전부는 아닙니다. 당연히 제품을 만들어야 합니다. 앱일 수도 있고, 소프트웨어일 수도 있고, CPU 칩일 수도 있고, 하드웨어일 수도 있죠. 처음에는 그저 종이에 끄적끄적 그린 그림 수준이겠지만 시간이 지나면서 정교해지고, 어느덧 실체가 나타나기 시작합니다. 몇 가지 기능밖에 없지만 앱이 만들어지고, 어렵게 찾아낸 공장에 사정해서 만들어낸 몇 개 샘플일 수도 있습니다. 이걸 들고 주변 사람들에게 보여주기 시작합니다. 많은 초보 창업자들의 경우 이걸 MVP라고 생각합니다.

당연히 이는 MVP와는 거리가 멀고, POC Proof of Concept 또는 프로토타입 Prototype, 시제품입니다. '내 머릿속에 들어 있는 그림의 실체를 만들었더니 이런 게 나오는구나'라는 제품이라는 뜻입니다. 이런 제품은 실제 돈을 받고 내 제품을 사용해 줄 고객들에게 판매할 수는 없습니다. 본격적으로 제품을 만들기 전에 한번 만들어보는 것이죠. MVP라는 평가를 받으려면 제품은 다음의 특성을 갖춰야 합니다.

첫 번째, 내가 구현하려는 고객 가치를 명확히 반영해야 합니다. 자동차를 만들겠다면 1명만 탈 수 있다고 해도 하늘이 덮여 있는 차여야 한다는 뜻입니다. 전동 킥보드를 만들고 자동차에 대한 MVP라고 생각하면 안 되죠. 고객이 MVP를 보고 본제품을 구입하면 어떤 만족감이 있을 것이라 알게 해야 합니다.

MVP의 두 번째 조건은 고객이 상품이라고 인지할 수 있어야 합니다. '저 제품은 대가를 지불하고 구입하는 물건이다'라 인식하도록 해야 합니다. 유료 상품임을 인지하지 못한다면 고객은 굉장히 관대해집니다. 젊은 사람들이 뭔가 해보려고 하니 응원해주자는 마인드가 됩니다. 하지만 가격표가 붙어 있음을 인식하면 냉정하게 평가하기 시작합니다. 냉정한 시선으로도 팔리는 물건인지 확인하는 것이 MVP의 목적입니다.

세 번째는 경쟁사 또는 고객의 완전한 기대치 대비 70~80% 선이어야 하는데, 앞서 이야기한 Time to Market 때문입니다. 완벽한 제품을 만들려 하면 안 됩니다.

네 번째는 이 정도 품질로도 팔릴 수 있는 요소가 있어야 한다는 점입니다. 일반 품질이 조악하니 뭔가 신통한 포인트가 있어야 한다는 것이죠.

MVP 제품의 가장 이상적인 모습을 보여준 예시로 크래프톤의 배틀그라운드 이야기를 할 수 있겠습니다. 스팀의 얼리액세스를 통해 조기 출시하는 구조였는데 제품이 완성된 상태가 아니라 맵은 하나뿐이었고, 총기 등 선택할 수 있는 여러 게임 피처들도 제약이 많은 상태였죠. 하지만 현실감 있는 3d 그래픽과 정밀한 조작, 확실한 총기 타격감과 사운드 등은 갖춰진 상태였습니다. 게임의 QC가 완료되지 않았고, 맵과 캐릭터, 각종 기능 등은 미완이었지만 가장 중요한 게임의 특성과 게임을 즐기는 방법, 그리고 그로 인해 얻어질 즐거움은 충분히 예상할 수 있었죠. 그리고 1년 뒤에 본제품을 출시하겠다는 전제 하에 유료로 판매를 했습니다.

이렇게 적어 놓고 보면 굉장히 심플한데, 왜 스타트업 대표들은 프로토타입을 MVP라고 생각하거나 반대로 완벽한 제품만 제품이라고 생각할까요? 이유는 너무 급하거나 혹은 '진화적 발전'이라는 개념을 생각하지 못하기 때문입니다. 급하다는 말은 결국 내가 실체화한 고객 가치가 정답인지 아닌지 모르는 상태에서도 과도한 자기 확신을 가지고 있기 때문입니다. 내가 만든 제품은 업계 최고이니 무조건 고객은 이 제품을 좋아해야 한다는 생각을 가지고 제품을 준비해서 프로토타입만으로 고객을 구할 수 있다고 믿기 때문에 생기는 일입니다. 창업은 자기 확신이 없으면 시작하지 못하는 일입니다. 때문에 이런 성향을 가진 대표자가 많고, 결국 어설픈 자기 확신으로 아주 소수의 사람에게 프로토 제품을 보여주고 반응이 좋으면 덜컥 양산하거나 본제품 개발을 진행합니다. 큰돈이 깨져 나가죠. 그리고 시장에서의 너무도 차가운 반응을 본 다음에야 너무 성급했음을 깨닫지만, 이미 자본금과 투자비는 다 쓴 뒤입니다. 이런 문제가 생기지 않으려면 결국 겸손해질 필요가 있습니다.

진화적 발전은 모든 제품이 겪어 나가는 길입니다. 다만 자기 아이템에 흠뻑 빠져 있을 때는 이 사실이 잘 보이지 않죠. 빠르게 성공하겠다는 생각이 강하다 보니 생기는 일인데, 마치 머릿속에서 창업 6개월 후 시제품 출시→양산→스케일업하는 식으로 너무 도식화하여 생각하기 때문에 발생하는 일이죠. 통상적으로 스타트업의 MVP 테스트 기간은 최소 6개월에서 1년 이상 소요됩니다. 고객 교육이 많이 필요하거나 사용자 확보가 사업화의 기본이 되는 플랫폼 같은 곳에서는 2년 이상 소요되기도 합니다. 극단적으로는 분기별로 매출이 2배씩 늘어나는 스케일업 시점이 되기 전에 출시하는 제품과 매출 확보 시도는 모두 MVP 테스트라고 여겨도 됩니다. 결국 우리 제품의 특징은 무엇이고 이 특징에 고객들이 어떤 가치를 부여한다는 것을 물건을 파는 스타트업 입장이 아니라 누가 보더라도 명확해지는 시점까지는 무한대로 반복되는 것이 MVP입니다.

c MVP 테스트 및 결과의 측정과 해석

MVP 테스트를 진행하는 목적은 대략 세 가지입니다. 우선 내 제품에 대한 타깃 고객을 누구로 할지 정하기 위함입니다. 제품 출시 이전의 타깃 고객은 어디까지나 머릿속으로만 생각한 가설이죠. MVP 테스트는 이 가설을 현실로 바꿔주는 역할을 합니다. 두 번째 목적은 정해진 타깃 고객들에게 어필하는 요소를 강화하고 불만족하는 포인트를 개선하는 작업을 하기 위한 데이터를 구하기 위함입니다. 타깃 고객의 크기를 추측하고 타깃 고객에 집중해야 맞을지 아니면 고객 기반을 넓혀가는 전략이 맞을지에 대한 가늠을 하기 위한 자료도 모아야 합니다. 세 번째는 적정 가격을 정하기 위해서입니다. 고객을 만나는 초기에는 가격을 변경하는 것에 대한 부담이 크지 않습니다. 혹은 유통 채널별로 다른 가격을 운영하는 이중 가격 제도 역시 별 문제가 되지 않습니다. 고객들의 유입도 적고 인지도 역시 낮아서 가격이 다른지 아는 사람도 별로 없으니까요. 때문에 이때 표준 가격을 어떻게 정하고, 할인이나 행사 같은 가격 운영은 어떻게 할 것인지에 대한 정리가 필요합니다. 이때 선정하는 가격이 향후 스케일업 단계에서 기준점이 되고, 제품 라인업을 추가하거나 제품을 업그레이드할 때 참조점이 되므로 매우 중요한 테스트입니다.

MVP 테스트는 철저하게 고객 행동 데이터를 확보하고 해석하는 데 집중되어야 합니다. 즉, 앱이라면 화면 구성 등의 UI/UX가 변화함에 따라 고객의 유입, 체류 시간이나 방문하는 페이지 수 등의 변화, 재방문율 및 재구매율 등이 어떻게 변화하는지 모두 데이터로 확인하고 이를 고객의 프로필과 대조해서 고객에 대한 페르소나 및 고객 여정을 그릴 수 있어야 합니다. 마케팅 캠페인이나 광고, 이벤트 등과 제품 피처를 수정하는 작업을 한꺼번에 할 경우 고객 파악에 어려움이 있기 때문에 순차적으로 진행하되, 수정 시마다 반드시 가설에 맞게 어떻게 고객의 행동이 변화하는지 생각해보는 것이 핵심입니다. 제품을 판매한다면 제품 피처별, 채널별, 마케팅 메시지별로 어떤 고객이 유입되고, 구매율과 재구매율이 얼마나 되는지 행간을 읽어야 한다는 뜻입니다. 이 고객 행동 분석이 어느 정도 안정되면 그때부터는 가격 변화에 따른 고객 유입/구매/재구매율 변화를 확인할 필요가 있습니다.

업종마다 천차만별이겠지만 일반적으로 가장 중요한 지표는 고객 유입 숫자 대비 구매율과 구매 고객의 재방문율, 그리고 재구매율입니다. 유입 대비 구매율 혹은 구매전환율은 광고 등으로 고객의 관심을 끌었을 때 이들이 실제로 돈을 내고 구입하는 진성 고객으로 얼마나 전환되었는지, 앱의 구성이나 제품 소개 방식, 결제 방식 등이 얼마나 고객 친화적인지를 보여줍니다. 사진 공유 웹사이트인 핀터레스트의 경우 사업 초기에 사진을 유료로 다운로드하게 했는데, 대부분의 고객이 사진을 사진을 카트에 담는 두지만 결코 유료 결제를 하지는 않는다는 것을 발견했죠. 이후 이들은 고객에게 이메일을 보내 의견을 받고 피드백을 반영하면서 사진을 무료로 쓰게 하되 업체가 사진을 통해 광고를 하게끔 하는 현재의 비즈니스 모델을 완성합니다. 구매전환율을 보는 이유가 바로 이 병목 지점을 파악하기 위한 것입니다. B2B로 대면 영업을 하는 업종이라면 이렇게 명확한 데이터로 나오지는 않지만, 고객의 피드백을 주기적으로 모아보며 어느 지점에서 고객의 구매로 연결이 되지 않는지 여부가 선명하게 보이게 됩니다. 바로 이 지점을 찾아 대안을 마련해야 합니다.

다음으로 중요한 지표는 구매자의 재방문 및 재구매율입니다. 제품마다 소비 사이클이 있습니다. 이 사이클이 지나도 고객이 재구매하러 오지 않는다면 쿠폰이나 리마인더 등을 보내고, 그래도 방문하지 않는다면 제품의 가치를 고객이 느끼지 못한다는 것이죠. 다른 고객을 찾든, 제품을 변경하든, 아니면 가격을 바꾸는 등의 조치를 계속 취하면서 재방문 및 재구매율이 바뀌는 지점이 언제인지, 어떤 이유로 바뀌는지를 파악해야 합니다. 다음 표에 업종별로 일반적으로 중요하게 보는 성과 지표가 표시되어 있습니다. 이 지표들이 정답은 아니겠지만 이 정도는 기본으로 봐야 한다는 뜻으로 이해하면 좋겠습니다.

주요 비즈니스 모델별 주요 성과 지표

비즈니스 모델	특성	지표
B2B	기업 대상 영업	• 전체 고객사 수 • 전체 매출 및 마진 • 고객별 영업비용 및 고객 Life Time Value • 핵심 고객사 매출 및 마진
SaaS	B2B 온라인 서비스로 고객사들에게 별도의 영업 없이 온라인으로만 판매	• 전체 고객사 수 및 증가율 • 월별 유지 고객사 수 및 비율 • 전체 매출 및 이익률 & 증가율 • 고객사별 영업비용 및 고객 Life Time Value
사용량 또는 판매량 기반	구매자들이 구매 또는 사용함에 따라 대가를 지불하는 형태	• 기간별 매출액 및 마진 • 매출액 및 판매 건수 증가율 • 전체 고객 수 및 증가율 • 고객 획득 비용 및 고객 Life Time Value
구독형	가입자에게 제품과 서비스를 제공해 주고 정기적으로 비용을 받는 형태	• 전체 유료 가입자 수 및 증가율 • 월별 신규가입자 수 및 증가율 • 고객 이탈률 • 고객 획득 비용 및 고객 Life Time Value
커머스	판매자를 모아 납품 받은 후 구매자에게 재판매	• 총 취급액, 매출액 및 증가율 • 유료전환율 및 재구매율, 구매빈도 • 객단가 및 거래건수 • 전체 마진 및 품목당 마진
플랫폼	공급자와 구매자가 플랫폼에서 거래, 플랫폼은 이에 대한 수수료 받음	• 기간별 방문자 & 구매자 수 및 증가율 • 구매자 재방문율 및 재구매율 • 거래 건수 및 거래액 • 전체 마진 및 거래당 마진 • 전체 공급사 및 핵심 공급사 유지율 • 고객 획득 비용 및 고객 Life Time Value
광고 기반	사용자는 무료, 사용자를 대상으로 광고를 집행하는 기업에서 비용 지불	• 기간별 방문자 수 및 증가율 • 기간별 고객 이탈률 • 방문자당 평균 페이지 수 및 세션 시간 • 광고 노출수, 클릭률 및 광고 시청 시간 • 고객 획득 비용 및 고객 Life Time Value

Q 17

제품/서비스를 만드는 데 준비한 자본금이 부족합니다. **투자금이 필요한데 어떻게 해야 하나요?**

AR을 기반으로 길거리에서 진행되는 퀴즈 쇼 앱을 만들려는 스타트업이 있었습니다. 퀴즈를 만들고 이를 지역별로 배치해서 사람들이 퀴즈를 풀면서 관련 스토리를 즐기는, 일종의 길거리에서 하는 방탈출게임 같은 컨셉이었죠. AR과 위치 기반 서비스가 핫한 시절에 준비하던 게임이었는데 문제는 이 게임의 본질이 퀴즈쇼였다는 것이죠. AR이나 위치 기반 서비스는 모두 퀴즈쇼에 현장감을 부여하기 위한 디자인 같은 것이었다는 점이 문제였습니다. 이 팀은 AR 기술과 그래픽 개발에 전체 개발비의 대부분을 소진해버린 상태였고, 정작 핵심이 될 퀴즈는 제대로 준비되지 못한 상태였기에 막상 퀴즈를 개발해서 사람들에게 테스트해보니 반응이 시원찮았습니다. AR 기술 개발이 중요했다고 해도 콘텐츠의 핵심은 퀴즈였는데, 모든 개발비를 소진한 다음에야 우선순위가 완전히 잘못됐음을 깨닫게 된 것이죠.

앞서 MVP를 만들 때 품질이나 애초에 만들려 하는 피처를 모두 포함할 것이 아니라 고객 가치를 구현하는 최소 수준으로 Time to Market에 신경 쓰는 것이 중요하다고 했습니다. 이것이 문제가 되는 근본적인 이유는 스타트업은 돈이 부족하다는 것입니다.

A **자본 규모와 MVP의 관계**
B **MVP 결과가 없는 상태에서의 자금**
C **비용 절감 방법**

A 자본 규모와 MVP의 관계

사업체의 자금이 여유가 있을 때는 매출이 폭발해서 현금이 쏟아져 들어오는 때를 제외하면 없습니다. 마이크로소프트는 액티비전-블리자드를 80조가 넘는 현금을 주고 M&A했습니다. 보유 현금이 엄청나며, 매년 수십 조씩 현금이 들어오는 마이크로소프트니 가능한 일이죠. 이런 정도의 시장 지배력이 아니면 어느 기업이라도 현금은 항상 부족합니다. 스타트업은 말할 것도 없죠. 때문에 보유 자본보다 더 큰돈이 들어가는 MVP는 이미 외부 투자를 받은 것이 아닌 한 리스크 테이킹이 아니라 100% 욕심입니다.

'전민동 스타일'이라는 표현이 있습니다. '내가 가진 기술이면 기존 대비 가격은 낮추면서 기능은 높인 제품을 만들 수 있다'라는 생각하에 고객을 만나기보다 제품 개발에만 오랜 기간 집중해서 제품은 만들었는데, 정작 고객이 제품의 해당 스펙들을 진짜 원하는지, 경쟁사 대비 진짜 경쟁력이 있는지를 개발에 돈을 다 쓰고 난 다음에서야 부랴부랴 확인하느라 사업을 실패하는 창업자를 의미합니다. 주로 자기 기술에 대한 확신이 강한 엔지니어 출신이 많지만, 꼭 기술 분야 대표자에게만 해당되는 이야기는 아닙니다.

보통 시드 투자 정도까지는 파워포인트로 만든 계획만으로도 도전해볼 수 있습니다. 통상적으로 자기 자본금은 고객에 대한 이해도를 약간 쌓고, 팀을 만들고, 페이퍼상으로라도 제품을 다듬어가는 수준에서 소진됩니다. 그래서 규모 있는 정부지원사업으로부터 지원받은 돈으로 프로토타입을 만들고, 엔젤 투자나 프리 A 정도를 받으면서 MVP를 테스트하려는 분들이 많습니다. 이러한 스케줄의 성공 가능성이 높다면 적극 권장하겠으나, 이 스케줄로 지원금과 투자를 받을 수 있는 경우는 극히 드뭅니다. 엔젤 정도까지 가는데 1차 MVP 테스트 결과가 없는 경우는 창업팀의 스펙이 매우 좋은 기업에만 해당됩니다. 기술 기업이라면 유명한 대학교를 나와서 누구나 알 만한 회사에서 근무했던 사람들이 CEO와 CTO 및 핵심 기술 인력인 팀에서나 가능한 일이고, 생활용품이라면 대표자가 유명한 소비재 회사에 근무했거나 외국계 대형 전략 컨설팅 회사 출신에 대기업에서 제품 기획 및 생산 등을 했던 경험이 있는 인력이 COO로 있는 정도는 되어야 MVP 없이 투자받는 것이 가능합니다. 즉, 대부분의 창업팀에게는 거의 불가능한 스케줄이고, 결국 부족한 자본금으로 시제품을 만들어 가능하다면 1차적으로라도 MVP 테스트를 해야 합니다.

앱 서비스인데 개발 없이 어떻게 서비스를 하며, 가방 같은 제조업이라면 제품 없이 MVP를 할 방법이 없지 않겠냐고 생각할 수 있습니다. 맞는 말입니다. 때문에 이 정도의 개발 또는 제조를 할 정도의 초기 자본금이 확보될 때까지는 마음이 급해도 기다렸다가 창업을 시작하라는 뜻이기도 합니다. 플랫폼이 아닌 통상적인 서비스 앱을 개발하려면 클라이언트 개발자와 디자이너가 팀 내에 있을 때, MVP 제작 및 1차 테스트까지 2~5천만 원 정도가 소요됩니다. 이 비용은 순수 제작비고 마케팅 비용 등은 빠진 금액입니다. 아마도 개발 외주는 3개월 내에 끝나야 하겠죠. 플랫폼이라면 최소 핵심 기능만 구현하고 UI/UX나 추가적인 피처, 심지어는 결제 모듈 같은 것들은 뺀 상태에서 MVP를 개발합니다. 다만 플랫폼은 개발비는 서비스 앱과 비슷하더라도 고객과 참여 업체 양쪽 모두에 대한 클라이언트를 제작해야 하고 서버 쪽 작업도 복잡한 경우가 많아서, 통상적으로 서비스 앱보다 제품 제작에만 2~3배 이상의 돈이 들어가는 것 같습니다. 그리고 MVP 테스트에 참여할 업체와 고객을 모아야 하기 때문에 마케팅 역시 비용을 소모할 수밖에 없습니다. 만약 이럴 돈이 없다면 야놀자나 무신사의 초창기처럼 네이버 등의 범용 무료 서비스를 이용해서 커뮤니티를 만들어 콘텐츠를 쌓고 잠재 고객들과 상호작용을 하면서 차츰 명성을 쌓아 올림으로써 규모가 충분히 커졌을 때 사업화를 해야 합니다. 극단적으로는 제품 없이 MVP 테스트를 하는 셈이죠.

가방이나 패션 잡화, 생활용품 등의 MVP 테스트는 보통 와디즈나 텀블벅 같은 크라우드 펀딩 사이트에서 이루어집니다. 이때 시제품 제작과 제품 소개용 사진/영상 촬영 등이 함께 진행되어야 하고, 인스타그램을 통한 사전 마케팅 등도 같이 필요하기 때문에 제작비 1~2천만 원, 영상 등 펀딩을 위한 마케팅 비용 1~2천 정도가 보통입니다. 물론 제품 종류가 많고, 영상도 더 화려하게 만들고, 인스타그램에 팔로워를 많이 모으려면 훨씬 큰돈이 들어가기도 하죠. 정부지원금이나 엔젤 등에게 사업 가능성을 보여주기 위한 최소 수준의 금액을 이야기하는 겁니다.

어느 경우든 수억 원 대를 넘어가는 제품 개발비가 투입되어야 하는 경우는 반도체 칩 설계나 임상이 필요한 바이오 분야, 엄청나게 정밀하거나 예민한 첨단 부품, 신소재 개발을 해야 하는 Deep Tech 분야에서만 필요하고, 그 외의 사업에서 1억 원 이상을 MVP에 소진해서는 안 된다고 생각해야 합니다. 작게 만들어 1차 테스트를 하고, 조금의 투자금을 받아 2차 테스트, 다시 투자금을 받아 제품을 개선하여 3차 테스트, 시장을 조금 더 넓혀서 4차 테스트를 하는 것이 정석입니다. 한 방보다는 야금야금하는 것이 스타트업에 적합합니다.

B MVP 결과가 없는 상태에서의 자금

하드웨어를 제조하기 위해서는 아무리 적어도 몇백만 원은 필요합니다. 최소한 이 정도의 자금은 가지고 사업을 시작해야 하는 것입니다. 대학생 팀의 경우 이 정도도 어려워하는 경우가 있는데, 단순히 연습으로 해보는 것이라면 몰라도 권장하기 매우 어렵습니다. 사업의 각 단계마다 돈이 없어 자금이 들어올 때까지 멈춰야 하면 사업이 절대로 진행되지 않습니다. 한두 달 멈췄다 할 수 있지 않나 싶겠지만, 사업에서는 쇠뿔은 무조건 단김에 빼야 합니다. 한두 번 멈추면 사업을 같이 하기로 한 동료는 결국 아무도 남지 않습니다. 게다가 이렇게 돈이 부족한 상태에서 시작하면 스스로도 당장 매출을 올려야 한다고 생각하게 되어, 사업의 확장성이 사라지고 자영업적인 마인드만 머릿속에 가득해집니다. 최소한 제품 테스트를 할 정도의 자본은 가지고 시작해야 합니다.

MVP 테스트 결과가 없는 상태에서, 자기 자본금이 아닌 자금원은 크게 보면 정부지원사업 중 중소규모 사업들, 액셀러레이터나 각종 민간 기업에서 운영하는 액셀러레이팅 프로그램, 그리고 개인적인 친분이 있는 분들에게 초기 투자를 받는 정도입니다. 이들 자금원에서 나올 수 있는 돈은 한 곳당 많아도 1~2천만 원 정도입니다. 하지만 사용처에 대한 제약이 없고 지원금 금액이 커지는 사업의 경우 이미 제품을 시장에서 여러 차례 테스트한 기업들이 다수 참여하고, 민간 액셀러레이터나 기타 액셀러레이팅 프로그램들도 거의 대부분 MVP 수준이 아니라 완제품 수준으로 출시되어 있는 경우를 선호합니다. 철저하게 경쟁이기 때문에 무조건 진도가 조금이라도 더 나간 스타트업이 유리한 것이죠. 때문에 아무런 준비가 안 되어 있다면 정부지원사업을 덜컥 받을 수 있는 경우는 많지 않습니다. 청년창업사관학교 같은 프로그램들은 상대적으로 초보 창업자를 위한 프로그램이며 지원 금액도 작지 않지만, 교육을 받아야 하는 등 다소 복잡하며 자금 사용처에 대한 제약이 많은 편이라 사업 성격이나 팀 구성에 따라 매우 상황이 다르기 때문에 이것만 기대하는 것도 적절치 않습니다. 예비 창업 패키지나 초기 창업 패키지 같은 프로그램도 프로그램명만 보면 마치 초보 창업자들을 위한 프로그램 같지만, 실제 지원 팀의 업력은 2~3년 정도 되는 경우가 많습니다. 경쟁이 치열하고 제품이 준비되지 않은 상태에서는 성공 확률이 높지 않다는 뜻입니다.

신용보증기금이나 기술보증기금 등에서 무담보로 연대 보증 없이 대출을 연결해주면서 초기 창업팀들을 지원해주는 경우도 많습니다. 대체로 4차 산업혁명 분야인데, 초기 팀이 생각하기 어려운 큰 자금을 대출해주기에 매우 큰 도움을 받을 수 있습니다. 하지만 대출이기 때문에 이는 곧 빚입니다. 이자 부담도 있고, 만약 사업이 중간에 좌초되면 대표자나 대주주가 책임을 일정 부분은 져야 하는 빚이라는 사실 자체를 잊어버리면 안 됩니다. 또한 사업 초기 사업 비용에 대한 개념이 명확하지 않을 때 큰돈이 들어오면 자칫 불필요한 영역에 무분별하게 낭비할 여지가 꽤 있습니다. 사업에 대한 아주 명확한 실행력이 있지 않으면 사업 초기부터 대출을 받는 것은 권장하지 않습니다. 연대보증 없다고 공짜라고 생각하지 않았으면 좋겠습니다. 대출은 대출입니다.

C 비용 절감 방법

스타트업 하면 머릿속에 떠오르는 이미지가 있죠. 젊고 멋진 사람들이 멋지게 꾸며진 코워킹 스페이스, 애플 노트북 스크린에 떠 있는 복잡한 그래프, 자유롭게 모여 뭔가 열정적으로 토론하고 있는 모습이죠. 혹은 잘 차려 입고 강단에 서서 사업 계획을 멋지게 발표하고 투자자들의 애정이 담긴 눈빛을 받는 자신의 모습 같은 것이죠. 여러분도 당연히 할 수 있습니다. 다만 초기에는 비용에 매우 매우 조심해야 합니다.

사업 초기 지원금을 받았을 때, 노트북을 애플 제품으로 바꾸는 일부터 하지는 마세요. 그 돈은 여러분이 꿈에도 그리는 제품을 조금이라도 더 만들라고 나온 돈입니다. 집에서 덜덜거리는 데스크탑으로도 사업계획서는 그릴 수 있으니, 폼 내려고 할 것이 아니라 MVP 제작에 조금이라도 더 써야 합니다.

공짜로 사무실을 지원해주는 프로그램이 아주 많습니다. 거의 모든 전국 도시에 사무실 공간 지원 프로그램이 있습니다. 공용 오피스 같은 곳에 입주하기보단 줌을 이용해서 회의하고, 대면 근무가 굳이 필요하면 지원 프로그램을 신청하는 편을 추천합니다. 절대 사무실에 돈 쓰지 마세요. 법인 주소지 때문에 사무실이 꼭 필요하면 월 10만 원 정도로 사무실 주소만 등록해주는 가상 사무실을 써도 됩니다. 몇억 정도 지분 투자를 받게 되면 그때 사무실을 고민해도 됩니다. 매출도 없고 투자도 못 받았는데 판교나 테헤란로에 있는 공유 사무실에 자기 돈으로 입주해 있는 스타트업치고 성공한 경우를 못 봤습니다. 불필요하게 사무실 대면 근무하지 않으면 먹는 돈도, 사무실 용품비도 아낄 수 있습니다.

개발자가 없어서 프리랜서를 고용해야 하는 상황인데, 팀 내에 프리랜서와 함께 일해본 경험이 있는 직원이 없다면 이 역시 돈 낭비일 가능성이 높습니다. MVP 제작에 개발자가 반드시 필요한지 아니면 기존의 플랫폼 등을 이용해서 할 수 있는지 두 번, 세 번 생각하고 프리랜서를 알아봐야 합니다. 요즘엔 쇼핑몰이나 앱 제작도 범용으로 제공되는 온라인 플랫폼 많으니 이런 프로그램을 활용해서 MVP 테스트하는 것이 개발자를 무리해서 고용하려 하거나 프리랜서를 쓰는 것보다 100배 낫습니다. 팀 내 개발자가 없다면 MVP 테스트의 실적에 따른 지원금을 크게 받고 난 다음에 고용을 알아보는 것이 맞습니다.

정부지원사업을 따는 것에도 중독이 있습니다. 사업 진도를 빼는 것이 아니라 정부지원사업에서 나오는 돈으로 연명하는 것이 습관이 되는 것이죠. 실제로 이런 분들이 매우 많습니다. '지원금 헌터'라 불리는데 지원금을 받기에 딱 좋은 정도까지만 제품 개발을 합니다. 이런 대표자들은 대체로 그 아이템에 대한 진심의 애정이 없습니다. 그저 자기가 사업하고 있고 여기저기 자기를 대표자라고 소개하는 데만 관심이 있죠. 당연히 이런 분들도 돈을 낭비합니다. 스스로 이런 사람이 맞는지 아닌지가 궁금하다면, 1억 원을 지원받았을 때 이 돈을 제품 개발에 어떻게 쓸 것인지에 대해 생각해보세요. 이에 대한 그림이 전혀 그려지지 않는다면 여러분 역시 이 부류가 될 위험성이 있습니다.

하드웨어 제작이 필요할 땐 발품을 부지런히 팔면 팔수록 원가가 떨어집니다. 제품에 따라 부평이나 부천, 화성, 영등포, 을지로, 중랑구 등의 지역들을 돌아다녀보면 각종 하드웨어 제작이나 의류, 봉제 제품 등 수많은 전문 제조업체를 만날 수 있습니다. 이분들에게 잘 부탁하면 굉장히 저렴한 비용으로 시제품을 제작해볼 수 있습니다. 이 시제품 10개, 20개 팔아보면서 시장에 대한 이해도를 쌓고, 제품을 조금씩 개선하면서 자신감이 붙었을 때 그때 MVP 제작을 위한 조금 더 큰 제작처를 찾으면 됩니다. 물품 판매 등이 필요하다면 자체 웹사이트 같은 것을 제작하기보단 네이버 스마트스토어 같은 곳에서 팔아보는 것으로도 충분합니다. MVP 단계에서는 이 정도로도 감지덕지입니다.

인스타그램이나 유튜브 같은 홍보 채널들은 마케터를 고용하기보단 대표자가 직접 해야 합니다. 해본 적이 없어서 잘 할 수 있을지 불안하겠지만 외부 전문가를 써도 여러분이 원하는 품질은 잘 나오지 않습니다. 사업 초기에는 내가 할 줄 모르면 외부 인력 써봐야 제대로 못 쓰고 돈만 들어가게 되니까요. MVP 테스트 단계에서는 진정성이 전문성보다 월등히 강력합니다. 장갑을 끼고 뭔가를 만져봐야 아무런 느낌도 들지 않습니다. 고객의 목소리는 직접 들어야죠. 조금이라도 돈이 생기면 MVP 제품을 개선하고 고객들과 만나는 방법만 고민해야 합니다. 전문 인력이 있으면 문제를 해결할 수 있을 것이라 생각하겠지만, 제품이 좋지 않다면 전문가를 100명 고용해도 문제는 해결되지 않습니다. 이렇게 운영하면 정말 몇백~몇천만 원의 최소 비용으로 MVP 테스트까지 할 수 있습니다. 제대로 된 제품과 마케팅, 폼 나는 사무실 등은 투자받고 난 뒤에 해도 충분합니다.

Q18

제품/서비스를 시장에 내놓을 때 PMF가 가장 중요하다던데, 무슨 의미이고 어떻게 확인하나요?

A PMF의 개념과 시사점
B PMF 관련 결과 해석

'고객들이 내 제품을 좋아해줄까?' 초기 스타트업에게 가장 골치 아픈 질문입니다. MVP를 만들어서 소수의 고객들에게 테스트하는데 시장이 빵 하고 터진다면 고민할 필요도 없는 문제죠. 페이스북 초창기처럼 만들자마자 여기저기서 서비스 요청이 와서 마구 늘리다 보니 어느 순간 고객이 1억 명이 되더라 하면 정말 멋지죠. 서비스를 무조건 확대하고 제품을 많이 만들어 판매하면 됩니다. 하지만 사실 이렇게 운 좋은 제품이 얼마나 되겠어요? 만드는 제품/서비스마다 이렇게 대박 터진다면 기업들이 제품 R&D나 마케팅에 천문학적인 돈을 쓸 필요가 없습니다. 그저 잘 만들어 팔면 되니까요. 대기업들조차 매출액의 5~20%에 이르는 엄청나게 큰돈을 마케팅에 쓰는 것을 보면 이게 결코 쉽지 않다는 뜻이겠죠. MVP 테스트에서도 고객 반응이 없다면 버려야 하는 아이템이지만, MVP 테스트를 어느 정도 만족스럽게 끝내고 난 뒤 본격적으로 제대로 된 제품을 만들고, 대량 생산을 준비해야 할 때가 되면 다시 이 고민이 떠오릅니다. '고객들이 진짜 좋아해줄까?'

PMF^{Product Market Fit}란 내가 만든 제품이 내가 타깃으로 하는 시장과 맞을지, 그리고 맞는다면 어떻게 해야 그 매칭을 실적으로 바꿔낼 수 있을지에 대한 고민을 말합니다.

Ⓐ PMF의 개념과 시사점

벤처캐피탈 관련 통계 기업인 CB 인사이트가 발표한 바에 의하면 스타트업이 망하는데 가장 큰 이유가 '시장에서 수요가 없었다 No Market Needs'고 합니다. 내 제품이 고객들로부터 구매와 사용의 욕구를 끄집어내지 못했다는 뜻입니다. 즉, 고객이 제품을 원할까에 대한 답이 PMF입니다. 원래 전 세계 최고의 벤처캐피탈 중 하나로 꼽히는 세콰이어 캐피탈의 창업자인 돈 발렌타인이 사용하기 시작한 표현이라고 합니다. 이후 또 다른 유명한 벤처캐피탈리스트인 마크 안드레센이 2010년대 초반 사용하며 유명해졌다고 하지요. 사실 이 PMF라는 개념과 앞에서 다룬 MVP 테스트는 개념상 큰 차이는 없습니다. 결국 MVP를 테스트하는 목적이 제품이 시장에서 수요가 있는지를 파악하자는 것이니까요. 다만 한 가지 추가적인 고민이 필요한 것은 MVP 테스트 결과가 만족스럽다고 해서 곧바로 PMF가 있다는 부인할 수 없는 증거는 아니라는 겁니다. 대규모의 자금을 가지고 출발한 스타트업은 MVP 테스트가 곧바로 PMF나 마찬가지가 됩니다. 가령 AI용 반도체 칩을 설계하는 스타트업이 있다면 칩을 설계한 뒤 잠재 고객사와 제품을 공동 개발하고, 이 Proof of Concept 제품이 제대로 원하는 성능을 발휘하는지가 확인되면 해당 분야 고객들에게 팔 준비를 거의 마친 것이나 다름없습니다. 임상을 끝마친 상태의 약품은 타깃하는 병에 관련된 시장에 충분히 진입 준비를 한 상태가 된다는 것과 같습니다. 제품과 연계된 수요가 이미 세상에 명확하게 존재하기에 그 수요를 실체화할 기술과 제품만 준비하면 됩니다. 대체로 Deep Tech 제품군은 사실상 MVP 테스트가 PMF나 마찬가지입니다. 가령 여러분의 기술이 충분해서 터미네이터 같은 로봇만 만들어낸다면 여러분의 기업은 그 즉시 전 세계 최고 가치의 기업이 될 겁니다. 시장은 있는데 기술이 부족한 것뿐이죠. 하지만 이들 기술 분야를 제외하면 대부분의 스타트업에서 개발하는 제품들은 MVP 테스트의 성공이 제품 성공과 연결되지 않습니다.

여러분이 생일이 똑같은 사람들을 그룹으로 해서 생일에 엮인 다양한 콘텐츠를 제공하고, 이를 기반으로 다른 생일의 사람들과 교류하는 SNS를 만든다고 합시다. 생일에 크게 의미를 부여하는 10대 수백여 명을 대상으로 MVP를 했는데 만족스러웠다고 합시다. 그렇지만 과연 이 서비스가 진체 인구를 대상으로 서비스를 할 만한 서비스일까요? 작은 단위의 테스트 결과가 규모 있는 시장 수요의 증거가 되지 못하는 제품이나 서비스라면 MVP 테스트만으로는 PMF가 있다는 것을 확신하면 안 됩니다. 혹은 초기에 조회수가 많이 나온 유튜브 영상이 있습니다. 꽤 괜찮은 반응을 받은 영상으로 투자를 받은 후 영상 퀄리티를 확 높였는데 오히려 시청자 반응이 시원찮습니다. 이런 경우는 수도 없이 많이 생깁니다. 중소기업 직장인의 애환을 다룬 '좋좋소' 같은 영상물도 유튜브 수준일 때는 아마추어스러운 촬영과 편집, 낯선 배우들의 모습 등이 결합되어 현실감 넘치는 작품으로 평가되었지만 막상 대규모 투자를 받고 촬영과 편집에 신경쓰기 시작하자 원작 특유의 현장감이 사라져버렸다는 평가를 받고 있습니다. MVP 테스트는 분명 성공한 셈인데 PMF에 대한 검증은 되지 않았던 것입니다. 소규모 고객들에게는 나름 니치 제품으로 잘 팔렸으나, 대량생산하면서 희귀성이 떨어지자 동시에 고객 관심도 식어버린 제품이 많습니다.

때문에 연계 시장의 수요가 존재하는지 여부가 명확하지 않은 제품이나 기술의 경우엔 오랜 시간에 걸쳐 단계적, 반복적으로 MVP 테스트를 하며 성장해 나가야 합니다. 1억 원을 들여 타깃 고객 하나에 걸쳐 실험을 했다면 다음에는 다시 1억 원을 추가해서 근접 시장에 나가보고, 다시 추가 고객을 찾는 이 과정을 반복함으로써 의미 있는 규모의 경제가 확보될 때까지 조심스러워야 합니다. 이 지점이 마크 안드레센이 PMF의 조건으로 '충분히 의미 있는 규모를 가진 시장에서의 수요를 확인'하는 것이라 말한 이유입니다.[15] MVP는 분명 의미 있는 테스트이고 테스트 결과는 수요의 존재를 말해주지만, 그 수요가 얼마나 클지는 알 수 없습니다. 니치 시장에서의 성공을 함부로 메인스트림에서의 성공으로 예상하면 안 된다는 뜻입니다.

B PMF 관련 결과 해석

PMF와 관련해서 MVP 결과 해석만큼 중요한 문제 하나는 솔루션에 대한 수요와 내 제품에 대한 수요를 헷갈리면 안 된다는 것입니다. 2021년 4분기 애

---

[15] https://pmarchive.com/guide_to_startups_part4.html

플은 아이폰만으로 매출 89조 원을 기록했습니다. 2위인 삼성전자의 매출은 29조 원을 기록했죠. 애플과 삼성의 매출로만 봐도 전 세계 스마트폰 시장의 수요가 연간 500조 원을 넘는 것을 알 수 있습니다. 그럼 시장의 수요가 엄청나게 많으니 우리가 스마트폰 시장에 진출하면 팔릴까요? 시장에서 그 '제품군'에 대한 수요가 있는 것과 '내 제품'이 팔리는 건 전혀 다른 이야기입니다.

완전히 다른 솔루션을 시장에 처음 내놓을 땐 시장 수요도, 내 제품에 대한 수요도 알 수 없습니다. 어떤 경우엔 내 제품 수요가 전 세계에서 해당 솔루션에 대한 수요 전체일 때도 있죠. 가령 생일 기반 SNS라면 분명 페이스북 같은 기존 SNS와는 분명히 다른 제품이기 때문에 시장 수요를 알 수 없습니다. 내 제품이 시장 수요를 만들어 나가야 하겠죠. 이런 경우엔 PMF 측정이라는 개념 자체가 존재할 수 없는 것 같습니다. 하지만 사람들의 커뮤니케이션을 도와주는 온라인 미디어라는 점에서는 기존 수요는 엄청나게 크고 다채롭습니다. 이 관점에서 보면 시장 수요가 확인되고, 내 제품을 고객이 찾지 않는다면 단순히 내 제품의 PMF가 형편없는 것이지 수요가 없는 것이 아닙니다.

무너지는 스타트업에서 '시장에 수요가 많으니 우리 것도 웬만큼 팔릴 거야', '내 제품이 너무 신선해서 사람들이 낯설어하나 봐'라는 이야기를 하곤 합니다. 둘 다 PMF 개념에 대해 아예 이해하지 못한 말들입니다. 서울에 아파트가 수도 없이 많지만 내 몸 뉘일 곳은 찾기 어려운 것처럼 유사한 수요가 많다고 해서 내 제품이 팔린다는 보장은 없는 것이고, 내 제품이 신선한 것이 아닌 그저 시장에서 수요가 없는 겁니다. 정말 낯선 제품을 만들 생각이라면 처음부터 고객들을 교육시켜가면서 기반을 넓힐 방안을 찾아야 하는데, 대체로 완전히 낯선 제품의 성공 가능성은 매우 낮습니다. 틱톡이나 배달의민족처럼 수요가 이미 분명히 존재하고, 이를 현실화해내는 솔루션들의 성공 가능성이 훨씬 높습니다.

PMF 측정에 정해진 법칙은 없습니다. 다만 40% 룰에 대한 이야기를 많이 합니다. 내 제품이나 서비스가 없어지면 매우 애석해할 고객이 40% 정도 된다면, 고객 니즈를 제대로 찾아낸 제품이라 보는 것입니다. 얼마 안 되는 고객이라도 이런 피드백들을 남겨준다면 매우 좋은 일이죠. 이보다 좀 더 명확한 시그널은 3:7입니다. 내 고객 중에서 재구매 고객과 신규 고객의 비율이 3대 7이면 건강한 PMF라고 보는 시각이죠. 물품이나 서비스를 판매할 때 측정하기가 용이하기 때문에 자주 권장하는 PMF 측정 방식입니다. 만약 2:8이라면 마케팅을 활발하게 해서 신규 고객 유입은 많지만 막상 한 번 사용해본 고객들의 만족도는 높지 않음을 의미합니다. 제품이나 서비스의 개선을 통해 사용자 만족도를 높일 방안이 필요하다는 뜻이죠. 4:6이라면 기존 고객의 만족도는 높지만 신규 고객 확보에 우리가 실패하고 있다는 뜻입니다. 우리 제품이 어필하는 고객층이 매우 적다는 뜻이거나 우리가 마케팅을 제대로 못하고 있다는 뜻이죠. 재구매율을 살펴볼 수 있다면 40% 룰보다는 3:7 법칙을 권장합니다. 그리고 이 비율 유지의 전제는 우리가 제품의 특성이나 판매 채널 등에서 아주 큰 변화를 만들지는 않았다는 것입니다. 즉, PMF가 확인되었다는 의미는 현재의 제품 특성과 판매 채널에서 이미 충분한 수요가 나온다는 것이죠. 만약 실적이 충분하지 않다면 계속 작은 피봇팅을 하면서 시장을 찾아야 하지만 6개월 이상 매출이 늘어나지 않거나, 3~4회의 제품 특성 및 판매 채널 피봇팅 이후에도 매출이 늘지 않는다면 그때는 내 제품의 수요가 없다고 인정을 하고 사업 전체의 피봇팅을 고민해보는 것이 맞겠죠.

Q 19

제품/서비스의 PMF가 맞지 않는 것 같으면 어떻게 해야 하나요?

A 고객 행태에 대한 데이터 분석
B 4P Mix의 변화
C 구성이 아닌 제품 차원의 변화

사업을 시작한 스타트업이 소수의 고객에게 MVP 테스트한 뒤에 본격적으로 PMF를 측정하기 시작하는 시점이 되면 아무리 빨라도 최소 1년 이상은 해당 사업을 해온 상태입니다. 고객의 니즈를 확인하는 MVP 테스트 단계부터 아무런 고객 반응이 없거나 부정적인 피드백 일색이라면 사업 방향을 크게 피봇팅하는 것은 데미지가 적을 수 있지만, 이후 본격적으로 시장에 나가서 PMF를 확인했는데 결과가 부정적이면 멘붕이 옵니다. 이런 상황은 꼭 놀라운 신기술이나 완전히 새로운 서비스를 만드는 경우에만 생기는 것이 아닙니다. 몇 군데 고객사를 일종의 캡티브로 생각해서 기본 수요가 있으니 이를 기반으로 사업을 출발시켰는데, 시장 수요 전체가 고객사 몇 군데밖에 없어서 도무지 사업을 스케일업 할 수 없는 B2B 업체들도 흔히 부딪히는 문제입니다. 한두 군데 납품하고 났더니 신규 고객이 더 이상 나타나지 않는 것이죠. 작은 중소기업으로 만족하고 먹고사는 문제만 해결하면 된다고 생각하면 그럭저럭 해볼 수도 있겠지만, 고객사의 숫자가 너무 적으면 혹시나 이들 고객사와 관계가 틀어지면 아예 회사를 문 닫아야 하는 소위 말하는 '천수답 비즈니스'가 되어버립니다. 하늘같은 고객님이 단비가 되는 발주를 내주기만을 바라는 사업이라는 뜻입니다. 만약 시장에서 부정적인 피드백이 왔는데, 사업 전체의 피봇팅은 상상하기 어려운 상태라면 어떤 대응책이 있을지 생각해보도록 하겠습니다. 이 부분에 대한 고민은 투자자 미팅 때 꽤 많이 나오는 질문이기도 하기에 준비를 잘할 필요가 있습니다. "만약 시장 수요가 생각보다 작으면 어떻게 할 생각이세요?" 같은 질문은 정부 지원금 심사나 투자 IR 자리에서 아주 흔히 나옵니다.

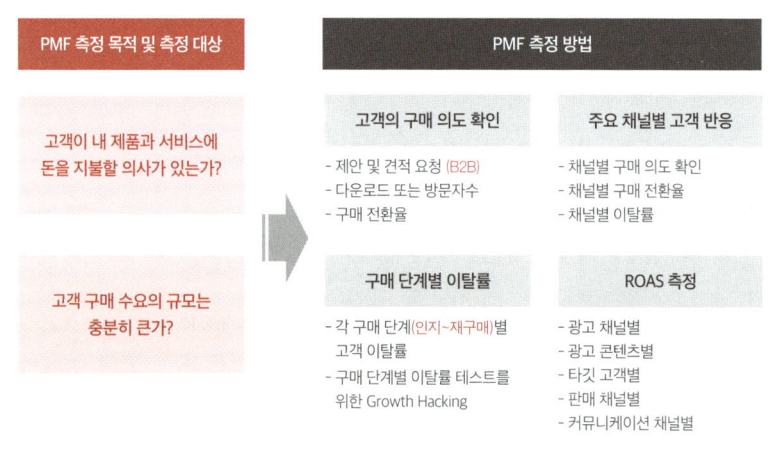

PMF 측정 방법과 고려 사항

A 고객 행태에 대한 데이터 분석

　　PMF 확인 단계에서 가장 먼저 참조해야 하는 것은 당연히 고객 데이터입니다. 시스템에서 확인할 수 있는 고객 행태 데이터가 많으면 많을수록 소수의 고객만으로도 PMF를 읽어들이기가 쉽겠죠. 고객의 구매 사이클은 보통 '인지-고려-의도-구매-재구매'로 구성됩니다. 고객이 내 제품의 존재를 인지하고, 구매에 대해 고려하며, 구매 의사를 가지고 판단하고 결정하며, 구매하고, 다시 이 사이클을 반복하는 과정입니다. 거의 모든 사업은 이 과정의 데이터를 구할 수 있습니다. 앱이나 웹사이트는 너무도 당연히 이런 데이터가 확인되고, 구글 애널리틱스를 어느 정도만 배워도 어렵지 않게 데이터를 정리해볼 수 있습니다. 구매 사이클은 깔때기 통과 과정이기도 합니다. 세상 모든 고객이 내 제품을 인지할 수는 없고, 구매를 고려하는 사람은 인지하는 사람 중 일부입니다.

그리고 다시 구매, 재구매까지 이어지는 숫자는 급격하게 줄어들 수밖에 없죠. 때문에 PMF를 체크한다는 것은 이 깔때기 중 어디에서 급격하게 비율이 줄어드는가를 찾아내는 과정이기도 합니다.

규모가 막대한 광고를 하면 소비자들의 인지도는 올라가기 마련입니다. 이 숫자는 소비자 설문 조사를 해서 파악할 수도 있지만, 네이버의 검색량 비교를 통해서도 짐작해볼 수 있죠. 통상적으로 스타트업이 시장 전체를 대상으로 인지도 확인을 하는 경우는 이미 큰 실적으로 거둔 후 대규모의 외부 투자를 받았을 때입니다. 마켓컬리가 전지현 씨를 광고모델로 내세워 케이블 TV를 도배하던 시점은 매출이 이미 천억 원을 넘어 사업을 확장해야 하던 시점이었습니다. PMF를 확인한 뒤에 본격 스케일업을 할 때만 시장 전체의 인지도가 필요했으며, PMF 확인 시점에는 이렇게 큰 시장의 인지도는 불필요하죠.

인지도보다 PMF에서 더 중요한 것은 고객이 내 제품의 구매를 고려하느냐입니다. 구매할 의향이 생기는지를 파악하는 것인데, B2B라면 고객 측의 제안 요청 또는 견적 요청이 하나의 신호일 것이고, 앱이라면 다운로드, 웹이라면 사이트 방문이 이 구매 의향에 대한 표시일 겁니다. 인지도는 앞서 이야기한 처럼 초기 스타트업 입장에서 타깃 고객층의 소수에게만 있으면 되고, 본격적으로 데이터를 들여다보는 것은 고객이 구매 의향을 보인 이후부터입니다. 1천 명이 웹사이트를 방문했다면 1천 명이 전부 구매나 재구매를 하지는 않을 것이고, PMF는 구매 의향 고객이 너무 적지만 않다면 1천 명의 방문자 중에서 몇 명이 구매, 재구매로 연결되느냐는 결국 숫자가 설명하겠죠.

온라인 서비스는 서비스 기획 시 데이터를 모을 수 있게 설계만 하면 방문→제품 정보 확인→구매 의도→결제라는 세부 구매 과정마다 이탈률을 확인할 수 있습니다. 이탈률은 구매 사이클 도중에 고객이 최종적으로 구매하지 않고 빠져나가는 비율을 의미합니다. 방문자 1천 명 중에서 제품을 찾아보기 위해 내 사이트에 머무르는 시간이 길지 않다면 고객이 처음 사이트에 도착한 직후 보이는 화면의 구성이 어딘가 소비자들에게 친절하지 않거나 매력이 없다는 뜻일 겁니다. 랜딩페이지에 있는 여러 버튼들의 클릭률로 충분히 판단할 수 있습니다. 각 단계에서 고객 이탈률이 급증하는 페이지가 있거나 또는 구매와 연결되는 버튼의 클릭률이 낮다면 이를 개선하기 위한 A/B 테스트 등을 해봐야겠죠. 오프라인이라면 매장에 들어온 고객이 실제 구매를 하지 않고 빠져나가는 비율 등을 CCTV를 통해 확인하거나 주요 시간대에 매장 입구에서 고객 숫자를 직접 세는 등의 방법으로 구매 의향 고객 중 실제 구매와 연결되는 비율을 확인할 수 있습니다.

웹사이트에 머무르는 시간을 늘리거나, 방문 시 보는 페이지를 늘리게 하는 것은 구매에 대한 '고려'를 구매 행위로 연결시키는 매우 중요한 요소지만 그 자체가 구매와 연관된 것은 아닙니다. 많은 경우 고객들이 웹사이트나 앱의 여러 페이지를 뒤져보고, 심지어 구매 카트에 제품을 넣기도 하지만 결제 버튼을 누르지 않고 사이트를 빠져나가죠. 이런 패턴을 보이는 고객이 매우 많다면 제품이나 콘텐츠는 매력적이지만 가격이 부담스럽다는 뜻일 겁니다. 하지만 가격을 조정하는 일은 여러 가지로 복잡한 문제입니다. 단지 수익이 조금 줄어드는 수준으로 가격을 낮춘다고 고객들이 과연 구매를 클릭할지 알 수 없지만, 일단 한 번이라도 가격을 낮추면 다시 올리기는 정말 어렵습니다. 가격 인상은 어디까지나 새로운 고객이 계속 유입되고, 구매로 연결되는 비율이 높게 나타날 때 가능한 이야기입니다. 넷플릭스의 경우 매분기 2~3백만 명의 고객이 신규 유입되고 있기에 가격을 1~2달러씩 높이는 것이 가능하죠. 대부분의 스타트업에서 가격 인상은 진짜 어려운 문제고, 오히려 과연 어디까지 낮춰야 고객들의 카트에서 결제창으로 넘어갈 것인지 알기 어렵습니다. 결국은 경영진의 판단 문제이지만 확실한 것은 가격 인하는 다른 생각할 수 있는 모든 방법을 고민한 다음에야 선택하는, 마지막 옵션이라는 점입니다. 그전에 흔히 하는 방법은 제품 여러 개를 묶어서 살 경우 번들 구매 할인을 해주거나, 재방문 시 사용할 수 있는 포인트를 제공하거나, 새로운 고객을 추천하면 가격을 할인해주는 방법 등이 있습니다. 혹은 제품 가격을 조금 더 세부적으로 분류하는데, 가령 5편이 최저 묶음이었는데 1편 단위로 구매하게 한다는 식이죠.

콘텐츠의 경우엔 제품 단위 판매보다 월 정액제를 활용하는 것도 많이 사용되는 전략입니다. 보통 처음 몇 콘텐츠를 공짜로 볼 수 있게 하고, 그 뒤를 보고 싶으면 결제하게끔 유도하는 것이죠. 소액 단위의 월 정액제는 고객들이 손

쉽게 구매하는 경향이 있고, 일단 결제를 한 번 하면 자신이 뭘 결제를 하고 있다는 사실조차 잊어버리는 경우가 많습니다. 혹은 랜덤 박스 형태로 해서 고객들에게 제품 구매 이외의 약간의 추가적 즐거움을 주는 방식도 사용됩니다. 이런 복잡한 가격 메커니즘을 만드는 이유는 단 하나, 구매 의도를 명확히 표현한 고객이 실제 구매를 하게끔 하려는 것이죠. 온라인의 경우라면 평소 고객들의 행태 데이터를 꼼꼼히 봐야 하며, 고객 구매 사이클에 영향을 줄 수 있는 변화는 최대한 고객들의 행태 데이터에 기반해서 의사결정이 이뤄져야 합니다. 이런 방법들을 묶어 그로스 해킹 Growth Hacking 이라 부르는데, 데이터가 풍부하게 나오는 온라인 사업이라면 출시 초기부터 데이터를 붙잡고 지낼 필요가 있습니다.

B 4P Mix의 변화

통상적으로 마케팅에서 사용하는 전술적인 변화를 묶어서 4P Mix라고 합니다. 가장 중심이 되는 Product를 기본으로 하며 Place, Promotion, 그리고 Price입니다. 흔히 스타트업은 제품의 속성을 빠르고 쉽게 바꿀 수 있다고 생각하기에 아예 이런 변화를 의미하는 Pivoting이라는 용어까지 있습니다. 또한 가격은 할인하거나 온라인상에 떠 있는 가격표 좀 수정하면 되는 일이라 생각하는 경우도 많습니다. 하지만 4P Mix에 대한 해석을 더 정확히 이해할 필요가 있습니다. 스타트업의 사업 초기는 살얼음판이나 마찬가지입니다. 오래전 이야기지만 프리챌이라는 커뮤니티 사이트는 애초에 무료로 운영하다가 규모가 있는 커뮤니티를 대상으로 아주 작은 비용을 받는 유료화를 추진했고, 무료에 익숙해진 고객들의 반발로 회사가 그대로 망해버렸습니다. 제품에 대한 피봇팅을 하지 않는다는 전제하에 측정하는 것이 PMF입니다. 약간씩의 수정이야 사업하는 동안 당연히 하게 되지만, 제품의 특성을 크게 바꾸는 것은 다른 타깃 시장으로 바꾸겠다는 것이나 마찬가지이기 때문에 PMF 측정 대상이 아니라고 할 수 있습니다. 비즈니스 모델의 가장 큰 전제인 타깃 고객이 바뀌는 것이니까요.

결국 PMF 측정 단계에서 활용이 가능한 전략은 영업 채널을 의미하는

Place와 홍보와 각종 판촉을 의미하는 Promotion입니다.

스타트업의 초기에 제품과 가격이 어느 정도 정해져 있다면 어느 채널에서 판매하는지가 큰 의미를 가집니다. 플랫폼이나 콘텐츠 서비스 등의 온라인 서비스라면 독자적 앱, 커머스나 제조라면 네이버 스마트스토어와 자사 쇼핑몰의 병행, B2B 솔루션이라면 SaaS, 고객사별로 맞춤 서비스가 많이 요구되거나 프로젝트성으로 진행되는 사업이라면 대면 영업이나 대리점 역할을 해줄 업체를 활용하는 것 정도가 아주 표준적인 채널 구성입니다. 업종별로 매우 다를 수밖에 없지만 일단 판매되는 추이만 확인하더라도 PMF를 어느 정도 파악할 수 있고, 고객의 구매 사이클도 충분히 읽어낼 수 있다면 굳이 개발비를 크게 투입하면서 자사 독자적 채널을 구축하기보다는 네이버 스마트스토어 등의 기존 플랫폼 채널을 활용하는 편이 더 적절합니다. 이 경우 확인해야 하는 핵심은 제품 자체를 고객들에게 어필할 수 있는지 여부입니다. 즉, 제품 특성 자체를 확인하는 것이 중요한 제조업이나 콘텐츠라면 기존 플랫폼이나 유통망에 들어가도 괜찮다는 것입니다. 제품 판매 추이나 콘텐츠 구매 추이를 보면 되니까요.

하지만 플랫폼이나 SaaS 등의 완전한 온라인 서비스들은 무조건 독자 채널로 가야 합니다. 이런 채널의 구축 비용은 제품 개발비라는 이름으로 당연히 투입되어야 하며, 이 경우 프로모션이 매우 중요해집니다. 이런 서비스의 가장 명확한 예시라 할 수 있는 모바일 게임이나 웹소설 등의 콘텐츠 서비스들은 매일매일 투입되는 광고비와 고객 유입, 그리고 결제액 사이의 상관 관계를 확인하는, 소위 말하는 ROAS 측정에 집중하게 됩니다. 일단 고객이 유입되면 유료 구매 전환율이 높은 서비스이기 때문에 광고를 통해 노골적으로 고객 유인에 집중하는 것이 맞는 전략입니다. 하지만 이렇게 명확한 수익 모델과 유료 전환율을 가진 콘텐츠 사업들을 제외하면 ROAS에만 의존하는 프로모션 방식은 매우 위험합니다.

ROAS는 Return on Ad Spend, 즉 광고비 지출 대비 수익률을 의미합니다. 매출이 100원 발생했을 때 그 매출을 만들기 위해 30원을 광고비로 썼다면 ROAS는 330%입니다 =100/30. 보통 300% 전후의 ROAS가 나오면 광고비의 기본적인 매출 증대 효과는 있다고 보는 편입니다. 하지만 게임이나 유료 콘텐츠 비즈니스처럼 광고의 효과가 거의 그 즉시 매출과 수익으로 확인이 되는 사업이 아니면 광고에만 의존해서 고객을 확보하려는 시각은 매우 위험합니다. 당장 ROAS가 330%라면 매출액 100원에 대해 광고비를 30원 썼다는 뜻이고, 매출액의 광고비 비중이 30%입니다. 배달의민족은 한때 290억 원 매출에 광고비로만 130억 원을 넘게 집행한 적도 있습니다. 광고비가 매출액의 45%가 넘는 셈이죠. 하지만 이 정도 광고비를 집행하는 시점에 배달의민족은 500억 원이 넘는 누적 투자금을 가진 회사였습니다. 300억 원에 가까운 매출을 올리며 500억 원이 넘는 투자금이 있을 때 ROAS의 효과를 검증해보고 싶다면 질러볼 수 있습니다. 하지만 이 규모는 이미 PMF 체크가 끝나고 본격적인 스케일업 단계에 하는 일입니다. 마켓컬리의 보라색 광고도 스케일업 단계였고, TV를 도배하는 명품 커머스 플랫폼 광고도 모두 스케일업 단계에서 하는 일입니다. 그리고 이들 업종은 모두 광고 투입 시 아무리 길어도 1~2주 이내에 신규 고객 유입이나 매출 증가를 바로바로 확인할 수 있으므로 광고가 매출과 직접적인 연관성을 보여줄 수 있습니다. 하지만 이런 업종은 얼마 되지 않습니다. 즉, 광고가 즉시 매출 증대와 연결될 수 있는지 명확하지 않은 업종에서는 ROAS 같은 건 분석해봐야 돈 낭비에 가깝습니다. 다음 두 가지 이유 때문입니다.

첫 번째는 즉각적인 반응을 보이는 콘텐츠나 커머스 서비스들이 아닌 한 매출액이 늘어나는 이유가 광고 효과 때문인지 파악하기 쉽지 않습니다. 물론 온라인 광고를 보고 클릭해서 들어온 사람 숫자는 확인이 되지만, 제품 종류에 따라서는 고객의 인지도가 일정 수준 축적되기 전까지는 광고를 보더라도 인지만 할 뿐 서비스를 이용하지 않을 수 있습니다. 가령 교육이나 명상 서비스 같은 것들은 인지는 할 수 있지만 현실적인 필요성이 느껴지기 전에는 고객이 오지 않을 수 있는 것이죠.

두 번째는 광고를 집행했는데 매출 반응이 크게 변동이 없을 경우 광고를 잘못 집행한 것인지 혹은 아예 타깃 고객이나 제품 자체의 문제인지 파악이 되질 않는데, 이를 확인하려면 다시 광고를 더 집행해야 합니다. 광고는 어디까지나 제품이 제대로 만들어졌을 때 제품 판매를 도와주는 부수적인 수단입니다. 그런데 ROAS에만 집착하다 보면 정작 제품보다 자꾸 광고만 집중하게 됩니다. 심지어 광고가 직접적으로 매출에 영향을 주는 게임이나 웹소설 같은 콘텐츠 서비스조차도 사실 광고만큼 중요한 것이 고객들이 모여 있는 커뮤니티 등에서 제품에 대해 고객들이 이야기하는 불만사항이나 고객들의 피드백에 맞춰 제품을 계속 수정하고, 내용을 다듬어 나가는 것입니다. 서비스 회사가 고객들 목소리에 귀를 기울이려 하고, 가능한 한 최대로 고객들과 소통하는 회사라는 메시지를 주는 것이 중요하다는 것이죠. 이런 고객 관리와 커뮤니케이션 노력은 돈보다는 창업팀의 노력과 태도의 문제입니다. 그리고 광고를 아무리 많이 집행해도, 고객 피드백에 귀 기울이고 고객들 간의 커뮤니케이션을 활성화하는 것보다는 효과가 떨어집니다. 앞서 언급했듯 초기 스타트업의 목표는 소수의 고객을 진성 고객, 즉 열렬한 팬으로 만드는 것입니다. 광고에만 의존하면 진성 고객을 얻는 것이 아니라 '돈으로 고객을 산' 것이죠. 장기간에 걸친 충성 고객을 만들어서 제품과 회사의 성공 가능성을 더 높이려면 ROAS는 우선 순위에서 후순위에 있어야 합니다. 광고라는 방식을 써서 고객을 돈으로 사게 되면 당장 매출은 올라도 결국 PMF에 대한 해석을 왜곡하기 쉽고, 열혈 팬을 만드는 것을 방해하며, 고객과의 장기적 관계를 해치기 쉽습니다.

가격의 경우에는 할인이나 가격 조정처럼 가격 자체에 손을 대기보다는 돈을 받는 방법의 변화를 고민하는 편이 도움이 됩니다. 최근에는 굉장히 편하게 되어 있지만, 쿠팡이 초창기에 각광받았던 이유 중 하나가 카드 결제 방식이 다른 커머스에 비해 매우 편리했다는 이유도 있었습니다. 특히 모바일에서 카드를 한 번만 등록하면 그다음부터는 클릭 한 번으로 결제할 수 있었으니까요. 제품 개발과 매출에만 신경 쓰다 보면 고객들이 정작 불편을 느끼는 요소들을 놓치기 쉽습니다. 단순 구매 사이클만을 생각하면 모든 고객들이 우리 회사의 제품과 서비스에 대해 유사한 경험을 하는 것처럼 보이지만, 사실 개별 고객마다 전혀 다른 형태로 내 제품을 소비합니다. 여러 고객들의 프로파일에 맞춰 그들이 어떻게 내 제품을 인지했고, 어떻게 구매처에 왔으며, 어떤 단계들을 거쳐 구매하게 되는지를 꼼꼼히 살펴보면 구매를 방해하는 요소를 찾아낼 수 있습니다. 예전에는 국내 모바일 커머스들의 결제 시스템이 굉장히 복잡했습니다. 모든 시스템이 복잡했기 때문에 쿠팡 역시 이를 바꾸지 않고 남들과 똑같았어도 문제는 없었겠죠. 하지만 해외 사이트에서 물품을 구매해봤던 고객들은 국내 결제 시스템의 복잡성에 대한 문제 의식을 가지고 있었을 겁니다. 쿠팡은 이를 예리하게 캐치해낸 것이죠. 가격을 바꾸기는 매우 쉽지만 항상 맨 마지막에, 더 이상 선택지가 없을 때 택하는 변화이며, 그전에는 가격 자체보다 구매의 세부 단계별로 고객을 방해하는 요소가 없는지 찾아보고 이를 바꾸려는 노력이 선행되어야 합니다.

C 구성이 아닌 제품 차원의 변화

애플리케이션 등의 소프트웨어는 고객 데이터나 고객들의 피드백에 따라 작은 수정 작업을 할 여지가 많습니다. 특히 B2C 서비스의 경우 고객이 내 제품을 인지, 구매, 소비하는 Customer Journey에 따라 다양한 영역에서 수정을 할 수도 있고, 고객들의 커뮤니티 등에 남겨진 피드백에 따른 기능이나 구성 요소 등의 변경도 비교적 손쉽게 할 수 있습니다. 혹은 성격을 크게 바꾸는 것도 맘먹고 할 수도 있죠. 하지만 이런 변화는 어디까지나 고객들의 기본적인 방문율이나 구매전환율 등에서 긍정적인 신호가 많이 보일 때 하는 일입니다. 마음먹고 출시했고, 광고도 적당히 돌려봤는데 사람들이 도무지 방문하거나 다운로드하지 않는다면 내 제품이 고객들의 니즈에 아예 맞지 않는 제품이라는 뜻이 됩니다. 거기서 약간씩 수정한다고 해도 문제가 해결되지 않을 가능성이 더 크겠죠. 때문에 성과가 잘 나오지 않는 경우 고객들의 인지 문제인지 아니면 제품의 PMF인지 엄밀하게 파악해볼 필요가 있습니다. 사실 많은 경우 이런 문제가 생기는 근본적인 이유는 수요가 매우 한정적인 제품이나 서비스를 론칭했기 때문입니다.

제품에 큰 변화를 주는 것에 대한 기준점은 없습니다. 다만 한 제품에 대해 3~6개월 정도 작은 변화들과 마케팅의 변화를 했는데도 기본적인 유입량 규모가 커지지 않는다면 그 아이템 자체가 고객들에게 전혀 관심을 끌지 못한다는 뜻일 겁니다. 일단 유입이 되어야 그다음에 4P Mix를 변화해가면서 구매 사이클을 가속화시킬 방법을 찾는데, 기본적인 유입 자체가 이뤄지지 않는다면 제품/서비스가 잘못된 것이죠. 아니라고 판단되면 과감하게 손절하는 자세도 분명 필요합니다. 그래야 다음에 기회를 시도해볼 수 있습니다. 유입에 큰 변화가 없는 상태로 1년 이상 끌고 간다면 후회만 남길 위험성이 많습니다.

STEP 6

비즈니스 모델 설계 04
수익 모델 · 가격 · 판매망 설계 · 초기 홍보 및 프로모션

지금까지 우리는 제품이 만들어지면 대가를 받고 파는 모델을 중심에 놓고 생각해왔습니다. 대가를 받고 대가에 해당하는 제품을 파는 모델로, 가장 표준이죠. 하지만 이 대가를 누구에게 언제 어떻게 받을지 다양한 방식이 존재하는데, 이를 수익 모델이라고 합니다.

초기 스타트업이라면 너무 복잡한 수익 모델은 택하지 않는 것이 좋습니다. 제품도 제조사도 모두 고객들에게 낯선데, 제품을 구매하고 사용하는 방식까지 복잡하면 장벽이 너무 많이 생기는 셈이니까요. 대체로 남과 다른 수익 모델을 고민하고 적용하는 시점은 비즈니스 모델을 고민하는 초기가 아니라, 본격적으로 사업 규모를 확대해야 하는 스케일업 단계의 숙제입니다. 때문에 수익 모델에 대한 설명은 초기에 고민해야 하는 부분만 간략히 이야기하겠습니다. 초기 스타트업은 제품 차별화에만 집중해도 운영이 어렵습니다. 만약 수익 모델까지 차별적으로 고객들에게 인식시키려 하면 리스크가 커집니다. 세상 참신한 수익 모델 아이디어가 있다면 이를 적용해보려는 자세는 좋지만, 초기에는 아이디어만 가지도록 하며 단순하고 명료한 수익 모델을 적용하는 것을 권합니다.

Q 20

수익 모델은 무엇이고, 주요 고려 요소는 무엇인가요?

수익 모델은 쉽게 말해 수익을 남기는 방법입니다. 사용자만 많이 모으겠다고 하면 모든 제품과 서비스를 무료로 하면 됩니다. 제품 매출을 높이겠다고 하면 원가는 고려하지 않고 최대한 가격을 낮춰서 팔면 되죠. 하지만 고객의 의사결정은 매우 복잡하고, 이성적으로 이해되지 않는 요소도 많고, 내가 가격을 정해서 고객에게 알렸을 때 예상과는 매우 다른 반응을 보이기도 합니다. 때문에 수익 모델 설계 시에는 매우 많은 요소를 고려해야 합니다. 주요 고려 요소와 각 요소를 조합했을 때 나올 수 있는 대표적인 수익 모델들을 정리해보겠습니다.

A 매출 · 원가 · 비용 · 마진 · 수수료
B 판매자 · 구매자 · 사용자 · 구매의사결정권자
C 수익 모델 설계 시 고려 요소

A 매출 · 원가 · 비용 · 마진 · 수수료

수익 모델을 생각할 때 가장 기본이 되는 것은 매출 계산입니다. 매출은 쉽습니다. 판매량과 판가를 곱하면 되는 것이니까요. 하지만 가격 계산은 어려운 일입니다. 앱만 출시해서 그곳에서 상품을 파는 형태의 사업은 가격도 어렵지 않습니다. 내 서비스와 유사한 서비스들이 고객들에게 받는 금액을 참조해 그에 맞춰서 운영하면 되니까요. 하지만 액세서리나 인테리어 소품처럼 사업 초기부터 제품 종류가 다양하고, 판매 채널 여러 곳을 운영하는 경우에는 각 제품별, 채널별 가격을 다양화해서 운영할 수도 있습니다. 좀 더 복잡해지면 일부는 B2B 납품을 하고, 일부는 B2C로 판매하는 모델도 생각할 수 있습니다. 이런 경우에는 매출을 계산하는 시간 단위를 조금 더 길게 하면 됩니다. 중요한 것은 매출을 사전에 예측해보는 것입니다. 비즈니스 모델 설계 때 판매를 예상해보는 것은 제품 특성에 영향을 주거나, 원가나 각종 비용 구성에도 영향을 줄 문제입니다. 사업의 가장 기본이 매출 추정입니다.

하드웨어 제품이나 구매해서 판매하는 물품에는 '원가'라는 개념이 붙습니다. 통상 제조라인을 갖추고 시작하는 스타트업은 매우 드물어서 보통은 OEM 업체에게서 매입해오는 가격을 원가로 봅니다. 커머스 업종에서도 공급사의 납품가를 원가로 판단하죠. 어느 정도의 원가율이 판매가 대비 적절한가는 항상 논란의 여지가 있지만 보통 OEM 제품을 지마켓이나 네이버 스마트스토어에서 판매한다고 가정했을 때 적정 원가율은 판매가의 20% 미만으로 보는 것이 일반적입니다. 즉, 매입한 가격의 5배 정도로 파는 것이죠. 5배씩이나 남기면 너무 양심불량 아닌가 싶겠지만 물류비, 인건비, 마케팅 비용, 사무실 운영비 등 각종 비용을 제하고 나면 판매량이 많지 않을 때는 적자 되기 십상입니다. 매장이나 각종 설비를 가진 업종이라면 매장 임대료 및 운영비 등의 항목이 추가되어야 하기 때문에 원가율이 더 낮아져야 합니다. 흔히 식당의 경우 25~30% 정도를 기준 재료비로 본다고 하죠. 이보다 재료비율이 높으면 판매량이 기하급수로 늘어야 합니다. 박리다매로 가야 하니까요. 화장품 같은 제품들은 원재료비는 5%도 안 되는데 용기 및 포장비 등이 비싸기 때문에 20%를 넘어가는 경우가 쉽게 생깁니다. 하지만 화장품류는 마케팅 비용이 굉장히 많이 들어가기 때문에 적정 비율을 10%로 정도로 보는 편입니다.

원가나 재료비를 제외하고 영업에 들어가는 나머지 사용액은 '비용'이라는 이름으로 부릅니다. 초기 스타트업에게 가장 부담이 되는 비용은 인건비와 마케팅 비용입니다. 이 말은 두 비용은 피하기 어려우니 다른 비용을 최대한 줄이라는 뜻이죠. 인건비에 대한 기준은 그 인력이 없으면 아예 제품이 만들어지지 않는 경우에만 인력을 고려하라는 것입니다. 대부분의 앱이나 온라인 플랫폼은 PMF 단계까지 거의 5명 미만으로 제품 개발 및 시장 진입을 할 수 있습니다. 클라이언트 개발자는 어쩔 수 없겠지만 디자이너가 없어도 되고, 서버도 범용의 플랫폼에서 DB 등을 만들 수 있는 공용 서비스가 있습니다. 향후 사용자가 많아지면 당연히 큰 비용이 들지만, 사업성 검증이 먼저인 단계일 때는 굳이 서버 개발자처럼 비싼 인력을 고용할 필요는 없습니다. 물론 요즘 서버 개발자나 AI 개발자는 스타트업 입장에서 채용하고 싶다고 채용할 수도 없을 정도로 귀하지만 말이죠. 초기 시장 진입 마케팅은 절대적으로 창업팀원들이 나눠서 해야 하는 직무입니다. 마케팅 전문가는 초기가 아닌 스케일업 단계에서 고용하는 것이 현실적입니다. 풀타임 직원은 Series A 투자를 받을 때 5명 정도 있으면 대부분의 산업에서는 충분한 숫자입니다. 투자를 받기 전에 대표 포함 6명 이상이 근무를 한다는 것은 제품 개발의 구체적인 방향에 대해 대표자가 잘 모르거나, 개발자나 엔지니어, 디자이너 등 기술 인력들의 스킬이 너무 낮거나, 아니면 대표자를 포함한 창업팀의 욕심이 과다한 경우입니다. 인건비는 최대한 낮게 유지해야 합니다.

마케팅의 경우 돈을 써서 멋있게 하려는 것보다는 돈을 덜 쓰는 방법을 찾다 보면 기발한 아이디어가 떠오릅니다. 몇 년 전 추석 귀성객들을 대상으로 비상약을 나눠준다며 지하철내의 대형 광고판에 광고 문구를 직접 손글씨로 작성해서 붙인 회사가 있었습니다. 글씨가 도저히 광고라고 보기에는 너무 자유분방하고, 내용도 '약 받아서 고향 가'라는 것이었죠. 저렇게 부실한 광고를 큰돈을 들여 지하철에 노출했다고 의아해하는 사람도 있었고, 의료 스타트업이니 저런 식으로라도 시선을 잡는 게 필요하다는 의견도 있었는데, 중요한 건 이 스타트업은 실제 지하철역에 이렇게 광고를 한 것이 아니고, 단순히 지하철벽 광고 사진에 자신들의 메시지를 합성한 이미지를 SNS상에 공유한 것이죠. 포토샵 외에는 들어간 것이 없었지만 이 캠페인 덕분에 이 기업의 앱 다운로드 수는 8배가 늘었다고 합니다. 다른 스타트업의 경우 예전 구글 CEO인 에릭 슈미트가 한국에 내한해 언론과 스타트업 관계자들의 관심을 끌 것이라 생각해 에릭 슈미트 주변에서 자기 회사 상품명이 노출되는 플래카드를 들고 서 있었다고 합니다. 너무 다가가면 경호원들에게 쫓겨날 테니 적당히 먼 곳에서 플래카드 노출을 노린 거죠. 에릭슈미트 사진을 수없이 많은 사람이 찍고 SNS에 공유하다 보면 자기 회사 제품명도 노출되길 기대한 겁니다. 그 회사 제품은 스타트업이 주요 타깃이었습니다. 스타트업들이 가끔 기발한 광고나 마케팅 아이디어를 내놓는 이유는 이들이 창의성이 다른 기업들보다 높아서가 아니라, 돈은 없고 고객들 인지도는 높여야 하다 보니 절박해서 창의성이 튀어나온 것입니다. 스타트업 마케팅은 최대한 비용 효율적으로 움직여야 합니다. 이 방식이 너무 어렵다면 사업화 속도를 늦추더라도 고객들을 커뮤니티 형태로 묶어내고 이를 기반으로 천천히 사업화하는 것이 정석입니다. 무신사나 야놀자 같은 곳들이 딱 이 방식으로 초기에 큰 투자를 받지 않고 사업화한 곳들입니다. 무신사나 야놀자는 많은 VC들에게 투자를 받았지만 여전히 창업자의 지분율이 매우 높습니다. 이렇게 높을 수 있었던 이유는 무신사는 7년 이상, 야놀자도 5년 이상 관련 분야의 사람들을 모아서 관심사를 나누는 커뮤니티를 충분히 활성화시킨 후 사업화했기 때문입니다. 타깃 고객이 모여 있고, 그들과 피드백도 바로바로 주고받을 수 있으니 광고로 대표되는 마케팅 비용 과다 투입을 할 필요가 없었으니까요. 야놀자의 광고가 늘어난 시점은 이미 사업이 안정화 단계를 한참 지난 뒤 대규모 투자를 받고 난 다음입니다.

스타트업을 포함해서 어느 기업에서나 1회성으로 소모되는 비용보다는 감가상각의 대상이 되는 시설이나 설비, 각종 특허 등 '자산'이 증가하는 것이 더 좋은 평가를 받습니다. 물론 자산만 늘어난다고 문제가 해결되는 것은 아니고 당연히 자산이 늘면 매출은 더 크게 늘어나줘야 하죠. 초기에는 매출을 높이겠다는 생각으로 무리하게 비용을 집행하기 보다 이 비용으로 어떻게 하면 최대한의 효과를 뽑아낼 것인지를 고민하는 것이 중요합니다. 대규모의 비용 집행은 투자받고 난 뒤 스케일업 단계의 숙제입니다.

추가적으로 생각할 것은 아예 납품을 하는 경우입니다. 수수료와 납품의 차이는 앞서 설명했지만, 최종적으로 소비자에게 판매되는 가격을 누가 결정하느냐의 문제입니다. 유통망 수수료의 의미는 스타트업이 소비자 판매가를 결정한다는 뜻입니다. 내가 지마켓에서 물건을 팔 경우 약정된 수수료만 내면 되고 가격은 내가 결정하면 됩니다. 할인행사 등도 내가 결정할 문제지 지마켓이 나서서 할인을 할 수는 없습니다. 팔리지 않는 경우 재고에 대한 부담을 내가 지게 되니까요. 반면 납품을 한다는 것은 내가 올리는 매출은 유통사에 공급한 가격이며, 일단 납품이 되면 유통사가 얼마나 큰 마진을 붙여서 판매하는지를 공급업체 입장에서 결정권을 줄 수 없습니다. 공정거래법상 재판매가격에 대해 공급업체가 결정권을 가질 수 없습니다. 때문에 내가 생각하는 적정한 소비자 가격이 있지만 대량으로 납품을 해야만 하는 상황이라면 내 생각은 의미가 없어집니다. 물론 유통사를 이 가격으로 하도록 설득할 수는 있는데, 이 경우 유통사가 원하는 마진을 맞춰주려면 내 제품의 납품가격을 낮춰야 할 수도 있습니다. 앞서 소비자가 대비 공급업체의 원가율 20% 정도를 이야기하는 이유가 바로 이 지점입니다. 만약 납품을 해야 하는 경우라면 내 매출액은 보통 원가의 3배 정도가 됩니다. 그리고 유통사에 납품되는 물류비가 붙고, 유통사 마진이 붙어서 원가의 5배로 소비자에게 판매됩니다. 가끔 스타트업 대표에게 원가가 너무 높다고 말하면 '소비자가를 원가의 세 배 정도로 할 생각이니 소비자의 가격 경쟁력이 충분하다'고 이야기하는 경우가 있습니다. 유통사 마진은 아예 고려를 하지 않은 것이죠. 그리고 이 가격으로 시장에 나간 다음에야 문제점을 깨닫게 되지만, 이 경우엔 이미 원가가 너무 높아 소비자 기준으로 가격 경쟁력을 상실하게 됩니다. 제품 원가는 제품 기획 단계부터 철저하게 낮춰 잡아야 합니다. 앞서 제품 개발 단계에 대해 이야기했듯 스타트업은 여러 기능이 잘 갖춰진 좋은 제품보다는 고객의 요구를 명확하게 충족시킬 수 있는 단순한 기능의 제품을 만들어야 훨씬 더 경쟁력을 갖추기 쉽습니다.

B 판매자 · 구매자 · 사용자 · 구매의사결정권자

매출을 계산할 때 생각해봐야 하는 문제 하나는 내 서비스가 사용자와 수혜자, 구매자가 분리되는 사업이냐는 점입니다. 대부분의 소셜미디어는 사용자는 일반인, 수혜자는 콘텐츠 제공자인 크리에이터나 언론 등 미디어, 그리고 구매자는 광고를 게재하는 광고주입니다. 금융업체인 토스의 비즈니스 모델도 소셜미디어와 매우 유사하죠. 토스는 무료 송금을 무기로 사용자를 모으고, 전통적인 금융기관들은 질 좋은 상품 홍보 채널을 확보하며, 토스는 이 홍보 비용을 받는 구조였으니까요. 학생들을 위한 학원이나 영유아 교육 및 보육 관련 서비스들도 역시 사용자와 실제 비용을 지불하는 구매자가 다르다는 점에서 유사한 형태입니다.

대부분의 상품이나 서비스에서는 사용자와 구매자가 일치합니다. 전통적으로 이러한 형태가 완전히 달라지는 경우는 많지 않았습니다. 공공재나 오프라인 서점처럼 비용을 지불하는 납세자, 그리고 책을 구매하는 고객이 있기 때문에 다른 사람들은 여러 공공 인프라를 사용할 수 있고 서점에서 편안하게 다양한 책을 무료로 즐길 수 있습니다. 하지만 이 역시 사용자들이 번갈아가면서 구매자가 되는 구조이지, 완전히 분리되는 경우는 거의 없었죠. 그런데 온라인으로 오면서 이렇게 구분되는 것이 완전히 대세로 자리잡게 됩니다. 사용자와 공급자가 만나는 '플랫폼'이라는 형태의 사업들은 본질적으로 이렇게 될 수밖에 없습니다. 플랫폼 운영자가 공급자가 아니니 공급되는 품목에 대해 모든 비용을 받을 수는 없으며, 사용자들도 공짜이기 때문에 즐기기 시작하다 보니 익숙해지는 경우가 대부분이니까요.

통상적으로 사용자와 구매자, 즉 돈을 지불하는 사람이 다른 경우 스타트업은 우선 사용자를 확보하는 데 집중하게 됩니다. 무료로 서비스를 사용하게 해서 많은 트래픽을 발생시키고, 이 트래픽에 기반해서 광고 등을 수익 모델로 한다는 뜻이 됩니다. 트래픽이 구매 의사결정권자의 결정을 받아내는 역할을 합니다. 하지만 트래픽을 만들어내는 것은 무료도 아니고, 쉽게 만들어지지도 않습니다. 때문에 이 계획만으로는 투자를 이끌어낼 수 없고, 특히 많은 사용자를 모아 광고를 기반으로 매출을 끌어올리겠다는 식의 수익 모델은 설득력이 매우 떨어집니다. 분명 20여 년 전 웹이 성장할 때, 그리고 10여 년 전 모바일 앱이 성장할 때는 이런 식의 비즈니스 모델도 가능했으며 각광받았습니다. 전자가 페이스북이라면 후자는 인스타그램이라 할 수 있겠습니다. 지금이야 이 둘이 시장을 완전히 평정했기 때문에 애초부터 둘만 있었던 것 같지만, 페이스북만 해도 마이스페이스닷컴을 비롯한 수많은 업체들이 동시에 트래픽을 놓고 경쟁을 했었습니다. 지금은 웹이나 모바일처럼 새로운 기술 플랫폼이 등장하고 있지 않은 상태입니다. 트래픽에만 의존해 광고로 돈 벌겠다는 생각은 매우 위험한 접근이라는 뜻이죠. 보통 기술 플랫폼이 바뀔 때 사람들의 호기심 또는 새로운 가치로 트래픽이 몰려들기 마련이고, 이 트래픽을 확실히 잡아낸 소수의 업체에게는 크게 성공할 기회가 열리는 셈이니까요. 요즘에 이 분야에서 가장 많이 논의되는 산업은 메타버스입니다. 하지만 현재까지의 메타버스는 MMORPG와 Zoom과 같은 화상회의, 그리고 협업 도구의 조악한 결합으로 보입니다. 몇 년 뒤 어떤 변화가 있을지 모르겠지만 현재까지는 웹이나 모바일 같은 메가 트렌드가 되기는 쉽지 않아 보입니다.

C 수익 모델 설계 시 고려 요소

초기 스타트업의 수익 모델은 최대한 단순해야 합니다. 시리즈 투자를 받기 전까지는 고객들에게 제품의 특장점을 소개하기도 어렵기 때문에 수익 모델 같은 것들은 고객 입장에서 최대한 익숙한 시스템을 사용해야 좋습니다. 거듭 강조하지만 수익 모델 차별화는 스케일업 단계에서 고민할 과제입니다.

현재 업계에서 가장 흔하게 사용되는 수익 모델을 크게 나누자면 상품이나 서비스, 콘텐츠를 제공하고 대가를 받는 방식, 처음엔 무료이며 추가 서비스를 원할 때 유료 결제를 하는 부분유료화 방식, 무료로 사용하고 별도의 구매자가 광고 등에 대해 비용을 지불하는 플랫폼 방식이 있습니다.

대가를 받는 방식은 구매 전 지불 방식, 사용 직후 지불 방식, 포인트나 쿠폰 결제 후 사용 시 차감 방식, 그리고 월간이나 연간 등의 기간제 방식 등이 존재합니다. 통상적으로 커머스에서는 구매 전 지불 방식이 사용되고, 서비스의 경우 서비스를 받고 난 뒤에 지불을 하는 식이 일반적이죠. 웹툰이나 웹소설은 개별 제품의 가격이 너무 작아 새로운 콘텐츠를 볼 때마다 결제하기 다소 번거롭기에 한꺼번에 포인트를 결제한 후 여기서 콘텐츠 소모량에 따라 포인트를 차감하는 형식을 많이 취합니다. 단가가 낮은 제품을 여러 개 파는 경우에 일반적이죠. 포인트 차감 대신 월별 결제 형태로도 많이 제공하는데, 상품이 아주 명확하고 매력적이지 않은 한 초기 스타트업에게 월별 결제는 권장하기 어려운 수익 모델입니다. 월별 결제는 고객이 내 회사와 내 서비스에 대해 굉장히 큰 확신이 있거나, 아니면 가격이 현저히 낮을 때 가능한 방식입니다. 초기 스타트업에서는 이런 신뢰도를 고객과 쌓아 올리기 어렵기 때문에 사용자가 상당히 모이기 전까지는 건별 결제 또는 포인트 결제 정도가 손쉬운 접근입니다.

부분유료화 모델의 경우 무료 다운로드 후 혹은 무료 회원 가입 이후 기본적 서비스를 제공하고, 추가적인 기능이 필요하면 이를 유료 결제하는 식이죠.

이 방식은 B2B SaaS나 기기 등을 판매할 때 많이 쓰는 방식입니다. Zoom 같은 프로그램처럼 처음엔 무료이지만 인원이 늘거나 장시간 사용할 때 유료 결제를 해야 하는 식이죠. B2B로 납품되는 기기의 경우에도 기본 기능은 최저 가격으로 납품되되, 추가 기능이 필요하면 그때 유료 옵션을 설치하는 방식입니다. 초기에 제공하는 서비스가 핵심이고 매력적이라면 유료 판매 모델을, 처음에 제공하는 것은 단지 기본 기능이고 실제 가치는 그 제품을 계속 사용하며 나타난다면 부분 유료화 모델이 더 적합하다고 할 수 있습니다.

사용자와 구매자를 분리하는 플랫폼 모델의 경우, 제품이나 서비스를 플랫폼에 제공하는 공급자와 수익을 어떻게 나눌 것이냐의 설계가 매우 중요합니다. 유튜브를 지금의 유튜브로 만든 1등 공신이 영상에서 발생한 광고 수익을 영상의 공급자인 크리에이터들과 나누었던 것이죠. 유튜브처럼 실체가 아닌 디지털 콘텐츠이고, 개별 콘텐츠가 얼마나 큰 매출을 플랫폼에 벌어다줄지 전혀 예측할 수 없다면 정액보다는 노출도나 소비자 참여도, 완독률 등의 지표에 기반해서 광고 등의 수익을 공유하는 형태가 최선입니다. 일정 기준을 충족할 때마다 일정 금액을 주는 매칭 방식도 가능하지만 공급자들 입장에서 이해하기 어렵고 실제로 적용하려면 시스템 개발 부담이 커지며 복잡해집니다. 플랫폼의 수익 모델 설계는 발생하는 수익의 상당 부분을 공급자에게 나눠주고, 처음에는 아예 플랫폼에서 가져가지 않는 것도 하나의 방법입니다. 배달의민족도 극초반에는 업체와 주문하는 고객 간에 전화번호부 역할 정도만 했기 때문에 수수료를 받기 쉽지 않았죠. 처음엔 의도적으로 이 부분에 대해 강제하지 않았습니다. 유저가 충분히 확보된 다음부터 조금씩 수수료 체계를 강제하기 시작했고, 수수료 모델에 대한 비판이 거세지자 2015년 이후에는 공급사의 광고비 지급을 수익 모델로 바꿨죠.

수익 모델에 정답은 없습니다. 내 사업의 실적을 높여주는 모델이 정답입니다. 고객은 일단 제품이나 서비스별 가격 체계에 익숙해지면 바꾸는 것을 매우 싫어합니다. 때문에 고객 수가 많지 않을 때 가격 체계를 최대한 실험해서 안정적인 사업 성장을 가져다주는 모델을 주 모델로 택해야 합니다.

초기 스타트업에 어울리는 쉬운 수익 모델

┌╌╌┐ 권장 방식
└╌╌┘

구매 대가 지급		부분 유료화		플랫폼형	
구매 전 지급	- 대부분의 제품 구매 - 통상적 B2B (계약) - 제품이 명확하고, 서로 구분되는 경우	**특정 기능 유료**	- SaaS, 일반적인 앱 및 웹 서비스	**광고형**	- 사용자 간 공급 & 이용하는 플랫폼 (유튜브, 인스타그램) - 콘텐츠 제공 & 무료 소비자 (직방)
사용 후 지급	- 대부분의 제품 구매 - 통상적 B2B (계약) - 제품이 명확하고, 서로 구분되는 경우	**부가서비스 유료**	- 콘텐츠, 게임, 음악 등 제품의 핵심 기능이 뒤에 제공되는 경우 - 제품의 팬 만들기에 어려움 생기기 쉬워 극초기 스타트업엔 부적합	**수수료형**	- 공급자 및 이용자 형태 (O2O, 콘텐츠, 마켓플레이스)
선결제 후 차감 (충전형)	- 소액&반복 구매 또는 제품 사용량에 따른 비용 변화 시 - 콘텐츠 서비스			**중간상 모델**	- 커머스 모델, 브로커 모델 - 계약 성공시 성공 수수료 (위시켓)
정기 결제 (월결제)	- 콘텐츠 또는 정기적 이용 서비스 - 극초기 스타트업엔 부적합				

Q 21

영업망을 어떻게 구축해야 하나요?
어떤 요소를 중요하게 고려해야 하나요?

초기 스타트업의 영업망 설계 기본 원칙은 제품 개발과 유사합니다. 최대한 단순하게 해야 합니다. 앱이나 웹을 기반으로 하는 경우, 하나의 채널만으로 고객을 모으고 서비스해야 좋습니다. MVP 테스트 단계에서는 개발이 늦어지거나 돈이 없다면 공용 플랫폼을 활용해서 만들려는 고객 가치와 유사한 서비스를 찾아서 활용해야 하겠죠. 온라인 심리상담 앱을 만들어야 하는데 돈이 부족하다면 네이버카페를 만들고, 이를 기반으로 심리 검사는 구글 서베이를 이용하고 상담사 연결은 사람이 카카오톡 오픈 채팅을 이용해 사람이 매뉴얼로 해주는 식입니다. 하지만 MVP 단계를 지나 사업화 단계가 되면 어떤 식으로든 자체 앱이나 웹을 만들어야 합니다.

커머스나 제조의 경우 시장 진입 초기에 굳이 무리해서 자체 채널을 만들 필요가 없습니다. 내가 찾고 있는 타깃 고객과 유사한 고객 기반을 가지는 규모 있는 유통사를 통해 판매하는 것이 현실적입니다. 품질을 높이거나 적절한 상품을 소싱하는 것도 힘겹다 보니 독자적인 유통망은 우선순위가 낮습니다. 기업 규모가 커지면 당연히 독자적인 영업망도 있고, 고객 커뮤니케이션 채널도 있고 제품 라인업도 다양해져야 할 테지만 스타트업 초기에는 기업이라면 당연히 가지는 기능 중 어느 것을 먼저 택할 것인지에 대한 우선순위를 결정하는 것이 매우 중요합니다.

A 독자 채널 vs 타 플랫폼
B 매출 vs 수익 채널
C 판매 채널 vs 고객 커뮤니케이션 채널

A 독자 채널 vs 타 플랫폼

오프라인 카페를 운영한다면 기본적인 판매망은 모두 오프라인이고, 온라인 게임을 택한다면 게임이 고객에 대한 판매망입니다. 안드로이드와 iOS의 구분은 있겠지만 별다른 선택의 여지는 없습니다. 하드웨어 사업은 제품 자체에 집중하는 시간이 필요하기 때문에 타사의 영업망을 활용해야겠지만, 반대로 소프트웨어나 온라인 서비스라면 처음부터 독자적인 영업망이 있어야 할 것입니다. 통상적인 B2B 서비스나 솔루션이라면 대면 영업망을 구동해야 하겠죠.

오프라인 카페나 게임, SaaS 같은 제품들은 고민할 여지가 없이 독자 채널이 사업 그 자체입니다. 독자 채널 자체가 비즈니스 모델의 일부이기 때문이죠. 가령 Zoom과 같은 솔루션을 경쟁사인 마이크로소프트나 구글의 웹사이트에서 다운로드하게 할 수는 없겠죠. 하지만 최소한 초기에는 너무 무리해서 고집할 이유도 없습니다.

같은 게임사인 블리자드의 경우 성공한 게임 프랜차이즈도 많고 고객 베이스도 엄청나게 많죠. 때문에 여러 게임들을 배틀넷이라는 하나의 게임 포탈로 모아서 다양한 게임을 보여주고, 하나의 아이디로 여러 게임을 즐기게 하는 것은 충분히 좋은 전략입니다. 구글도 아이디 하나로 메일부터 수많은 비즈니스 솔루션까지 모두 사용할 수 있죠. 반면 중소규모 게임사들은 PC 게임이라면 스팀이라는 게임 포탈에 공급사로 참여합니다. 고객을 그만큼 한곳에 모아낼 수도 없을뿐더러 게임 다운로드나 결제, 기타 사용자 관리를 위한 시스템 구성이 어렵기 때문입니다. 이보다 더 초기 또는 해외 등에 진출해본 적이 없는 업체라면 아예 고객 마케팅부터 시스템 운영까지, 게임 개발과 관련된 부분을 제외한 모든 부분을 외부의 퍼블리셔라 부르는 업체에 의존해서 진행하는 경우도 흔합니다. 즉, 첫 출발을 하는 게임 스타트업이라면 운영과 고객 서비스, 마케팅 등이 어렵기 때문에 타 플랫폼을 활용해서 개발과 고객 대응의 노하우를 하나씩 배워가고, 그다음 게임을 통해서는 조금씩 독자 운영을 하다가 충분히 성장하면 타 플랫폼에 여기저기 흩어져 있던 고객들을 모을 수 있습니다.

네이버 스마트스토어와 지마켓에 의존해야 하는 제품을 가진 스타트업도 마찬가지죠. 스마트스토어를 이용하면 고객 DB나 기본적인 노출 등에서 독자 채널을 만드는 것과는 비교도 되지 않게 유리하지만 판매량이 올라가더라도 내 제품을 좋아해주는 소수의 고객이 시장 어딘가에 존재하는 것은 알 수 있지만 그 이상의 정보를 알 수 없고, 관리할 수도 없기 때문에 고객과 직접 소통해야 할 필요가 생겨나기 시작합니다. 물론 판매량이 웬만큼 나와준다는 전제하에서의 이야기죠. 때문에 매출이 월 1억 원대 정도 되어서 슬슬 영업 이익이 나타나기 시작하면 그때부터 확보되는 수익액으로 제품 라인업을 확대하는 일과 함께 독자적 채널 구축에 나서야 합니다. 하지만 초기에는 이런 접근은 어디까지나 이상적인 이야기죠. 처음에는 거인의 어깨에 올라타야 손쉽게 풀릴 수 있습니다.

어떤 기준에서 독자 채널과 타 플랫폼 활용을 선택할 것인지는 딱 하나, 내 고객 가치의 전달에 독자 채널이 필수적인지를 따지면 됩니다. 오프라인 매장이라면 매장에서 물품을 구매하는 것뿐 아니라 매장을 둘러보고, 매장의 고객 접객까지가 모두 고객 가치에 포함됩니다. 이 경우는 '판매채널=상품의 일부'이기 때문에 타 플랫폼을 활용하는 것은 말이 안 되죠. 물론 대형 쇼핑몰에 들어가는 것은 내 매장이 있는 상태에서의 플러스 요인이니 상관없습니다. 게임 같은 경우엔 모바일이라면 어차피 구글이나 애플이라는 거대 플랫폼에 속해야 하겠지만 역시 내 게임 앱이 있으니 독자 채널이 있는 것입니다. PC라면 스팀이나 카카오 게임즈 같은 퍼블리셔를 통할 것이냐의 문제가 생기지만, 언급했듯 내 게임이 있는 것이니 타 플랫폼에 가는 것은 크게 신경 쓸 일은 아닙니다. O2O 같은 플랫폼들은 MVP 단계에서는 네이버나 카카오톡 같은 타 플랫폼을 활용해서 테스트할 수 있지만, 사업 규모가 조금이라도 나온다면 독자 채널로 가야 합니다. 이 경우 타 플랫폼은 보조적인 역할을 하는 곳 정도가 되겠죠.

B2B 같은 경우도 같은 중소기업을 대상으로 영업을 하는 것은 직접 대면이 가능하지만, 대기업이 영업 대상이라면 사실 대면 영업으로 만날 가능성은 매우 낮습니다. 일단 대기업 구매 팀이나 마케팅 팀 등은 스타트업에서 대면 영업을 뚫어내기가 매우 어렵지요. 연락해봐야 잡상인 취급이나 안 하면 다행입니다. 그나마 이마트 같은 대형 유통사는 MD와 미팅은 잡을 수 있지만 충분한 실적이 없는 경우 MD 대상으로 영업도 어렵습니다. 때문에 중견 기업 이상의

기업을 대상으로 대면 영업을 해야 한다면 이들과 영업을 연결해주는 소위 '브로커' 또는 SI 업체들을 끼는 것이 일반적이죠. 커미션을 줘야 한다는 점은 번거롭지만 영업력이 쌓이기 전까지는 다른 선택지가 많지 않습니다. 브로커 중에는 회사 지분을 요구하고 명함까지 만들어 달라는 경우도 있고, 영업 비용만 가져다 쓰고 정작 영업은 못 만들어내는 경우도 많으니 매우 리스크가 높은 전략이기도 합니다. 최근에는 이 방법 대신 여러 대기업이 운영하는 '오픈 이노베이션'이라는 프로그램을 통해 접근 루트를 만들기도 합니다. MVP 단계의 스타트업은 지원한다고 해도 합격하기 어렵지만, 사업 실체가 어느 정도 만들어져 있는 단계라면 참가해볼만 합니다. 관심 있는 대기업에서 주최하는 오픈 이노베이션에 참여하면 대기업이 스스로 스타트업에게 영업할 수 있는 기회를 열어줍니다. 국내 30대 대기업과 대형 금융 그룹, 몇몇 공기업 등이 오픈 이노베이션 프로그램을 운영하고 있습니다. 이런 프로그램에 참여하면 브로커를 통해 영업 기회를 만들려고 하지 않아도, 여러분 회사가 준비만 되어 있다면 매출 기회를 찾을 수 있습니다. 이 역시 타 플랫폼을 이용하는 방식이지만 영업 비용이 들지 않고, 고객 접점이 바로 생긴다는 점에서 큰 도움이 됩니다.

B 매출 vs 수익 채널

영업망을 구축할 때 영업망별로 가격을 달리 할 것인지도 크게 고민해볼 포인트입니다. 당연히 독자 영업 채널이 가장 마진율이 좋습니다. 영업에 따른 커미션을 줄 필요도 없고, 가격도 내 마음대로 정할 수 있으니까요. 다만 고객 DB를 직접 만들고 관리하는 것에 대한 부담이 크죠. 기본적으로 집객 능력이 타 영업망에 비해 크게 떨어지기 때문에 제대로 관리하지 않으면 완전히 폐점 직전의 업체처럼 보이는 문제도 생깁니다. 사업 초기부터 독자 판매망을 구축한다면 이 채널이 담당해야 하는 역할은 일종의 '표준가격'을 보여주는 것과 아래에서 언급할 고객 CS 대응입니다.

표준가격은 웹사이트에서 다운로드하는 일반적인 소프트웨어, 애플리케이션, 그리고 개별 고객별로 협상을 통해 가격이 정해지는 일반적인 B2B에서는 문제될 것이 없지만 물품이나 서비스를 판매하는 스타트업에게는 매우 중요한 일입니다. 유통사를 거치면 되면 일단 유통사 마진을 고려해야 하기 때문에 판가가 올라가야 할 가능성이 커집니다. 그렇다고 무한정 높일 수는 없죠. 내 제품과 경쟁 또는 대체 관계에 있는 제품의 판가를 고려해야 하니까요. 때문에 수익이 줄어들 여지가 많습니다. 더불어 유통사가 할인 판매를 요청하는 경우도 많아서 평균 판가가 줄어들어서 적자만 겨우 면하는 경우도 많습니다. 대신 판매량만큼은 확실하게 나오기 때문에 외부 채널을 쓰는 것이죠. 때문에 초기 예상 판매량을 설계할 때 유통사별 마진과 판매량을 곱해서 채널별 수익과 판매량 사이의 관계식을 살펴볼 필요가 있습니다. 통상적으로 판매량과 수익 사이에 일반적인 트레이드 오프 관계가 생기면서 판매 이익이 목표한 수준에 도달한다면 채널 구성을 최상으로 한 것이라고 할 수 있습니다. 온오프라인 믹스에 다시 오픈 마켓과 납품이 조합된 판매량 리딩 채널과 수익률 방어 채널로 믹스를 구성한다면 사업 초창기에 생각할 수 있는 최선을 다한 것입니다. 이후에는 채널별 판매량을 보면서 대응 전략을 수립해가면 됩니다. 판매량을 극적으로 끌어올려야 할 필요성이 생길 경우 각 채널별 판매량 추이를 보면서 어느 채널에 집중할 것인지, 혹은 새로운 제품을 내놓아야 하는지 등을 판단할 수 있게 됩니다.

채널별로 다른 가격을 사용하는 데는 장단점이 있지만 대체로 초기 스타트업의 경우 권장하기 어려운 방식입니다. 자기 채널은 이익이 충분히 나기 때문에 가격을 좀 낮추고, 외부 판매망에는 이익이 박하기 때문에 가격은 높게 해서 채널별로 벌어들이는 수익을 비슷하게 만들고 싶겠지만 이중가격 체계는 소비자들에게 혼선을 줍니다. 고객이 채널별로 확실하게 구분이 된다면 가능하겠지만 채널별로 고객이 완전히 분리된다는 뜻은 제품 브랜드가 고객들에게 어필하지 못하고 차별성 없는 상품으로 소모되고 있다는 뜻이 됩니다. 한 번 쓰고 버릴 제품으로 생각하니 더 싸게 파는 곳이 없는지 뒤져보지 않는다는 것이니까요.

이런 이유로 채널별 수익률이 달라질 수밖에 없으며, 판매량 주도 채널과 수익 주도 채널이 갈라지게 됩니다. 이 전략은 B2B 영업망에도 고스란히 적용됩니다. B2B 고객사의 경우 직접 영업 채널과 대리점이나 SI 업체 등 외부 영업망을 통해 판매되는 경우로 나뉘고, 직접 영업 채널도 온라인과 대면 영업으로 나뉘게 됩니다. 물론 초기에는 대체로 대면 및 직접 영업이 중심이 되고 대기업 등에 진출하기 위해 SI나 대리점을 끼게 되는 것이 일반적입니다. 하지만 B2B 영업의 요즘 트렌드는 가능하면 온라인으로 처리하고, 솔루션이 정교해지면 SaaS로 가려고들 하죠. SaaS는 시간과 장소에 대한 제약도 덜하고 대면 영업에 따른 부담도 없어서 각광받고 있습니다. 하지만 B2B는 특성상 개별 고객들에 따른 맞춤형 솔루션 제공이 필요한 경우가 더 많고, 고객사라 해봐야 국내에 몇 개 있지 않은 경우도 많아서 SaaS가 꼭 지향점이라고 할 수는 없습니다. 외부 투자를 받아야 하는 스타트업 입장에서 SaaS라는 비즈니스 모델은 매우 매력적으로 보입니다. 해당 회사가 가진 솔루션이 사람에게 의존하는 것이 아니라 모두 시스템화되어 있고, 판매 및 CS 관련된 모든 자료가 데이터화되어 일단 초기 시장에 안착하면 비용 효율적으로 고객과 매출을 늘려 나갈 수 있기 때문입니다. 하지만 투자를 위해 무리해서 SaaS로 가기보다는 창업팀이 열심히 대면 영업을 해서 레퍼런스를 만들고, 이를 기반으로 투자를 받은 후 기술력을 끌어올려 SaaS로 가는 것이 정석입니다.

C 판매 채널 vs 고객 커뮤니케이션 채널

독자 채널과 타 플랫폼으로 구분하는 것과는 별개로 판매 채널 이외의 커뮤니케이션 채널을 확보하는 것이 필요한지 여부 역시 초기 스타트업이라면 고민해볼 필요가 있는 사안입니다. 자기 독자 채널이 있는 경우엔 고객들과 이 채널을 통해서 커뮤니케이션하면 되지 않나 싶겠지만 웹사이트에서는 주로 고객 서비스 CS, Customer Service 페이지에 불만 사항이나 각종 사용 매뉴얼, 드라이버 등 필요한 소프트웨어 다운로드 등을 처리합니다. 하지만 주력 판매는 그 채널이 아니라 다른 영업망을 통해서 하는 경우가 더 흔하죠. 물론 CS의 경우엔 판매망을 통해서도 당연히 제공해야 하지만 더 복잡한 대응이나 기타 고객용 자료 등은 웹사이트라는 채널을 통해 운영합니다.

극초기 스타트업의 경우 웹사이트를 만들고 운영할 역량이 안 되기 때문에 이 역시 타사에서 제공하는 커뮤니케이션 채널을 활용해야 합니다. 앱이라면 앱 스토어에 댓글을 다는 것도 매우 중요하지만, 고객들이 모일 수 있는 네이버카페를 운영하는 것도 필수죠. 여기에서 매일 주기적으로 고객들과 지속적인 대화를 나눠야 합니다. 매일매일 매출이 발생하고 개별 고객이 큰돈을 사용하는 게임사들이 이런 대응을 매우 잘하죠. 물품을 판매하는 스타트업 역시 이런 카페를 이용해서 공식 CS를 처리하는 것이 좋습니다. 물론 물품을 판매하는 경우에는 브랜드를 구축해야 하기 때문에 자금 여유가 되는 즉시 자체 웹사이트를 구축하는 것이 더 중요하기는 합니다. 이 웹사이트는 고객들에게 우리 서비스의 성격을 다층적으로 볼 수 있게 해주는 여러 자료를 제공하는 곳이라 생각하면 좋습니다. 2000년대 중반, 재미있는 소비자 대응으로 큰 유명세를 끌었던 세스코 웹사이트가 최고의 예시라고 할 수 있죠.

업종에 따라서는 온오프 믹스를 하는 곳들도 많습니다. 오프라인 카페 등을 운영하면서 카페에서 판매하는 디저트 중에서 온라인 판매가 가능한 것들은 스마트스토어 등을 통해 온라인 판매도 하는 것이죠. 온라인 판매 제품에 대한 CS나 고객 대응은 유통 채널별 판매망에서 수행하고, 오프라인 카페는 고객들에게 온라인에서 파는 제품 이외에 다양한 제품을 더 경험하게 하는 것이죠. 실제로 경기도 안성에서 디저트 카페를 시작한 한 스타트업은 디저트를 생산하기 위한 소규모 생산 설비까지 갖추다 보니 생산의 여유가 생겨 마카롱의 온라인 판매를 시작했다가 어느 순간부터는 온라인 매출이 카페 매출을 월등히 넘어서게 되었고, 특히 경기도 안성이 아닌 서울권에 대한 판매가 늘어나서 장소의 제약까지 넘어서게 되었습니다. 이 스타트업은 지금은 식품제조사로 성장하는 길을 가고 있지만 여전히 카페를 운영하고 있습니다. 고객 경험적인 측면 때문도 있고, 새로운 메뉴를 테스트하는 용도도 있습니다. 온라인으로 신메뉴의 맛 검증은 쉽지 않지만 오프라인에서는 고객 피드백을 곧바로 볼 수 있으니 훨씬 더 용이하죠. 이 역시 채널에 따라 매출과 고객 커뮤니케이션을 할당해서 운영하는 모습입니다.

좀 더 적극적으로 커뮤니케이션을 운영하는 경우에는 아예 유튜브나 인스타그램 등 마케팅 채널과 커뮤니케이션 채널, 영업 채널을 각각 운영하기도 합니다. 초기 스타트업 입장에서 이렇게 세 곳 이상의 서로 다른 성격의 채널을 제대로 운영하는 것은 기대하기 어렵습니다. 보통은 유튜브나 인스타그램 등에서 어느 정도 팔로워를 확보한 상태에서 사업을 시작해서 판매 채널을 만들고, 다시 커뮤니케이션 채널을 만드는 것이 일반적인 순서입니다. 유튜브나 인스타에서 셀럽이 되라는 뜻이 아니라 이들 채널을 통해 고객들이 어떤 것에 관심을 두는지 미리 파악하고, 동시에 내가 전달하고자 하는 고객 가치에 대해 동의해주는 고객들을 조금이라도 확보해두면 이들이 내가 본격적으로 사업에 나섰을 때 이들이 내 초기 고객이자 입소문 마케팅의 기반이 되어줍니다.

스타트업에게 판매망 구축과 CS 체계 구축은 동전의 앞뒷면과 같습니다. 초기 스타트업이 콜센터를 외주로 줄 수는 없는 일이죠. 그럴 돈이 있다면 제품 개발에 더 투입해야 합니다. 그렇기 때문에 CS 대응을 전화로 하는 경우엔 팀원 중 한 명은 하루 종일 전화통만 붙잡고 살아야 하는 경우가 생깁니다. 무료 플랫폼이라면 대응이 별로 없지 않을까 싶겠지만, 사업이 그럭저럭 성장한다면 단순 문의만으로도 결국 누군가의 하루가 사라지게 됩니다. 이런 상황이 지속된다면 고객 CS가 크게 발생하는 제품이나 서비스 문제를 일단 해결해 놓는 것이 최우선 과제겠죠. 그와 동시에 커뮤니케이션 채널의 활성도 중요합니다. 이때 커뮤니케이션 채널 운영에서 중요한 것은 고객들에게 대응 패턴을 익숙하게 학습시키는 것입니다.

고객에게 스타트업 제품군은 낯설 수도 있고, 서비스 내용에 대해 잘 모를 수 있습니다. 그러면 불만이 생기기 쉽고, CS 채널에 오게 되죠. 그런데 CS를 요청할 때마다 이야기가 다르고, 웹사이트에 떠 있는 정보와 댓글창에 남겨진 자료와 제품 설명서에 붙어 있는 내용이 다르다면 고객 입장에서는 제품이 아니라 아예 업체를 신뢰할 수 없게 됩니다. 그러면 단순히 제품을 다시 구매하지 않는 것에서 그치는 것이 아니라 내 회사에 대해 욕하고 다닐 여지가 커지게 됩니다. 내 팬일 수도 있었던 사람을 내 안티로 바꿔 놓는 것인데, 이렇게 된 이유는 내 대응 방식의 일관성이 결여되었기 때문이죠. 초기에 여러 채널을 운영하지 않는 편이 좋은 이유 중 하나가 대응 일관성을 만들기가 어려워서 그렇습니다. 여기저기 어디를 뒤져봐도 똑같은 소리를 하는 회사는 앵무새 같기도 하지만 그래도 최소한 업체가 하는 이야기 자체에 대한 신뢰가 사라지지는 않습니다. 고객 커뮤니케이션에서 가장 중요한 것은 어떤 채널을 구성하느냐보다 제품과 CS와 고객 커뮤니케이션에서 일관성 있으며 신뢰감을 주는 메시지를 어떻게 고객에게 전달하느냐입니다.

Q 22

원가나 영업망 마진을 고려하니 경쟁력 있는 가격으로는 도저히 제품을 출시할 수 없습니다. 어떻게 해야 하나요?

1장
스타트업 창업과 성장 과정 개요

2장
단계별 FAQ를 통해 이해하는 비즈니스 모델 설계

3장
국내외 스타트업 사례로 이해하는 비즈니스 모델

    제품 준비 단계에서는 가격을 잘 생각하지 않다가 MVP 테스트 준비 단계에서 경쟁 제품이나 혹은 우리 제품을 대체할 수 있는 제품의 가격을 찾아보게 됩니다. 그리고 화들짝 놀라게 되죠. 생각보다 훨씬 낮은 경우가 대부분입니다. '이 회사는 어떻게 이 가격에 팔지?'라는 의문이 꼬리를 물게 됩니다. 심한 경우에는 외부 유통망을 통해서 판매되는 소비자 판매 가격이 우리 제품의 원가 수준으로 낮은 경우도 종종 있습니다. 제품만이 아니라 게임 같은 콘텐츠나 앱 등에서도 유사한 경우가 있습니다. 우리는 작은 사용자를 감안하고 인건비 및 다음 소프트웨어 개발 비용을 포함해서 가격을 책정했는데, 경쟁 제품은 우리보다 100배는 많은 고객이 있어야 적자가 나지 않을 것 같은 가격으로 판매하고 있는 것이죠. 그나마 대기업 제품들은 가격이 어느 정도 나가기 때문에 일반적인 스타트업에서는 대략 대기업 제품이나 중기 제품 중에서도 유명한 제품 가격보다 약간 싸게 내놓는 것이 일반적이죠. 당연히 안 팔립니다. 판매 부진이 몇 달 계속되면 현금 압박이 커지니 결국 할인을 계속하게 되고 어느 순간부터는 20~30% 할인된 금액이 사실상의 정상가가 됩니다. 조금 팔리는 것 같아 가격을 높여보려고 하면 '슬그머니 가격을 올리는 걸 보니 이 회사는 초심을 잃은 것 같아요' 같은 댓글이 달리고, 고객들은 사라집니다. 어떻게 해야 할까요?

A 의도치 않은 프리미엄 전략 시 대응 방법
B 비용과 자산의 매출 Leverage 효과 확인 필요성

A 의도치 않은 프리미엄 전략 시 대응 방법

초기 스타트업의 프리미엄 가격 전략은 정말 특별한 경우가 아니면 결코 작용하지 않습니다. 특별한 경우라는 것은 대표자가 매우 유명한 셀럽이거나, 제품 품질이 굉장히 좋은 경우입니다. 그런데 셀럽이란 쉽게 이해할 수 있지만 제품 품질이 굉장히 좋다는 것은 대부분 창업자의 생각과 매우 다른 맥락입니다.

스타트업 제품은 기본적으로 품질을 매우 높이기가 어렵습니다. 품질을 높이겠다고 수많은 창업자들이 오늘도 날밤을 새웁니다. 이 노력이 불필요하다는 뜻은 아닙니다. 하지만 내가 만들고 싶은 제품, 내가 관심있는 기능에 집중할지 아니면 소비자들이 원하는 기능에 집중할지 많이 생각해볼 필요가 있습니다. 가끔 편집샵이나 신기한 제품을 파는 사이트 등을 돌아다니다 보면 '제품 정말 기발하다' 하는 생각이 떠오르는 물건들이 있습니다. 그런데 이런 제품은 호기심으로 충동구매하는 고객들을 제외하면 대중 시장으로는 진출하기 어렵습니다. 우리나라에 수많은 스포츠카가 소개되었지만 여전히 세단과 SUV라는 기본형 제품들이 대세를 이루는 것과 똑같죠. 대중 시장으로 진입가능성이 없는 제품은 결코 대규모의 매출을 올릴 수 없고, 투자를 받을 가능성도 매우 낮습니다.

투자자들이 찾는 것은 차별성이 있는 제품이지만 아예 니치 시장만을 타깃으로 하는 제품은 논외입니다. 대표자들 중에서 애초부터 마니아만을 타깃으로 하는 경우는 많지 않으니, 나에겐 해당되지 않는 말이라고 생각할지 모르겠습니다. 하지만 시장 가능성에 대한 타진하지 않은 제품은 기본적으로 니치라고 보시는 것이 맞습니다. 일례로 자전거나 가방 같은 것에 붙여 두면 몇 달 동안 위치를 알려주는 버튼 형태의 제품이 개발된 적이 있습니다. 가방이나 자전거 위치를 몇십 미터 떨어진 곳에서도 스마트폰 앱을 통해 금방 확인할 수 있고, 몇 달 동안 배터리를 교체할 필요도 없으니 장점이 있는 제품이라고 생각하고 킥스타터 등 여러 펀딩 사이트에 올라왔었죠. 하지만 그 뒤엔 어디에서도

보이지 않습니다. 위치 추적 장치는 쓸모가 있지만, 문제는 자전거나 가방의 위치를 막상 확인해야 하는 타이밍이라면 정말 기억력이 나쁘거나 아니면 이미 도난을 당한 뒤라는 뜻입니다. 위치를 확인하는 것 자체는 좋은 기능일 테지만, 우리가 일상적으로 생각해보면 자전거나 가방의 위치를 확인할 일은 도난당했을 때고, 이미 몇십 미터가 아니라 몇십 킬로미터 떨어져 있는데 그 정도 거리에서는 위치 추적이 불가능했습니다. 결국 컨셉으로는 말이 되지만 실제 소비자들이 사용하기에는 아무짝에도 쓸모가 없다는 뜻이죠. 유사한 사례로 강아지 놀이용 장난감에 각종 IoT 기기를 붙이고, 스스로 움직이는 기능도 넣어서 주인이 없어도 강아지의 관심을 끌면서 강아지 우울증을 줄여주는 제품도 있었습니다. 음악이나 각종 소리, 이동하면서 불빛을 내는 등으로 해서 강아지의 관심을 지속적으로 끌 수 있기에 강아지 놀이용 장난감으로 좋아 보입니다. 문제는 이렇게 만들려 하다 보니 가격을 아무리 낮춰도 60만 원을 넘어갔습니다. 더 큰 문제는 강아지들 대부분이 이렇게 모터 소리를 내면서 움직이는 기계에 도무지 친근함을 느끼지 못하고 으르렁거리기만 한다는 점이었죠. 분명 좋은 아이디어로 만든 제품이지만 실제 상황에서는 아무짝에도 쓸모가 없었고, 싸면 호기심에라도 구매할 수 있겠지만 너무 비쌌습니다.

접이식 자전거 및 전동킥보드 모자를 만들던 기업이 있습니다. 전동킥보드 탑승 시 안전모가 필수가 되면서 간편한 안전모를 찾는 수요가 늘어날 것이라 생각하고 제품을 준비한 것이죠. 하지만 일반 소비자 대상으로 판매하는 것은 기존의 통상적인 안전모 대비 두 배 가까운 고가가 나왔습니다. 소량 생산에 접이식 구조를 안전을 고려해서 만들다 보니 원가가 높았던 것이죠. 그래서 킥보드 운영 업체들에 문의했더니 여기는 아예 원가 아래 수준의 가격을 원했습니다. 전동 킥보드 운영 업체들도 모두 스타트업들이고, 적자 상태가 계속되고 있었기에 법적 요구 사항이기는 하지만 정말 최소로만 투자하고 싶었던 것이죠. 게다가 모자를 전동 킥보드에만 걸어놓다가는 도난을 피할 수 없어 사용자를 확인하고 모자를 제공하는 일종의 벤딩 머신을 설치해야 했는데 도로상에 이런 제품을 설치하는 데는 큰돈이 들고, 이런 시설물의 설치가 불법이어서 킥보드 업체에 납품한다고 해도 그걸 고객들에게 전달할 방법도 없었습니다. 결국 사업이 중간에 멈춰 섰죠. 하드웨어뿐만 아니라 소프트웨어도 마찬가지 상황이 많이 생겨납니다. 수많은 애플리케이션이 있지만, 대부분의 유틸리티 앱들은 아무도 그 존재를 눈치채지 못한 상태로 시장에서 사라지죠.

하지만 가끔 이런 난관을 뚫고 세상에서 빛을 보는 스타트업 제품들이 있습니다. 이들 제품들의 가격은 결코 싸지 않습니다. 저렴할 수가 없죠. 제품 R&D 비용 부담과 소량 제조에 따른 단가 상승이 있는 데 반해 판매량은 크지 않으니까요. 하지만 이렇게 비싸도 아주 가끔은 터지는 제품이 나옵니다. 이 제품들의 특징은 품질이 좋다는 것입니다. 여기서 품질은 소비자가 원하는 기능 하나만큼은 기가 막히게 실현해냈다는 의미입니다. 한때 우리나라 소비자들 사이에서 '죽은 빵도 살려낸다'는 것으로 유명했던 일본 중소기업 소형 오븐이 있습니다. 발뮤다 이야기입니다. 발뮤다는 디자인을 강조한 소품을 만들다가 2010년대 이후 소형 가전에 집중했습니다. 제품의 특성이라면 디자인에 강점이 있지만, 그보다는 원래 그 제품군이 보여줘야 하는 기능을 확실하게 구현하는 걸로 알려져 있습니다. 스팀을 이용해서 빵의 촉촉함을 살려내는 오븐이나 이중 날개 구조를 이용해 시원하지만 자연풍에 가까운 부드러운 바람을 만들어내는 선풍기 같은 것들이죠. 대신 불필요한 추가적으로 복잡한 기능들은 들어 있지 않습니다. 굉장히 심플한, 개별 제품이 보여줘야 하는 기본 기능을 제대로 보여주기 때문에 비싼 가격임에도 성장해왔지요. 물론 기본기를 확실하게 보여주면서 가격까지 낮출 수 있다면 중국의 샤오미나 드론 업체인 DJI처럼 되어서 세계 시장에서 존재감을 드러낼 정도까지 성장하겠지만, 이 정도의 가성비는 중국처럼 저렴한 제조 기반이 확실하게 갖춰진 곳에 기반해서 다시 가격을 최대한 낮추기 위한 기술 개발이 결합될 때 가능한 전략입니다.

또 초기에 확실하게 판매량을 보인 제품 성공 사례를 만들어내야 이후 제품 개발을 지속할 수 있는 자금을 모을 수 있기도 합니다. 국내 상황은 중국과는 매우 다르기 때문에 샤오미보다는 발뮤다가 더 현실적인 지향점이라 할 수 있습니다. 꼭 하드웨어 제품만 이 전략을 따라가는 것은 아닙니다. 출시한 유료 앱이 성공한 사례들도 종종 있습니다. 물론 발뮤다의 스마트폰 출시는 따라 하면 안 됩니다.

초기 리멤버와 월드네임카드라는 앱을 비교해보면 확실히 깨달을 수 있습니다. 리멤버는 연변 지역의 저렴한 노동력을 섭외해 고객들이 명함을 찍으면 사람이 일일이 그 내용을 확인하고 입력해줬다고 합니다. 고객 입장에서 앱에 저장되는 데 약간의 대기 시간은 생기지만 일단 사진만 찍으면 오류가 거의 없으니 매우 편리했던 반면, 월드네임카드라는 앱은 이미지 인식 AI를 이용했습니다. 내용을 매우 빨리 저장했지만 글자 인식이 문제였습니다. 영어는 그럭저럭 쓸 만했지만 한글 인식률은 형편없었고 숫자도 걸핏하면 오류를 보였습니다. 명함의 용도가 정확한 연락처 확인이라는 점에서 보면 월드네임카드는 완전히 망한 앱이죠. 최첨단 AI 시스템을 쓰든, 사람이 수동으로 입력하든 소비자의 유일한 관심사는 명함의 정확한 저장이었는데 리멤버는 이를 충족시켰고 다른 AI 앱들은 모두 경쟁력이 떨어진 것입니다.

스타트업이 지향해야 하는 것은 발뮤다의 오븐 또는 리멤버의 사례입니다. 고객들은 터무니없는 가격을 요구하지 않는 한 자신들이 제품을 사용하는 목적에 가장 충실한 제품과 서비스를 구매하고자 합니다. 이 기본기에 매우 충실한 제품은 프리미엄 가격이더라도 시장을 확보할 수 있고, 무료로 하면 사람들이 미친 듯이 써주겠죠. 하지만 아무리 무료여도 기본기가 약하거나, 아니면 굳이 불필요한 기능만 많이 있는 제품은 안 쓰고 싶어 합니다. 스타트업의 프리미엄 가격 전략은 가격이나 마케팅에 대한 고민보다 제품의 본원적 목적을 얼마나 잘 달성하느냐의 문제입니다. 이 기능을 제대로 구현하기 위해 품질이 높아야 하며, 기타 다른 부가적인 기능은 없애는 것이 적절한 시작점입니다.

B 비용과 자산의 매출 Leverage 효과 확인 필요성

앞서 스타트업에는 프리미엄 전략이라는 것이 따로 없고, 제품의 기본기에 아주 충실하되 다른 불필요한 기능이 붙어 있지 않는 심플한 제품이 시장 진입 시기 최적의 제품이라고 이야기했습니다. 품질을 확실하게 고객에게 어필한다면 가격은 별로 중요한 문제가 아닙니다. 물론 저렴하면 매출 확대 속도가 빠르겠지만 아무래도 차별성을 확보하기 위한 추가적 기술이나 디자인을 개선하기에는 어려움이 많겠죠. 확실한 배후 시장 보유 또는 저가형 대량 제조에 장점이 있는 경우에만 가능한 전략입니다.

가격보다는 품질, 특히 기본 기능이 중요하다는 이야기는 듣다 보면 헷갈립니다. 기본기를 확실하게 만들어 낼 수 있는 실력이 중요하다는 말처럼 들립니다. 그렇다면 아주 큰 차별성은 없는 제품이 등장한다는 뜻인데, 차별성이 크지 않고 가격만 비싸다면 시장이 크게 열리지 않을 것이고, 그렇다면 투자자들에게 어필할 수 없지 않나 싶을 수 있습니다. 물론 큰 시장에 대한 잠재력 확인이 최우선 투자 조건이지만, 그만큼 초기 스타트업에게 중요한 것이 하나 더 있습니다. 스타트업의 제품으로 이 시장을 뚫고 들어갈 수 있느냐는 것이죠. 스타트업이 계획한 만큼의 비용과 계획한 만큼의 자산을 확보한 상태에서 만들어진 제품이 시장에 매력적일 것인지 여부가 궁금한 것이죠.

어느 기업이나 비용 1원을 집행했을 때 매출 몇 원이 발생하느냐를 평가할 수 있습니다. 마찬가지로 자산 1원을 확보했을 때도 매출이 얼마나 나오는지 계산할 수 있습니다. 비용과 자산으로 나누는 투자비의 매출 레버리지 효과를 확인하고자 함이죠. 잠재 시장의 큰 규모는 그 시장에 진입하는 어느 회사에게나 공평하게 적용되는 논리입니다. 이커머스라면 쿠팡이나 새로운 스타트업이나 동일한 조건이라는 뜻입니다. 하지만 누구도 쿠팡과 새로운 스타트업이 동일한 가치일 것이라 생각할 수 없습니다. 왜냐면 동일한 비용을 집행해도 매출 규모가 완전히 다른 스케일이기 때문입니다.

원가가 높아서 마진이 크게 남지 않을 수 있고, 당초 생각했던 가격보다 높은 가격을 불러야 할 수도 있습니다. 가격이 올라갈수록 수요가 줄어들게 되니 잠재 시장의 규모도 계속 축소되겠죠. 하지만 시장 크기만큼 중요한 것이 기업에 1원이 투입되었을 때 매출액이 충분히 큰 것입니다. 이 부분에 대한 검증이 잘 된다면 비록 시장은 매력도가 낮지만 기업만 보고도 투자를 결정할 수 있습니다. 이는 기본기가 잘 갖춰진 기업이라는 뜻이고, 더불어 투자된 돈에 대한 효과도 명확한 기업으로 리스크가 줄어들기 때문에 과감한 베팅을 해볼 수 있다는 뜻입니다.

매력적인 시장에 진입하는 것도 가격 경쟁력을 갖추는 것도 중요하지만, 그만큼 중요한 것이 사용된 비용에 대한 매출 확대의 확신입니다. 탄탄한 기본기에 집중하는 기업체는 이 부분이 명확하기에 그만큼 매력적입니다. 단순히 원가가 높다고 망하지 않습니다. 높은 원가라도 매출과 수익을 만들어내면 됩니다.

Q 23

영업망을 구축할 때 추가적으로 고려해야 하는 요소는 무엇인가요?

타깃 고객의 특성과 채널 특성의 연계, 경쟁력 있는 가격의 확보, 제품의 기본기 확보 외에도 더 고려해야 할 요소들이 있습니다. 이하에서 설명하는 내용들은 실제 제품 출시의 실행을 위한 것이기도 하지만, 정부지원사업이나 투자자 미팅을 하다 보면 나오는 '왜 그 시장에 그 제품으로, 그 가격에 나가셨어요?'라는 질문에 대한 다방면의 답을 마련하기 위함이기도 합니다. 고객의 특성뿐 아니라 경쟁이나 대체재 같은 시장 구조적인 측면도 함께 고려해야 전반적인 시장 구조가 그려지고, 총체적인 답을 전달해야 여러분이 정말 진지하게 사업을 하고 있다는 메시지를 은연중에 전달할 수 있으므로 아래의 문제들에 대한 답 역시 비즈니스 모델 실행 단계에서 계속 고민해야 합니다.

A 제품 포지션과 채널의 포지션
B 제품의 복잡성과 영업 채널 설계
C 팀 인력의 백그라운드와 영업 전략의 매칭
D 파트너 회사에 대한 고려

A 제품 포지션과 채널의 포지션

사업계획서를 작성해본 분이나 마케팅 업무를 해보신 분이라면 브랜드들이 4분면에 걸쳐 2x2 구조로 나타나 있는 장표를 본 적이 있을 겁니다. 스티브 잡스도 아이폰 프레젠테이션 때 'Super easy to use'라고 강조하면서 기존 스마트폰 대비 아이폰의 특징을 자랑하는 장면에서 이런 식의 그림을 띄워 놓았죠. 이는 포지셔닝 맵 Positioning map 으로, 소비자들이 느끼는 여러 가치 중에서 중요한 것 두 가지를 골라서 시장 내에 있는 여러 제품을 비교하여 소비자가 왜 내 제품을 선택할 것인지를 설명하는 것인데, 영업망 구축 시 이 지점을 추가적으로 고민할 필요가 있습니다.

제품의 기본기가 매우 잘 다듬어져 있으면 그런대로 프리미엄이 될 수 있지만 만약 이 제품이 주력으로 판매되는 채널이 홈쇼핑이라면 어떨까요? 홈쇼핑이라는 특성상 가격을 크게 낮추든지 아니면 고가이되 이것저것 많은 사은품들과 좋은 결제 조건을 붙여야 할 겁니다. 아주 유명한 대형 브랜드라면 굳이 이렇게 저가로 가지 않아도 됩니다. 실제 홈쇼핑에서도 명품이나 대형 브랜드 제품을 종종 판매하며, 결코 저렴하지 않습니다. 하지만 알려지지 않은 중소 브랜드는 선택의 여지가 없습니다. 결과적으로 판매 업체 입장에서는 가격을 낮춘 것과 유사한 효과가 되죠. 그런데 홈쇼핑에서만 잘 팔린다고 해서 이 제품이 다른 채널에서도 잘 팔릴까요? 혹은 이 제품의 가격이 높다고 해서 프리미엄으로 인식될까요?

각 영업망은 영업망의 마진이나 고객 기반 차이가 있지만, 영업망별로 시장 내에서 가지는 포지션도 다릅니다. 백화점에서 판매하면 백화점의 프리미엄 이미지를 내 제품에 쉽게 덧붙일 수 있는 반면에 백화점 입점 자체가 매우 까다롭고 굉장히 큰 마진을 요구합니다. 더불어 백화점에서 판매된다고 해서 다른 채널에서 쉽사리 판매를 확대하기도 어렵습니다. 백화점 입점 브랜드라는 가치를 무너뜨리기 싫기 때문에 계속 백화점 채널에서만 머물러야 하고 온라인도 백화점 온라인 샵에서만 팔아야 하죠. 물론 다른 채널에서도 팔려면 팔 수 있겠지만 브랜드 이미지가 망가지기 쉽고, 백화점 측에서 이를 발견하면 계약 연장이 되지 않을 위험성이 높아집니다. 그러다 보면 시장 확대 기회를 놓치고 경쟁사에게 시장을 빼앗길 수도 있죠. 현대백화점에 입점해 있던 밀탑이라는 팥빙수 업체는 부드러운 얼음을 앞세워 한때 고객들이 줄 서서 먹을 정도로 프리미엄 평가를 받은 인기 브랜드였지만, 팥빙수 사업을 비싼 가격의 디저트를 판매하는 대형 프랜차이즈로 만들어낸 것은 부산에서 로드샵으로 출발한 설빙이었죠. 밀탑의 사업 확대 지연이 단순히 백화점에 있었기 때문만은 아니지만, 제품과 채널의 포지션과 비즈니스 모델, 사업 확장의 상호관계를 볼 수 있는 예시입니다.

애플리케이션의 성능을 향상시켜주는 소프트웨어를 제공하는 스타트업을 또 다른 예시로 들겠습니다. 애초 중소기업용으로 개발된 솔루션인데 창업 인원이 너무 적어 SaaS 형태로 발전시키기 위해 필요한 투자비를 위한 실적을 만들려면 대면 영업이 필요했습니다. 하지만 투자자 미팅에서 중소기업 대상으로 하지 말고 대기업들에서 설치 사례를 만들고, 장기 계약을 하는 모습을 보여달라는 요청 사항을 들었죠. 자체 대면 영업으로도 대기업은 접근 자체가 안 되고, 영업 브로커 등과도 접촉해봤지만 대기업 영업은 쉬운 일이 아니죠. 그래서 접근한 채널이 대기업 내의 SI 업체였습니다. SI 측에서 자신들이 원하는 대로 패키지 형태를 새롭게 바꾸는 것까지 인정하고, 레퍼런스가 생길 때 스타트업의 이름을 홍보에 넣어주는 조건이었죠. 실제로 이 방식으로 마진은 포기했지만 레퍼런스 만들기에 성공해서 투자를 받을 수 있었다고 합니다. B2B에서는 판매 채널마다 접근 가능한 고객이 달라지고, 요구 사항도 달라집니다. 시장 내의 포지션들이 나뉘어 있는 것이죠. 이 역시도 제품의 전략적 포지션과 채널의 포지션이 다른 점을 잘 활용한 방식이라 할 수 있습니다.

제품과 채널의 포지션과 관련해서 지켜야 하는 원칙은 둘 사이에 상충되는 메시지를 발산하는 상황을 피해야 한다는 것입니다. 프리미엄이라는 제품 이미지를 제공하려 하는데 전통 시장에서 판매하는 식으로 조합해도 안 되지만, 소수의 매니아를 대상으로 하면서 지마켓이나 네이버 스마트스토어 같은 대중 채널에 나가는 것도 분명 잘못된 조합입니다. 너무 당연한 이야기를 한다고 생각할 수 있습니다. 하지만 사업을 시작하고 재고가 생기는 시점에 현금이 마르다 보면 일단 판매가 조금이라도 있는 채널을 찾기 마련이고, 이렇게 하다 보면 브랜드고 포지션이고 모두 포기하고 당장 매출 올리는 데 급급하게 됩니다. 제품 전략에 맞춰 채널을 결정하겠다는 생각도 중요하지만 실제로 그렇게 실행하는 것이 훨씬 더 중요합니다.

B 제품의 복잡성과 영업 채널 설계

가령 여러분이 기업체 내부의 간식 코너를 운영하는 서비스를 제공한다고 해보겠습니다. 요즘 판교 등 대형 IT 기업이나 규모 있는 스타트업들의 경우 사내 복지 차원에서 공짜나 저렴한 가격으로 사내에 간식 코너를 마련해 두고 있습니다. 내부 인력으로 운영할 사안은 아니니 이 분야 사업을 하고 있는 외부 회사에 외주를 주는 게 일반적이죠. 물류나 재고 운영, 결제 등 서비스를 제공하는 업체 입장에서는 꽤나 복잡한 준비가 필요하지만 이에 대한 비용을 지불할 고객사 입장에서는 공간만 마련해주고 소모되는 양만큼 비용만 지불해주면 되는, 지극히 간단한 일이죠. 아주 극초기에는 아예 인지도도 없고, 구매처도 없으니 약간의 대면 영업이 필요하겠지만 조금만 매출이 나와도 굳이 대면 영업할 일도 아니고, 중간에 대리점 같은 업체를 낄 일도 없습니다. 온라인으로 최초 설치 요청을 받고 설치를 해주고 난 뒤에는 그저 재고 운영하고, 판매량 확인해서 고객사와 한 달에 한 번 정도만 정산하면 됩니다. 서비스하는 스타트업 입장에서는 꽤 복잡할 수 있는 운영 구조지만 고객사 입장에서는 하등 복잡할 것이 없죠.

하지만 여러분이 공장의 각종 기기들에 IoT 장치를 붙여서 공장을 스마트 팩토리로 바꾸기 위한 IoT 장치 설계 및 제조, 그리고 관련 설치 및 모니터링 서비스를 한다고 생각해보겠습니다. 이 기술을 개발하고 제조해야 하는 스타트업 입장에서도 매우 복잡한 데다 상당 기간의 R&D, 그리고 제조 기술력이 필요하지만 고객사 입장에서도 매우 복잡하고 어려운 일입니다. 일단 공장 설비에 이러한 장치를 부착해서 정보를 얻는 것이 과연 공장의 생산성을 높이거나 운영 효율성을 높일 수 있는지에 대한 판단을 해야 하고, 투자 비용 대비 어느 정도 생산성이 향상되는지도 계산해야 합니다. 다시 어떤 설비들을 대상으로 테스트를 하고, 어느 정도의 데이터를 쌓을 수 있어야 합격선으로 볼 것인지도 결정해야 하며, 실제 테스트를 진행하기 위해서는 설비를 멈췄다 다시 가동해야 하는 일정도 잡아야 하고, 인력도 배치하고, 결과를 가지고 실제로 제안만큼 결과가 나오는지도 봐야 하죠. 결과가 긍정적이라면 필요한 예산을 확보해야 하며, 이후 설비들의 운영 일정에 맞춰 설치 및 시운전 작업을 하고, DB가 제대로 만들어지는지, 그리고 이 DB 값들을 내부 인력이 제대로 해석하는지까지 다 확인해야 합니다. R&D 공정에서 사용하는 단순한 파일럿 라인이라면 몰라도 대규모 생산을 진행하는 공정, 특히 일단 설비 가동이 시작되면 상당 기간 멈출 수 없는 연속 공정이라면 이 일들만 제대로 적용하기 위해 1년 이상 소요될 수도 있습니다. 물론 설비에 비침습적으로 설치된다는 전제고, 만약 기존 설비에 구멍을 뚫어야 하는 식의 조건이 요구된다면 다시 몇 년이 추가되겠죠. 스타트업 입장에서 복잡한 것이야 스타트업이 해결할 문제지만, 고객 입장에서 이렇게 복잡한 과정을 거쳐야 한다면 설치에 따른 혜택이 굉장히 크고 확실하지 않다면 결코 선택할 수 없는 일입니다.

B2C에서도 유사한 일들이 있습니다. 냉장고를 바꾼다면 냉장고 구매부터 냉장고 비우기, 청소, 설치, 다시 냉장고 채우는 과정이 최소 며칠 걸리는 일입니다. 불과 몇만 원짜리 제품으로 이런 일을 하라고 하면 절대로 하지 않을 겁니다. 적어도 몇십만 원 혹은 몇백만 원은 되어야 이런 식의 구매에 수반되는 복잡하고 번거로운 일을 수행할 의지가 생기죠.

이처럼 B2B든 B2C든 고객 입장에서 구매 전후에 많은 준비와 후속 조치들이 필요하다면 결코 온라인에서 덜컥 구매하지 않습니다. 주변 사람 의견도 들어보고, 다양한 자료를 찾아보고, 남들이 사용하는 모습을 관찰하는 식으로 최대한 많은 정보를 수집한 다음에야 구매를 결정하게 되죠. 대체로 고가이기도 하지만 구매에 수반되는 귀찮은 행동이 많이 필요하기 때문입니다. 또 이런 물건의 경우 만약 제품에 문제가 있으면 반품하는 것도 엄청난 일이기 때문에 두 번 세번 검토해보고 의사결정을 하게 됩니다.

이런 형태의 제품이나 서비스를 판매해야 할 때는 고객들이 정보 검색 단계, 의사결정 단계를 계속해서 지원해줄 수 있는 영업 채널이 설계되어 있어야 합니다. 집에서 사용하는 커피 메이커 예시로 설명해보겠습니다.

우선 이 제품을 오프라인에서 고객들이 볼 수 있어야 합니다. 팝업 스토어든 아니면 젊은 사람들이 많이 오는 동네에 설치한 로드샵이든, 이도 저도 안 되면 통신사 핸드폰 매장 한편이나 디저트 카페에서라도 제품을 설치하고 작동을 보여주고 캡슐 커피의 맛을 경험하게 해야 합니다. 판매 자체는 네이버 스마트스토어에서 이뤄진다고 하더라도 제품에 대한 상세 설명이 있는 웹사이트도 당연히 구축되어야 합니다. 가능하다면 유튜브나 틱톡용으로 사용 영상과 매뉴얼, 그리고 편안하고 즐겁게 캡슐 커피를 마시는 동영상들을 준비해야 할 것이고, 블로그 등을 통해 입소문이 나도록 하는 일도 필요합니다. 온라인 커피 동호회 같은 곳들에 지원하기도 하고, 이들에게는 저렴하게 판매하는 것도 생각해봐야겠죠. 각종 모임이나 커뮤니티에서 공동 구매를 유도하는 것도 고려해볼 수 있습니다. 아무리 이렇게 한다고 해도 주력 판매처는 여전히 네이버 스마트스토어겠지만, 잠재 고객들의 동선 혹은 잠재 고객들의 모임에서 내 제품에 대한 노출이 계속적으로 이뤄져야 하기 때문에 이렇게 복잡한 커뮤니케이션 채널과 판매 채널 설계를 하게 됩니다. 커피 메이커 같으면 이런 노출 과정이 최소한 몇 달은 이뤄져야 고객들이 내 제품과 브랜드를 조금씩 인지하기 시작할 겁니다. 네슬레 같은 곳이야 이렇게 복잡하게 하지 않고 TV 광고로 도배를 해도 되겠죠. 하지만 스타트업 입장에서 TV 광고부터 떠올릴 수는 없기 때문에 고객의 의사결정의 복잡성에 맞는 영업 및 커뮤니케이션 채널을 시간과 에너지를 들여 확보하는 것입니다. 더불어 커피메이커 같은 경우 A/S 소요가 많은 제품이기도 해서 콜센터와 A/S망을 만드는 작업도 영업 채널 빌딩과 함께 이뤄져야 합니다. 이런 부분에서 고객이 실망하면 단순 반품의 문제가 아니라 두고두고 비판하는 안티를 시장에 깔아 놓는 것입니다. 정보가 수집이 많이 필요한 제품일수록 이런 좋지 않은 리뷰를 보게 되고, 열 받은 고객의 이야기를 읽으면 구매를 꺼릴 수밖에 없습니다. 가격도 비싸고 브랜드도 모르는 스타트업 제품이라는 점만 생각해도 리스크가 높은데 구매 경험이 있는 고객들의 비판 글도 많이 보인다면 누가 구매를 하겠어요? 그러니 이런 사후 대응 역시 영업망 구축에서 매우 중요한 부분입니다.

제품이 복잡하고 고가일수록 이런 노력은 더욱 많아져야 합니다. 비싸고 학습과 준비가 많이 필요한 제품을 팔려면 그만큼 파는 쪽에서도 신경을 써야 하죠. 단순히 온라인에서 팔겠다, 대면 영업을 하겠다 정도의 생각만 가지고는 실제 영업도 잘 이뤄지지 않고, 계획을 투자자들에게 이야기해도 '아직 저 대표가 현실을 잘 모르네' 같은 생각을 하게 만들 우려가 있습니다.

c 팀 인력의 백그라운드와 영업 전략의 매칭

팀원들의 입장과 실질적인 역량을 잘 고려해야 하지만 일단 창업 멤버들의 백그라운드에 따라 영업망이나 커뮤니케이션 망을 설계하는 것도 중요합니다. 가령 커머스 업체인데 리테일러 경험이 있는 인력이 있고, 제조사 생산 경험이 있는 인력이 있고, 고객 CS 경험이 있는 인력이 있다면 이를 조합해서 제조사와의 협상은 제조사 경험자가, 커머스 시스템 설계 및 고객 마케팅 등은 리테일러 경험자가, 고객 대응은 CS 경험자가 한다는 식의 구조입니다.

실제 운영을 할 때는 막상 리테일 경험자지만 커머스 시스템과는 거리가 먼 인력일 수 있고, 고객 CS 경험이 있던 인력은 다시는 CS 업무를 하고 싶지 않을 수 있습니다. 그리고 제조사 생산 경험이 있는 인력은 협상 역량이 전혀 없어서 제조사를 만나 일을 진행시키지 못할 수 있습니다. 때문에 대표자가 영업 및 마케팅과 관련해서 생각해야 하는 업무 배치는 개개인의 특성을 파악해서 그에 맞게 배치해야 되겠죠. 하지만 외부 투자자를 만날 때 어느 정도는 영업망 구성과 인력들의 백그라운드가 일치해야 합니다. 경력이 아예 없는 대학생 팀이라면 어쩔 수 없지만, 인력들의 경력이 있는 팀원들이라면 '유튜브를 중심에 놓고 고객들과 커뮤니케이션하겠다'라는 전략을 수립하려면 유튜버 출신이거나 동영상 제작 회사 경력이 있는 인력이 포함되어 있어야 한다는 것이죠. 모든 부분에 경력자가 있어야 하는 것은 아니지만 영업 및 마케팅의 경우 책으로 배울 수 없는 노하우가 매우 많이 필요한 영역이고, 자신이 전문가가 아니더라도 전문 인력과 네트워킹을 할 수 있는 역량도 필요합니다. 영업망 구성 시 관련 경험과 역량을 갖춘 인력이 내부에 없는데 하필 그 부분을 중점으로 영업 전략을 수립하겠다 하면 신뢰성이 떨어집니다. B2B 대면 영업이 필수로 보이는 아이템인데 창업팀에 B2B 영업을 해본 인력이 없다거나, 매장 운영을 하겠다고 하는데 매장 운영 경력자가 없다면 팀의 비즈니스 모델 설득력이 약하게 보일 수밖에 없습니다.

적지 않은 스타트업에서 완전히 참여하는 인력도 아니고 참여하지 않는 인력도 아닌, 소위 '자문' 또는 '전문가 풀'이라고 소개하는 인력들이 가진 배경이나 지식이 사업의 핵심과 직접 연계되는 경우를 보게 됩니다. 친환경 소재로 생활용품을 만들겠다는 스타트업에서 친환경 소재 관련 기술을 보유한 사람은 자문으로 참여한 타 기업 인원인 경우처럼 R&D 분야도 그렇지만, 영업과 마케팅 영역에서도 자주 보입니다. 대형 마트 대상으로 영업이 꼭 필요하니 전직 마트 출신 전문가가 고문으로 참여하고 있다는 식이죠. 마트 영업이 꼭 필요치는 않다면 모르겠지만, 영업망 구성에서 마트 영업이 매우 중요하다는 식으로 말하면서 정작 그 업무를 책임져줄 사람이 외부인이라 하면 그 영업 전략을 믿을 수가 없게 됩니다. 차라리 마트 영업이 절대적으로 필요한데 내부에 전문가가 없어서 일단 부딪쳐보면서 전문 인력 채용을 준비할 예정이라는 식이라 하면 이해가 되기도 합니다. 어설프게 포장하는 것보다는 솔직한 것이 더 설득력 있습니다. 하지만 애초에 역량이 내부에 없다면 영업 전략의 핵심으로 삼는 것 자체를 피하는 것이 좋습니다.

D 파트너 회사에 대한 고려

창업팀들의 피칭을 듣다 보면 유명한 대기업 SI나 유통 전문 회사, 해외에서 영업망을 가지고 있는 회사와 MOU를 체결했으니 이제 곧 영업 실적이 확 오를 것이라 이야기하는 경우가 많이 있습니다. 대부분은 나름의 실체가 있는 이야기일테죠. 하지만 이 부분도 앞서 회사가 지향하는 영업 전략의 핵심이 외부 인력과 연결되는 경우 설득력이 떨어진다는 말처럼 외부 업체와 연결되는 것이 적절하지 않을 때가 많다는 점이 문제입니다. MOU는 스타트업에게는 의미가 있겠지만, 실질적인 내용은 대부분 '어떤 목적에 대해 협력한다' 정도의 내용입니다. 구속력도 없고, 상대가 나에게 어떤 도움을 줄 것인지도 명확하게 적지 않는 경우가 대부분이죠. 여러 거래가 계속되고 있는 중에 새로운 분야에 대한 MOU는 협력 분야를 확대하자는 뜻에서 의미를 가지지만 첫 거래도 아직 이뤄지지 않은 상태에서의 MOU는 실질적인 효과가 없으며, 조금 심하게 표현하자면 이런 식으로 해서 언론에 기업 이름 한 번 표시하려는 목적밖에 없는 경우가 대부분입니다.

사업을 확대하고 싶다면, 특히 영업과 관련해서 매출 채널을 늘리고 싶다면 MOU가 아니라 납품 계약을 보여줘야 합니다. 아무것도 없는 상태에서 규모 있는 업체와 MOU라도 맺어야 뭔가 괜찮아 보일 것이라는 이유로 자주 추진하는데, 투자자 입장에서는 오히려 과대 포장하는 것처럼 보이기 쉬운 전략입니다.

납품 계약은 아니더라도 대기업과 오픈 이노베이션 협약을 맺었다거나 공동 R&D를 하기로 협약을 맺었다 같은 식의 실체가 있는 MOU는 상관없지만 영업을 함께하기로 했다는 식의 MOU는 실체가 없게 보입니다. 파트너 업체에서 얼마 수량을 판매를 위해 구매하겠다가 아닌 이상 그 정도 약속으로 스타트업의 실적이 개선될 것이라 믿게 하지는 못하는 것이죠. 크고 유명한 파트너사와의 MOU보다는 작더라도 직접 맺은 판매 계약이 그 스타트업의 내공을 훨씬 더 빛나게 합니다. 급한 마음에 여기저기 파트너사를 만드는 것이 향후에 도움이 될 수 있겠지만, 이를 통해 영업망 구축을 갈음하려 하는 것은 적절치 않은 행보입니다.

Q 24

가격은 어떻게 책정해야 하나요?
적정 가격인지 어떻게 알 수 있을까요?

초기 스타트업이라면 되도록 가격은 차별점으로 정하지 않도록 하며, 그보다는 제품의 본질적 기능에 충실하는 것이 중요하다고 이야기했습니다. 너무 높은 가격을 정한 뒤 판매가 부진해서 큰 가격 할인을 운영하기보다는 합리적인 범위에서 가격을 책정하며, 가능하다면 가격을 보수적으로 운영하는 것이 중요하다는 이야기도 했습니다.

그렇지만 막상 비즈니스 모델을 수립하고 실행하는 단계에서 어느 정도가 합리적이고 어느 정도가 적절한지 가늠하는 것은 굉장히 어렵습니다. 가격 결정 체계의 기본과 이를 현장에서 어떻게 적용해야 하는지에 대해 알아보겠습니다.

A Cost plus · Willingness to pay · Reference pricing
B 적정 가격

A̲ Cost plus · Willingness to pay · Reference pricing

사실 원하는 가격을 받는 것이 최고죠. 몇 년 전 중국의 한 앱은 황금색 동그라미가 화면에 표시되는 것 말고는 아무런 기능이 없는데 유료 다운로드 가격이 1억 원이 넘었다고 합니다. 그런데 돈 자랑을 하고 싶어 하는 사람 몇 명이 실제로 다운로드를 했다는 믿거나 말거나 한 이야기가 있죠. 스타트업에서 원하는 가격표를 붙이고 사거나 말거나 할 생각이라면 이런 높은 가격을 붙일 수도 있습니다. 하지만 가격이라는 건 대체로 낮아져야 판매량이 늘게 되어 있습니다. 다만 너무 낮아지면 마진이 줄어서 일정 수준 이하로는 내려갈 수 없습니다. 치킨집들이 치킨을 2만 원에 팔아도 이 비용 저 비용 제하다 보면 1천 원도 안 남는다고 하는 것처럼, 원가와 각종 비용을 계산해보면 어느 가격 이하로는 팔 수 없는 상황이 생깁니다.

기본적으로 회사의 원가 및 각종 비용을 기본으로 하고, 이에 일정 수준의 마진을 더해서 판가를 정하는 것을 Cost plus 가격 책정이라 합니다. 많은 B2B 업체들, 특히 부품 등을 제조하는 중소기업들이 이 방식을 사용하는 만큼 굉장히 합리적인 가격 책정입니다. 내가 공급을 하기 위해 들어간 비용들을 전부 커버하는 데다 일정 수준의 마진을 붙여서 판매한다는 것은 좋은 일이죠. 비용 중에서 임대료, 설비의 감가상각, 경직성 인건비 등은 고정비이기 때문에 판매량이 늘어나면 늘어날수록 낱개 제품의 원가에서 차지하는 비중이 낮아집니다. 그만큼 마진을 더 얻거나 가격을 낮출 수 있는 여지가 생긴다는 뜻이죠. 그래서 일정량 이상을 항상 구매해가는 고정 거래처가 생기면 그곳에는 다른 거래처보다 낮은 가격에 제공하는 것이 가능해집니다. 납품가가 낮아지지만 비용도 낮기 때문에 일정 마진의 확보가 가능합니다. Cost plus 방식의 장점은 직관적이며, 실제로 많은 경우 합리적이라는 겁니다. 가격에 대한 공부가 많이 필요하지 않고, 약간의 원가와 비용 계산만 하면 되기 때문에 적용도 쉽습니다. 그래서 많은 스타트업이 초기에 이 방식으로 가격을 책정합니다. 거래처가 늘어나고 판매 품목도 늘어나다 보면 차츰 어느 정도가 시장에서 먹히는 가격이고 어느 정도의 마진은 확보할 수 있겠다는 추정도 원활하게 이뤄집니다. 유통사를 통해 납품하는 경우에도 이 방식은 많이 사용합니다.

Cost plus는 장점이 굉장히 많은 방식이지만 문제점도 몇 가지 있습니다. 일단 제조나 유통하는 물품이 있는 경우에는 원가와 비용 계산이 비교적 명확하게 이뤄집니다. 보통 MOQ^{최소주문수량}로 생산하게 되는데, 이 수량에 따라 들어가는 원가가 배분되고, 그 제품을 전체 판매한다고 할 때 소요될 비용도 어느 정도 추정이 되기 때문에 Cost plus를 써도 괜찮습니다. 하지만 가령 콘텐츠나 서비스 앱 등 대부분의 플랫폼들, 상당수의 R&D 기반 IT 서비스들은 이 개념을 적용하기에 뭔가 부자연스럽습니다. '내가 게임을 혼자 개발했고 100만 명 사용자가 목표니 한 사람당 100원씩만 받으면 내 연봉과 개발용 노트북 가격을 커버한다' 같은 개념을 적용하기 힘듭니다. 물론 기업 입장에서 인건비나 기타 비용이 들어가게 되고, 마케팅과 관련해서 고객 획득 비용 CAC, Customer Acquisition Cost을 커버해야 하지만, 대부분의 앱이나 소프트웨어들은 비용보다 훨씬 큰 매출을 상정하게 됩니다. 그리고 구매하는 고객들도 저 회사는 개발비가 1억 원 들었을 테니 그에 맞게 가격을 지불하고 다른 회사는 개발비가 10억 들었으니 10배 더 지불한다는 개념도 없습니다. 1인 개발자의 앱 대비, 100인 개발자가 있는 회사의 앱이라고 100배 더 지불한 적은 없을 테니 말이죠. 이런 제품에서는 Cost plus보다는 고객이 느끼는 만족도나 그것을 대체하기 위해 지불해야 하는 비용 등을 고려해서 고객의 마음속에서 하나의 기준 가격이 만들어지게 됩니다. 그것을 Willingness to pay, 지불 의향 가격 책정법이라고 합니다. 내가 투입한 비용과 상관없이 고객이 얼마나 지불하고 싶은가에 따라 가격이 정해지는 것이죠. 원가를 추정하기 어려운 서비스들이나 원가와 비용이 고객들이 느끼는 가치와 거의 상관이 없는 콘텐츠, 플랫폼, R&D 분야 Deep Tech 등의 영역에 적용됩니다. 코로나 백신으로 수조 원의 수익을 남기고 있는 화이자나 모더나가 R&D 비용을 커버하며 약간의 마진을 붙이는 수준으로 사업을 하면 수조 원의 수익을 남길 수가 없었겠죠.

매우 좋은 가격 책정 방법이지만 문제는 그래서 어느 정도가 적정 가격인지를 알기가 매우 어렵다는 것입니다. Conjoint Analysis나 Price Sensitivity Measure 같은 여러 기법들이 나와 있고, 심지어는 수요에 따라 가격이 경매처럼 변동하는 다이내믹 프라이싱을 사용하기도 합니다. 하지만 어느 경우에도 정확한 지불 의향 가격을 알기는 어렵습니다. 때문에 가능한 경우에는 주식 매매 거래처럼 다양한 가격대에서 거래가 체결되는 방식을 사용하기도 하고, 혹은 A/B 테스트처럼 다양한 가격을 실험하면서 매출의 추이를 보기도 합니다. 하지만 초기 스타트업 입장에서 이런 식의 실험은 매우 위험합니다. 왜냐면 이런 식의 가격 책정은 대체로 고객이 제품에 대해 충분히 인지하고 있다는 것을 전제로 하는데, 스타트업 제품이 이렇게 알려질 수가 없다 보니 고객의 가치 판단 및 지불 의향 가격을 판단하기가 어렵습니다. 가격을 고객 의향에 맞춰 계속 변경하거나 원가와 상관없이 비싼 가격을 받겠다는 생각이 고객들에게 어떻게 해석되어 매출에 영향을 줄지 알 수 없다는 것이죠. 심지어 고객이 들어보지 못한 브랜드의 제품이니 가격이 아주 저렴하다고 해도 구매하지 않을 수 있습니다. 오히려 싼 게 비지떡이라는 느낌을 주게 될 수도 있으니까요. 가격 커뮤니케이션은 보통 스타트업 대표가 생각하는 것보다 굉장히 복잡하고 다차원적입니다. 그래서 해당 시장에 대한 경험이 충분히 쌓이기 전에는 함부로 추정하지 않는 편이 낫습니다.

그렇다 보니 이런 스타트업들이 택하는 가격 전략은 경쟁사나 유사한 성격을 지니는 제품, 혹은 외부 플랫폼에 의존하는 경우 그 플랫폼에 기존에 진출해 있는 유사 품목 취급 업체들이 일반적으로 택하는 가격을 기준으로 해서 조금 더 높이거나 낮추는 식의 전략을 택합니다. 이런 가격 책정 방식을 Reference pricing이라 합니다. B2C 제품군에서는 가장 일반적인 가격 책정 방법입니다. 압도적으로 유명한 제품이 있다면 그 제품보다 약간 낮은 가격을 택해서 저렴한 대체재가 되는 전략을 선택하기도 하고, 그 제품보다 가격을 높게 해서 대중 시장과 다른 프리미엄 제품 이미지를 만들려고도 하죠. 어느 경우든 제품력이 받쳐줘야 선택할 수 있는 전략입니다. 경쟁사보다 약간 낮은 가격이지만 품질이 많이 떨어지면 정말 선택을 안 할 것이고, 프리미엄 이미지는 그만큼의 유무형의 명확한 장점이 있어야만 가능하니까요. 레퍼런스에 따라 가격을 정하는 것은 쉽고 명쾌하지만 원가와 비용 구조와 맞지 않을 수 있습니다. 경쟁사는 대량 생산을 하기 때문에 싼데 내 제품은 소량 생산이다 보니 가격을 비슷하게 맞추면 채산성이 도저히 안 나올 수 있죠. 이 경우엔 Reference pricing이 아닌 Cost plus를 택해야만 하는데, 소비자 입장에서는 경쟁 제품 혹은 대체재인데 가격 차이가 많이 나는 상황이 펼쳐지기 때문에 무언가 더 비싼 제품을 택해야만 하는 이유가 선명해야 합니다. 기본이 되는 제품력이 월등하거나 아니면 고객에게 어필할 포인트를 계속해서 발굴해내야 하죠. 이런 이유 때문에 차별화 포인트를 고민해야 하지만, 초기 스타트업은 원가에 대한 고민보다는 시장에서 내가 고심해서 내놓은 차별화 포인트에 대해 어떻게 생각하는지를 학습하고, 숫자로 증명해내는 것이 우선입니다. 처음부터 원가나 비용에 대해 너무 크게 생각하지 말고 일단은 내가 생각한 고객 가치가 실제 고객 가치인가를 증명해야 한다는 것이죠. 원가에 대한 가격의 커버는 스케일업 단계를 준비하면서 고민해도 됩니다.

B2B의 경우에는 여기에 고려 사항이 하나 더 추가됩니다. 바로 고객의 총소유 비용인 TCO Total Cost of Ownership 및 가용 예산입니다. TCO는 제품이나 기술의 구매가격 외에 유지보수 등 소유와 활용에 따라 소모되는 비용 전체를 합산한 금액입니다. SaaS 같은 서비스는 B2B라고 해도 통상적인 B2C 온라인이나 앱 서비스 가격 책정하듯 하면 되지만, 수주를 받거나 고객과 함께 R&D 등을 해 나가는 경우라면 가격 책정이 꽤나 어렵죠. 보통 극초기 스타트업들은 자신들이 보유한 인력들의 인건비에 기반해서 고객사에 비용 견적을 넣게 되는데, 가능하다면 Cost plus하기보단 고객들이 우리 솔루션을 통해 절약하게 되는 비용이 얼마인지 혹은 추가로 얻게 되는 매출이 얼마인지를 꼭 계산해서 이에 대한 일정 비율을 청구하는 식으로 가격 책정을 해보길 권합니다. 인건비 중심으로 받게 되면 기존의 시스템 통합업체의 가격 책정을 따라가야 하고, 그렇게 하다 보면 자영업 수준을 벗어나기 어렵습니다. 그보다는 우리 솔루션이 도입되었을 때 고객사 규모라면 가령 1억 원이 절약될 것이니 그중 3천만 원 정도를 그 대가로 지불해달라는 식의 논리를 펴는 일이 필요합니다. 이렇게 해도 결론은 인건비에 약간의 마진 정도가 결국 협상의 결과가 되기 쉽겠지만, 고객의 큰 문제에 따른 전체 비용에서 우리를 통해 얼마를 절약했는지를 명확하게 전달할 수 있어 향후 사업 확대에 조금 더 유리합니다. 그리고 고객사의 예산 현황 파악은 매우 중요합니다. 매번 그냥 Cost plus가 아니라 때로는 투입되는 비용보다도 낮게, 또 다른 때는 비용보다 훨씬 더 높은 가격을 붙일 수 있는 것이 B2B 영업입니다. 협상을 통해 가격이 정해지기 때문입니다. 그리고 이런 협상에서 큰 영향력을 갖는 것이 내 솔루션을 구매할 부서 또는 회사 전체에 가용한 예산 상황입니다. 예산을 넘어가는 가격을 받아내기는 정말 어렵습니다. 물론 그렇다고 가격을 낮출 이유는 없으며, 그보다는 투입되는 리소스의 규모를 축소해서 예산을 맞춰주는 것이 현명한 접근입니다. 영업을 진행하다 보면 자연스레 예산 상황을 알 수 있게 되니 그 부분을 고려한 유연한 시각이 필요합니다.

B 적정 가격

가격과 관련해서 너무 많은 정보를 받아늘이면 경험이 많지 않은 초기 스타트업에서는 매우 혼란스러울 수 있습니다. 전문가가 여러 명 포진해 있는 대기업 마케팅 부서도 아닌데 모든 것을 고려한 적정 가격을 정할 수는 없죠. 지금까지 논의했던 많은 고려 사항들에 대해 초기 스타트업 입장에서 우선순위를 정리해보겠습니다.

우선 극초기에는 원가와 비용을 신경 쓰지 않는 가격 책정이 필요합니다. 가능하다면 고객들의 지불 의향에 따라 가격을 책정해야 하지만 이는 초기 기업에게는 어려운 문제이고, 투입되는 비용을 고려해서 이를 커버하는 가격을 고집하는 것보다는 시장에서 어떤 가격이 적정 가격인지를 파악하는 것이 우선입니다. 우선 경쟁사 또는 대체재의 가격에 맞추는 Reference pricing을 한 뒤에 고객들의 구매량에 맞춰 가격을 세부 조정하는 것이 일반적입니다. 이렇게 하면 적자가 누적될 수도 있지만, 이 정도 적자는 사실 제품의 원가나 비용 설정을 잘못해서 수익성 없는 사업을 만든 것이 아니라 시장에 대해 학습하고 초기에 고객을 발굴하기 위한 고객 획득 비용으로 볼 수 있기 때문에 투자자를 얼마든지 설득할 수 있습니다. 대신 여러분이 들어가는 시장이 가격에 대해 어떤 반응을 보이고, 가격대의 변화에 따라 수요가 어떻게 변동하는지는 명확하게 설명할 수 있어야 합니다. 쿠팡이 10년이 넘는 적자로도 투자를 받아낼 수 있었던 원동력은 '배송 서비스 시간이 단축되면 무조건 매년 매출이 50% 이상 성장한다'는 것을 증명한 실적 때문이었습니다. 배달의민족 역시 매출액만큼의 적자를 기록하면서도 수백억 원의 투자를 받아낼 수 있었던 것도 '마케팅 비용을 투입하면 무조건 매출이 두 배씩 늘어난다'는 것을 보여줬기 때문이죠. 앞선 장에서 설명했던 Growth driver를 찾아내고 실적으로 증명할 수 있다면 적자가 누적되더라도 투자자들의 관심을 사로잡을 수 있습니다.

다만 무한정 이렇게 갈 수도 없고, 매출이 늘어나니 적자라도 무조건 좋은 것이라고 주장할 수는 없겠죠. 이렇게 적자가 나더라도 투자를 받아내려면 Growth driver와 함께 비용과 수익 구조에 대해 매우 디테일한 정보를 알고 있어야 하고, 이를 설명할 수 있어야 합니다. 우선 앱이나 온라인 서비스 등이라면 마케팅 비용 투자 대비 효과를 정확히 계산해내는 것이 중요합니다. 마케팅 비용이 투입될 때 획득되는 고객 수와 고객의 유료 고객 전환율, 그리고 재방문율이죠. 이를 합산해서 Customer Lifetime Value라 합니다. 세부적으로 보자면 고객 한 명을 끌어들이는 데 투입된 비용을 고객 획득 비용 Customer Acquisition Cost 이라 합니다. 마케팅에 1억 원을 써서 고객 1만 명을 확보했다면 고객 한 명당 1천 원을 사용한 것이죠. 그런데 이 고객이 유료 전환을 하지 않거나, 유료 전환을 했지만 획득 비용보다 낮은 매출을 올려준다면 제품 가치가 고객의 기대에 못 미친다는 뜻이 됩니다. 제품을 개선하든 가격을 조정하든 채널을 바꾸든 무언가 방법을 써서 고객 획득 비용을 넘어서야 하죠. 그리고 이 고객이 주기적으로 재방문한다면 고객 한 명이 벌어줄 미래의 돈 전부를 계산할 수 있습니다. 이를 고객 유지 비율 Retention Rate 이라 합니다. Customer Lifetime Value는 유료 고객 전환율과 유지 비율을 합산해 고객 한 명이 올려주는 전 생애 기간의 매출액을 추정하고, 여기에서 획득 비용 및 고객 유지 비용을 뺀 개념입니다. 꽤나 어려운 계산이기 때문에 정확히 계산하기보다는 이 개념을 이해하고, 내 사업에 적용해볼 경우의 숫자에 대해서는 실적이건 혹은 목표치이건 세밀하게 준비하는 것이 중요합니다. 가능하다면 나와 경쟁 관계에 놓이는 제품이나 회사들의 관련 수치들을 알고 있다면 더 좋습니다.

물품을 제조하거나 커머스를 하는 경우에는 고객당 매출액과 평균 마진 및 영업이익 등이 중요하지만, 더불어 운영되는 재고량과 함께 재고 회전 일수 및 매출채권 회전 일수, 매입채무 회전 일수가 결합된 현금 변환 주기 Cash Conversion Cycle 가 굉장히 중요합니다. 재고, 매출채권은 기업 입장에서 현금이 묶인 것이어서 너무 커지면 기업 경영에 불리하고, 매입 채무는 남의 현금으로 내가 장사하는 것이기 때문에 일정 수준 이상 유지해야 합니다. 쿠팡이 주로 카드 매출로 현금이 굉장히 빨리 들어오기 때문에 매출 채권은 거의 없는 대신 막대한 재고를 운영해서 재고 회전 일수가 큽니다. 이를 상쇄시키기 위해 납품 업체들에게 상당히 불리한 매입 채무 운영을 하고 있죠. 회계적으로는 쿠팡은 납품 업체들의 돈으로 한달 이상 이자 놀이를 한 다음에 납품 대금을 주고 있다고 할 수도 있습니다. 업체들 입장에서 쿠팡의 판매량이 워낙 크기 때문에 업체들이 불리한 조건을 받아들이는 것이겠죠. 스타트업 입장에서 생각해보면 재고와 매출 채권은 최대한 낮게, 매입 채무는 최대한 길게 운영하는 것이 필요합니다. 이렇게 '재고 회전 일수 + 매출 채권 회전 일수 - 매입 채무 회전 일수'를 계산한 결과값을 '현금 변환 주기'라고 합니다. 기업 운전 자금 관리의 기본이라 할 수 있으며, 기업 영업력의 바로미터라고 할 수도 있습니다. 재고를 오랜 시간에 걸쳐 판다는 것은 생산 업체와의 MOQ 협상력이 약하다 또는 물품의 품질이 별로여서 매출을 잘 창출해내지 못한다는 뜻이며, 매출 채권이 바로 회수되지 못하고 오랜 기간 걸린다는 뜻은 유통업체나 구매업체와의 협상력이 약하다는 방증이니까요. 반대로 매입 채무를 늦게 준다는 뜻은 스타트업에게 공급해주는 업체와 협상력이나 관계가 좋다는 뜻으로 해석되니 운영 능력에 긍정적 시그널입니다. 제조업체와 커머스 업체에게는 기본 중의 기본인 숫자들입니다. 가격을 책정한다는 것은 단순히 고객에게 팔 가격을 정하는 것이 아니라 회사 경영에 직접적인 영향을 주는 여러 요소들의 회전 속도에도 영향을 준다는 뜻입니다. 그래서 단순히 '경쟁력 있는 가격을 선정했다'가 아닌, '시장 상황뿐 아니라 당사의 마진 구조 및 현금 흐름까지 고려해서 책정된 가격이다' 같은 이야기를 할 수 있는 가격이 적정 가격입니다.

마지막으로 적정 가격이 가져야 하는 포인트는 기업이 지향하는 전략적 방향과 일치하는 가격 책정이어야 한다는 것입니다. 사업 계획에는 '우리의 차별적 기술력, 시장 장악력' 같은 말들을 잔뜩 적어 놓았는데 정작 판매 가격은 경쟁사 대비 낮게 책정되어 있다면 뭔가 앞뒤가 안 맞습니다. 혹은 비싸게 책정했지만 실제 운영에서 대규모 할인 행사가 반복되어야만 실적이 나온다면 제품력을 고객들에게 소구하지 못한다는 뜻이 됩니다. 그러면 가격 책정을 현실에 맞게 수정해야 하고, 사업 계획에도 '차별적 기술력이나 시장 장악력' 같은 표현을 사용하기보다는 '가격 경쟁력'이나 '낮은 가격에 따른 수요 탄력성 고려' 같은 말들을 적어야 합니다. 스타트업이 지향하고 강점으로 생각하는 전략들은 반드시 가격 설정 및 할인 등 가격 운영과 일치해야 그 비즈니스 모델을 지켜보는 정부지원사업 평가자나 투자자 입장에서 납득이 됩니다. 기술이 굉장하다는 말을 사업계획서에 휘황찬란하게 써 놓고 정작 낮은 가격에 할인과 쿠폰으로 점철된 실적이 보이면 도무지 신뢰가 생기지 않습니다. 낮은 가격을 책정했다면 기업이 추구해야 할 전략은 가성비 또는 가격을 통한 수요의 빠른 확대 전략입니다.

Q 25

시장 진입 초기에 광고 외에 고객 확보를 위한 프로모션은 어떤 것이 있나요?

앞에서 여러 차례 시장 진입 초기 마케팅에 대한 다양한 이야기를 했습니다. 제품의 기본적인 품질이 중요하고, 품질의 기준은 고객이 가치를 느낄 수 있느냐이며, 가격이 4P Mix 중에서 제품과 함께 가장 중요한 대 고객 메시지이자 마케팅 전략 그 자체입니다. 하지만 가격 운영만으로 모든 고객을 확보할 수는 없고, 특히 마케팅 경험이 부족한 분들 입장에서는 실적이 초기에 잘 나오지 않으면 '광고비를 더 써야 하나' 같은 프로모션에 대한 고민을 안 할 수는 없습니다. 상당수의 온라인 앱들은 광고비와 유입 트래픽 및 전환율을 놓고 ROAS만을 따져보는 식으로 대응합니다. 퍼포머스 마케팅Performance Marketing이라 하며 필요한 접근이기는 합니다. 광고에 대해 A/B 테스트도 하고, 광고 메시지도 바꿔보고, 광고 채널이나 지속 기간 등에 대해 다양한 변주를 해보는 일은 필요하죠. 하지만 게임이나 사진 앱처럼 간단히 즐기고, 반복해서 가볍게 사용할 수 있는 단순 서비스 앱들이 아닌 커머스나 각종 플랫폼, 혹은 복잡한 온라인 서비스 및 오프라인과 병행해야 하는 사업에는 광고만이 프로모션의 전부라고 할 수는 없습니다. 심지어 게임이나 사진 앱조차도 광고보다 다른 요소들이 훨씬 더 중요한 프로모션입니다. 이에 대해 간단히 살펴보겠습니다.

A **제품 판매와 마케팅의 디테일**
B **초기 고객을 팬으로 바꾸는 힘**
C **고객과 고객 사이 커뮤니케이션은 기업과 고객 간의 커뮤니케이션보다 강하다**

Ā 제품 판매와 마케팅의 디테일

광고나 홍보, 혹은 서비스의 UI/UX 전체처럼 거창한 것이 아니라 제품 표면에 붙어 있는 문구 하나, 웹사이트에 적힌 자구 하나의 디테일이 훨씬 중요합니다. 우리가 명품을 보다 보면 단순히 제품의 재질이나 마감만 훌륭한 것이 아니라 제품의 포장이나 해당 제품을 파는 매장의 디자인 컨셉과 소소한 소품까지 모두 제품의 이미지와 일치하는 것을 쉽게 알 수 있습니다. 이런 디테일이 녹아들어 있는 제품과 서비스를 위한 집요함이 필요합니다.

스타트업은 인력과 자금이 부족하다 보니 어느 순간부터 대표자는 제품과 서비스를 챙기는 것이 아니라 이런 내용은 직원들에게 맡기고 여기저기 정부 지원사업과 투자자 미팅, 고객사 미팅을 주로 다니게 됩니다. 사업이 본궤도에 올라가기 위해서는 이런 식의 외부 미팅을 반복하는 것은 필수다 보니 자연스러운 행보입니다. 하지만 이렇게 밖으로 돌다 보면 제품의 디테일이 부족한 일들이 생겨나기 시작합니다. 콘텐츠는 재미있는데 UI/UX 구조가 엉망이어서 고객들이 몇 번 써보다가 떠나버리는 일은 흔하게 일어납니다. 차라리 웹사이트 게시판 등에 불만 사항을 명확하게 적어주면 이를 알아차리고 개선하기 쉽지만 대부분의 고객은 게시판에 적지 않고 조용히 사라집니다. 무언가가 잘못되었다는 사실은 줄어드는 고객 숫자로 짐작할 수 있지만 구체적으로 무엇 때문인지는 알 수 없습니다.

최근 유튜브의 영상 제작자들이 점점 기업으로 바뀌거나 기업화, 대형화되면서 영상의 품질은 끊임없이 올라가고 있습니다. 하지만 이렇게 대규모 자본을 투입한 영상물이 아니더라도 여전히 아마추어가 작업한 영상인데 10만회가 넘는 조회수를 보여주는 영상도 굉장히 많죠. 촬영이나 편집 품질은 조악할지 몰라도 유튜브 영상 특유의 투박하고 현장감 있는 영상을 좋아하는 사람도 많기 때문이죠. 디테일을 챙긴다는 뜻은 단순히 무조건 좋게 만든다는 것이 아니라는 것을 여기서 알 수 있습니다. 고객들이 조악하고 현장감 있는 영상을 원한다면 이에 잘 맞는 영상물을 만들어내는 것이 디테일을 챙기는 것입니다.

제품을 판매하기 시작하면 고객 CS 문의도 많이 들어옵니다. 한 번 전화해보면 기업체의 사업 준비도를 확실하게 이해할 수 있습니다. 과다하게 친절하지는 않지만 고객이 요청하는 내용에 대한 이해도도 높고, 문제 인식도 정확하며, 고객 요청에 대한 대응도 시간 끌지 않는 회사들이 있는 반면 전화는 항상 통화 중이거나 ARS로만 연결되고, 게시판에 글을 남겨도 댓글도 없고, 담당자와 이야기를 나누어도 뭐 하나 결정해주는 것도 없고, 지지부진하면서 질질 끄는 경우도 자주 보게 됩니다. 담당자라면서 제품 문제에 대한 이해도가 아예 없는 경우도 보게 되죠. 전화 말투나 답변글의 말투도 고객 탓을 하거나 모르쇠로 일관하는 경우도 역시 많습니다. 이런 기업체를 한 번 경험해보면 그다음부터는 절대로 재구매하지 않습니다. 굉장히 작고 사소한 일들 같지만 이런 부분들이 총체적인 고객의 경험을 구성하게 됩니다. 판매와 마케팅을 준비한다는 것은 이런 작은 디테일들에 최대한의 노력을 하는 것을 의미합니다. 웹사이트에 가보니 철 지난 팝업 광고 떠 있고, 게시판에 문의글은 많은데 남겨진 댓글은 없고, 앱 스토어에 남긴 고객 피드백도 무시하는 스타트업이 굉장히 많습니다. 스타트업 대표들이 자꾸 프로모션 단계에서 광고비를 얼마 쓸 것인가에 대해 집착하지만 사실 광고비를 쓰지 않고 제품 판매와 마케팅의 디테일만 제대로 챙겨도 고객층을 늘릴 수 있습니다. 세스코 웹사이트 답변들처럼 엄청나게 잘 운영할 수는 없다고 해도 고객들에게 최대한 빠르게 반응하고, 고객 문제를 진지하게 대응하려는 태도만 보여도 초기 마케팅은 그럭저럭 굴러갑니다. 프로모션을 광고나 홍보로 생각하지 말고 고객의 구매 전 과정에서 작은 불편이나 불만 사항들을 줄여내고, 고객에게 더 정돈된 메시지를 전달하려는 디테일한 노력이 성과를 이끌어냅니다.

이 점은 B2B에서도 마찬가지입니다. 고객사에서 스타트업에 연락을 하려고 하는데 담당자가 전화를 안 받고 잠수 타는 경우가 많습니다. 누가 그런 식으로 사업을 하나 싶겠지만 실제로 아주 흔하게 일어나는 일입니다. 해당 스타트업 입장에서는 바쁘다 보니 늦어질 수 있는 것 아니냐고 항변하겠지만, 고객이 스타트업의 사정을 이해해줘야 할 이유는 없습니다. 작고 사소한 일들부터 충분히 챙기고, 그다음에 고민할 문제가 광고와 홍보입니다. 디테일이 초기 성패를 가릅니다.

1장
스타트업 창업과 성장 과정 개요

2장
단계별 FAQ를 통해 이해하는 비즈니스 모델 설계

3장
국내외 스타트업 사례로 이해하는 비즈니스 모델

B 초기 고객을 팬으로 바꾸는 힘

초기 스타트업은 시장 전체에서 영향력을 가질 수는 없기 때문에 시장을 잘게 쪼갠 후 하나의 니치 시장에서 강력한 힘을 갖추고, 이를 기반으로 메인스트림에 진출하는 것이 스타트업 영업 마케팅의 정석이라고 했습니다. 인디 밴드를 생각해보자면 홍대 인디 신에서 실력을 갈고 닦아 팬덤을 형성한 후 이들 팬들이 열심히 여기저기 자발적으로 홍보해주는 바람에 유명세를 타게 되거나, 혹은 유튜브를 통해 실력을 알려 나가면서 비록 소수의 팬일지라도 열심히 소통하고, 이 밴드를 좋아해주는 사람들이 많아지고 알려지면서 성공하는 것이 정석이라는 뜻입니다. 스타트업도 이와 똑같은 길을 걸어가야 합니다.

초기에 내 제품에 관심을 보였거나 내 제품을 한 번이라도 써본 사람이 두 번 세 번 사게 만들어야 하고, 이들이 주변에 내 제품과 서비스를 추천할 수 있도록 해야 합니다. 비록 몇백 명 안 되더라도 소수의 고객이 감동을 해야 초기 구매 고객이 내 제품의 팬이 됩니다. 고객과 팬의 차이는 고객은 제품을 쓰면 잊어버리지만 팬은 주변에 내 제품의 입소문을 내고, 내가 새로운 제품을 내놓았을 때 용기를 가지고 먼저 구매해서 사용해주며, 이에 대한 피드백을 제공합니다.

인스타그램이나 유튜브를 통해 셀럽이 된 사람이 사업을 하면 굉장히 손쉽게 매출을 만들어냅니다. 하지만 이런 형태의 사업에는 벤처캐피탈들이 투자자로 나타나는 경우는 매우 드물죠. 셀럽 한 명의 개인기와 인기도에 의존을 해야 하다 보니 평판이 망가지는 일이 한 번이라도 생기면 그 사업의 생명력은 급격히 망가져버리니까요. 대표 한 명의 역량, 그리고 특히 통제하기 어려운 개인의 유명세에 의존하는 비즈니스 모델의 한계 같은 것이죠. 짝퉁을 팔고 품질 관리를 엉망으로 해서 사업이 휘청거리게 된 모 셀럽 기반 회사의 사례는 얼마든지 나타날 수 있습니다. 그래서 스타트업은 팬을 만드는 방법을 개인에게 의존하지 않고, 제품과 서비스 그 자체에 대해 감동하는 고객을 만들어내야 합니다.

고객을 팬으로 바꾸는 첫 번째 걸음은 고객에게 제품과 서비스의 본질에 대해 자세하고 투명한 정보를 제공하는 것에서 시작합니다. 자세하고 투명하다고 해서 '우리 제품은 이런 단점이 있어요'라 떠들라는 것이 아니라 고객이 관심을 줄 만한 요소들을 찾아서 그 부분에 대해 여러분의 스타트업이 가진 정보를 충분히 나누라는 뜻입니다.

두 번째는 이런 정보 나눔의 과정을 광고나 브로서 나눠주듯 하지 말고 고객과 충분히 소통해야 합니다. 아주 단순한 제품을 제외하면 요즘엔 B2C 제품들도 복잡하고 기능도 어렵기에 제대로 활용하려면 이런저런 정보를 알아야 합니다. 물어보고 싶은 것이 많을 수밖에 없죠. 혹은 고객 스스로 다른 사용자들과 정보를 공유하고 싶어할 수도 있습니다. 이런 커뮤니케이션은 그냥 시작되는 것이 아니라 스타트업에서 매우 성실하고 꼼꼼하게 답을 해주어야 가능합니다. 고객의 작은 피드백 하나라도 최선을 다해서 대답해주는 것이 매우 중요합니다. 가능한 부분이 있다면 이런 피드백을 받아서 제품과 서비스를 약간씩 개선해서 출시한다면 더 좋겠지요.

세 번째는 고객들에게 약속을 할 때는 철저하게 지켜야 하고, 지킬 상황이 되지 않는다면 죄송하지만 못한다고 명확히 전달하고 양해를 구하는 것이 맞습니다. 서버 관리를 잘못해서 서비스가 몇 시간 죽는 상황은 언제든 생길 수 있습니다. 팩트를 정확히 전달한 후에 양해를 구하고 그 사이 피해를 본 고객들에게 적절한 보상을 하되, 앞으로는 어떻게 해서 이런 상황이 생기지 않도록 확실히 하겠다는 이야기로 마무리 지어야 하고, 실제로 다음에는 이런 일이 생기지 않아야 합니다. 한 번 사고는 실수지만 두 번은 실력입니다. 이런 약속을 지키는 것이 매우 중요합니다.

네 번째는 이런 소통 노력이 하루 이틀로 될 문제가 아니라 적어도 6개월에서 1년 정도는 반복되어야 소수의 고객들이 반응을 보여준다는 점입니다. 물론 여러분의 능력이 탁월하면 이보다 더 빠르게 반응을 이끌어낼 수 있겠지만, 평균적으로 보면 반년 이상의 소통 노력이 누적되어야 고객들이 내 제품과 서비스에 대해 진심을 알아주는 것 같습니다. 이러한 과정을 차분히 이끌어 나가면 내 제품에 열광하는 것까지는 어려워도 내 제품에 만족해하고 주변에 추천하는 고객들을 볼 수 있습니다.

C 고객과 고객 사이 커뮤니케이션은 기업과 고객 간의 커뮤니케이션보다 강하다

스타트업 초창기 고객 커뮤니케이션을 하다 보면 자칫 잊어버리기 쉬운 것 중에 하나가 기업과 고객 간 커뮤니케이션보다 고객 사이의 커뮤니케이션이 훨씬 더 강력하다는 것입니다. 여러분도 기억을 더듬어보면 낯선 물건이나 서비스를 구매하려 할 때 주변에서 제품의 구매 경험이 있는 사람이 추천하거나 반대로 부정적 평가를 하면 그에 따라 구매하거나 아예 리스트에서 제외해버린 경험들이 다들 있으실 겁니다. 나와 같은 입장에 있는 사람이 평가하는 것의 영향력은 매우 강력합니다. 때문에 지금도 수많은 식당들이 배달 앱에 자기들에게 좋은 리뷰를 남기기 위해 '리뷰 뇌물'을 고객들에게 서비스하고 있고, 수많은 앱들이 리뷰 점수를 높이려고 골머리를 앓고 있죠.

고객들 간의 커뮤니케이션은 수동적으로는 타인의 리뷰를 살펴보고 구매를 결정하는 정도지만, 더 적극적으로 발전하게 되면 고객들끼리 제품과 서비스에 대한 토론을 벌이는 형태가 될 수 있고, 더더욱 발전하면 고객들끼리 해당 제품을 둘러싸고 팬클럽이 만들어지거나 반대로 안티 클럽이 만들어지게 됩니다. 매우 강력한 영향력을 발휘하고, 때론 부정적인 여파도 만들어내지만 기업 입장에서 보면 이런 고객들이 생겨난다는 것 자체만으로도 가슴이 뛸 일입니다. 연예인들이 팬클럽을 만들어가는 프로세스와 매우 유사한 셈입니다. 처음에는 소수의 고객들이 팬이 되고, 이들과 연예인 간 소통이 시작되고, 이후 팬들이 조금씩 늘어나면서 팬클럽이 만들어져 팬들 간에 여러 콘텐츠를 만들고 공유하면서 팬덤이 커지게 됩니다.

이와 동일한 과정을 스타트업이 만들어내야 합니다. 물론 연예인 팬덤처럼 열정적이기는 쉽지 않겠지만, 요즘엔 일상에서 접하는 소비재들 같으면 다양한 형태로 그 제품을 소비하거나 활용해 여러 가지 엉뚱한 일을 하는 사람들이 틱톡이나 유튜브 영상으로 만드는 것이 자연스러운 세대입니다. 삼양라면의 불닭볶음면은 유별난 매운 맛에 장난기가 발동한 한 영국인 유튜버가 주변 친구들에게 먹게 해서 골탕을 먹이는 영상으로 시작된 'Fire noodle challenge'가 어느덧 인기를 끌며 판매량이 크게 늘어나게 되었죠. 물론 이 경우는 업체가 의도하거나 준비한 것이 아니기에 경우가 좀 다르기는 하지만, 이런 식으로 소비자들이 밈meme을 만들어 퍼뜨리는 것이 매우 자연스러운 시대입니다. 시리얼 브랜드인 켈로그의 경우 소비자들, 특히 어린 아이들이 먹는 음식이기 때문에 이들을 대상으로 최고의 맛 투표를 진행했고, 당연히 자신들이 흥행시키려던 초코 첵스가 일등을 하려니 했는데 어른 유저들이 개입하면서 장난삼아 설문에 포함시켰던 파맛 첵스가 1등을 하는 사태가 벌어집니다. 2004년도에 진행되었던 일이었고 단순히 온라인 유저들의 장난으로 마무리된 일이었지만, 켈로그는 2020년에 실제로 이 파맛 첵스를 출시합니다. 맛은 짐작대로 도저히 먹어줄 맛이 아니었지만 파맛 첵스는 한참 동안 온라인상에서 화제가 되면서 켈로그 브랜드에 대해 고객들 간에 수많은 밈과 짤을 만들어서 퍼뜨리는 재미있는 소재가 되었죠. 일종의 샘플처럼 나온 제품이었기 때문에 실제 판매량이 크게 나오지는 않았겠지만, 어릴 때 먹던 음식이 어른들 사이에서 리프레시되는 기회 자체가 브랜드에게는 매우 소중한 일이었을 것입니다. 파맛 첵스가 1등으로 뽑힌 것은 우연히 이뤄진 일이지만 오랜 시간이 지난 뒤에 실제 출시함으로써 고객들 간에 다양한 이야기가 만들어지도록 한 것은 분명 업체 측에서 의도하고 진행한 것이죠. 제품에 익숙한 고객들이 많고 다양한 형태로 변주가 가능한 소비재 제품이나 게임처럼 고객 베이스가 매우 넓고 매일 접하는 제품군에서 채택이 가능한 전략이지만, 넓게 보면 B2B에서 고객사 레퍼런스를 만들어서 여기저기 성공 사례라 소개하는 것도 고객들 사이의 커뮤니케이션을 촉진하기 위해서입니다.

고객사가 깔끔한 문서나 PPT, 혹은 브런치, 블로그 같은 곳에 정리된 글을 찾아보거나, 혹은 개인적 친분으로 해당 스타트업의 솔루션에 대해 직접 물어보는 일은 자주 일어납니다. 대형 SI 업체들이 고객 세미나라는 형태로 사례와 기술에 대한 소개를 진행하는 것도 이러한 형태로 고객들 간에 커뮤니케이션이 활성화되기를 바라면서 하는 일입니다. 스타트업이 프로모션을 진행할 때는 이렇게 공통 관심사를 가진 고객들이 그룹이 되어 서로 해당 스타트업의 제품과 서비스에 대해 논의할 수 있도록 충분한 정보와 자료를 제공해줄 필요가 있습니다. B2C라면 고객들이 웃고 즐길 수 있는 '떡밥'을 생각해야 한다는 것이죠.

STEP 7

비즈니스 모델 설계 05
추가적인 고려 사항

비즈니스 모델의 기본은 어느 유형의 사업에나 보편적으로 적용되고 공통적으로 고민할 문제가 대부분입니다만, 그래도 사업 형태에 따라 추가적으로 고민할 부분들이 더 있기 마련이죠. 이에 대해 대표적인 유형을 가볍게 살펴보고, 실패하는 스타트업이 비즈니스 모델에서 부딪히는 문제가 무엇인지 생각해 보겠습니다.

사업 특성에 따라 추가적으로 고민해야 하는 요소는 무엇이 있나요?

지금까지 우리는 비즈니스 모델의 여러 요소들에 대해 살펴보았습니다. 팀을 어떻게 구성해야 하고, 타깃 고객은 어떤 기준에서 선정하며, 이들에게 제공할 제품과 서비스는 어떤 가치를 가져야 하고, 이에 대한 대가를 어떻게 받을지, 그리고 이 과정을 안정적으로 지속, 발전시킬 수 있는 시스템은 어떻게 구축할 것인지 등 말이죠. 이 과정의 기반은 고객이 가치를 느끼는 제품으로 이뤄지며, 가장 강력한 커뮤니케이션 도구는 가격입니다. 더불어 광고로 고객을 늘려 나가면 초기에는 분명 도움이 되지만 본질적인 경쟁력은 아니며 고객들과 소통 또는 고객들 간의 소통을 잘 관리하는 것이 비즈니스 모델이 실제 작동하게 만드는 핵심이라 이야기했습니다. 이상의 설명은 어느 산업에서나 적용되는 논리입니다. 하지만 산업별로 추가적이고 디테일하지만 성공에는 필수적인 고려사항들도 있기 마련입니다. 이에 대해 살펴보겠습니다.

A **제조**
B **커머스**
C **콘텐츠**
D **플랫폼**
E **Deep Tech**

A 제조

제조 스타트업을 하는 분들을 보면 정말 응원해주고 싶습니다. 스타트업 중에서 가장 구현 난이도가 높은 분야를 꼽으라고 하면 Deep Tech보다 제조를 꼽겠습니다. 수년간 위험천만한 R&D를 해야 하는 Deep Tech 분야는 그래도 시장이 새로운 기술을 찾을 때마다 언론과 투자자들의 관심을 받아낼 수 있고, 기술 축적이 일정 부분 이뤄지면 보스턴 다이내믹스가 큰 적자를 내도 계속 새로운 대주주가 나타나는 것처럼 시장에서 살아남아서 목표를 향해 정진할 기회가 주어집니다. 하지만 제조업은 이러한 투자자나 시장의 관심을 받기도 어렵고, 제조 자체에 대한 부가가치를 투자자들이 높게 쳐주지도 않습니다. 오히려 대규모 자본이 초기에 제조 설비에 투입되어야 한다는 점에서 부정적으로 보거나 OEM으로 초기 물량을 외주를 준다고 해도 일정 규모 이상의 재고를 떠안고 출발한다는 점에서 역시 부정적인 평가를 받기 쉽습니다.

제조업이 부딪히는 비즈니스 모델상의 어려움은 플랫폼과 동일하게 양쪽의 문제를 해결해야 한다는 점입니다. 하나는 제조 현장이고 다른 하나는 고객 사이드의 문제입니다. 콘텐츠나 플랫폼 등은 초기 투자비가 크지 않아도 사업을 시작할 수 있습니다. 소수의 고객들에게 제대로 서비스를 하다 보면 차츰 고객도 늘어나고 이에 맞춰 시스템을 키워가거나 콘텐츠를 보강해 나가면 됩니다. 품질이 너무 나쁘면 모르겠지만 시간이 지나면 숙련도가 올라가서 콘텐츠 생산 속도가 올라가고 비용은 절감되고, 공급자와 고객 모두 플랫폼에 대한 이해도가 높아지면서 더 많은 공급사와 고객을 불러모을 수 있습니다. 눈덩이를 키우는 과정과 동일합니다. 처음에만 어렵지 일단 굴러가기 시작하면 빠르게 불어나고, 투자비도 이에 맞춰 늘려가면 됩니다.

제조도 처음이 어렵습니다. 하지만 중반에도 마찬가지로 어렵습니다. 모든 문제의 원흉은 초기에 시설비를 투자하든지 아니면 대규모 재고를 떠안아야 한다는 것입니다. 아직 내 고객은 수십 명도 안 되는데 OEM 업체에서 경쟁력 있는 가격에 구매하려면 수천 개를 구매해야 합니다. 혹은 수억 원을 들여 설비를 지어서 생산성을 높이기 시작하니 팔 곳이 없습니다. 시설이나 재고 모두 현금이 묶인 것입니다. 제조업은 이렇게 묶인 현금을 실제 현금으로 빠르게 바꿰내야 하며, 재고 회전율이 낮다면 아주 심각한 문제가 됩니다. 게다가 제조업을 하면 고객사 몇 곳에 대량 납품을 할 가능성이 많은데 그곳에서 대금 결제를 미뤄버리면 막대한 매출 채권까지 떠안아야 합니다. 산 넘어 산이죠. 물론 R&D 등이 더 중요해서 소규모의 제조만 하더라도 충분히 높은 값을 받을 수 있다면 큰 문제가 아닐 수 있습니다. 가령 네덜란드의 극자외선 노광장비를 만드는 ASML 같으면 한 대 가격이 2천억 원을 넘어가지만 전 세계 반도체 업체들이 서로 먼저 납품받으려 줄 서고 있습니다. 이런 기업이라면 제조업의 딜레마는 문제가 안 됩니다. 이런 기업은 정확히는 R&D Deep Tech로 분류해야 하지, 제조업으로 분류하면 안 되겠죠.

제조업을 생각하거나 초기에는 OEM으로 생산하고 나중에는 직접 생산하겠다고 마음먹고 있는 스타트업이라면 비즈니스 모델에서 가장 중요한 영역이 어떻게 초기에 대량의 판매량과 적정 마진을 확보할 것인가에 대한 설명입니다. 국내의 굉장히 많은 중소 제조업체들이 한 분야에서 유명하고 독보적인 제조업체가 되겠다고 출발하지만 몇 차례 판매에서 좌절하고 나면 홈쇼핑처럼 굉장히 많은 유통 마진을 줘야 하는 곳에서 판매되는 이름 없는 제조사가 되거나, 다른 회사의 브랜드로 제품을 찍어내는 OEM 업체로 주저앉습니다. 모두 사업 초기 투자비를 초기 판매량으로 감당하지 못해서 급한 마음에 불리한 거래 조건의 업체들에게 팔다 보니 생겨난 문제입니다. 한 번 마진이 깎여 나가기 시작하면 브랜드 파워가 약해지고, 좋은 인력들이 떠나고, 제품의 품질 경쟁력이 올라가지 못하며 R&D도 제대로 되지 않아서 다시 차별성 없는 제품만 만들게 되고, 더더욱 거래 조건이 불리한 유통망밖에는 갈 곳이 없어지는 악순환에 빠져버립니다.

그래서 제조업을 꿈꾸는 스타트업은 그 어느 업종보다도 MVP 테스트와 초기 시장 진입 과정에서 시장 수요에 대한 검토를 매우 신중하게 해야 합니다. 예전에 국내 대기업들이 중국 시장에 진출하면서 흔히 했던 말이 '인구가 14억 명이니 한 사람당 한 개만 사도 14억 개를 팔 수 있다'였습니다. 손으로 꼽을 정도의 회사를 제외하고는 모두 망했거나 큰 손실을 보고 중국 시장을 빠져나왔죠. 시장에 대해 냉정하게 판단을 하고, 가능하다면 초기에 절대 고정비 투자를 하지 않고 시장에서 어느 가격에 어느 정도를 판매할 수 있는지를 파악해야 합니다. 이 타이밍에 원가나 마진에 대해 크게 고민하기보다는 시장에서 수요가 어느 정도인지 파악하는 것이 매우 중요하고, 초기에 기반이 되어줄 시장 세그먼트가 명확히 존재해야 정부지원금이건 신용보증기금의 특례 대출이든 엔젤의 소규모 투자든 기대할 수 있습니다. 제조업은 그 어떤 산업보다 초기 투자해야 하는 자본의 비율이 높고, 현금이 묶이는 일이 많이 일어납니다. 자칫 수요가 확인되지 않은 상태에서 설비나 재고 투자를 먼저 저지르면 브랜드 가치도 고마진도 결코 확보할 수 없는 악순환에서 벗어날 수가 없습니다. 최대한 시설과 재고에 대한 자본 투자를 줄인 상태에서 시장 확인을 최우선으로 둬야 프리미엄 브랜드든 매력 있는 대중 제품이든 포지셔닝을 할 기회가 생깁니다.

B 커머스

최근의 커머스는 대규모 자본을 투입해 오프라인에 넓고 멋진 편집샵을 만드는 것이 아닌 한 모두 온라인에서 시작합니다. 온라인 커머스 사이트나 앱은 불과 몇백만 원으로도 만들 정도로 많이 보급되어 있습니다. 아니면 네이버 스마트스토어에 입점해서 판매할 수도 있고, 사진을 잘 찍고 마케팅 카피를 잘 쓴다면 인스타그램에서 팔로워만 모아도 그럭저럭 사업을 출발시킬 수 있습니다. 초기에 재고를 좀 운영해야 하니 돈이 들어가겠지만, 판매 추이에 맞춰 조금씩 구매한다면 그것도 그렇게까지 부담스러운 일은 아닙니다. 하지만 커머스의 어려움은 차별성에 있습니다. 정확히는 어떤 제품을 소싱해오느냐의 문제, 즉 MD^{Merchandising} 역량이 문제입니다. 뭐든지 다 파는 커머스는 가격 경쟁력이 중요한데 이런 곳이라면 쿠팡이나 지마켓을 이길 수가 없습니다. 그곳들은 판매 규모가 있으니 아무래도 공급사들도 가격을 낮출 것이고 할인 행사도 더 적극적으로 할 것이기 때문이죠. 고객수가 많지도 않은 유통사에 물건을 싸게 공급해줄 브랜드는 없을 것이고, 일반적인 물품이라면 제조사가 직접 납품하지도 않고 해당 물품을 취급하는 대리점 같은 곳들만 공급할 것입니다. 당연히 단가는 더 높을 수밖에 없죠. 때문에 커머스 모델을 통해 투자자를 끌어들이기 위해서는 어떤 영역이고, 남들이 파는 물품과 어떻게 다른지를 보여줘야 합니다. 최근 들어 커머스 관련 모델들 중에서 각광받는 것들이 명품에 특화되거나 또는 중고품 거래에 집중된 것이 우연이 아닙니다. 국내에서 모바일 서비스가 각광받기 시작한 후 가장 먼저 유니콘 기업들이 된 곳들이 거의 모두 커머스 업체들, 그중에서도 수많은 품목을 모두 파는 일명 General Store이었습니다. 이제 이런 모델로 출발하는 스타트업은 도저히 경쟁력을 갖출 수가 없겠죠. 때문에 특화 영역을 찾아내는 것이 중요합니다. 그런데 커머스 업체의 제품은 공급사들의 물품이기 때문에 이 특화 영역을 자기 능력으로만 채울 수가 없습니다. 그래서 특화 영역을 남의 물건으로 해내는 능력을 증명해야 투자자들이 나타나게 됩니다. 기존과 별 차별점이 없는 커머스라면 투자자 이전에 정부지원금도 받아내기 어렵습니다. 경쟁력을 도무지 갖지 못할 것이라는 점이 너무 명확해서 그렇습니다. 그렇다고 너무 니치한 물건들만 취급하게 되면 이 역시 시작은 할 수 있겠지만 투자받는 것은 어렵습니다. 이번엔 잠재 시장 규모가 너무 작을 것이라 그렇습니다. 그래서 규모가 나오면서도 특색이 있는 MD를 해내야 합니다. 커머스는 일단 판매를 시작하면 경쟁사에 비즈니스 모델과 장단점을 모두 오픈하게 되는 사업이기 때문에 내가 좀 특색 있는 물품들을 모아내도 경쟁사 MD가 바로 그 업체에 컨택한다면 내 MD의 차별성이 곧장 흐려질 수 있습니다. 이런 점들을 모두 고려한다면 경쟁사에서 쉽게 가져갈 수 없는 제품들을 모아내되 시장에서 확장성이 있는 제품이어야 합니다. 미션 임파서블처럼 커머스 영역에서의 사업화는 매우 어려운 과제가 된 시대입니다.

C 콘텐츠

콘텐츠 스타트업의 비즈니스 모델 설계에는 타 업종과 다른 점이 두 가지 있습니다.

첫 번째는 자본 투자가 성과와 직접적으로 연결될 확률이 매우 낮다는 점입니다. 영화나 드라마를 예시로 보면 큰돈이 투입되고 유명 작가와 PD가 작업을 해도 망하는 경우가 허다하죠. 물론 아주 큰돈이 투입되면 망한다고 해도 적자가 났다는 뜻이지 아예 매출이 발생하지 않는다는 것은 아니지만, 스타트업에서 만든 게임이나 각종 동영상, 잡지 등의 콘텐츠 서비스는 매출이 아예 발생하지 않는 경우도 많습니다. 제조업이 설비에 투자한다면 최소한 기계는 현장에 남아 있고 싸게 제조해서 작게나마 매출을 만들어볼 수 있습니다. 유통사라면 손해를 좀 보더라도 물품을 팔면서 매출 확대 기회를 찾아볼 수 있죠.

하지만 콘텐츠는 한번 띄우고 반응이 없으면 다시 처음부터 시작해야 합니다. 콘텐츠로 벌려고 하는 매출액이 크면 클수록 투자비는 높아지는데 품질의 기준인 '고객 가치'가 분명하지 않기 때문에 출시를 해봐야 결과를 알 수 있다는 것이죠. 영화 흥행을 예측할 수 있는 사람이 없는 것과 똑같은 문제입니다.

콘텐츠 비즈니스 모델의 또 다른 특징은 성공하는 콘텐츠 제작의 표준적 정답이 존재하지 않는다는 것입니다. 제조업은 원가관리와 수율 관리를 잘하면 일단 제품 제작에서는 경쟁력을 얻을 수 있고, 커머스는 MD를 잘하고 구매가 협상력을 발휘하면 역시 제품 공급 측면에서는 경쟁력을 가질 기반이 생깁니다. IT 솔루션도 기존 솔루션들의 단점을 잘 분석하고 고객들의 요구 사항을 잘 반영하면 역시 기본 경쟁력은 갖출 수 있습니다. 하지만 콘텐츠에는 성공 방정식이라는 것이 없습니다. 극단적으로는 1편이 흥행했는데 2편은 망하는 경우까지 나오고, 유명한 캐릭터나 스토리를 가져다 써도 망하는 콘텐츠는 얼마든지 나옵니다. 특징적인 동영상 제작으로 유명했던 한 스타트업의 경우 해당 영상만으로 대기업의 광고 제작까지 의뢰받고 한때 직원이 50여 명이 넘기도 했지만 결국 첫 번째 성공 영상 이상을 만들지 못하고 회사가 회복을 못하고 있습니다. 처음에 성공해도 두 번째 성공을 예단할 수 없다는 것은 투자자 입장에서 해당 기업의 생산성에 대해 큰 불안감을 가질 수밖에 없다는 뜻입니다. 때문에 많은 콘텐츠 스타트업들이 초기에는 제대로 된 외부 투자를 끌어들이지 못합니다. 그럼 비즈니스 모델에서 어떻게 해야 할까요? 두 가지 접근 방법이 있습니다.

첫 번째는 많이 만드는 것입니다. 앞서 언급한 것처럼 '111퍼센트'라는 게임사는 몇 년 만에 150여 편이 넘는 게임을 만들었고, 제작사 로비오도 무려 50여 편의 게임을 실패한 다음에야 앵그리버드로 성공했습니다. 콘텐츠라는 속성상 한 편만 메가 히트하면 그 사이의 실패를 모두 커버할 수 있는 블록버스터 사업이기 때문에 이런 접근이 가능합니다. 초기 몇 편을 제작할 때 비용을 최대한 낮추면서 초기 자본으로 여러 편을 만드는 것이 한 편에 모두 투입하는 것보다 안전한 전략입니다. 창작의 의지를 잃지 않고 다양한 방법으로 도전하는 자세가 필요한 것이죠. 영화 '디스트릭트 9'으로 유명한 닐 블롬캠프 감독의 경우 매우 성공한 감독이지만 작은 단편들을 유튜브 등에 공유하면서 새로운

영화 아이디어에 대한 고객들의 피드백을 청취합니다. 이미 유명하거나 성공했더라도 시행착오의 과정을 거쳐야 합니다.

두 번째로는 한 번 성공할 경우 성공과 그다음 작품 도전은 분리하는 것이 좋습니다. 물론 콘텐츠 제작에 필요한 여러 가지 제작 기술에 대해서는 노하우를 공유할 필요가 있지만 앞선 성공 방정식을 그다음 사업에 반복하려 해서는 안 된다는 것이죠. 리니지로 유명한 NC 소프트의 경우 리니지의 방식을 자꾸 새로운 게임에 고스란히 적용하려다 보니 게임 팬들로부터 매 게임마다 그래픽만 다른 리니지라는 부정적인 평가를 받기도 하고, NC는 리니지가 없다면 성장이 어렵다는 이야기도 나오고 있죠. 그래서 게임 회사나 영상 제작사의 경우에는 새로운 콘텐츠를 준비하는 팀은 기존 팀과 완전히 분리해서 준비하도록 합니다. 소위 말하는 Cell 조직 구조를 의도적으로 만드는 것이죠. 각 셀은 기획부터 제작, 마케팅까지 다른 셀과 업무적으로 완전히 분리되어 하나의 성공이 다른 콘텐츠에 영향을 주지 않도록 되어 있습니다. 이렇게 하면 성공한 콘텐츠를 운영하는 조직은 계속 콘텐츠가 돈을 벌어들이도록 운영에 집중하고, 새로운 콘텐츠를 만드는 팀은 기존 방식의 재탕이 아닌 새로운 시각에서 콘텐츠를 제작하는 것입니다. 이렇게 함으로써 성공은 성공대로 현금 창출에 쓰고, 새로운 도전을 지속할 수 있게 하는 것이죠.

D 플랫폼

플랫폼 비즈니스 모델의 특징은 삼각형이 된다는 것입니다. 플랫폼에는 공급자와 구매자가 있습니다. 초기 스타트업의 경우 대체로 공급자들을 먼저 만나게 됩니다. 가령 동네 슈퍼나 베이커리에서 저녁 때 유통기한이 다가오는 제품을 모아서 떨이를 하는 정보를 주변 고객들에게 알려주는 플랫폼을 개발하겠다고 하면 동네에서 구매할 잠재 고객들을 만나기보다는 일단 동네 슈퍼와 베이커리 상인들을 만나는 경우가 더 편하고 빠릅니다. 그리고 공급자 중 열에 아홉은 '그런 플랫폼이 나오면 장사에 조금이라도 도움 될 것 같으니 꼭 만들어주세요'라고 이야기합니다. 고객 목소리를 통해 사업화 가능성을 확인했으니 일단 잘 만들면 되겠다는 의욕에 불타면서 사업을 진행하죠. 하지만 정작 이런 음식을 실제로 구매해줄 고객들의 목소리는 플랫폼이 거의 만들어진 다음에야 본격적으로 듣게 됩니다. 물론 그전에도 고객들을 만나서 개발에 필요한 요구조건을 파악하려는 노력은 합니다. 하지만 그 노력은 고객들이 좋아할 것이라는 전제하에 어떻게 하면 좀 더 편하고 접근이 쉬울까 고민하는 과정에서의 인풋으로, 실제 고객들이 좋아하지 않을 수도 있다는 것을 확인하기는 어려우며 고객을 만나 의견을 묻는다 해도 소수의 의견만 확인하다 보니 실제 시장에 대해 오판하는 경우가 많습니다.

투자자 입장에서 플랫폼 모델에 대해 쉽사리 투자를 결정하지 못하는 이유가 바로 이 부분입니다. 공급자가 원하는 것은 명확한데 구매자가 원하는지 알 수가 없다는 것이죠. 결국 플랫폼 업체의 비즈니스 모델 계획에는 어떻게 하면 비용을 최소화하면서 다수의 고객들에게 플랫폼이 제공할 가치를 경험하게 하고, 피드백을 받아낼 것이며, 피드백을 개선해서 어떻게 사업으로 만들어낼지, 즉 플랫폼의 진화 경로 Evolution Path 를 명료하게 설명해야 합니다. 배달의민족도 처음에 앱이 아니라 웹사이트 서비스였습니다. 당시에 앱 개발보다 저렴하게 수요를 확인할 수 있는 방법이었고, 기술적으로 앱 개발 기술이 매우 희귀하던 때이기도 했죠. 무신사도 포탈의 카페였고, 야놀자도 마찬가지였죠. 자체 웹을 만들고 결제 등의 시스템을 갖추려면 돈이 많이 들지만 범용 플랫폼 서비스를 이용하면 최소 비용으로 서비스를 시작할 수 있고, 무엇보다 중요한 '고객들의 구매 가능성'을 타진할 수 있습니다. 만약 타사 플랫폼을 이용하기에는 복잡한 기능이 많이 필요한 서비스라면 자체 개발을 하되 대상 지역과 고객을 최대한 좁혀서 작은 단위에서 성공 사례를 만들면서 하나씩 주변 고객들에게 넓혀가는 형태로 접근해도 됩니다. 당근마켓의 경우 2015년 판교 지역에서 '판교장터'라는 중고거래 서비스에서 출발했습니다. 고객들의 반응을 좁은 지역에서 확인한 뒤 인접 지역인 용인과 수지로 넓혔죠. 전국 서비스는 거의 3년이 2018년 1월에서야 시작했습니다.

플랫폼 모델은 공급자의 니즈 확인이 우선순위가 높지 않습니다. 플랫폼은 양자가 만나야 사업이 굴러가므로 구매자의 니즈가 존재하는지를 먼저 확인해야 합니다. 이 부분에 대해 최소 투자로 확인할 방법을 찾아야 하고, 이를 작게 작게 검증해 나가야 투자자들을 설득할 기회가 생기고 사업적인 자신감도 가질 수 있습니다. 이런 단계적 발전이 반드시 비즈니스 모델에 포함되어야 합니다.

E Deep Tech

오랜 기간의 R&D를 해야 하고, 일종의 Moon Shot Thinking ^{황당할 정도로 거대한 목표를 위해 기술 개발을 해야 하는 사업}도 포함하는 영역입니다. 사람이 타는 무인 자율주행 플라잉 드론으로 5년 내에 택시를 대체하겠다거나, 화성에 식민지를 만들겠다는 정도의 프로젝트입니다. 다만 보통은 조금 더 실현 가능성이 높은, 하지만 실패 가능성도 높은 기술적 도전이 보통입니다. 가령 모든 종류의 코로나 바이러스를 막는 백신을 개발한다거나, 치매를 막을 수 있는 약을 만들겠다거나, 영화 레디 플레이어 원에서 나오는 실감형 VR 기기와 관련 콘텐츠를 만들겠다는 식의 개발이죠. 현실성이 좀 더 있다고 해도 기술 개발 프로젝트는 언제나 쉽지 않습니다. 2021년 한 해에만 페이스북 운영사인 메타의 메타버스 기술 개발 조직인 리얼리티랩스가 102억 불 한화로 12조 원이 넘는 적자를 기록한 것을 보면 새로운 기술로 시장을 만드는 것이 얼마나 결과를 만들기 어려운 일인지 짐작할 수 있죠. 결과를 만든다고 해도 이를 성공적으로 상용화하는 것도 어렵기는 마찬가지입니다. 리얼리티 랩스보다 훨씬 더 실체가 있고, 로봇의 동작 영상을 내놓을 때마다 유튜브에서 1천만 뷰 이상을 기록하는 Deep Tech 분야의 스타인 보스턴 다이내믹스도 2020년 매출은 고작 5천 4백만 달러, 우리 돈으로 600억 원이 안 되는 수준이었다고 합니다. 당연히 대규모의 적자를 기록하고 있죠. 기술이 멋진 것과 돈을 버는 것은 다르다는 점을 잘 알려주는 사례들입니다. 테슬라도 작년엔 흑자였지만 그전엔 무려 17년간 적자였습니다. 기본적으로 초기에 대규모의 자본이 투입되는 반면 기술 개발의 가능성이나 상용화 가능성 등에서는 의문이 크게 따라붙는, 어려운 분야인 셈입니다.

우리나라에서 스타트업들이 시도하는 Deep Tech 분야는 자율주행 차 관련, 차세대 배터리 기술, 차세대 비메모리 반도체 설계, AI 로봇 및 디지털 트윈, 메타버스 관련, 신약 개발 및 디지털 치료제 개발 등입니다. 대기업이 본격적으로 뛰어들기에는 애매하거나 오랜 기간의 R&D가 필요한 영역이라서 오히려 스타트업이 강점을 가지는 것 같습니다. 대기업에 대해 흔히들 착각하는 것은 대기업이 모든 기술 분야를 다 잘할 것이라 믿는 것입니다. 대기업의 R&D 인력들이 수천, 수만 명이지만 수많은 세부 분야로 쪼개지고, 원천 기술이나 장기간 프로젝트는 수익성 면에서 도움이 되지 않아 지양하는 분위기며, 자사의 근간이 되는 사업과 너무 연관성이 없는 기술은 연구하지 않기 때문에 분야에 따라서는 오히려 스타트업들이 충분히 경쟁력을 가지게 됩니다.

Deep Tech 스타트업들의 비즈니스 모델에서 중요한 것은 팀, 그리고 기술의 잠재적 시장 규모입니다. 스타트업 영역에서 상당수의 비즈니스 모델에 팀원들의 학력이나 스펙은 별로 중요하지 않습니다. 물론 학력과 스펙이 높은 인력들이 많으면 당연히 투자받는 데 유리하고 사업을 진척시키는 데 유리하지만, 백그라운드와 실적이 연계되지 않는 것이 스타트업이기 때문에 크게 중요한 문제가 아닙니다. 창업팀이 스카이에 카이스트 석박이어도 망할 팀은 망하고 고졸 창업자여도 성공할 사람은 성공합니다. 그런데 Deep Tech 분야는 철저하게 학벌과 팀원들의 경력을 따집니다. 학교의 네임밸류도 중요하고 어떤 연구를 학교에서나 회사에 와서 경험했고 진행했는지가 그 기술을 현실화시켜 낼 가능성을 의미하기 때문에 어쩔 수 없는 것이죠. 언급했듯 극 초기 MVP 개발조차도 굉장히 많은 돈이 필요하기 때문에 학력과 경력 외에 팀의 역량을 증명할 다른 방법이 없기 때문이기도 합니다.

또 다른 점은 관련된 기술 분야의 시장성에 대해 이론의 여지가 없는 분야여야 한다는 겁니다. 자율주행, 차세대 배터리, 반도체 설계, 디지털 트윈, 디지털 치료제 등은 5~10년 정도의 기간이 지나면 확실하게 중추 산업이 되고, 적어도 수조 원에서 수백조에 이르는 거대 산업이 될 잠재력이 충분합니다. 하지만 AI 로봇이나 메타버스 같은 영역들은 사실 어떤 미래가 펼쳐질지 불투명합니다. 10여 년 정도의 기술개발이 필요한데 수요가 확실하게 보장될지 명확하지 않죠. 기술로는 차별성 없는 서비스라고 하는 배달의민족의 매출은 1조 원이 넘습니다. Deep Tech는 굉장히 화려하지만 실속 없는 영역이기 쉽습니다. 컴퓨터 비전이나 메타버스도 굉장히 고난이도 기술 분야지만 역시 막상 3~5년 뒤에 큰돈이 될 분야인가에 대해 의문의 여지가 있죠. 돈이 모든 것의 판단 기준이 될 수는 없겠지만, 투자자의 시선에서는 아무리 Deep Tech 라고 해도 3~5년 내에 확실하게 시장이 형성될 수 있는 기술에 투자를 하고 싶어 합니다. 임상이 필요해서 10여 년 이상의 시간이 필요한 신약 개발 같은 영역은 어쩔 수 없지만, 다른 영역에서는 너무 불투명한 10년의 기간보다는 확실하게 수요가 가시화되는 영역에 투자하고 싶어 하는 것이죠. 기술 분야의 수요가 선명할 수록 Deep Tech에서는 좋은 비즈니스 모델이 됩니다. 만약 지금 생각하고 분야의 잠재 시장 규모가 너무 제한적이거나 시장 가능성이 불투명하다면 이를 조금 변경해서 어떻게 하면 대규모의 수요가 예정된 영역으로 넓힐지 고민하고 사업을 시작하기를 권합니다.

실패하는 스타트업은 마케팅이나 제품력 때문이라는 이야기가 많습니다. 진짜 마케팅이나 제품력의 문제인가요?

성공하는 스타트업의 방법을 카피한다고 해도 내 사업에 100% 적용할 수 없는 것처럼 실패하는 스타트업의 이야기들도 100% 적용되지는 않습니다. 그렇지만 많은 스타트업이 유사한 이유로 실패한다면 그만한 이유가 있겠죠.

스타트업 시장 조사 기관인 CB Insight가 조사해서 발표한 '스타트업이 실패하는 12가지 이유'를 살펴보면 시장 수요와 제품에 의한 이유가 5가지, 팀이 무너진 경우가 3가지, 부실한 비즈니스 모델 관련이 1가지입니다.[16] 규제나 경쟁보다 제품의 문제 또는 팀과 비즈니스 모델의 이유가 훨씬 크다는 것이죠. 비즈니스 모델 역시 결국 제품과 마케팅으로 환원된다고 보면 결국 잘못된 제품 및 마케팅으로 인한 실패가 6가지, 팀이 무너진 경우가 3가지입니다. 왜 계속해서 고객 가치를 확인하고 제대로 된 제품을 만들어내고 좋은 팀을 갖춰야 한다고 강조하는지 이해할 수 있을 것으로 생각됩니다. 광고/홍보를 못해서, 프로모션을 못해서 같은 말은 주요 실패 원인으로 나오지 않습니다. 결국 '안 되는 제품을 만들었다가 팀이 깨지고, 투자자들에게 외면받았다'라고 정리할 수 있습니다. 고객 가치가 있는 제품을 만드는 것이 가장 기본인 동시에 가장 중요하다는 뜻입니다. 이에 대해 조금 더 자세히 살펴보면서 초기 스타트업이

16. https://www.cbinsights.com/, "The 12 reasons why startups fail"

정말 어떻게 해야 실패를 피해갈 수 있는지에 대해 정리하도록 하겠습니다.

**A 시장과 제품 99, 마케팅 1
B 시장을 이기려 하지 말 것**

A 시장과 제품 99, 마케팅 1

한 하버드 학부생 두 명이서 창업 아이디어를 냈습니다. 스타트업에서는 많은 계정 정보와 비밀번호가 슬랙이나 기타 협업 툴을 통해 공유됩니다. 클라우드 서버 아이디와 비밀번호부터 시작해서 개발을 위한 애플 아이디와 비밀번호, 심지어는 통장 번호와 비밀번호도 협업 툴이나 카톡 등을 통해 수없이 공유됩니다. 보안과는 거리가 먼 데다 이런 비밀번호들은 유사하거나 아예 같은 번호로 돌려막기하는 경우도 흔합니다. 이 두 명은 슬랙에 붙는 미니 앱 형태로 고객사가 사용하는 협업 툴에서 공유되는 비밀번호 등 아주 예민한 정보에 대한 보안을 제공해주는 기업용 SaaS 보안 솔루션을 기획합니다. 이 기획안은 명확한 문제가 고객들에게 실제로 존재하고, 당장 해당되는 고객도 많으며, 다운로드나 설치, 운영 등도 직관적으로 이해할 수 있습니다. 때문에 창업한 지 3개월 만에 와이콤비네이터의 액셀러레이팅 팀에 선발되고 투자자들로부터 126만 달러의 시드 투자를 받아내는 데 성공했다고 합니다. 사실 기술적으로 매우 어려운 제품은 아닐 겁니다. 조만간 유사한 경쟁사가 등장해서 사업이 제대로 크지 못하고 망할 수도 있겠죠. 하지만 대규모 보안 업체가 들어오기에는 명확한 시장에 분명한 수요는 있지만 작은 시장입니다. 경쟁이 생각보다 치열하지 않을 수 있다는 뜻이고, 때문에 엑싯 플랜만 명확하다면 투자자 입장에서 투자하지 않을 이유가 없는 솔루션인 셈입니다. 고객이 어느 정도 확보된다면 슬랙에서 매각할 수도 있을 겁니다. 이 사례가 보여주는 것은 '하버드생은 투자를 잘 받는다'가 아니라 수요가 분명하고 엑싯 플랜까지 세울 수 있을 정도로 명확한 시장과 제품에는 투자가 잘 따라온다는 것입니다.

스타트업 대표 중에서 '내 제품이 진짜 좋은데 사람들이 잘 알지 못해서 사용을 안 하니 마케팅에 쓸 돈만 투자받으면 세상이 뒤집힐 것이다'라고 이야기하는 분이 많습니다. 투자 IR을 준비하는 대표자 분들도 '투자받아서 마케팅만 제대로 하면 대박 날 겁니다.'라는 말을 입에 달고 삽니다. 물론 그런 제품도 있을 수 있습니다. 하지만 대부분 이런 생각을 하는 분들의 제품은 사실 별로인 경우가 많습니다. 여러 기술을 마구 붙여 놓았지만 막상 딱히 어떤 일에 확실히 도움이 되는 것도 아니고, 그렇다고 가격이 저렴한 것도 아니라면 고객들이 이 제품을 사서 써야 할 이유가 없습니다. 고객들이 딱 봤을 때 필요성을 감지할 수 없는 솔루션이라면 매출이 안 나오는 것이 일반적입니다. 고객들이 잘 알지 못해서 그렇다고 말하기도 하지만, 좋은 제품이라면 복잡해도 고객들이 모여들게 되어 있습니다. '좋은 제품은 무조건 팔린다'라고까지 말할 수는 없겠지만, 제품이 정말 고객 가치를 제대로 파고들면 기본적인 마케팅만 이뤄져도 생존하면서 다음을 기약할 정도의 매출은 만들어낼 수 있습니다.

대규모의 돈을 마케팅에 투입해서 한방에 해결하려고 하지 말고 고객의 니즈부터 MVP 단계, 초기 니치 시장 단계, 본격 시장 진입 단계를 차분히 밟아나가는 게 정석입니다. 제품이 좋으면 기회가 생깁니다.

B 시장을 이기려 하지 말 것

초기 창업자 중에 시장과 싸우는 사람들이 꽤 높은 비율로 있습니다. 실제로 상당수의 대표자들이 자기 제품에 대해 보이는 고객들의 행태를 도무지 이해할 수 없다며 뭔가 잘못된 사람들 아니냐고 열을 내며 이야기합니다. 제품을 정말 신경 써서 만들어냈고, MVP 단계에서 좋은 평가를 받아서 자신 있게 메인스트림 시장에 내놓았는데 실적이 처참할 때 자연스럽게 나오는 반응이기도 합니다. 하지만 명확하게 이야기할 수 있는 것은 시장은 절대 틀리지 않는다는 겁니다. 시장이 전지전능하다는 뜻이 아니라, 우리가 자연재해를 겪으면서 뭔가 잘못되었다고 이야기해봐야 자연은 그냥 그렇기 때문에 자연인 것과 똑같습니다. 내가 배를 샀는데 태풍이 불어서 배가 부서졌다면 자연을 원망하고는 싶겠지만, 아무 부질없는 짓이죠. 자연이 의도를 가지고 내게 그러는 것이 아니니까요. 그저 자연재해가 닥칠 가능성에 대해 미리 생각하고, 보험을 준비하든지 아니면 태풍이 지나고 난 뒤에 출항하는 등의 위험 방비책을 충분히 고려하지 않은 내 잘못인 것뿐입니다.

시장도 그냥 그런 곳이 시장입니다. 옳고 그르고의 판단 대상이 아니라, 내가 이해할 수 없다면 받아들이거나 그 시장이 아닌, 내가 이해할 수 있는 다른 시장에 가야 합니다. 내가 시장에서 할 수 있는 것은 시장에 맞추는 것이죠. 옳다, 그르다, 맞다, 틀리다가 아니라 시장 자체를 인정하고 내가 시장과 공존할 수 있고, 시장에 나를 맞출 수 있는지를 확인하는 것이 사업입니다. 맞출 수 없거나, 맞추기 싫다면 시장을 떠나야 하는 건 우리의 사업체지 그곳에 그대로 있는 시장이 아닙니다.

이렇게 이야기하면 없는 시장을 만들어내고, 기존 시장을 완전히 뒤집어서 혁신하는 것이 스타트업 아니냐고 반문하는 분들이 있습니다. 혁신하고 새로운 시장을 만들어내는 것이 스타트업이 맞습니다. 다만 이를 가능케하는 스타트업은 몇 개 되지 않습니다. 제품에 자신이 있고, 자기에 대한 믿음에 전혀 의심이 없다면 끝까지 세상에 대한 변혁을 추구해도 됩니다. 다만 투자자 등 외부의 도움을 기대하기는 매우 어려울 것입니다.

애플의 아이폰이나 테슬라의 전기차, 국내에서의 카카오톡이나 배달의민족 등은 연관된 산업의 모든 지형을 변화시킨 솔루션들입니다. 모든 스타트업 대표가 꿈꾸는 사업이죠. 하지만 이들도 처음부터 세상을 바꾸겠다고 덤벼든 것이 아닙니다. 언급했지만 아이폰은 연간 백만 대 판매가 목표였고, 테슬라도 2004년에 출발해서 연간 50만 대를 생산할 때까지 거의 15년이 걸렸으며, 카카오톡은 사용자는 급격히 모았지만 수년간 매출액 백억 원도 만들지 못해 엄청난 적자에 시달리던 솔루션이었습니다. 배달의민족도 처음엔 그저 웹상에 모아 놓은 음식점 전화번호부였습니다. 이들은 결과적으로 세상을 바꾸었지만, 처음부터 세상을 바꾸겠다는 생각으로 출발한 솔루션들이 아닙니다.

고객의 니즈를 찾고, 맞추는 과정에서의 역량이 조금씩 쌓이면 한 걸음씩 더 나아가면서, 시장에 단순히 맞추는 것이 아니라 시장을 선도할 수 있는 위치로 차츰 이동하게 됩니다. 처음부터 무조건 시장에게 나와 내 제품에 맞추라고 요구할 것이 아니라, 실적을 쌓고 시장을 이해하게 되었을 때 혁신적 솔루션을 생각해도 괜찮습니다. '고객들이 내 제품을 몰라줘서 그러니 크게 투자받아 마케팅만 잘하면 된다'고도 생각하지 말고, 시장이 원하는 것을 주면서 시장을 충분히 알아가며, 회사에 내적 역량이 충분히 쌓이면 그때 더 큰 포부를 품어도 충분합니다.

STEP 8

비즈니스 모델 수립을 위한 체크리스트 및 사업계획서 포맷

스타트업의 비즈니스 모델은 제품과 서비스로 녹여내야 하지만, 이 과정에서 계속해서 정부와 투자자들에게 사업과 비즈니스 모델을 설명하려는 노력을 해야 합니다. 이런 상황에서 필수 항목들을 충분히 검토했는지 빠르게 확인할 수 있는 체크리스트와 사업계획서 샘플을 보여드리겠습니다. 당연히 모든 상황에서의 정답은 아니며, 사업계획서의 스토리 흐름을 확인하는 차원으로 활용하면 좋겠습니다.

Q 28
비즈니스 모델 수립 단계별 체크리스트를 정리해 주세요

지금까지 비즈니스 모델을 수립하고 이를 실행하려 할 때 생각해야 하는 여러 요소에 대해 알아보았습니다. 글로만 적다 보니 내용을 실제 비즈니스 모델 설계와 사업계획서 작성에 적용하기에는 꽤 어려움이 있을 것 같습니다. 그래서 비즈니스 모델 설계를 위한 전체 체크리스트를 만들었으니 기획서 작성 시 참조하기 바랍니다. 사업에 따라 모든 항목이 필요치 않을 수 있지만, 혹시 내가 준비하는 과정에서 잊은 것은 없는지 확인하는 용도로 사용하기 바랍니다.

키워드	대분류	중분류	세부 분류	체크
사업 아이디어와 시장	사업 아이디어와 고객 가치	사업 아이디어	아이디어 제품화 시 특성 및 산업 분류	
			기능 요건 및 요구 스펙	
			유사 제품 또는 대체재	
			기존 유사 실패 사례	
		고객 가치	고객이 느끼는 실용적 가치	
			고객이 기존 제품으로 느끼지 못했던 새로움	
			고객의 기존 제품 대비 비용 절감	
			고객의 거래 비용을 절감	
			고객 가치를 한 문장 또는 한 단어로 표현	
	시장 정의 및 현재 규모 추정	시장 정의	명확한 단어 또는 한 문장으로 이름 붙이기	
			고객 구매 과정 특성	
			시장내 주요 Player 및 상호관계	

키워드	대분류	중분류	세부 분류	체크
사업 아이디어와 시장	시장 정의 및 현재 규모 추정	시장 정의	시장 내 주요 Segment 정의 및 특성	
			Segment 분류 기준	
			주요 Player와 Segment 상호 관계	
		현재 규모 추정	시장 잠재 고객 수	
			시장 잠재 고객별 구매액	
			시장 잠재 고객별 구매빈도	
			연간 소비자 구매액	
			관련 Value Chain별 매출액(1차 공급사·2차 공급사·유통사·소비자 판매액)	
			주요 Segment별 매출액	
			주요 Segment별 고객 특성 분포	
			주요 Segment별 고객 수	
	시장 성장성 및 기회 요인	성장성	시장 내 핵심 Growth Driver	
			시장 핵심 Growth Driver 및 근거	
			성장성 증명 정량적 Data	
			Segment별 Growth Driver 및 근거	
			유사 시장의 성장 사례	
			연관 시장의 성장성 전망	
			해외 유사 시장 성장 사례	
		기회 요인	기회 요인 정의	
			기회 요인 성격 규정 (규제 환경, 소비자 변화, 경쟁 변화, Value chain 변화, 기술 변화 등)	
			기회 요인과 성장성의 연계에 대한 논리	
			기회 요인 활용을 위한 필요 조건	
			상기 필요 조건 확보 방안	
	시장 리스크 요인	규제	규제 내용 및 적용 범위	
			규제의 현재 시장 영향력	
			규제의 고객 수, 구매 과정, 구매액, 구매 빈도, Growth driver 영향 가능성 정량화	
			신규 규제의 등장 가능성	
		이해관계자 반발 및 갈등	이해관계자 정의 및 각 이해관계자 특성	
			이해관계자별 반발 요인	

1장

스타트업 창업과 성장 과정 개요

2장

단계별 FAQ를 통해 이해하는 비즈니스 모델 설계

3장

국내외 스타트업 사례로 이해하는 비즈니스 모델

키워드	대분류	중분류	세부 분류	체크
사업 아이디어와 시장	시장 리스크 요인		이해관계자별 대응 방안	
			이해관계자 갈등의 규제와 연계 가능성	
		대체재의 위협	사업 아이디어와 관련된 영역에서 구매자들의 기존 니즈 충족 방안	
			기존 니즈 충족 방안의 장점 및 당사 제품 대비 경쟁력	
			신규 대체재 등장 가능성	
			대체재 등장 시 대응 방안	
		경쟁 환경 변화	기존 경쟁사 및 경쟁 제품 특성	
			기존 경쟁사 및 경쟁 제품에 대한 고객 반응	
			경쟁 제품의 장점 정량화	
			경쟁 제품의 단점 정량화	
			구체적 경쟁 전략	
			관련 분야 대기업 시장 진입 가능성	
			대기업 시장 진입 시 대응 방안	
		기술 환경 변화	현 Growth Driver 관련 기술 사항	
			관련 기술 변화 동향	
			기술 변화별 영향력 규모 및 예상 시기	
			기술 변화 시 대응 전략	
		기존 실패 사례의 존재	유사 시장 또는 동일 시장에서 유사 제품 실패 사례 리스트업	
			실패 요인 및 극복 방안 분석	
			실패 요인 극복 방안과 당사 제품의 차별화 요소 비교	
타깃 고객	타깃 고객	초기 타깃 고객	타깃 고객 특성 및 선정 이유	
			타 Segment 비선택 이유	
			타깃 고객과 당사 제품 특성/차별화 요소와의 연계성 정량화	
		확대 타깃 고객	타깃 고객 이후 진입 우선순위 Segment 특성	
			Segment 우선순위 선정 논리	
			초기 타깃 고객과 확대 타깃 고객 사이의 연관성 및 당사 활용 포인트	
	포지셔닝	초기 타깃 고객	초기 고객 대상 영업 6개월, 1년, 3년 당사 제품에 대한 고객의 인식 또는 이미지 목표	

키워드	대분류	중분류	세부 분류	체크
시장 진입 마케팅		확대 타깃 고객	확대 고객 대상 영업 1년, 3년 당사 제품에 대한 고객의 인식 또는 이미지 목표	
	제품	제품 특성	구체적 기능 및 스펙	
			디자인 및 UI/UX	
			포장 및 패키징	
			고객 사용/소비 시 특장점	
			작동 시제 또는 Mock-up 제작	
			제품 소개 이미지, 동영상, 관련 콘텐츠	
		제품 개발	제품 개발 소요 기간	
			제품 기획 필요 시간 및 자원	
			제품 관련 기술 개발 필요 시간 및 자원	
			제품 초기 MVP 제작 필요 시간 및 자원	
			제품 대량 생산 또는 정식 판매용 버전 개발 필요 시간 및 자원	
			각 소요 시간과 필요 자원 확보 가능성 및 확보 방안	
		제품 개선	출시 후 개선 필요성 대두 가능성	
			개선 필요 시 대응 방안	
	채널	초기 MVP 테스트 채널	고객 가치 고려 시 최적의 초기 테스트 채널 리스트 및 이유	
			후보 채널 활용 시 예상 장점 및 단점	
			MVP 테스트 진행 시 고객 구매 관련 데이터 확보 방안	
			고객 구매 데이터 확보 제약 시 극복 방안	
			MVP 테스트 가능 채널로부터의 실제 피드백 및 부정적 피드백 시 대응	
		정식 판매 채널	접근 가능한 정식 판매 채널 리스트업	
			후보 채널 실제 피드백 및 부정적 피드백 시 대응	
			채널별 마진 구조 및 거래량에 따른 마진 악화 가능성 검토	
			채널 특성과 당사 제품 고객 가치 사이의 적합성 평가 기준	
			채널별 운영에 따른 간접비 비교 (물류비, 반강제적 할인 행사 참여, 홍보비 지원, 시식 등 영업, 마케팅 인력 지원 등)	

키워드	대분류	중분류	세부 분류	체크
시장 진입 마케팅		독자 채널	채널 진출 우선순위화 및 채널별 KPI 지표 설정	
			독자 채널 개설 필요성	
			독자 채널의 필요 기능 및 기대 역할	
			독자 채널 설립을 위한 투자비 및 인력 추산	
			독자 채널 운영에 따른 단점 및 리스크	
			독자 채널 Objective 설정	
			독자 채널 운영 내실화 방안 마련	
	가격	MVP 가격 테스트	유사 제품 판매 가격 조사	
			경쟁 제품 가격 조사	
			MVP 테스트 채널 유사 제품 가격 조사	
			가격 A/B 테스트	
			행사 가격 테스트(할인, 묶음 등)	
			제품 기능 분리 시 가격 테스트	
			가격별 구매자 피드백 수집	
		정식 제품 가격 설정	MVP 판매 가격 테스트 결과 해석	
			채널별 마진 구조 확인	
			원가구조 확인	
			판매관리비 정리	
			목표 마진율 결정	
			마진율 및 구매자 피드백 반영, 표준 가격 결정	
			행사 운영 할인 폭 결정	
			가격대별 판매량 추이 데이터 수집	
	수익 모델	판매 구조 설계	이용자, 구매자, 지불고객, 영업 파트너 구분 필요성 검토	
			무료-제3자 지불(광고수익 모델) 또는 유료 결제 모델 여부 결정	
			수익 모델 구조 결정 이유 및 정량적 근거	
			결정된 수익 모델과 고객 가치, 채널 구조 등의 연계성 및 전략적 의미 정리	
			수익 모델 기반 수익성 및 성장성 전망	
			수익 모델 이름 정하기 (B2B, SaaS, 사용량 기반, 구독형, 커머스, 플랫폼, 광고 기반 등)	

키워드	대분류	중분류	세부 분류	체크
시장 진입 마케팅	경쟁		제품의 특징점과 고객 가치와의 연계성	
			경쟁사 제품 대비 고객 가치 연계성 강한 이유(차별적 가치)	
			경쟁 대비 보완 필요 사항	
	벤치마킹		핵심 고객 가치, 비즈니스 모델의 설계 및 운영에 가이드가 되어줄 기업 리스트업	
			업체별 벤치마킹 내용 정리	
			자사 적용 시 장단점 및 적용 방식 정리	
	고객 커뮤니케이션 실행 및 프로모션	MVP 테스트	초기 고객 테스트 진행 방안 수립 및 고객 피드백 청취 방안 마련	
			MVP 테스트 결과 제품, 채널 및 고객 커뮤니케이션 채널에 반영할 방법 마련 & 실행	
		CS	제품 A/S 방안 마련 및 초기 준비	
			고객 C/S 방안 마련(내부 직원, 외부 콜센터, 온라인 접수만 허용 등)	
		고객 커뮤니 케이션	고객 참여형 커뮤니티 또는 고객 간 소통 창구 기획 및 마련 방안	
			고객 참여도 제고를 위한 방안 마련	
			커뮤니티 운영 또는 동영상 콘텐츠 등 고객을 팬덤으로 전환하기 위한 커뮤니케이션 방안 마련	
			고객 요청 사항 등 피드백 항목의 사업 반영 방안 마련(제품 개선, 가격 변경, CS 변경, 커뮤니티 운영 방식 변경 등)	
		광고 운영	광고 콘텐츠 준비 및 광고 운영 채널 리스트업	
			제품 출시 전 사전 붐업 및 MVP 고객 모집 광고 집행 & 피드백 분석	
			정식 제품 출시 전 사전 붐업 광고 집행 & 피드백 분석	
			콘텐츠별, 채널별 A/B 테스트 진행	
			콘텐츠별, 채널별 ROAS 분석	
		할인 외 판촉	소비자 참여 행사, 파트너사와의 협력, 타 회사 프로그램과 협력 등을 통한 소비자 집객 또는 인지도 제고 방안 마련 & 실행	
			제품 판매 채널에서 광고, 할인 외 추가적인 판촉 가능성 점검 및 실행 (In-store Promotion 진행 등)	

1장
스타트업 창업과 성장 과정 개요

2장
단계별 FAQ를 통해 이해하는 비즈니스 모델 설계

3장
국내외 스타트업 사례로 이해하는 비즈니스 모델

키워드	대분류	중분류	세부 분류	체크
3년 로드맵	제품/기술 라인업	주력	주력 제품 리스트 및 제품 업그레이드 등 보강 방안 및 관련 기술 개발 방안	
		신규 제품 및 신규 기능	고객 가치 및 회사 전략에 맞춰 개발할 신규 기능 추가 또는 신규 제품 로드맵	
	채널 라인업	독자 채널	독자 채널 고객 집객 및 위상 강화 방안	
		외부 채널	주력 채널 운영 방안 및 채널 우선 순위 변화 방향	
	추진 전략 또는 중점 추진 사항	사업 목표 실현 전략	연도별 실적 목표를 위한 중점 추진 과제 및 실행 방안 수립	
	투자 유치 시점	기관 투자 중심	TIPS 및 시리즈 투자 유치 시점 및 목표 규모	
	참여자 목표	이용자 추이	월/분기/연간 방문자 증가량	
			월/분기/연간 구매자, 재구매자 증가량	
			기타 비재무실적 지표	
		공급 파트너 추이	플랫폼 또는 커머스 모델의 경우 협력 공급 파트너 확보 추이 전망	
3년 재무 계획	손익계산서 항목	매출	3년 추정 - 손익계산서 작성	
		매입/제조 원가		
		인건비		
		광고판촉비		
		기타비용		
		영업이익		
	재무상태표 항목	초기 시설/설비 투자	생산설비, IT 기기, 사무집기, 인테리어 등 감가상각 대상 자산 리스트업 & 3년 추정	
		보증금 등 1회성 및 회수 가능 투자	매장, 공장 부지 등 부동산 임대보증금 자산 리스트업 & 3년 투자 규모 추정	
		운전자금 추이	재고, 매출채권, 매입채무 등 운전자금 필요 규모 및 3년 증가량 추정	
		Free Cash Flow 추정	Free Cash Flow 추정(필요 시)	
	비재무 항목 실적	이용자 추이	월/분기/연간 방문자 증가량	
			월/분기/연간 구매자, 재구매자 증가량	
			기타 비재무실적 지표	
		공급 파트너 추이	플랫폼 또는 커머스 모델의 경우 협력 공급 파트너 확보 추이 전망	

키워드	대분류	중분류	세부 분류	체크
투자 유치 목표액 및 사용처	첫 투자 목표액 사용처 예상	목표 투자유치액	Pre Series A 또는 Series A 투자 유치 목표액	
		시설 및 설비	고정비성 항목 투자 내역	
		운전자금 등	재고, 매출채권, 매입채무 등 운전비 관련 항목 투자 내역	
		R&D 자금	연구개발비 항목 투자 내역 (R&D 인력 인건비 포함)	
		제품 개발	R&D 비용 제외 제품 개발 관련 비용 내역	
		인건비	R&D 인력 인건비 제외 인건비 사용 내역	
		마케팅 및 기타	광고, 판촉, 홍보 등 마케팅 비용 및 기타 항목 내역	
	회사 밸류	첫 투자 유치 시점	목표 회사 가치	
		엑싯 플랜	중장기적 엑싯 목표 및 방안 구체화	
팀과 비전	팀	대표자	사업 아이디어, 고객 가치 및 제품과 명확한 접점이 있는 이력 및 경영 능력	
		임원급	사업 아이디어, 고객 가치 및 제품과 명확한 접점이 있는 이력 기재	
		직원	해당 업무를 담당할 역량 중심으로 기재	
		신규 채용	회사 성장에 맞춰 선발할 인재의 역량, 스킬 및 인원수 전망	
	비전	3년 성과 목표	3년 재무 또는 시장 내 포지션 목표	
		고객 가치	지향하는 정성적 위상, 임직원에게 동기부여가 되는 문구, 해결 문제 등	
		미션	고객 가치의 사회적 의미	

1장

스타트업 창업과 성장 과정 개요

2장

단계별 FAQ를 통해 이해하는 비즈니스 모델 설계

3장

국내외 스타트업 사례로 이해하는 비즈니스 모델

정부지원사업용 사업계획서에 비즈니스 모델을 어떻게 녹여내야 하나요?

정부지원사업에는 몇백만 원 수준의 마케팅 비용이나 클라우드 서비스 지원 등 현물 지원을 하는 사업도 있지만 우리가 흔히 정부지원금이라 하는 프로그램들은 청년창업사관학교, 예비 창업 패키지, 초기 창업 패키지, TIPS 등을 의미하죠. 적어도 몇천만 원 정도의 금액으로 초기 시제품 개발 및 시장 진입 마케팅 등에 아주 요긴하게 쓸 수 있는 금액을 지원받을 수 있고, 더불어 필요한 여러 경영 자문이나 네트워크 등도 도움을 받을 수 있어 굉장히 유용합니다. 여기서 핵심이 되는 서류는 역시 사업계획서, 즉 비즈니스 모델을 중심으로 작성한 사업화 계획, 해외 진출 계획 등입니다. 다만 프로그램별로 뽑기를 희망하는 업체가 조금씩 차이가 있다 보니 완전히 통일한 사업계획서 포맷을 사용하지는 않으며, 팀의 성격이나 전략에 따라 같은 포맷이라도 중점을 두는 영역이 달라질 있습니다.

지금부터 정부지원사업에서 일반적으로 요구하는 사업계획서 포맷과 각 항목별 개요에 대해 설명하겠습니다. 문구는 사업 주제와 연도마다 달라질 수 있습니다.

통상적 목차

1. 문제 인식
2. 실현 가능성
3. 성장 전략
4. 팀 구성

 1 문제 인식

- 창업 아이템의 개발 동기: 국내외 시장의 문제점을 혁신적으로 해결하기 위한 방안을 기재한다.

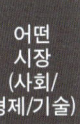

어떤 시장 (사회/경제/기술)	• 시장, 기술에 대한 이해도가 전혀 없는 사람도 이해할 수 있는 명확한 시장 정의가 필요함 • 현재 시장에 대한 정확한 크기를 추정하고 매출액, 사용자 수를 바탕으로 향후 3년간의 성장을 예상해야 함 • 과다하게 큰 시장이 아닌 당장 진입할 수 있는 작은 시장을 정의할 것 ex) 국내 1천억~2천억 원 내외 • 없는 시장을 새로 만들기보다 이미 있는 시장에서 새로운 방식으로 경쟁하는 것이 더 설득하기에 유리함
어떤 문제점	• 누가 겪는 문제인지가 매우 명확해야 함 • 근거 자료를 바탕으로 인구 수 등의 근거 수치를 반드시 고려 • 불편 사항이나 문제점은 근거 수치를 명확히 설명할 수 있어야 하고 새로운 아이디어는 그 가능성에 대한 근거가 필요함 • 경쟁사가 명확하지 않은 경우, 고객이 기존에 습관적/관습적으로 해왔던 것의 문제점을 지적
솔루션	• 지적한 문제점에 대해 명확하게 해당되는 솔루션이어야 함. 설명이 길거나 몇 차례의 논리적 연결이 있어야만 이해되는 솔루션이라면 솔루션이 아니거나 시장-문제 정의가 잘못된 것 • 솔루션을 두괄식 한 문장으로 설명 후 보충 설명 추가 • 경쟁사 솔루션에 대한 차이점 설명 필요 • 고객이 경쟁사도 아닌 자기 나름의 방법으로 해당 문제를 해결할 경우에 대한 대안으로도 이해가 가능해야 함 ex) 고객이 공원에서 직접 싸온 김밥을 먹는 경우, 내가 파는 가판대 음식이 경쟁사보다 맛있다고 해도 나의 매출은 없음

- 창업 아이템의 목적

| 솔루션 적용 시 시장의 변화 | 솔루션 적용 시 고객 차원의 변화 (고객 행동, 비용, 효율성, 만족도 등) | 솔루션 적용 시 고객 외 이해관계자의 변화 (정책적, 지역사회, 기술 등) |

2 실현 가능성

- 솔루션: 비즈니스 모델(BM), 제품(서비스) 구현 정도, 제작 소요 기간 및 제작 방법(자체, 외주), 추진 일정 등을 기재한다.

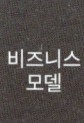

비즈니스 모델
- 핵심 고객
- Value Proposition
- 구체적인 제품(솔루션 차원의 추상적 설명이 아닌 제품 단위 설명)
- 제품/서비스 전달 방법(영업망, 앱 등) 및 활성화 방안
- 구체적인 수익 모델 - 이용자, 구매자, 마진 구조 등
- 사업계획서 작성 시 구체적인 사업 모델 활용

제품/서비스 구현 정도
- 지원사업 기간 내에 최소한 MVP를 통한 PMF 1차 테스트까지는 진행할 것
- 기술이나 기능 등 여러 부가 요소가 필요해서 지원사업 내 Commercial Version 구현이 어려울 경우는 이에 대한 계획 표시 필요
- 각 단계별 소요 기간 및 제작 방법은 상이할 수 있으나, 가장 중요한 핵심이 되는 영역에 대해서는 외주를 주는 것이 불가함. 만약 이런 일에 외주가 필요하다면 사업이 아닌 것이나 마찬가지임 ex) AI 기술을 적극 활용하겠다면서 AI 기술 개발은 모두 외주로 진행하겠다는 경우나, 친환경 소재를 활용하는 제품을 만들려 할 때 친환경 소재 기술을 모두 다른 회사가 소유하고 있는 경우 등
- 여기서 이야기하는 소요 기간 및 제작 방법을 위해서 필요한 인력 및 자금에 대해서는 후반부의 팀 구성 영역에서 설명하는 내용과 일치해야 함

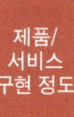

제작 소요 기간 및 제작 방법
- POC(Proof of Concept) - 제품 컨셉의 시각화 제품
- MVP - 고객들에게 유료로 판매할 수 있는 수준의 시제품
- Commercial Version - 양산 또는 본격 판매 제품
- Product Market Fit - 제품의 본격 양산 전에 시장에서 제품에 대한 반응 테스트
- 초기 시장 진입
- 지원 시점에서의 진도에 대한 간결한 설명이면 충분함

사업 추진 일정	• 제품 개발 일정만을 말하는 것이 아니라 MVP 출시 등을 당연히 포함하며, 지원 시점부터 대략 2년 내외의 여러 사업적 이정표를 모두 표시할 것 • 즉, 주요 채널 입점, 제품 라인업 추가, 신규 버전 출시, 해외 버전 출시, 주요 거래처와의 거래, 액셀러레이터나 VC로부터의 투자 유치, TIPS 유치 등. 단 정부지원 사업이나 공공 관련 사항은 최대한 배제하고 민간과의 거래에 대해서만 표시할 것 • 핵심은 제품 출시, 대형 고객사 거래 유치, 투자 유치, 글로벌 진출임

- **창업 아이템의 시장 분석 및 경쟁력 확보 방안**: 기능·효용·성분·디자인·스타일 등의 측면에서 현재 시장에서의 대체재(경쟁사) 대비 우위 요소, 차별화 전략 등을 기재한다.

현재 시장에서의 대체재 (경쟁이 아닌 고객 차원에서의 대체재)	• 시장 정의는 업계의 표준적 정의를 따르는 것이 최적이나 그렇게 할 수 없는 사업 모델은 고객의 행태에 대한 데이터를 기반으로 해야 함 • 시장 내 선도 업체가 있는 경우 해당 선도 업체가 만들어낸 시장 정의를 활용하는 것도 충분히 가능함. 단, 이 경우엔 시장 정의는 간략히 넘어가고 경쟁력 요소에 집중해야 함 • 시장 정의는 보통 한 문장 또는 인용 가능한 숫자로 설명해야 하고, 과거 3년간의 성장률과 향후 3년간의 성장률을 외부 기관에 의해 검증된 숫자로 나타내야 함
현재 시장의 대체재 대비 우위 요소	• 정말 자신 있는 경우를 제외하면 경쟁력 요소로 절대 가격을 이야기하지 말 것. 즉, 우리가 원가가 이만큼 낮을 것이니 가격에서 대체재 대비 경쟁력 있다는 이야기는 쓰지 말 것 • 가격은 결코 이길 수 없는 전략이며, 특히 정부지원 사업에 지원할 때 낮은 가격은 심사위원에게 설득되지 않음 • 명시한 경쟁력 요소는 객관적으로 확인 가능해야 함. 디자인이나 만족도 같은 추상적, 정성적 요소가 차별화 요소일 경우엔 반드시 고객에게 확인하는 과정을 통하거나 최소한 설문조사 결과라도 있어야 함. 단, 전문가 한두 명의 코멘트는 전혀 효과 없으니 근거로 제시하지 말 것 • 유사한 컨셉의 제품이 많은 경우엔 실행력을 강조해야 하는데, 이는 설득력이 낮은 편. 하지만 유사 업체가 많은 경우엔 반드시 포함해야 함. 짧은 기간에 많은 진도를 빼는 것이 실행력임
차별화 전략	• 차별화 전략은 '우리 제품의 기능이 더 좋다', '우리가 더 빠르다' 혹은 '우리 디자인이 더 좋다', '우리가 더 유명하다'가 아니라 '고객에게 기존의 방식 또는 경쟁 제품 대비 명확하게 어떠한 혜택이 있다'는 것이 정확해야 함. 고객의 입장에서 차이가 느껴져야 차별화임 • 경쟁 제품 대비 우리가 몇 % 뛰어나고, 몇 % 싸다는 식의 설명을 하는 경우가 많이 보이는데, 고객에게 이런 차이는 별 의미 없는 경우가 많음. 시장에서 고객의 구매 행태를 변화시킬 이유가 있는 차별화 요소여야 함

3 성장 전략

- **자금 소요 및 조달 계획:** 자금의 필요성, 금액의 적정성 여부를 판단할 수 있도록 사업비 사용 계획 등을 기재한다. 사업화 자금 집행 계획(표)에 작성한 예산은 선정 평가 결과 및 창업 아이템 개발에 대한 금액의 적정성 여부 검토 등을 통해 차감될 수 있다.

자금 소요	• 자금의 사용처는 '인건비'와 '제품개발비', 그리고 '마케팅 비용'이 중심을 이루는 것이 일반적임 • 대표자 본인 인건비는 지원금을 사용하지 않는 것이 좋음 • 최저 임금 수준으로 포함해도 될 수 있으나 평가에서 불리하고, 외부 인력에 대한 용역 인건비는 만들려는 제품의 핵심 기능에는 투입되면 안 됨 • 핵심 기능이나 핵심 콘텐츠는 기업 내부 임직원이 만드는 쪽이 설득력 있음 • 마케팅 비용은 업계의 표준적인 비용을 확인하고 이에 맞출 것 　ex) 앱의 CPC, CPI, ROAS 등 • 사용 금액 총액은 앞서 사업 성장 로드맵 등에서 언급한 매출이나 사용자 숫자와 일치해야 함. 즉, 10만 인스톨을 목표로 하는데 CPI 숫자와 자금 소요 예산 사이에 균형이 맞지 않으면 대표자의 산업 이해도에 대한 신뢰성을 떨어뜨림
조달 계획	• 정부지원 프로그램은 종류에 따른 차이가 크지만 일반적으로 자기부담금은 20~30% 정도로, 도덕적 해이를 막기 위한 조건 • 보통 의미 있는 규모의 매출이 발생할 때까지의 소요 비용을 충당하는 규모로 펀딩이 이뤄지는 계획이어야 하며, 정부지원금을 포함해서 계획을 수립해야 함. 단, 지원 기간에만 한정되는 것이 아닌 최소 1년 정도의 계획을 세우는 것이 일반적 • 확정된 펀딩이 아닌 펀딩 계획을 적는 것
사업화 자금 집행 계획	• 자금 소요 항목에서 글로 적었던 항목을 표로 표시하는 것 • 항목별 소요 금액은 자금 소요 및 조달 계획에 있는 내용과 일치해야 함 • 산출 근거로 적는 숫자는 산업 평균치를 조사해 이에 맞출 것. 이 숫자가 산업 평균과 너무 차이나면 대표자의 사업 이해도에 대해 큰 의구심이 생김

- **시장 진입 및 성과 창출 전략:** 내수 시장을 중심으로 주 소비자층, 주 타깃 시장, 진출 시기, 시장 진출 및 판매 전략 등을 구체적으로 기재한다. 해외 시장을 중심으로 주 소비자층, 주 타깃 시장, 진출 시기, 시장 진출 및 판매 전략 등을 구체적으로 기재한다.

내수 시장 확보 방안	<ul><li>사업에 대한 향후 1년간은 분기, 이후 2년간은 반기 정도의 간격으로 매출액, 판매량, 고객 숫자, 사용자 숫자, 주요 타깃 시장별 진출 시기 등을 먼저 작성</li><li>여기에 제품 및 사업 진행 로드맵을 다시 추가한 후, 최종적으로 앞서 언급한 자금 소요 항목을 추가해서 작성</li><li>이 계획 및 자금 소요를 고려하여 이에 맞는 마케팅 계획 및 제품 개발과 양산, 유통 계획을 추가할 것</li><li>핵심은 마케팅 계획으로, SNS 광고나 인플루언서를 쓰겠다는 식의 단순한 비용 사용이 마케팅 계획이 아니며, 사업 성격에 맞는 성립 가능한 마케팅 계획을 작성해야 함. 사업계획서에 있는 내용보다 자세하고 구체적이어야 함. 마케팅 계획 각 항목엔 근거가 필요함 ex) 인스타그램 인플루언서를 통해 광고하겠다는 식의 계획은 자신이나 팀원이 해당 인플루언서인 경우가 아니면 설득력을 갖기 어려움</li></ul>
해외 시장 확보 방안	<ul><li>구체적인 계획이 있는 경우에는 이를 적어야 하나, 향후 3년 이내에 해외 진출 계획이 명확하지 않은 경우에는 이러저러한 조건을 국내에서 충족한 뒤 해외 진출할 것이라는 식으로 간략하게 작성할 것</li><li>인바운드 관광과 같은 완전한 내수 사업이라 해도 이런 사업 모델이 성공하면 이를 기반으로 해외에 진출할 수 있음 정도의 코멘트 필요함</li><li>최근에는 유튜브 등 글로벌 미디어를 통한 콘텐츠로 해외 팬을 확보하고 이후 천천히 해외 진출을 시도하겠다는 경우도 많은 편. 사업 모델과 연결된다면 충분히 일리 있는 계획. 다만, 어느 정도의 해외 진출 계획은 반드시 적어야 함</li></ul>

4 팀 구성

- 핵심이 되는 파트에 대해서는 창업팀이든 직원이든 반드시 내부에 있어야 함
- 각 인력별로는 전체 경력 기간을 적고, 구체적 이력은 해당 사업과 관련 있는 경력 사항만 자세히 적어야 함
- 외부 인력은 명확하게 사업적 연관성이 있는 경우에만 적기를 권장함. 교수 등 자문단을 적는 경우가 있는데, 신뢰에 큰 도움 안 됨. 회사 지분을 가졌거나 자문에 대한 인건비를 급여로 제공하는 경우를 제외하면 자문은 적지 말 것
- 신규 고용 계획으로 지원 기간 내 최소한 한 명 이상의 계획이 있으면 가점 요인

Q 30

투자자 미팅용 사업계획서와 오픈 이노베이션 참여용 사업제안서 작성법을 알려주세요

A 투자자 미팅용 사업계획서
B 오픈 이노베이션 참여용 사업제안서

A 투자자 미팅용 사업계획서

초기 스타트업은 사업계획서를 많이 만듭니다. 정부지원금에 지원서 제출 후 규모가 있는 사업은 통상적으로 발표 심사를 하는데, 파워포인트로 만들어진 사업계획서를 발표 자료로 사용하며, 이 자료는 투자자와 미팅할 때도 당연히 사용됩니다. 심사역에게 사업계획서를 보내주고 내용을 보강해서 미팅하는 것이 보통의 수순이죠. 이 서류와 여러분의 설명을 통해 심사역이 투자하고 싶다는 생각을 하면, 회사 내 상부에 보고한 뒤에 투자심의위원회를 준비하게 됩니다. 이때가 되면 해당 심사역이 여러분의 사업계획서를 수정하고 발전시켜주는 가장 좋은 가이드가 되어줍니다. 하지만 그 이전에는 일단 잘 만들어진 사업계획서가 반드시 필요합니다.

다음에서 설명할 사업계획서 포맷은 굉장히 일반적인 형태입니다. 여러분의 스토리에 맞춰서 내용을 강화 또는 축소하거나 순서를 바꾸는 등의 작업은 당연히 필요합니다. 표준적인 항목에 따라 어떤 식으로 구성해야 하는지 보여주는 샘플이니 참고바랍니다.

사업계획서 스토리라인

1. 기존 시장에 ____니즈가 있는데, ____한 이유로 고객 만족도 낮음
2. 이 타깃 고객을 만족시킬 경우 이 시장은 ____한 규모이며 연 평균 N%의 고성장을 기대할 수 있음
3. 당사에서 ____한 방식으로 해결책을 찾음
4. 당사 솔루션은 ____에 기반해서 ____한 특징을 가지고 있으며 ____한 이유로 타깃 고객들의 만족도가 훨씬 높을 수 있음
5. ____한 이유로 경쟁사가 쉽게 따라 하기 어려움
6. 실제 ____테스트를 해본 결과가 이를 증명함
7. 당사가 이런 결과를 만들고 있는 이유는 당사에 ____한 역량이 있기 때문이며 이를 강화해 나감으로써 향후 N년간 ____한 매출 성장을 할 것임
8. 당사는 ____한 비전을 달성하기 위해 계속 노력할 것이며 Audience가 우리의 이런 노력에 ____한 지원을 해주길 기대함
9. 최종적으로는 ____한 엑싯 플랜을 가지고 있음(필요 시)

1장
스타트업 창업과 성장 과정 개요

2장
단계별 FAQ를 통해 이해하는 비즈니스 모델 설계

3장
국내외 스타트업 사례로 이해하는 비즈니스 모델

(기업명)

(대표자)   OO. OO. OOO

목차

1. 시장 정의 및 규모와 성장성 타진
2. 문제점 또는 고객의 니즈 및 기회 요인 분석
3. 문제점 해결을 위한 당사 솔루션
4. 당사 솔루션 세부 및 비즈니스 모델
5. 매출 목표 및 사업 추진 계획
6. 재무계획
7. 팀 보유 역량 및 비전
8. 필요 시 - 엑싯(Exit) 계획

Appendix I. 제품 세부 정보
Appendix II. MVP 테스트 결과 등 고객 반응 세부
Appendix III. 재무 계획 세부

---

1 시장 정의 및 규모와 성장성

〈헤드 메시지〉
 시장은 ___한 시장이며, 연평균 거래액 __억 원이며 향후 _년간 __%의 고속 성장이 전망된다.

시장 정의	시장 규모 및 성장성
• 명확한 시장 정의(한 문장) • 시장의 주요 특징(고객 니즈 및 주요 세그먼트 등)	• 시장 규모(객관적 근거 필요) • 시장 성장률 전망(객관적 근거 필요)

2. 문제점 또는 고객의 니즈 및 기회 요인 분석

〈헤드 메시지〉

____ 시장은 현재 ____한 부분에서 고객의 니즈가 제대로 충족되고 있지 않아 ____한 기회 요인이 발생하고 있다.

시장의 문제점 또는 고객 니즈

- 전체 시장 또는 주요 세그먼트에서 기존 솔루션이나 제품으로 충족되지 않는 고객 니즈 존재
- 또는 니즈는 존재하는데 충족시켜야 하는 솔루션의 부재를 이야기할 수도 있음

기회 요인 분석

- 시장 문제점을 해결할 방법으로 새로운 솔루션 또는 새로운 제품, 새로운 접근에 대한 필요성이 대두되고 있음
- 가능하다면 근거 숫자나 조사 자료, 고객 관련 데이터나 고객 인터뷰 등의 객관적 근거 필요
- 타깃 고객을 명확히 밝힐 것

3. 문제점 해결을 위한 당사 솔루션

〈헤드 메시지〉

____한 문제를 해결하기 위한 필요 조건은 ____한 특성을 보유하는 것이며, 당사에서는 이에 맞춰 다음과 같은 솔루션을 준비하고 있다.

필요 조건

- 고객 니즈의 특징 요약
- 니즈 충족 솔루션의 필요 특성

당사 솔루션

- 필요 조건을 충족하는 솔루션으로서 당사 제품
- 당사 제품의 개요

당사 솔루션 세부 및 비즈니스 모델

〈헤드 메시지〉

당사 솔루션은 ___한 제품으로 ___, ___, ___한 특성을 보유하고 있어 타깃 고객들에게 어필할 수 있다.

당사 솔루션 세부 특성

- 당사 솔루션의 세부적 특징
- 타깃 고객의 니즈 충족 가능성이 높은 이유 설명
- 사진 등 추가 자료 첨부할 것

 당사 솔루션 세부 및 비즈니스 모델

〈헤드 메시지〉

제품은 타깃 고객의 특성을 고려, ___ 채널을 통해 판매할 예정이며, 초기 고객의 모집은 ___한 방법으로 진행, 초기 WOM 마케팅의 기반으로 활용할 것이다.

채널 전략

- 기본적인 채널 운영 방안
- 타깃 고객의 특성 및 니즈를 고려할 때 왜 이러한 채널 운영이 적절한지를 설명할 수 있어야 함

초기 팬덤 확보 전략

- 고객 커뮤니케이션 전략 - 홍보, 콘텐츠, 고객 참여형 등의 방안
- 타깃 고객의 특성 및 니즈와, 고객 커뮤니케이션 방안을 제안할 때 어떻게 잘 맞는지를 설명할 수 있어야 함

4. 당사 솔루션 세부 및 비즈니스 모델

〈헤드 메시지〉

____한 수익 모델을 통해 잠재 수요를 매출로 연결시켜낼 것이다.

수익 모델

- '고객에게 제품 또는 서비스 전달 → 고객이 제품 및 서비스 사용 → 대가 지불'이라는 구매 사이클을 명확하게 그릴 수 있는 설명이 붙어야 함
- 수익 모델을 위해 필요한 파트너가 있는 경우 이에 대해서도 세부 설명 필요

원가 및 가격 운영

- 원가 구성 및 경쟁력 확보 방안 설명
- 가격 운영의 특성 설명(기존 경쟁사들의 방식과 다른 경우에만 집중 설명. 같은 경우에는 설명 필요치 않을 수 있음.)

---

4. 당사 솔루션 세부 및 비즈니스 모델

〈헤드 메시지〉

당사 솔루션은 경쟁사 대비 ____한 장점을 가지고 있으며, ____한 방법을 통해 경쟁사와의 격차를 지속 확대해나갈 수 있다.

경쟁사 대비 장점

- 단순 스펙이나 기능적인 요소를 내세우지 말 것
- 앞에서 이야기한 고객 니즈와 연계해서 당사 솔루션이 가진 특성이 이 니즈와는 잘 맞고, 경쟁사는 이 부분에서 미진하다는 스토리가 가장 좋음
- 단순한 비교를 통한 설명도 좋고, 필요하다면 Positioning Map을 그리는 것도 좋음

초기 팬덤 확보 전략

- 왼쪽에서 설명하는 경쟁사 대비 장점을 지속적으로 확대, 발전시키기 위한 기술 개발이나 마케팅 등의 요소를 설명할 것
- 이 방안들은 상식적으로 봤을 때 해당 장점과 반드시 명확한 연계성이 있어야 함

5. 매출 목표 및 사업 추진 계획

〈헤드 메시지〉

＿＿한 전략을 통해 당사는 향후 ＿＿년 매출액 ＿＿억 원, 연평균 성장률 ＿＿％로 해당 시장에서 ＿＿한 포지션을 확실하게 차지할 것이다.

매출 목표

- 막대 그래프 형태 권장
- 향후 3년 정도의 매출 목표가 가장 적절함
- 앞서 설명한 가격 및 시장 규모와 관련해서 상식적으로 말이 되는 판매량에 기초해야 함
- 그래프에 연평균 성장률 함께 표시 권장

목표 시장 포지션

- 3년 목표 매출에 맞춰 시장, 특히 고객들이 인식하기에 어떤 위상을 가지게 될 것인지를 표시할 것
- 보통 업계 점유율 1위, 고객 재방문 또는 재구매율 1위 등 경쟁과 시장 반응을 섞은 지표 또는 브랜드와 관련해서 고객들이 인식하는 차원에서의 특성 등을 표시하고 지표화해서 설명하는 것을 권장

6. 재무 계획 (투자 유치 시 자금 소요를 포함)

〈헤드 메시지〉

＿＿억 원 매출 및 관련 기술 개발을 위해 필요한 자금은 ＿＿년간 ＿＿억 원으로 추정된다.

영업 현금 흐름 추정 및 투자 유치 시 투자금 집행 계획

- 표 형태나 그래프 형태 중 하나
- 보통 3년 정도의 기간에 대한 전망을 하며 반기로 나눠서 작성
- 향후 3년여 동안 인건비, 기술 개발, 마케팅 등을 위해 소요될 자금을 명확하게 밝히고, 이 중 매출을 통해 커버하는 부분을 제외한 규모(영업 손실에 따른 현금 부족분)와 설비, 임대보증금 및 운전 자금 등으로 투입되는 자산 항목에 따른 부분을 추정한 규모를 모두 표시해야 함
- 위 계산에 따라 필요한 투자금의 유치 필요 시점 및 규모를 밝히고, 금액이 들어오면 사용할 항목들을 다시 자산 항목과 비용 항목으로 표시할 것

7. 팀 보유 역량 및 비전

〈헤드 메시지〉

당사는 ____, ____ 분야의 높은 전문성을 보유한 인력들로 구성되어 있으며, 시장에서 ___한 업체가 되겠다는 비전을 위해 노력할 것임

팀원 소개

- 스펙이 좋은 인원 순이 아니라, 반드시 풀타임으로 참여하는 인력을 먼저 적을 것
- 풀타임 참여 인력과 파트타임 참여 여부를 반드시 표시할 것(표시 안 할 경우 팀에 대한 신뢰도에 큰 타격 있을 수 있음)
- 가능하다면 고문 등의 형태로 참여하는 인력에 대해 표시하지 말 것. 특히 대학교수 등의 고문은 사업상 절대적으로 필요하거나 지분 등으로 확실하게 참여하고 있는 경우가 아니면 표시하지 말 것
- 팀 소개 내용은 당 사업과 관련 있는 경험 및 이력만 표시하는 것이 좋음

비전 | 시장에서 3~5년 내의 포지션 또는 고객들의 입장에서 회사의 존재 의미를 권장

8. 필요 시 엑싯(Exit) 계획

〈헤드 메시지〉

사업의 특성을 고려할 때 ____, ____ 등 연관 분야 대기업으로의 M&A를 통한 엑싯을 목표로 하고 있음

Exit 방안

- IPO를 목표로 하는 경우 별도로 엑싯 플랜 만들 필요 없음
- IM&A를 통한 엑싯을 목표로 하는 경우 M&A를 해줄 만한 대기업이나 대형 스타트업을 표시하고, 이들에게 왜 이 솔루션과 고객층이 M&A할 만큼의 의미를 가지는지를 설명하는 데 집중할 것. 허황된 표현은 최대한 자제하고 상식적인 수준에서 적을 것

Exit | 예상 시점 및 매각 시 목표 기업 가치

B 오픈 이노베이션 참여용 사업제안서

초기 스타트업에는 잘 해당되지는 않지만, 스타트업이 제품과 서비스를 어느 정도 준비하고 난 뒤에는 생각보다 시장의 벽이 두텁다는 생각을 많이 하는데 이때 주로 대기업의 도움을 떠올리게 됩니다. 매출이 잘 늘어나지 않아 유통망이나 고객 등을 이미 보유한 대기업의 도움을 받고 싶다거나, R&D 지원이나 대형 설비를 사용하고 싶은데 너무 규모가 큰 투자가 필요해 엄두를 낼 수 없을 때 이를 이미 보유한 기존 업체와 협업을 하고 싶다거나 또는 B2B 사업이라 대형 고객사에 납품을 한 레퍼런스가 필요한데 대기업에 바로 영업할 역량이나 네트워크가 없다는 이유 등이죠. 초기 스타트업은 사실 조금이라도 규모 있는 기존 기업을 만나기조차 어렵습니다. 무턱대고 사업제안서를 보내봐야 스팸메일 취급당하기 일쑤죠.

그런데 대기업 중에서 자기들의 기존 사업과 관련한 어떤 혁신적인 비용 절감 솔루션을 찾고 있거나 AI, 모빌리티, 메타버스 등 다양한 신기술에 대해 사업화 가능성을 타진하고 싶은데 내부에 전문 인력을 보유하지 않아서 외부 업체를 찾아야 하는 경우가 꽤 많습니다. 아예 외부 업체를 발굴해서 이들을 차세대 매출 성장 엔진으로 키우겠다는 전략을 세우는 경우도 있습니다. 이런 전략을 '오픈 이노베이션'이라 합니다. 다양한 분야에서 협업할 스타트업을 찾고, 그들과 함께 신제품 개발이나 신기술 개발, 신규 고객 발굴, 원가 절감 등을 시도하는 것이죠. 이렇게 발굴된 스타트업과 케미가 맞다면 나중에 지분 투자를 하거나 아예 M&A를 하는 경우도 있습니다. 이를 위해 다양한 대기업에서 스타트업을 주기적으로 모아서 자신들과의 협업 가능성을 타진하는 프로그램을 운영하고 있습니다. 대기업과 협업이 필요한 스타트업들에게는 매우 좋은 기회죠. 다만 대기업의 속성상 협업 절차가 매우 느리게 진행되는 편이고, 대기업의 협업 부서에서 스타트업의 실력을 최대한 확인하려 하기 때문에 실적과 기술이 아직 무르익지 않은 초기 스타트업이 뛰어들기에는 부담스러울 수 있습니다.

대기업은 스타트업에 대한 검증이 충분히 이뤄지고, 사업적으로도 명확한 시너지가 확인되어야 스타트업에 지분 투자를 하기 때문에 초기 미팅에 IR 자료를 들고 가는 것은 적절하지 않으며, 그렇다고 사업계획서만 들고 가는 것도 적절치 않습니다. 보통 스타트업의 IR용 사업계획서에는 대기업과 협업에 대한 아이디어가 아예 없기 마련입니다.

다음은 초기 스타트업 입장에서 오픈 이노베이션 프로그램에 참여할 기회가 생겼을 때 어떤 준비를 해야 하는지에 대한 제안서 샘플입니다. 서류 내용도 중요하지만, 파트너가 되어줄지도 모르는 대기업의 사업에 대한 이해를 충분히 하고 만들기 시작해야 합니다.

목차

1. 제목
2. 제안 배경 및 목적
3. 협업 제안 내용
4. 제품/서비스의 개념, 기능, 특장점
5. 제품/서비스의 사업 모델 및 참여사 간 역할 분담
6. 타깃 시장의 니즈와 기대 효과 또는 실적 가능성
7. 자사 보유 역량과 협업 제품/서비스 실현 가능성
8. 기업 측으로부터 기대하는 보유 역량/기술/지원(비재무)
9. 협력 모델(기간, 방식, 인력 구성 등) 및 자금 소요 & 자금 계획
10. 넥스트 스텝

Appendix. 기술 세부 데이터, 레퍼런스, 특허 등

제목

___ 사업제안서 또는 협업제안서

명시해야 하는 내용	예시
• 제목	'완전 자율주행 1톤 트럭 기술 협업 개발 로드맵 마련을 위한 제안서'
• 3년~5년 정도 중장기 목표	'완전 자율 주행'
• 협업/개발 대상	'1톤 트럭'
• 협업/개발 scope	'개발을 위한'. 대신 '프로토타입 개발을 위한', '기반 기술 개발을 위한' 등 '협업', '공동개발', '투자 요청' 등

 제안 배경 및 목적

협업 대상 기업의 사업상 협업 니즈 또는 전략적 필요성

Project 배경	• 협업 파트너가 될 대기업의 입장에서 왜 외부 스타트업과의 협업을 고민하고 있는지에 대한 설명 정리(대기업의 입장에서 왜 오픈 이노베이션을 하는지에 대한 전략적 이해) • 제안하는 스타트업과 협업해야 하는 이유(역시 대기업 입장에서 정리)
Project 목적	• 해당 스타트업 입장에서 파트너가 될 수 있는 대기업과 협업을 할 경우 기간 및 명확한 아웃풋 리스트 정리 ex1) 6개월 내 자율주행 트럭을 위한 필요 기반 기술 리스트업 및 각 기술별 현 준비도에 대한 평가 진행 ex2) 평가 결과에 따라 각사가 협업을 통해 진행할 기술 개발 로드맵 마련

협업 제안 내용

단순 task만 나열하기보단 일정과 단계, 세부 항목 등을 디테일하게 작성

1단계 (22.06~22.12) 기술 탐색 & 리스트업	2단계 (23.01~23.02) 공동 개발 과제 도출	3단계 (23.03~24.02) 공동 R&D 1차 진행
· · · · ·	· · · · ·	· · · · ·

제품/서비스의 개념, 기능, 특장점

기존 기업이 보유한 제품, 경쟁사와 비교하여 작성

기술 리스트업 예상 항목	공동 개발 방안	공동 R&D 예상 과제
HW		• 협업 과제를 정리해서 요소들을 구분할 때는 현재 수준에서 제안하는 스타트업이 보유하고 있는 기술이나 제품, 시장 진입 등의 진척도 또는 보유한 수준을 정리해서 보여주는 것이 중요함
SW		

현재 당사 보유 기술 수준

1장
스타트업 창업과 성장 과정 개요

2장
단계별 FAQ를 통해 이해하는 비즈니스 모델 설계

3장
국내외 스타트업 사례로 이해하는 비즈니스 모델

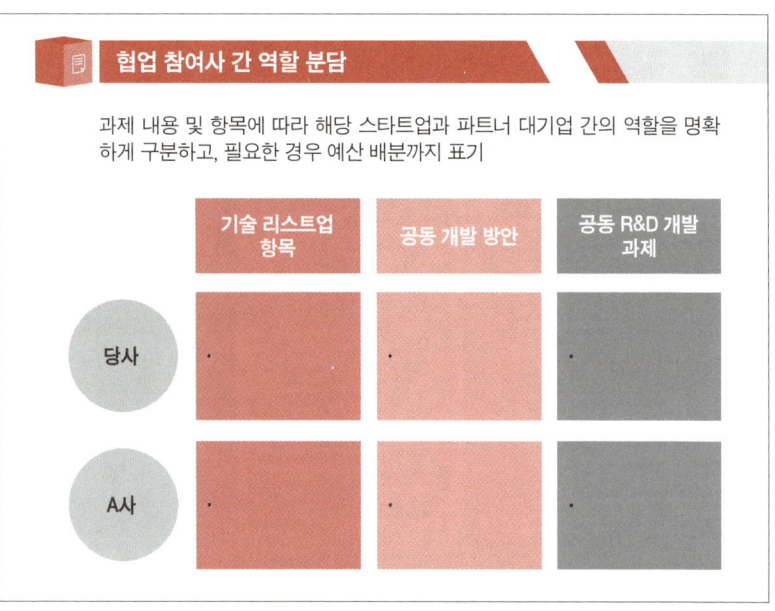

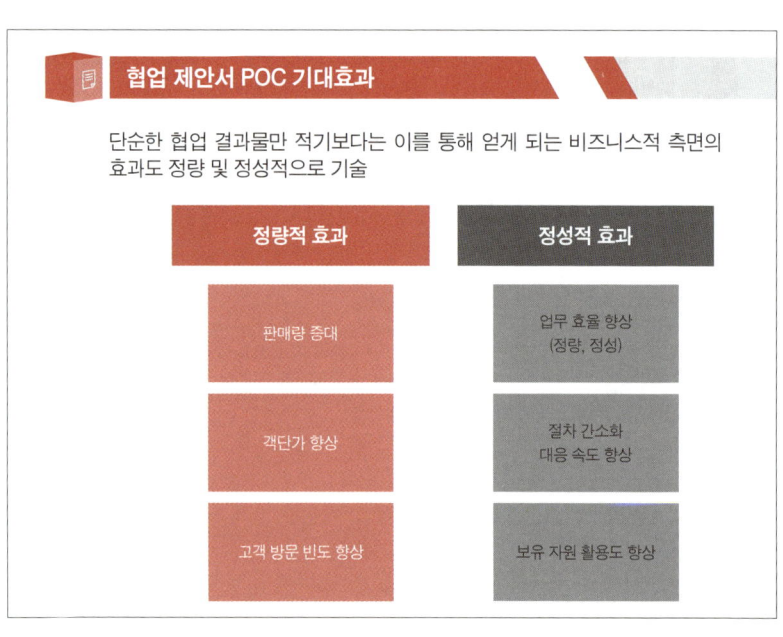

넥스트 스텝

실제 일을 진행시키기 위해서는 협업의 주제(기술 탐색 방안 협의) 외에도 인력, 비용 등 투입 자원, 일정 등에 대한 합의가 필요하며, 관련한 Non-Disclosure Agreement나 MOU, 계약서 등의 문서 작업도 제안이 필요할 수 있음

기업 측의 내부 검토 후 협업 부서 지정, 테스트 진행 일정까지 포함

- 기술 탐색 방안 합의
- 일정 합의
- 참여 인력 및 비용 등 투입 자원 합의
- NDA 및 협약 체결

지금부터는 앞에서 여러 차례 언급했던 다양한 회사가 비즈니스 모델을 어떻게 만들게 되었는지 정리하고 여러분에게 비즈니스 모델을 설계하고 사업을 시작하는 방법을 더욱 쉽게 알려드리겠습니다.

3장에서 소개하는 6개의 회사 중에서는 이미 유니콘이 된 곳도 있고, 이제 겨우 연 매출 20억 원 수준을 올린 초기 스타트업도 있습니다. 이들의 외형적 성공보다 현재의 비즈니스 모델을 어떻게 가지게 되었는지에 초점을 맞추면 많은 도움을 얻을 수 있을 겁니다.

3장

국내외 스타트업
사례로 이해하는
비즈니스 모델

01

사업 아이디어 확보 - 야놀자

사업 아이디어를 떠올리는 것은 꼭 한 분야의 전문가만 할 수 있는 일은 아닙니다. 어느 날 갑자기 떠오른 아이디어로 성공하는 스타트업도 많죠. 하지만 장기적으로 성공 가도를 달리는 기업들의 시작점은 보통 한 분야에 대한 오랜 경험과 지속적인 노력이 결합되는 경우가 더 많은 것 같습니다. 오랜 경험이 인사이트가 된 대표적인 경우로 야놀자를 살펴보겠습니다.

야놀자는 2021년 여름, 소프트뱅크로부터 2조 원의 투자금을 유치했고 기업 가치가 10조 원이 넘는 대표적인 데카콘 기업입니다. 이미 너무 커져서 스타트업이라 하기에도 민망한 규모죠.

야놀자는 이수진 대표가 모텔 청소일을 하게 되면서 모텔 용품을 거래하는 온라인 커뮤니티를 만든 것이 시작이라고 합니다. 이수진 대표가 처음부터 좋은 아이디어를 떠올리거나 승승장구만 한 것은 아닙니다. 모텔에서 몇 년간 일하면서 모은 종자돈 8천만 원을 들고 여성 고객 타깃으로 한 샐러드 배달 서비스를 창업했다가 바로 망해버립니다. 요식업에 대한 이해가 없는 상태에서 여성 고객 수요와 샐러드 취식 인구 증가 트렌드만 생각했다가 패착을 한 거죠. 이후 주식 투자 실패 등으로 전 재산을 날린 그는 다시 모텔 일을 하면서 2004

년, 다음 카페인 '모텔이야기'를 운영하기 시작했고, 모텔 종사자 1만여 명을 모아 본격적으로 모텔 연관 사업을 시작합니다. 2005년에는 '호텔모텔페션'이라는 웹사이트를 만들어서 중소형 숙박시설에 대한 정보를 제공하기 시작합니다. 이때도 부드럽게 진행되진 않았는데, 모텔 커뮤니티를 상업적 사이트로 변경하는 것에 반발하는 고객의 이탈이 늘어나서 초기에는 큰 어려움을 겪습니다. 다행히 모텔 배너 광고 효과가 업주들 사이에 입소문을 타면서 사업이 확대되기 시작했지만, 다시 동업자들과 갈등을 겪으면서 기존 웹사이트 대신 '야놀자'를 만들게 됩니다. 이때부터 2010년대 중반까지 야놀자는 모텔과 모텔 주변 관광 코스 등을 소개하는 모텔 광고용 매거진에 가까운 서비스였습니다. 야놀자 설립 이후 거의 5년여간 단순 정보 제공이 아닌 중소숙박시설 예약을 처리하는 사이트로 만들려고 시도했지만 잘 안 되었다고 합니다. 가장 큰 문제는 이런 중소 숙박 시설은 대형 호텔과 달리 예약해서 사용하는 문화가 아니었고, 노쇼도 많아서 숙박업소 측에서 부정적이었다고 합니다. 플랫폼이 기능하려면 공급 측과 구매 측의 니즈가 맞아야 하는데 야놀자 플랫폼은 양자에게 모두 만족감을 주지 못했던 것입니다.

사업을 시작하고 거의 10년이 되어가던 2014년, 야놀자는 '당일예약'을 본격적으로 내세우면서 성과를 내기 시작합니다. 어차피 중소 숙박업소를 방문하는 고객은 대부분 당일에 즉석으로 방문 워크인 하기 때문에 이들이 편리하게 이용할 수 있는 기능을 조금씩 활성화시킵니다. 이후 야놀자에 가입하는 모텔 수가 늘어났고, 2015년 예약 및 결제 기능을 추가하면서 본격적인 성장 궤도에 올라섭니다.

야놀자의 대표자는 직접 그 분야에서 일하고 있었고, 자신과 유사한 일을 하는 사람들을 모아내서 커뮤니티를 만들고 모텔 운영에 필요한 정보를 공유하는 등으로 잠재 고객 또는 잠재적 파트너들과 협업을 합니다. 이 과정에서 숙박업소가 부딪히는 문제점에 대해 인지하 게 되었겠죠. 지금은 거의 남아 있지 않지만, 야놀자와 비슷한 시기에 출발한 여러 숙박업소 관련 웹사이트들은 유흥업소를 소개하는 페이지로 변질되거나 없어졌습니다. 사업 시작 이후 거의 10년 동안 야놀자는 계속해서 모텔을 예약하는 고객들을 모아낼 방법들을 찾다가 '당일예약' 아이디어로 돌파구를 찾아냈습니다. 모텔늘의 가장 큰 문제점이 워크인 고객만 받다 보니 방이 비어 있어도 활용할 수가 없다는 것이었으니까요. 항공사들이 출발일 직전에 빈자리가 많으면 항공권을 저렴하게 판매하고, 이런 항공권만 찾는 고객들도 있는 것을 보면 이와 유사한 아이디어가 아니었을까 생각됩니다. 물론 관련 현장에 10여 년의 에너지를 쏟았으니 실현할 수 있었겠지요.

어떤 사업 아이디어가 왜 아직 사업화되지 않았을까를 조금만 자세히 살펴보면, 그 아이디어로 이미 많은 사람이 도전했다가 실패했기 때문이기도 합니다. 그래서 고객의 문제를 해결하는 솔루션으로서의 아이디어를 생각할 때는 고객이 부딪히는 가장 근본적인 문제를 파악할 필요가 있습니다. 모델 입장에서는 홍보할 채널도 마땅찮지만 그보다 빈 방에 당일 고객을 받고 싶고, 고객 입장에서는 가려는 모텔이 깨끗하고 문제없는 곳인지를 파악하고 싶었겠죠. 야놀자는 당일 예약 시스템으로 공급 측의 문제를 해결하고, 고객 측의 문제는 모텔에 대한 상세한 정보를 제공하고 몰카 방지책이나 다른 고객 리뷰 등을 공유함으로써 고객이 불편해하고 불안해하는 문제를 최소화했습니다.

반드시 해당 산업을 오랫동안 경험하고 나서야 사업 아이디어가 떠오르는 것은 아니지만, 일단 어떤 산업의 문제를 해결하겠다고 하면 시간이 들더라도 깊숙이 파악할 필요가 있습니다. 그래야 본질적인 경쟁력을 쌓을 수 있는 기회가 생겨납니다.

02

팀·미션·비전 – 리벨리온

　　리벨리온은 2020년 9월에 생긴 신생 스타트업으로, 국내에서는 흔치 않은 '팹리스' 반도체 업체입니다. 반도체를 생산하지 않고 설계만 하는 업체입니다. 해외에서 퀄컴이나 ARM 같은 업체들이 대표적입니다. 프로세서 등을 설계하는 이 업체들은 일단 시장에서 인정받으면 대단히 높은 성장성과 수익성을 동시에 확보할 수 있는 업종입니다. 대신 엄청난 R&D 인력들이 모여서 분초를 다투며 경쟁해야 하는 리스크가 매우 큰 분야이기도 하죠. 목표로 하는 영역에서 고성능의 반도체가 제대로 만들어져야 이 반도체를 사용할 고객사에 납품하면서 대규모의 연구개발비를 회수할 수 있으니까요. 전자 분야의 세계적인 엘리트들이 경쟁하므로, 처음부터 글로벌 수준에서 응용 범위를 생각해야 하는 매우 어려운 분야입니다.

　　리벨리온은 현재 인공지능 전문 프로세서를 설계하고 있는데 창업 1년도 되지 않아 카카오벤처스, 신한캐피탈, 서울대기술지주 등에게서 200억 원이 넘는 투자를 받았고, 대통령이 참여했던 'K 반도체 전략보고'에 삼성전자, SK하이닉스와 함께 스타트업으로는 유일하게 참석하기도 했습니다.

이 회사가 이렇게 각광받는 것은 Deep Tech 전문 회사답게 엄청난 스펙의 전문 인력 30여 명으로 구성되어 있기 때문입니다. 미국 IBM 왓슨 연구소에서 인공지능 반도체 핵심 설계를 담당하던 리드 아키텍트 출신 CTO, 삼성전자 그래픽 반도체 개발자 출신 CPO, 카이스트 학사 및 MIT 석박사 출신으로 인텔에서 IoT CPU 설계, 스페이스 X에서 인공위성용 반도체와 모건스탠리의 금융 반도체 담당 임원 등을 역임한 CEO 등이 멤버입니다. 이들은 서로 다른 학교에서 석박사를 했지만 연구 논문 등을 통해 서로를 알고 있었고, 무엇보다 비메모리 시스템 반도체 분야에서 제2의 삼성전자를 만들고 싶다는 비전에 공감하여 모였다고 합니다. 또한, 이들은 최고의 인력이 모여야 투자가 들어오고 다시 최고의 인력들을 모아내는 선순환이 일어날 것이라 믿고, 비록 이들의 도전이 실패하더라도 관련 산업이 발전하고 유산이 남았으면 좋겠다는 의지를 가지고 있다고 합니다.

실제로 미국보다 국내에서 우수한 공학 인력들이 전자공학 분야에 많이 진출한다고 합니다. 수준급의 인력들이 한곳에 모여 있는 상황이기 때문에 국내에서 시스템 반도체 분야에서 세계적인 기업이 나올 토대가 있다고 보는 점은 리벨리온이 한국에서 사업을 시작한 현실적인 이유라고 할 수 있겠죠.

Deep Tech 분야에서는 엘리트 인재가 필수적이지만, 꼭 이 분야가 아니고 최고의 스펙을 가진 인재는 아닐지라도 어느 스타트업이나 유능한 인재는 당연히 필요합니다. 그리고 이들을 모아내는 것은 높은 연봉이나 회사의 네임밸류라기 보다는 함께 덤벼들 수 있는 큰 비전과 이를 실행해낼 수 있을 것이라 믿음을 주는 든든한 동료들이죠. 팀과 미션, 그리고 비전을 제대로 갖추는 것은 기술 분야 스타트업의 비즈니스 모델에서는 필수적인 준비물이라 할 수 있습니다.

03

타깃과 시장 선정 – 라이언로켓

국내 AI 소프트웨어 분야에서 핫한 곳이 동영상 제작 및 음성 인식과 관련된 영역입니다. 사람의 실제 음성을 텍스트로 기록할 수 있는 Speech to Text[STT], 텍스트를 합성된 음성으로 들려주는 Text to Speech[TTS]가 음성 관련 AI 기술이라면, 동영상 제작 관련 AI는 그 범위가 훨씬 다양합니다. 사람의 얼굴 사진 1장만 있으면 그 사람이 말하는 얼굴 표정을 만들어주는 솔루션도 있고, 1분 남짓의 동영상이면 그 사람의 다른 움직임도 자연스럽게 만들어낼 수 있는 솔루션도 있습니다. 소위 딥 페이크[Deepfake]라고 부르는 이런 기술 외에도 텍스트를 입력하면 텍스트에 맞춰 자동으로 소스 영상을 찾고 스스로 이에 맞춰 편집해서 텍스트 내용을 자동으로 동영상으로 만들어주는 솔루션도 있습니다. 실사 동영상뿐만 아니라 텍스트에 따라 애니메이션을 만들어주는 솔루션도 개발되고 있죠.

라이언로켓은 2019년 창업한 스타트업으로, 음성 및 영상 합성 AI 기술을 개발합니다. 2020년 말, 10억의 시드 투자 유치 후 2021년 12월 65억 원의 Series A 투자를 유치했습니다.

음성 및 영상 합성 AI 솔루션은 방송사에서 사람 대신 인공지능 아나운서가 방송을 하거나, 금융회사에서 자사의 상품을 설명하는 동영상을 프로덕션 회사에 의뢰하지 않고 텍스트만 작성하면 자동으로 영상을 만드는 등의 용도나, 교육 회사에서 교육 동영상으로 사용 가능합니다. 키오스크나 화면을 통해 금융 서비스를 제공하는 AI 휴먼 서비스 형태로도 발전하고 있죠. 그런데 이런 응용 분야는 B2B 비즈니스 속성이 되고 인건비 등 기존의 투입 비용을 낮춰주는 정도라서, 사실 투자적인 매력이 아주 높은 솔루션이라고 하기는 어렵습니다. 기업체로부터 발주는 꾸준하게 받겠지만, 비용 절감형 솔루션은 한계가 있기 마련입니다. 라이언로켓과 유사한 솔루션을 지닌 업체들도 등장할 것이고, 기업체 비용 절감 솔루션이라는 속성상 시간이 갈수록 수주 단가가 떨어지기 마련입니다. 즉, 매출 성장이 지속될 수 있느냐라는 질문에서 꽤 의문점이 있는 솔루션이기도 합니다.

그런데 라이언로켓은 이와 유사한 문제를 처음부터 겪었던 기업입니다. 초기 라이언로켓은 시각장애인용 오디오북 제작 비용 절감을 위해 TTS 솔루션을 개발하던 회사였습니다. 시각장애인용 오디오북을 실제 성우가 녹음하려면 30시간 이상의 시간이 필요해 비용이 최대 1천만 원까지 들어가기도 했다고 합니다. 하지만 TTS를 활용하면 3분 정도면 제작될 수 있죠. 이후 라이언로켓은 출판사 및 문화재청 등과 협업해서 많은 오디오북을 만들어냅니다. 그렇지만 이 시장의 규모는 아무래도 제한적입니다. 그 사이 윌라 같은 오디오북 서비스가 많이 생겨났지만, TTS 기술도 상대적으로 쉬운 기술이라 라이언로켓 같은 솔루션 회사에게는 기회가 되기 어렵죠. 이 때문에 라이언로켓은 AI 언어에서 '감정표현'을 하는 형태로 고도화시켰고, 이와 더불어 동영상 편집 및 제작 쪽으로 방향을 전환했습니다. 사업 출발 시점에는 사회적 의미도 있고 시장도 괜찮을 것으로 보였던 오디오북이, 시장에 반해 기술의 보편화가 너무 빨리 이루어져서 결국 시장과 타깃 고객을 바꾼 것이죠. 그런데 이 AI 영상 제작 시장은 B2B 시장으로 매력도가 낮다는 문제점이 있는 셈입니다. 라이언로켓은 이 문제에 대해 B2B 판매를 통해서는 기술을 검증하고 고도화하며 사업 초기 매출 확보용으로 활용하되, 기술은 매출로 제대로 연결해 내는 방향을 B2C로 잡고 있는 것 같습니다.

우리나라에서만 유튜버가 100만 명이 넘는다는 이야기가 나옵니다. 그리고 유튜버들이 공통적으로 이야기하는 가장 큰 어려움은 영상 제작에 시간이 굉장히 많이 들어간다는 점이죠. 자기가 직접 등장해서 진행하는 형태의 영상들은 촬영과 편집 등이 전통적인 방식으로 이뤄지지만 콘티만 작성하고 자료 화면 등으로 화면을 채워가는 방식도 매우 많습니다. 이 경우 저작권에 걸리지 않는 자료 화면을 찾고, 콘티 진행에 맞춰 영상을 편집하고, 자막과 배경음악을 넣는 등의 작업은 굉장히 많은 시간이 소요되기 마련입니다. 아이디어를 떠올리고 관련 자료를 찾고 대본을 완성하는 것까지는 AI 시스템이 해결해줄 수 없는 문제죠. 개인의 창의성 영역이니까요. 하지만 일단 대본이 완성된 뒤에 필요한 영상과 배경음악 찾기, 대본에 맞춰 편집하기, 자막 달기 등은 자동화가 얼마든지 가능합니다. 그리고 단순히 TTS 머신이 하는 것이 아니라 사람을 닮은 AI가 나와서 사람의 감정을 표현하는 나레이션을 하면 더 전달력이 올라가게 됩니다. 라이언로켓은 바로 이 시장을 노리고 있습니다. 당장은 큰돈이 되기 쉽지 않지만 기술이 고도화됨에 따라 급격하게 쓰임새가 늘어날 수 있는 시장입니다. B2B 시장보다 폭발력이 있는 것이죠. 또한 메타버스 업체와 협업해서 메타버스 내 캐릭터가 전달하는 콘텐츠를 훨씬 풍부하게 만들어내는 데도 사용될 수 있습니다. 라이언로켓이 대규모의 시리즈 투자를 받게 된 것은 바로 이 시장의 잠재력 때문이라고 할 수 있습니다.

스타트업이 제품을 만들다 보면 당장 눈앞에 매출이 만들어질 수 있는 시장이 있고, 조금 거리가 있고 추가적인 기술 개발이나 콘텐츠 빌드업이 필요한 시장이 있기 마련입니다. 이 경우 처음부터 무리해서 거대한 시장에 직접 노크하는 것보다 당장의 매출이 나오는 시장에 접근해서 레퍼런스와 매출액, 그리고 추가적인 기술 개발을 할 수 있는 기회를 만드는 것이 좋은 접근입니다. 물론 이 첫 시장에서 만족하고 멈춰버리면 잠재력이 더 큰 추가 시장에는 결코 갈 수 없고 회사 성장의 기회도 줄어들겠죠. 대체로 많은 스타트업들이 처음 들어간 시장에서 매출이 어느 정도 나오면 그곳에 안주해 버리곤 합니다. 라이언로켓이 오디오북 시장이나 B2B용 비디오 제작 AI 수준에서 멈춰버리면 남들과 똑같은 상황에 처할 것입니다. 하지만 초기 시장은 어디까지나 초기 시장이고 그 뒤를 항상 생각하면서 추가적인 기술 개발과 신규 시장 진입을 위한 시도를 멈추지 않아야 합니다. 처음부터 폭발하는 스타트업 비즈니스 모델도 있지만 단계를 하나씩 밟아 나가야 비로소 성장 궤도에 올라서는 시장도 있기 마련입니다.

04
제품과 서비스 준비 - 반해

1장
스타트업 창업과 성장 과정 개요

2장
단계별 FAQ를 통해 이해하는 비즈니스 모델 설계

3장
국내외 스타트업 사례로 이해하는 비즈니스 모델

강아지 사료를 중심으로 펫 용품을 판매하는 커머스 스타트업이 있습니다. 몇몇 유명 브랜드를 취급하기는 하지만 대단히 특별할 것은 없는 커머스 업체입니다. 네이버 스마트스토어와 자사몰을 가지고 있죠. 인력도 4명 정도로 아주 작은 스타트업입니다.

국내 펫 시장은 몇 년 사이에 급격하게 커지고 있어서 GS 리테일 같은 대기업이 펫 전문 스타트업 여러 곳에 지분을 투자하거나 아예 M&A해서 사업부로 만들 정도로 각광받는 시장입니다. 그런데 어느 한 업체도 시장점유율 10%를 넘지 못할 정도로 경쟁이 치열하고, 고객들의 취향에 따라 시장에 매우 작게 분할되어 있는 시장이기도 합니다. 전체 시장의 규모와 성장 속도를 보고 많은 스타트업이 뛰어들지만, 막상 작게 분할된 이 시장을 뛰어넘을 정도로 사업을 키우기가 쉽지 않아 많이 스타트업이 좌절하는 시장이기도 합니다.

'반해'라는 스타트업이 처음부터 사료를 판매하는 커머스 업체였느냐 하면 그건 아닙니다. 원래 창업멤버들이 관심있었던 것은 강아지 사료의 전체 구성 성분전성분을 알고 싶다는 것이었습니다. 멤버 중에 한 명이 키우던 강아지가 사료를 잘못 먹어서 마음 아픈 일이 생겼고, 이 때문에 사료에 대해 최대한 자세하고 정확한 정보를 제공하자는 목적으로 강아지 사료 정보 제공 웹사이트를 만들자는 것이 이 팀의 출발이었죠. 거의 1년여의 준비 끝에 수많은 사료의 전 성분에 대한 자료를 모아 웹사이트를 오픈했는데, 이 비즈니스 모델의 문제점은 수익 모델이 없다는 것이었습니다. 그래서 강아지 용품을 조금씩 판매하기 시작하지만 너무 작은 업체이고, 웹사이트 방문자 수도 너무 적어서 사료 공급처를 구할 수 없었습니다. 그렇다고 충분히 검증되지 않은 사료를 판매하는 것은 신뢰할 수 있는 사료 정보를 제공한다는 애초의 취지와 충돌하기 때문에 시도할 수 없는 일이었습니다.

사이트 오픈 후 한참을 고민하던 창업팀은 웹사이트의 문제점이 무엇인지 생각해냅니다. 최대한 자세한 정보를 정확하고 투명하게 나열하는 것은 좋았는데, 고객들 입장에서 너무 많고 복잡했으며, 성분을 이해하기가 어려웠던 것이죠. 방문자 증가 속도의 정체 문제를 해결하기 위해 반해 팀은 유튜브 영상을 제작하기 시작합니다. 여전히 매우 재미없는 영상이었습니다. 매 영상마다 잘 팔리는 사료들을 놓고 어떤 특징이 있고, 어떤 견종이 먹으면 좋으며, 어떤 견종에는 맞지 않는지를 설명하기만 하는 영상이었으니까요. 객관성을 위해 사료 광고는 받지 않았습니다. 꾸준히 영상을 올려도 팔로워 수는 몇천 명 되지 않았고 영상당 조회수도 1~2천 수준이었습니다.

그런데 소수의 고객들이 이들에게 사료를 직접 판매해줄 것을 요청하기 시작합니다. 콘텐츠가 고객들의 신뢰도를 끌어 올려서 드디어 구매와 연결되기 시작한 것이죠. 이들이 사료 판매를 시작하면서 고객들에게 설문을 해보면 구매 고객의 50% 이상이 유튜브의 사료 설명 영상이 마음에 들어서 구매하러 온 고객들이었습니다. 뷰 수도 많지 않고 팔로워 수도 많지 않았지만 작은 시장에서 존재감을 갖추게 된 것이죠. 이들은 사료 판매를 시작하며 고객들의 고민과 어려움을 최대한 낮춰주려 노력했습니다. 고객들이 입력한 반려견의 견종, 나이, 몸무게 정보에 기반해서 각 사료별로 1회 권장 제공량을 표시하는 스티커를 사료 표면에 붙였고, 그에 맞는 계량컵도 같이 동봉해서 보냈습니다. 이런 노력이 고객에게 어필됨으로써 차츰 인지도 있는 펫 사료 및 용품 커머스 사이트로 성장하고 있습니다. 실제로 반해에서 진행한 설문조사에 따르면 사료 구매 고객 중 50% 이상은 재미없는 사료 설명 영상이 마음에 들어서 구매했다고 답했는데, 조회수도 팔로워 수도 많지 않았지만 신뢰도 높은 콘텐츠로 작은 시장에서 존재감을 갖추게 된 것입니다.

아직 성공했다고 하기에는 매우 작은 스타트업이고, 경쟁이 너무 치열한 시장이다 보니 성장 속도도 다른 성공한 스타트업에 비해 매우 느립니다. 하지만 어차피 공산품이니 싸게 팔겠다 혹은 고객들이 잘 모르는 제품이니 비싸게 팔겠다 같은 식의 단기적 생각이 아니라, 고객들이 사료와 관련해서 겪는 어려움들을 조금이라도 줄여주겠다는 생각으로 콘텐츠를 쌓아 올리고 이 콘텐츠를 통해 차별화가 어려운 시장에서 신뢰도라는 차별성을 조금씩은 만들어가는 방식을 택했죠. 덕분에 안정적인 초기 성장으로 보답을 받고 있는 중입니다.

1장
스타트업 창업과 성장 과정 개요

2장
단계별 FAQ를 통해 이해하는 비즈니스 모델 설계

3장
국내외 스타트업 사례로 이해하는 비즈니스 모델

05
수익 모델 · 가격 · 판매망 설계 - 크래프톤

배틀그라운드는 너무나도 유명한 게임이죠. 국내 게임 산업계에서 거의 전설적인 성공 신화이기도 합니다. 20~30만 카피만 팔리면 좋겠다는 마음으로 출시한 게임이 게임 플랫폼인 스팀에서 서비스되었던 모든 게임을 통틀어 최단기간 100만 카피를 판매한 게임이 되었습니다. 그 이후 PC 버전 매출만 누적 2조 원을 넘겼는데, 보통 3~5년간 수백억 원을 투자해서 만드는 게임과 달리 1년 내에 30여 명도 안되는 인원으로 만들었다고 합니다. 이 처절한 이야기가 담긴 책 『크래프톤 웨이』를 보면 이들이 성공하기 위해 얼마나 미친 듯이 매달렸는지 잘 묘사되어 있습니다. 절벽에 몰려 덤벼든 도박이 성공한 셈이라고 해야 할까요? 개발 팀의 이야기를 읽어보면 '우연히 게임 하나 만들었는데 터졌다'는 식의 성공 신화는 아니라는 것을 알 수 있죠. 이들이 전달하는 메시지 중에서 가장 인상적인 것은 PC 패키지 출시, 스팀 얼리액세스, 그리고 '게임 방송 스트리밍 플랫폼'인 트위치에 대한 이야기입니다.

출시 전 크래프톤^{당시 블루홀}의 재무 사정은 매우 안 좋았던 것으로 알려져 있습니다. 개발 막판에는 회사의 돈이 직원 월급 몇 달치밖에 되지 않았다는군요. 이런 상황이라면 자체적으로 마케팅을 하고 고객을 모아내기 쉽지 않을 수 있습니다. 생각해보면 블리자드 같은 회사는 배틀넷이라는, 자사에서 출시하는 게임을 고객들에게 자체적으로 알릴 수 있는 플랫폼이 존재합니다. 하지만 당시 블루홀은 이런 역량을 내적으로 가지는 것은 불가능했습니다. 더불어 게임을 기획한 모양대로 만들기에는 개발 시간도 너무 짧았고, 현금도 너무 부족한 상태였습니다. 현금이 간당간당한 상태에서 제대로 만들어서 출시할 수도 없었죠. 더불어 블루홀이 승부수를 던진 배틀로얄이라는 장르는 국내에서 인기가 있는 편이 아니었습니다. 서구권에서는 그런대로 반응이 있던 장르였지만 국내는 거의 MMORPG 또는 모바일 게임이 대세였죠. 이상의 조건들을 생각하면 통상적으로 배틀그라운드의 개발 및 출시는 국내 게임사들이 주로 국내 시장을 타깃으로 완성 버전을 만든 후 자사가 직접 퍼블리싱해서 출시하는 관행에 비춰볼 때 매우 안 좋은 상황이었습니다. 하지만 글로벌 게임 퍼블리싱 플랫폼인 스팀을 통한다면 상당 부분의 문제를 해결할 수 있었죠. 퍼블리싱에 따른 마진은 많이 필요하지만 개발 중인 버전도 얼리 액세스라는 이름으로 판매를 시작할 수 있고, 국내가 아닌 글로벌 시장을 대상으로 출시할 수 있으니까요. 스팀은 월 평균 활성 사용자 수가 1억 2천만 명이 넘는 글로벌 최대의 플랫폼이니 스팀의 협력만 잘 받아낸다면 글로벌 서비스에 이보다 더 좋은 퍼블리셔가 없습니다. 그래서 크래프톤은 스팀 얼리 액세스를 통해 아직 맵 하나만 완성된 상태의 버전을 출시하기로 합니다.

컴퓨터 게임 같은 콘텐츠를 내놓을 때 가격 체계는 고객들이 월 사용료를 내는 방식, 패키지 형태로 1번만 돈을 내는 방식, 무료 또는 낮은 가격으로 설치하되 이후 게임 플레이를 원활하게 하고 싶으면 아이템을 사는 방식, 아이템 대신에 포인트를 사게 한 후 원하는 아이템이 나올 때까지 뽑게 하는 랜덤 박스 또는 가챠의 형태 등이 있습니다. 월 사용료를 내게 하는 방식은 배틀넷처럼 자사 퍼블리싱 플랫폼 또는 자사 서버에서 서비스할 때 채택할 수 있는 방식으로 블리자드의 World of Warcraft가 대표적입니다. 충성도가 높고 자주 접속하는 고객들이 많은 경우 적합한 방식입니다. 월정액 기준이니 가볍게 시작하려는 유저들 입장에서도 가격이 장애 요인이 되지 않습니다. 반면 국내 게임사들은 대부분 무료 또는 낮은 가격에 다운로드한 뒤 랜덤 아이템 박스를 무한정 돌리게 만드는 방식을 택하고 있죠. 이 방식은 유저들에게 엄청나게 큰돈을 쓰도록 유도하기에 좋습니다. 리니지 같은 게임들이 초대박 매출을 올리는 데 기반이 되는 가격 책정 방식입니다. 대신 이렇게 뽑은 아이템의 효과는 게임 플레이에서 엄청난 효과를 발휘해야 하고, 따라서 고객들 간에 계급이 생기게 되는 게임 내용에 맞는 형태입니다. 가령 고가의 아이템을 가진 유저는 공격대장을 하거나 성주가 되거나 하는 식인 거죠. 하지만 이렇게 되면 돈을 쓰지 않고 가볍게 즐기고 싶은 사용자들은 이 게임에 접근할 수 없습니다. 들어가봐야 다른 유저들에게 상대가 안 되니 플레이를 시작할 유인이 없는 셈이죠.

PC 패키지 형태의 판매는 한 번만 돈을 벌 수 있습니다. 물론 사용자가 반복적으로 접속한다면 옷이나 장식 등을 또 판매해서 추가 매출을 올릴 수 있지만, PC 결제는 모바일 결제에 비해 복잡하기 때문에 PC 패키지 판매는 대체로 1회성 판매에 그칩니다. 보통 1회성 판매액이 월 정액 금액보다 크기 때문에 아무것도 모르는 사용자가 덜컥 구매하기는 어렵습니다. 대신 1회성으로 판매하기 때문에 일단 게임을 구매한 유저라면 누구나 동일한 아이템을 가지게 되는 경우가 많습니다. 같은 FPS이지만 서든어택의 경우, 사용자가 돈을 낸 만큼 총기 같은 아이템을 추가로 구매할 수 있습니다. 당연히 게임 플레이에도 유리하죠. 소위 Pay to win 방식입니다. 하지만 이 뜻은 돈이 곧 실력이 된다는 것이고, 돈을 추가 지불하고 싶지 않은 고객들을 떠나가게 만듭니다.

크래프톤이 스팀에서 패키지 형태의 판매를 택한 이유는 우선 게임이 얼마나 흥행할지 전혀 예상할 수 없었다는 점이 컸을 것 같습니다. 사람이 너무 적게 모이거나 한두 달 하다가 떠나가버릴 것이라면 월정액보다는 단가가 높은 패키지가 더 낫겠죠. 두 번째 이유에는 크래프톤 경영진의 시각이 드러나는데, 배틀그라운드라는 게임이 트위치 방송을 염두에 두고 개발되었다는 점 입니다. 3~4년간 수백억 원을 투입했다면 배틀그라운드는 패키지 판매가 아니라 리니지나 서든어택처럼 사용자당 최대한의 매출을 올릴 수 있도록 개발되었을 겁니다. 사전에 큰돈이 투입되었으니 어떻게든 회수할 방법을 마련해 놓아야 하니까요. 하지만 이런 게임들은 대부분 게임 방송에서 다루지 않습니다. 재미가 없어서가 아니라 자칫 돈을 많이 쓴 유저의 돈자랑밖에 안 되기 때문이죠. LOL 같은 게임이 인기 있는 것은 돈을 많이 쓴 유저나 돈을 별로 쓰지 않은 유저나 동일한 입장에서 겨룰 수 있기 때문입니다. 공평한 입장에서 서로의 기술과 전략만으로 겨루는 것은 하는 사람도 재밌지만 지켜보는 사람도 재밌습니다. 이렇게 되면 중계나 플레이 영상 방송을 할 수 있습니다. 사실 배틀그라운드는 트위치에서 게임 방송을 하는 사람들을 염두에 두고 만들어진 게임입니다. 그것도 단순히 타인의 플레이를 중계하는 것이 아니라 자기가 직접 100명 중 한 명이 되어 전장을 뛰어다니며 최후의 1인이 되는 모습을 보여주도록 만들어진 것이죠. 트위치 중계를 염두한 프라이싱이기도 했습니다. 실제 얼리엑세스 전후로 트위치 스트리머들에게 테스트를 하면서 입소문을 낼 기반을 만들어내고, 이는 초반 흥행에 아주 큰 역할을 하게 되죠.

정리해보자면 상품을 만들 때는 단순히 고객에게 얼마에 팔겠다는 정책도 중요하지만 그보다 훨씬 더 많은 것을 고민해야 하고, 특히 우리 제품을 어떻게 알게 되고, 어떻게 구매하고, 어떻게 사용할 것인지를 모두 고려해서 제품의 고객 가치와 채널 전략, 그리고 가격 및 홍보 전략이 모두 연계되어야 합니다. 배틀그라운드의 폭발적인 성공 이유는 우선 제품이 좋았다는 점이 가장 크지만, 채널 전략 및 가격을 비롯한 마케팅이 소비자가 원하던 부분을 제대로 파고든 결과라 할 수 있습니다.

06
시장 진입을 위한 마케팅 - 무신사

  현재 국내에서 가장 큰 패션 온라인 업체를 묻는다면 단언 무신사가 떠오를 것 같습니다. 2020년 거래액이 1조 원을 넘겼고, 매출액도 빠르게 성장해 2020년 3,319억 원의 매출을 기록했습니다. 가격 할인 등에 집중해서 극히 적은 마진만을 기록하거나 비용을 과도하게 많이 쓰는 편도 아닌데 영업이익이 456억 원, 영업이익률이 14%에 육박합니다. 국내 온라인 유통사들이 거의 대부분 적자를 기록하고 있다는 점을 생각해보면 성장과 수익률을 동시에 잡은 대단한 기업입니다. 기업 가치도 벌써 2조 5천억 원을 넘어섰습니다. 최근 사세가 빠르게 늘다 보니 최근에 생긴 기업이라 알고있는 분들도 있겠지만 사실 무신사는 20년이 넘은 기업체입니다.

  무신사의 시작은 PC 통신 커뮤니티입니다. 현재 무신사 고객의 대부분은 PC 통신을 사용해본 적도 없었을 것이라는 점을 생각해보면 얼마나 오래된 기업인지 알 수 있습니다. 무신사라는 이름도 이 커뮤니티의 이름인 '무진장 신발 사진 많은 곳'을 줄인 것입니다. 지금은 완연하게 커머스 사이트지만, 초기 무신사는 국내에서 구하기 어려웠던 해외 스니커즈와 스트릿 패션 사진들을 다수 구할 수 있어서 큰 인기를 끌었습니다. 이후 유사한 커뮤니티들이 계속 생겨나자 무신사 커뮤니티를 만든 사람이 직접 카메라를 들고 시내에 나가 패션 피플이라고 부를 만한 사람들의 스트릿 패션 사진들을 찍고 올리게 되죠. 당시 IMF 이후 우리나라가 급격하게 세계화되면서 다양한 해외 패션이 소개되고 해외 유학생들의 패션이 국내 길거리 옷차림에 활력을 불어넣던 시기였습니다. 이 패션 피플 사진들은 커뮤니티에 다시 활력을 불어넣었을 뿐 아니라 현재 무신사의 단초가 될 수 있는 패션 디자이너들과의 인연을 만들어 주었습니다.

무신사는 기본적으로 대형 패션 업체나 럭셔리 업체의 물품이 아니라 다양한 규모의 패션 디자인 업체들의 제품을 파는 곳입니다. 즉, 커머스로의 무신사의 경쟁력은 단순히 사진이 많다는 것이 아니라 다양한 패션 디자이너들의 제품을 다양한 가격으로 만나볼 수 있다는 점이죠. 국내의 젊고 도전적인 패션 디자이너들이 자신과 자신의 브랜드를 알릴 수 있는 장이고, 소비자 입장에서는 자신의 패션 센스를 돋보이게 할 만한 물건을 쉽고 다양하게 만나볼 수 있는 공간인 셈입니다. 젊은이들이 많이 모이는 핫플에 있는 멋진 편집샵을 온라인으로 옮겨 놓은 곳이라고도 할 수 있죠. 이렇게 하려면 일단 초기에 패션 디자이너와의 인연이 필요한데, 스트릿 패션 사진을 찍으면서 젊은 패션 피플 및 패션 디자이너들과 연이 닿은 것이죠.

이후 2005년부터는 본격적으로 스트릿 패션 온라인 잡지로 발전해갑니다. 무신사 고객들이 패션을 참조하기 위해 지금까지 뒤져보는 '무신사 매거진'이 이때 만들어집니다. 다양한 패션을 단순히 소개하는 것이 아니라, 자신의 제품을 팔고 싶어 하는 디자이너와 사진에 나온 제품을 구매하고 싶어 하는 고객을 결해야겠다는 생각에 만들어진 것이 2009년에 탄생한 스토어죠. 이때까지도 사실 무신사는 부족한 자본금에 허덕였다고 합니다. 스토어 오픈 당시에 자본금이 2천만 원 수준이었다고 해요. 이 부족한 자본금으로 할 수 있었던 일은 결국 다품종 소량 구매 후 판매하는 일뿐이었을 겁니다. 하지만 이 다품종 소량 판매가 개성 넘치는 스트릿 패션을 원하던 고객들에게 어필합니다. 이후 10여 년간 악전고투가 반복된 후 지금 우리에게 잘 알려진 유니콘, 무신사가 됩니다.

무신사의 사례를 보면 일단 자신들이 판매하는 제품, 즉 스트릿 패션에 대해 굉장히 많은 콘텐츠를 가진 것에서 먼저 시작합니다. 스타트업 창업을 하다 보면 종종 잊어버리게 되는 것인데, '최소한 국내에서는 우리 회사보다 이 분야에 대해 더 잘 알고 더 많은 자료를 가진 업체가 없다'라는 자부심은 매우 중요합니다. 이 정도의 정보와 전문성이 모여야 고객들에게 진심이 전달됩니다. 실제 무신사는 거의 8년 이상 스트릿 패션에 대한 전문성을 모아냈으며, 소수였지만 이에 열광했던 팬들을 잠재 고객으로 보유한 상태에서 커머스를 시작했습니다. 자본이 부족해서 한 번에 크게 성장하지는 못했지만 방대한 콘텐츠와 패션에 대한 인사이트, 그리고 패션을 좋아하는 팬과 젊은 디자이너가 만든 커뮤니티에 힘입어 성장한 것이죠. 시장에 들어가려 할 때 제품을 만들거나 구하면 된다고 생각하기 쉽지만, 시장에 진입할 때 이미 나의 우군이 있어야 합니다. 우군을 만들려면 내가 그 분야 콘텐츠를 잘 알아야 하고, 고객들과 이에 대해 적극적으로 커뮤니케이션해야 합니다. 시장 진입 마케팅을 광고비 집행과 A/B 테스트처럼 간단하게 여기기보다는 해당 분야에 대한 내공을 쌓아 올려야 하며, 이 내공이 충분히 차오르면 소수지만 나를 좋아해주는 강력한 팬이 생겨납니다. 사업은 이런 팬 기반이 만들어졌을 때 성장할 수 있습니다.

07

투자 실패 사례 – C사

실패하는 스타트업의 사례는 잘 알려지지 않습니다. 실패하는 사례가 적어서가 아니라, 누구도 자기 회사가 망한 것에 대해 이야기하고 싶어하지 않기 때문입니다. 더불어 실패했다고 해서 창업자가 잘못했다거나 틀렸기 때문이 아닙니다. 개인이 할 수 있는 최선을 다한다고 해서 꼭 정답을 찾는다는 뜻이 결코 아닌 것이 창업이기 때문입니다.

모 대기업의 사내벤처에서 출발한 스타트업의 이야기를 해보겠습니다. 이 스타트업은 대기업 사내 벤처답게 기술력도, 팀의 역량도 굉장히 좋았습니다. 첫 번째로 출시했던 인공지능 음악 앱은 다운로드가 2백만 회가 넘었고, 두 번째로 출시했던 인공지능 BGM 서비스 역시 좋은 평가를 받았습니다. 미국 쪽 액셀러레이팅 프로그램에 선발되어 본사를 미국으로 옮기기까지 한 만큼 초기에 굉장한 성공을 기록한 팀이지요.

성공을 위한 모든 조건을 갖추고, 초기 잠재 고객 확보도 성공한 이 팀이 실패한 이유는, 대표자의 표현으로는 '우리 제품은 고객이 원했던 서비스였고 실제 다운로드도 많이 이뤄졌지만, 고객의 지갑을 여는 서비스는 아니었다'라고 합니다. 실제로 유료화 버전 출시는 서비스가 시작되고 1년 반 뒤였습니다. 유료 서비스 출시까지 이렇게 오랜 시간이 소요된 이유는 '조금만 더 해서 완성도를 조금 더 높이면 더 좋은 서비스가 되겠다'라 생각해서라고 합니다. 그런데 막상 유료 서비스를 내놓고 나니 소비자는 지갑을 열지 않았고 서비스 시작하고 만 3년이 지나서야 이를 깨달았다고 합니다. MVP 제품을 내놓으면서 고객이 원하는 서비스인 것을 증명하기는 했지만, 고객이 돈을 낼 서비스인지에 대해서는 너무 늦게 확인한 것이고, 그것을 충분히 매력적으로 만들 만큼의 기술력이나 역량은 팀 내에 없었던 것입니다. '고객이 원하는 서비스인지를 확인하기 위해서는 돈을 받고 팔아봐야 하는데, 그걸 너무 늦게 깨달았다'는 것이죠.

이렇게 3년을 보내고 나니 공동 창업자는 모두 떠나고, 직원들도 모두 퇴사했으며, 투자 받은 시점이 얼마되지 않은 상태여서 폐업도 하지 못하고 회사 빚과 연대 보증을 모두 떠안아 12억 원의 돈을 날렸습니다. 기술력과 마켓 니즈는 찾았지만, 결국 수익화에 이를만큼의 니즈는 만들어내지 못한 것이 이런 처참한 실패로 연결됐죠.

"과도한 언론 노출, 투자 유치를 목적으로 한 무리한 IR 대회 참가, 목적이 불분명한 해외 진출, 너무 많은 정부과제 수행, 사람부터 먼저 뽑는 것은 피했어야 했다. 정부과제를 할 당시에는 일을 잘하고 열심히 한다고 생각했는데, 돌이켜보면 하지 말아야 했다. 그리고 어설프게 남을 따라 만든 '쿨'한 조직 문화도 꼭 필요한 것은 아니었다. 일하고 상관없는 것에 많은 리소스를 투입했다."

대표자가 한 말입니다. 자신의 실패에 대해 이렇게 냉정하게 평가하는 점에서 보면 대단한 역량을 가진 분이죠. 그러니 2백만이 다운로드한 서비스 앱을 론칭했을 것입니다.

이 실패 사례에서 가장 눈여겨봐야 하는 점은 '내가 만들고 싶은 제품을 만든다'가 아니라 우선은 '고객이 원하는 것을 만든다'가 더 중요하다는 것, '원하지만 돈을 내지 않는 것'은 만들면 안 되는 제품이며, 그보다 더 중요한 것은 '고객이 돈을 내고 살 것인지 단시일에 확인하지 못하면 사업은 실패의 길로 간다는 것'입니다.

사업의 본질은 고객과 거래를 하는 것입니다. 좋은 제품과 서비스를 제공하고, 그 대가를 당당하게 받는 것이죠. 그 이외의 모든 것은 부차적이거나 불필요합니다. 사업을 시작하면 최대한 빨리 고객이 내 제품을 돈 주고 살 것인지를 확인해야 합니다. 비즈니스 모델을 만든다는 것의 뜻은 결국 내 물건을 돈 주고 살 고객을 빨리 확보할 방법을 떠올리고 이를 실행에 옮긴다는 뜻입니다. 그래야 사업이 망하지 않습니다.

마치며
closing remarks

지금까지 초기 스타트업의 비즈니스 모델 설계 시 필요한 여러 가지 고려사항과 그 요소들을 적용시킨 스타트업 사례를 살펴보았습니다. 핵심이 되는 키워드는 명확한 목표를 공유하는 팀, 규모가 있는 시장, 고객들에게 주는 명확한 가치, 그리고 그 가치 제공과 바로 연계된 가격 및 채널 전략입니다. 물론 이 모든 것은 내가 제공하는 제품과 서비스의 품질이 고객 가치를 실현할 정도로 충분히 좋다는 것을 전제로 합니다.

창업을 시작하기 전에 성공한 기업들의 이야기만 들으면 창업이 굉장히 쉬운 일처럼 보입니다. 대부분 초기 1~2년만 고생하면 멋진 스타트업 하나를 만들 수 있을 것처럼 생각하죠. 하지만 우리나라에서 한 해 12만 개가 넘게 만들어지는 법인들 중 외부 투자자의 인정을 받아서 시리즈 투자를 받는 기업체 수가 1천 개가 안 되고, 투자자가 아닌 시장의 인정을 받아서 M&A 되거나 IPO를 성공시킨 기업은 시리즈 투자 유치 업체들의 1/10밖에 안됩니다. 어려운 길이라는 뜻이죠. 성공한 기업 사례를 봐도 한 번에 쉽게 성공 가도를 달린 기업보다는 대부분은 몇 년, 길게는 10여 년 이상을 제대로 된 매출액 없이 한 분야에 대한 전문성을 쌓아 올려서 축적된 힘으로 스케일업 해내는 기업 비율이 더 높습니다.

스타트업 창업자분들이 정부지원사업이나 투자자 미팅에 제출하는 자료를 보면 불과 몇 달 만에 시장 니즈를 모두 파악하고 제품도 몇 달 만에 만들며 1년 차, 2년 차가 되면 시장에서 마켓셰어 1등이 되겠다는 식입니다. 심지어 유사한 성공 사례도 없고 시장이 존재하는지조차 불분명한데도 그런 계획을 세우죠. 혁신적이고 도전적인 접근은 박수 받을 일입니다. 투자자 등 외부인에게 도움을 받기 위함이니 내용을 더 공격적으로 적는 것도 이해됩니다. 하지만 실제 사업은 그렇게 몇 달 만에 일이 척척 진행되지 않습니다. 일이 계획처럼 풀리지 않으면 창업팀 내부에 갈등이 생기고, 창업자의 정신 건강도 나빠지고,

제품은 자꾸 평범해지고, 고객들의 반응도 나빠집니다. 모두 한 번에, 단기간에 성공하려고 하니 마음이 조급해져서 생겨나는 일입니다.

때문에 스타트업 사업의 가장 기초가 되는 비즈니스 모델 설계와 제품 기획은 천천히, 장기간에 걸쳐 사골 우리듯 차분하게 준비해야 하고, 그 정도의 시간과 정성의 투입을 예상해야 합니다. 그리고 그 계획에 걸맞은 강력한 실행이 뒤따라와야 합니다. 투자자 미팅에서 '성장 계획이 너무 느리지 않아요?' 같은 말을 듣더라도 꾸준하게 실력과 실적을 만들어 나가면 어느새 단단한 성장을 보여주는 팀이 되어 있을 것입니다. 이 책을 통해 여러분이 고민하는 문제의 모든 답을 찾지는 못했다고 하더라도 잘 헤쳐 나갈 수 있는 기본을 갖추는 데 작은 도움이 되길 바라겠습니다.

참고자료
3장 관련 뉴스 링크

야놀자
https://magazine.hankyung.com/job-joy/article/202005189391b
https://www.yna.co.kr/view/AKR20210715167500030
https://ppss.kr/archives/71512
https://ppss.kr/archives/120110
https://www.mk.co.kr/news/business/view/2021/06/546677/

리벨리온
https://byline.network/2021/12/17-168/
https://www.bloter.net/newsView/blt202108080001
https://n.news.naver.com/article/015/0004459192
https://www.hankookilbo.com/News/Read/A2021082309090004996
https://brunch.co.kr/@inbaelee/39

라이언로켓
https://www.epnc.co.kr/news/articleView.html?idxno=217943
https://www.theteams.kr/teamterview/page/521
https://www.donga.com/news/Economy/article/all/20200408/100566322/1
https://www.metroseoul.co.kr/article/20201216500453
https://www.newswire.co.kr/newsRead.php?no=933673
https://www.startuptoday.kr/news/articleView.html?idxno=43288

크래프톤
https://post.naver.com/viewer/postView.nhn?volumeNo=10652831&memberNo=39579204
http://www.opiniontimes.co.kr/news/articleView.html?idxno=26486
https://www.inven.co.kr/webzine/news/?news=175154
https://www.hankyung.com/it/article/2017040311641v
https://www.hankyung.com/it/article/2017082885261

펍지
https://dbr.donga.com/article/view/1202/article_no/10189/ac/m_best
https://essential429001.tistory.com/17
https://motiiyz.tistory.com/82
https://byline.network/2021/01/26-122/

초기 스타트업을 위한 비즈니스 모델 30문 30답
투자자를 사로잡는 비즈니스 모델은 무엇인가

출간일	2022년 6월 29일 ㅣ 1판 2쇄
지은이	이복연
펴낸이	김범준
기획/책임편집	김수민
교정교열	윤모린
편집디자인	나은경
표지디자인	임성진
발행처	비제이퍼블릭
출판신고	2009년 05월 01일 제300-2009-38호
주소	서울시 중구 청계천로 100 시그니쳐타워 서관 10층 1060호
주문/문의	02-739-0739 **팩스** 02-6442-0739
홈페이지	http://bjpublic.co.kr **이메일** bjpublic@bjpublic.co.kr
가 격	22,000원
ISBN	979-11-6592-102-6

한국어판 © 2022 비제이퍼블릭

이 책은 저작권법에 따라 보호받는 저작물이므로 무단 전재와 무단 복제를 금지하며,
내용의 전부 또는 일부를 이용하려면 반드시 저작권자와 비제이퍼블릭의 서면 동의를 받아야 합니다.

잘못된 책은 구입하신 서점에서 교환해드립니다.